Aufgabe und Gestaltung von Planungskarten

Deutsche Bibliothek - CIP-Einheitsaufnahme

Aufgabe und Gestaltung von Planungskarten / Akad. für Raumforschung u. Landesplanung. - Hannover: ARL, 1991
    (Forschungs- und Sitzungsberichte / Akademie für Raumforschung und Landesplanung; 185)
    ISBN 3-88838-011-1
NE: Akademie für Raumforschung und Landesplanung <Hannover>: Forschungs- und Sitzungsberichte

FORSCHUNGS- UND
SITZUNGSBERICHTE 185

Aufgabe und Gestaltung von Planungskarten

AKADEMIE FÜR RAUMFORSCHUNG UND LANDESPLANUNG

Autoren dieses Bandes

Ulrich Freitag, Dr. rer.nat., Univ.-Professor, Freie Universität Berlin, Fachrichtung Kartographie, Korrespondierendes Mitglied der Akademie für Raumforschung und Landesplanung

Günter Hake, Dr.-Ing., Dr.phil. h.c., o. Professor i.R., Hemmingen, Korrespondierendes Mitglied der Akademie für Raumforschung und Landesplanung

Marion Johann, Stud. im Fachbereich III, Abt. Kartographie, Universität Trier

Hartwig Junius, Dr.-Ing., Dipl.-Ing., Akad. Oberrat, Universität Dortmund, Abt. Raumplanung, Fachgebiet Vermessungswesen und Bodenordnung

Henning Kellersmann, Dipl.-Ing., Vermessungsdirektor, Kommunalverband Ruhrgebiet, Essen

Barbara Lindert, Dipl.-Geogr., Senatsverwaltung für Stadtentwicklung und Umweltschutz, Berlin

Peter Moll, Dr.phil., Dipl.-Geogr., Ministerialrat, Leiter des Referats Raumordnung, Regionalplanung, Ministerium für Umwelt des Saarlandes, Saarbrücken, Ordentliches Mitglied der Akademie für Raumforschung und Landesplanung

Wolf-Dieter Rase, Dipl.-Geogr., Wiss. Direktor, Leiter des Referats Informationssystem, EDV-Anlagen, Bundesforschungsanstalt für Landeskunde und Raumordnung, Bonn

Herbert Reiners, Dr.phil., Ministerialrat, Minister für Umwelt, Raumordnung und Landwirtschaft des Landes Nordrhein-Westfalen, Abt. VI Raumordnung und Landesplanung, Düsseldorf, Korrespondierendes Mitglied der Akademie für Raumforschung und Landesplanung

Peter Tainz, Dipl.-Geogr., Wiss. Mitarbeiter im Fachbereich III, Abt. Kartographie, Universität Trier

Theophil Weick, Dipl.-Ing., Regierungsrat, Referent für Regionalplanung bei der Bezirksregierung Rheinhessen-Pfalz in Neustadt a.d. Weinstraße für die Planungsgemeinschaft Westpfalz

Volker Wille, Dr.phil., Dipl.-Geogr., Wiss. Referent und Leiter des Referats Natürliche Grundlagen, Ökologie und des ARL-Verlages, Akademie für Raumforschung und Landesplanung, Hannover

Best.-Nr. 011
ISBN 3-88838-011-1
ISSN 0935-0780

Alle Rechte vorbehalten · Verlag der ARL · Hannover 1991
© Akademie für Raumforschung und Landesplanung
Druck: poppdruck, 3012 Langenhagen
Auslieferung
VSB-Verlagsservice Braunschweig

INHALTSVERZEICHNIS

Vorwort

Die Mitglieder des Arbeitskreises widmen diese Veröffentlichung

Herrn Ministerialrat a.D. Dr. phil., Dr.-Ing. E.h. Werner Witt,

der die thermische Kartographie über lange Zeit wissenschaftlich vertieft und nachhaltig gefördert hat. Auf ihn ging die Einsetzung des Arbeitskreises "Planungskartographie" zurück. Herrn Witt ist Dank zu sagen für die fachkundigen Anregungen, mit denen er die Tätigkeit des Arbeitskreises stets begleitet hat.

In diesem Band werden die Ergebnisse einer mehrjährigen Diskussion des Arbeitskreises ''Planungskartographie'' der Akademie für Raumforschung und Landesplanung zum gegenwärtigen Stand der Probleme und Mehoden der Kartographie im Bereich der räumlichen Planung vorgestellt. An der Diskussion waren Planer und Kartographen beteiligt, darunter auch Fachleute, die nicht dem Arbeitskreis angehörten und die insbesondere zu Fragen der Planungskartographie in den Niederlanden, Frankreich, der Schweiz und Österreich Beiträge geleistet haben. Inhaltlich beschränkte sich die Bearbeitung der Thematik auf die überörtliche, zusammenfassende Raumplanung, also auf die Landes- und Regionalplanung, während die Fach- und Bauleitplanung unberücksichtigt geblieben sind.

Die zu vier Kapiteln zusammengestellten Aufsätze erheben nicht den Anspruch, ein Handbuch der Planungskartographie zu sein, sondern sollen Hilfestellung bei ausgewählten, immer wieder auftretenden Problemen der Planungskartographie geben, können aber auch als Leitfaden für denjenigen gelten, der sich in dieses Aufgabenfeld einarbeiten möchte.

Der Arbeitskreis würde es begrüßen, wenn - aufbauend auf den Darlegungen der einzelnen Beiträge - eine weitere Beschäftigung mit der Thematik erfolgen würde. Besondere Beachtung sollten insbesondere die Bereiche

- rechnergestützte Kartographie,
- Funktionen der Karte in den verschiedenen Planungsverfahren sowie
- allgemeine kartographische Probleme

finden. Der letztgenannte Bereich kann wie folgt charakterisiert werden:

- Methoden zur Darstellung vielschichtiger Inhalte,
- Darstellung der Mehrfachüberlagerung einzelner Elemente,
- Verdeutlichung der unterschiedlichen Genauigkeit des Raumbezugs von Karteninhalten sowie
- kartographische Differenzierung nach realisierter, bereits erstellter und erst vorgesehener Planung (Bestand, Planung im engeren Sinne, Vorhaben).

Die technologische Entwicklung auf dem Gebiet der Kartographie ist rasant. Aus der gegenwärtig an vielen Stellen in Gang befindlichen Umstellung der analogen Kartographie (gekennzeichnet durch manuelle und mechanische Technik) zur digitalen Kartographie (Hauptmerkmale sind Vorgänge der graphischen Datenverarbeitung - GDV) ergeben sich für die Planungskartographie Möglichkeiten, die in ihrem vollen Umfang heute noch nicht abzuschätzen sind.

Angesichts dieser Entwicklung hat sich der Arbeitskreis "Planungskartographie" insbesondere mit der zentralen Frage befaßt, welchen Beitrag die GDV zur Lösung der allgemeinen kartographischen Probleme leisten kann.

Die bisherigen Erkenntnisse, die durch weitere Forschungen noch zu vertiefen wären, haben zum einen gezeigt, daß die GDV - auf das graphische Produkt bezogen - solche Probleme bis jetzt noch nicht besser lösen kann als die herkömmliche Kartographie. Zum anderen bietet die GDV aber bestimmte, für den Planungsprozeß ganz wesentliche Vorzüge:

Sie führt - allerdings erst nach Bewältigung relativ aufwendiger Vorarbeiten - zu erhöhter Flexibilität und Schnelligkeit beim Kartenentwurf, in der Kartentechnik und beim Datenaustausch und ist - auf Dauer gesehen - auch kostengünstiger; dies aber nur unter der Voraussetzung, daß

- die arbeitsintensive Ersterfassung abgeschlossen ist,
- die digital gespeicherte Karte hinsichtlich der Objektdaten (Objektkatalog) tatsächlich fortgeführt wird und
- eine geeignete graphische Umsetzung der Objektdaten auf der Grundlage eines Signaturenkatalogs gewährleistet ist.

Dieser Vorteil kommt erst richtig zum Tragen bei Mehrfachnutzung der Daten, Anwendung der Verknüpfungsmöglichkeiten mit anderen kartographischen oder alphanumerischen Daten und vielseitigen Programmen der Datenanalyse (z.B. Flächenberechnungen, Objektlisten nach Mehrfachkriterien).

Die Qualität der kartographischen Ergebnisse hängt entscheidend davon ab, welche Programme eingesetzt werden. Die besonderen kartographischen Verhältnisse in Planungskarten bringen Bedingungen mit sich, die die GDV als eine zweckbestimmte und überzeugende Visualisierung z.Zt. noch nicht zufriedenstellend bewältigen kann. Die verfügbaren Standardprogramme genügen den Ansprüchen nicht, die die heutige Planungskartographie stellt; es sei darauf hingewiesen, daß es hierbei um die Kartengraphik geht, nicht um die Datenerfassung, -verarbeitung und -speicherung. Ihre Darstellungsverfahren sind noch nicht ausgereift. Hier besteht weiterer Entwicklungsbedarf, der, würde er befriedigt, auch Karten anderer Anwendungsbereiche zugute kommen würde.

Die in diesem Band vorgestellten digital erarbeiteten Beispiele vermögen daher zwar noch nicht vollständig zu überzeugen, aber die mit Hilfe der GDV durchgeführten Versuche zeigen doch, daß sie auf dem besten Wege ist, gute Erfolge zu erzielen.

Im Arbeitskreis ist auch deutlich geworden, daß bei der Planungskartographie unterschiedliche Darstellungs- und Herstellungsbedingungen gegeben sind, und zwar in Abhängigkeit vom Ablauf des Planungsverfahrens sowie von den von Fall zu Fall verschiedenen äußeren Verwendungskriterien (z.B. der Auflagenhöhe und der reproduktionstechnischen Ausstattung). Sie führen zu entsprechend differenzierten Empfehlungen, wie eine Planungskarte erstellt werden soll. Im Band werden hierzu einige Aussagen getroffen, beispielsweise zu Beteiligungs- bzw. Festlegungskarten.

Der Arbeitskreis hat im Jahre 1988 in der Reihe Arbeitsmaterialien den Band 117 "Beiträge zur Planungskartographie" herausgebracht.

Folgende Forschungsarbeiten sind im Zuge der Behandlung der Thematik im Arbeitskreis angefertigt worden:

- Freitag/Tainz: Die Wahrnehmung und Interpretation von Flächensignaturen in Karten der Regionalplanung

- Bollmann/Lindert: Einsatz der graphischen Datenverarbeitung bei Regionalplänen

- Junius/Posmyk/Rudat/Groß/Vettermann: Erarbeitung eines kartographischen Modells für die Regionalplanung

- Wenner: Zur Auffaßbarkeit von Planungskarten unter besonderer Berücksichtigung des Regionalplanes Trier

Die Arbeitsergebnisse sind in die Aufsätze dieses Bandes eingeflossen.

Peter Moll

1. Karten in der Raumplanung
Merkmale und Inhalte

1.0 Einführung

Die Raumplanung ist der wohl breiteste Anwendungsbereich für Karten. Die Karten der Landesvermessung, wissenschaftliche Themakarten als Ergebnisse der Raumforschung und Karten der öffentlichen Verwaltung, die sie zur Vorbereitung, Begleitung oder als Abschluß von Planungen erstellt, bestehen in großer Fülle und Vielfalt als nicht wegzudenkende Dokumente räumlicher Information.

So wie der Planer in bestimmten Planungssituationen mit der kartographischen Darstellung Schwierigkeiten haben kann, können diese Schwierigkeiten sich andererseits für den Kartographen wie auch den Kartenanwender bei Planungsfragen ergeben. Der erste Teil dieses Bandes soll einen Beitrag zum besseren wechselseitigen Verständnis der Probleme leisten, die zwischen Planer, Kartograph und Kartennutzer auftreten können.

Zunächst wird die Rolle der Karte im Planungsablauf dargelegt (erster und zweiter Beitrag), dann wird die Vermittelbarkeit von Planungsgedanken durch Karten erörtert (dritter Beitrag), und schließlich wird der Leistungsrahmen der Karte für die Planung vorgestellt (vierter und fünfter Beitrag).

In dem Aufsatz über die ''Funktionen der Karte'' (1.1) schlägt P. Moll neben einer formalen Differenzierung der Planungskarten in (büro-)interne und externe (zu vervielfältigende) Karten eine dem Planungsablauf entsprechende, funktionale Systematisierung nach Kartentypen in Grundlagen-, Beteiligungs- und Festlegungskarten vor. Er befaßt sich dabei vor allem mit den besonderen Möglichkeiten der Kartographie, im Rahmen einer möglichst transparenten Abwicklung der Planvorbereitung die Mitwirkung der Beteiligten effektiver zu gestalten.

Die drei genannten Kartentypen sind auch allen anderen Beiträgen dieses Bandes zugrunde gelegt.

Der Beitrag über die ''Stellung und Bedeutung landesplanerischer Pläne und ihrer Vorstufen im Planungsprozeß'' (1.2., H. Reiners) verdeutlicht, daß Pläne stets in ihrer Einbettung in verwaltungsrechtliche Bestimmungen zu sehen sind und die Festlegungskarte als Endprodukt eines Planverfahrens somit ein Rechtsdokument darstellt. Die darin implizierten besonderen Anforderungen, denen Pläne in kartographischer Hinsicht genügen müssen, werden ebenso dargelegt wie die Nomenklatur der im Bundesgebiet üblichen Planbezeichnungen sowie der Ablauf von Planungsverfahren.

Der Aufsatz von U. Freitag über ''Theoretische Aspekte der Kommunikation mit Planungskarten'' (1.3) spricht das schwierige Feld der Vermittlung von Vorstellungen des Planers zur räumlichen Anordnung von Sachverhalten und Entwicklungsprozessen an den Kartenbenutzer an. Der Autor baut seine Aussagen auf kommunikations- und zeichentheoretischen Grundüberlegungen auf und versucht damit, den Beiträgen des Gesamtbandes einen theoretischen Rahmen zu geben.

H. Junius bringt in seinem Beitrag ''Analyse und Systematisierung von Planinhalten'' (1.4) die Ergebnisse der Auswertung einer großen Zahl von Regionalplänen hinsichtlich der von ihnen erfaßten Thematik, der verwendeten Planelemente und ihrer Darstellung. Seine Analyse mündet in den Entwicklungsansatz für ein kartographisches Muster für Regionalpläne. Einige Darstellungsprinzipien werden anhand von Beispielen verdeutlicht.

Welche Überlegungen des Planers in ganz entscheidender Weise die Graphik einer Karte bestimmen können, stellt H. Junius abschließend in dem Aufsatz ''Graphische Umsetzung von Planinhalten'' (1.5) dar. Der Autor versucht darin, die wichtigsten Denkansätze des Planers, die zur kartographischen Wiedergabe konkreter Objekte und abstrakter Sachverhalte sowie deren Wertungen führen, zu beschreiben.

1.1 Funktionen der Karte
Grundlagen-, Beteiligungs- und Festlegungskarten

1.1.1 Karten in der Raumforschung und Raumplanung

Eine Planung, die räumlichen Bezug hat, ist ohne Karte nicht vorstellbar. Kein Darstellungsmittel ist so gut geeignet wie die Karte, räumliche Zusammenhänge zu verdeutlichen. Die räumliche Planung bedient sich bei der Bewältigung ihrer Aufgaben in fast allen Fällen des Informationsträgers Karte: Sie veranschaulicht darauf bestimmte Sachverhalte, die entweder zur Erklärung der in Texten getroffenen Aussagen beitragen oder die geplanten Vorhaben als Standorte oder Flächen, als Verbindungen oder Trassen, als Räume oder Gebiete darstellen. Damit ergibt sich für die Stellung der Karte im Planungsprozeß folgende Alternative: Entweder ist sie ein Produkt auf dem Wege zu einem angestrebten Ergebnis, das sie mit vorbereitet, oder sie ist dieses Ergebnis selbst. Im ersteren Falle handelt es sich im Rahmen der Raumplanung um planungsbezogene Themakarten (z.B. Geländeklimatische Karte, Karte der Einkaufsbeziehungen, Karte der Verkehrsbelastungen), die bei der Raumforschung entstehen; im letzteren Falle spricht man speziell von Planungskarten, verkürzt von ''Plänen'', die im Rahmen förmlicher Planung entstanden sind.

Planungen können von verschiedenartigen Karten begleitet oder auf ihnen festgehalten werden; die Vielfalt ist unübersehbar groß. Wenn man aber nicht von formalen Gesichtspunkten wie Maßstäben, Inhalten und Darstellungsweisen ausgeht, sondern von der strategischen Bedeutung, die eine Karte im Planungsprozeß hat (''Welches Ziel soll mit der Karte erreicht werden?''), dann sind es nur noch wenige, aber grundsätzliche Unterschiede, die sich feststellen lassen:

Karten sollen

- informieren, d.h. Erscheinungen und Sachverhalte in ihrer räumlichen Verteilung darstellen;
- überzeugen, d.h. räumliche Zusammenhänge zwischen den Einzelheiten eines realen Bestandes und den Vorstellungen eines angestrebten Zustandes vermitteln;
- festlegen, d.h. verbindliche Regelungen treffen.

Über diese Aufgaben und Aufgabenumschreibungen, für die hier nur Schlaglichter gesetzt werden können, wird in Kap. 2 Näheres ausgeführt.

Im folgenden werden die Begriffe "Planung" und "Planungsprozeß" beleuchtet[1]). Planung wird hier gleichgesetzt mit raumbezogener Planung. Nicht betrachtet wird allerdings die (kommunale) Bauleitplanung mit ihren Plänen - Flächennutzungs- und Bebauungsplan - und die auf Einzelprojekte bezogene Fachplanung mit ihren Fachplänen - z.B. für einen Kläranlagenstandort -. Neben der überörtlichen fachlichen Rahmenplanung geht es im wesentlichen um die Landes- und Regionalplanung. In diesen staatlichen Planungsbereichen gibt es folgende Planarten:

- Landesraumordnungs- (Landesentwicklungs)plan
- Regionaler Raumordnungs- (Gebietsentwicklungs)plan
- Planungskarte zum Raumordnungsverfahren
- Raumordnungskataster
- Fachlicher Rahmenplan (z.B. Abfallwirtschafts-, Abwasserbeseitigungs-, Landschaftsrahmenplan).

Auf eine inhaltliche Beschreibung dieser Planungskarten muß hier verzichtet werden, auch auf eine Erläuterung ihrer Unterschiede; sie werden als im wesentlichen bekannt vorausgesetzt. Es ist lediglich auf folgende besonderen Merkmale hinzuweisen:

- Außer bei der Planungskarte zum Raumordnungsverfahren handelt es sich um flächendeckende Pläne; sie können aber auf Teilräume beschränkt sein.

- Sie erlangen Behördenverbindlichkeit, außer dem Raumordnungskataster, das nur eine rechtlich unverbindliche kartographische Datensammlung ist.

- Die Informationsaufgabe im o.a. Sinne kann von allen Planarten ausgefüllt werden; der Informationsumfang ist bei vielschichtigen Querschnittsplänen tendenziell am größten, bei fachlichen Rahmenplänen relativ gering.

- Bei allen rechtsrelevanten Planarten gibt es mehr oder weniger formalisierte Abstimmungsprozesse zwischen der planaufstellenden Behörde und den mitwirkenden Behörden sowie solchen Trägern öffentlicher Belange, die keine behördliche Funktion haben (einschließlich großer Wirtschaftsunternehmen, Trägern des ÖPNV und der Energieversorgung, Kammern, anerkannten Verbänden des Naturschutzes usw.); Private - also nichtöffentliche Organisationen, Bürgergruppen und Einzelbürger - sind dagegen in der Regel nicht in das Planverfahren eingeschlossen (dies ist bei der Bauleitplanung und bei Planfeststellungsverfahren anders). Bei den Abstimmungen geht es um das Aushandeln von konsensfähigen Lösungen bei der Auswahl verschiedener Möglichkeiten sowie um die Vereinbarung von Kompromissen. Dies verlangt von allen Beteiligten erhöhte Bereitschaft für das Verständnis der Belange der anderen. Auf der Grundlage sachgerechter Erläuterung der betroffenen Sachverhalte kann die Planungsbehörde über die reine Informationsvermittlung hinaus durch Abwägungsvorschläge Gewichtungen vornehmen, die zur Relativierung des Standpunktes eines Beteiligten führen und ihn zur Einnahme einer anderen Position bewegen können. Es kann hilfreich sein, diese planerische Überzeugungsarbeit kartographisch zu untermauern und zu verdeutlichen.

Bei den Raumordnungs-/Entwicklungsplänen und der Planungskarte zum Raumordnungsverfahren können sich wegen der Mitwirkungsvorschriften besondere kartographische Anforderungen bezüglich der Überzeugungsaufgaben ergeben. Mit zunehmender Breite der in die Planung einbezogenen Stellen wächst das Erfordernis, daß die jeweilige Planungskarte nicht nur schlicht über Zustand und Planungsziele informiert oder nur Festlegungen vorschlägt, sondern auch zur Vorbereitung rechtlicher Bindungen einen Beitrag zum besseren Verständnis der Planung und ihrer politischen Implikationen leistet. Dies ist sowohl eine Frage der inhaltlichen Aussage der Karte - Aufgabe des Planers - als auch eine Frage der kartographischen Modellierung - Aufgabe des Kartographen -.

1.1.2   Funktionale Differenzierung der Planungskarten

1.1.2.1 Interne und externe Karten

Der Planungsprozeß hat eine intern und eine extern wirksame Komponente. Von Anfang bis Ende einer Planung stehen beide Komponenten nebeneinander und finden Ausdruck in unterschiedlichen kartographischen Produkten. Intern relevante Karten verlassen die Planungsstelle nicht, die Karten mit externer Zweckbestimmung werden stets mit der Zielsetzung erstellt, Benutzern außerhalb der Planungsstelle zu dienen.

Natürlich besteht zwischen internen und externen Karten eine inhaltliche Verbindung: Erstere sind Teil- oder Vorprodukte zu letzteren. Aber während externe Karten mit der Absicht der Vervielfältigung vorbereitet werden, um sie vielen zur Verfügung stellen zu können, werden interne Karten nur als Unikate erstellt mit dem Ziel, Erkenntnisse zu gewinnen oder Informationen und Überlegungen festzuhalten.

Interne Karten dienen dem Eigenbedarf des Planers. Sie sind seine Arbeitskarten. Ihre graphische Qualität braucht wegen ihrer Kurzlebigkeit und eingeschränkten Verwendbarkeit keinen höheren Anforderungen zu genügen.

Die "Selbstversorgung" des Planers mit kartographisch weniger anspruchsvollen Produkten hat im Laufe seines Überlegungsprozesses irgendwo den Übergangspunkt, wo eine eingeschränkte Weitergabe der Karte erfolgt: Zwar bleibt sie im internen Gebrauch - d.h. sie gelangt nicht offiziell nach außen -, sie wird aber zur "erweiterten internen Diskussion" erstellt, z.B. um erste Ansätze des angedachten Konzeptes auszugestalten oder um einer Leitbild-Idee kartographisches Format im Gedankenaustausch mit ausgewählten Fachleuten zu geben. Diese Karten sind genau genommen kein eigener Typ; man kann sie Vorbereitungskarten nennen, da sie die Vorstufe zu einer offiziellen Planungskarte sind.

Auch während eines bereits laufenden Planverfahrens kann es zur Erstellung anderer interner Karten kommen, so im Falle der Erweiterung um ein ursprünglich nicht vorgesehenes Sachgebiet oder Leitbild.

In bezug auf die unter 1.1.1 vorgestellten Planarten kann zusammenfassend folgendes festgehalten werden:

Als internes Kartenwerk ist das Raumordnungskataster anzusehen. Planungsbezogene Themakarten können sowohl interne als auch externe Karten sein; ihr externer Verwendungszweck
überwiegt. Planungskarten (''Pläne'') sind grundsätzlich externe Karten, da sie zum Zweck der
Bindung anderer - externer - Stellen angefertigt werden. In der Phase ihrer Vorbereitung entstehen
aber auch Arbeits- und Vorbereitungskarten für den internen Bedarf der Planungsstelle.

1.1.2.2 Grundlagen-, Beteiligungs- und Festlegungskarten

Planungsgrundlagenkarten

Im Bereich der räumlichen Planung gibt es Karten, die keine Planung aufstellen, sondern nur
deren Ausgangspunkte aufzeigen oder die Ergebnisse anderer Planungen verarbeiten. Man
bezeichnet sie als ''Planungsgrundlagenkarten''. Dieser Kartentyp findet auf einer fast unüber-
sehbaren Breite von Sachgebieten Anwendung. Grundlagenkarten stellen keine Planungsziele
dar. Die topographischen Karten sind Grundlagenkarten ohne zusätzlichen Inhalt. Die Themenkarten enthalten hingegen oft planungsbezogene Sachaussagen. Ihr Inhalt kann durch wertende
Aussagen in besonderer Weise auf die Erfordernisse der Planung ausgerichtet sein. Sie führen
damit auf planerische Fragestellungen hin, beantworten sie aber nicht. Ihnen kommt die Aufgabe
der Aufarbeitung der Sachgrundlagen für Planungen zu.

Seitens der Planung gibt es hinsichtlich der Darstellungsweise keine besonderen Anforderun-
gen an Grundlagenkarten. Die für Themakarten generell geltenden Erfordernisse - wie gute
Lesbarkeit, angemessene Genauigkeit usw. - werden auch von der Planung geschätzt. Man kann
jedoch sagen, daß die Planung mehr als andere Bereiche der Kartenanwendung ein gesteigertes
Interesse an der kartographischen Darstellung von Entwicklungsprozessen und von komplexen
Zusammenhängen hat.

Im Hinblick auf planerische Wertaussagen (z.B. Eignungsstufen, Typenbildungen, Ränge)
muß sich die Kartographie schon bei Planungsgrundlagenkarten mit ihren Darstellungsmitteln
auf die Wünsche der Planer einstellen. Der Frage, mit welchen kartographischen Methoden diese
Aufgabe bisher gelöst wurde, konnte im Rahmen der Untersuchungen des Arbeitskreises aber
nicht näher nachgegangen werden.

Planungsbeteiligungskarten

Planung beginnt dort, wo ein auf die Erfüllung von Zielvorstellungen ausgerichtetes Arbeiten
einsetzt. Bereits in der wichtigen Phase des Suchens und Probierens, des Entwickelns von
detaillierten Zielvorstellungen und des Umsetzens von Leit- und Oberzielen auf Standorte,
Verbindungen, Räume usw. wird die Karte als Darstellungsträger benötigt. In diesem Stadium
geht es nicht mehr nur um die Veranschaulichung von Grundlagen, sondern hauptsächlich um die
Vermittlung von Vorstellungen und Ideen[2]. Die Karte hat nun eine wichtige didaktische
Aufgabe: Sie soll Planung in ihrem Entstehungsstadium verständlich machen und den Dialog
zwischen Planern und Planungsbeteiligten erleichtern. Es handelt sich bei Karten dieses Typs um
''Planungsbeteiligungskarten''.

Dieser Kartentyp ist - im Gegensatz zum Typ der Grundlagenkarten - voll in den Planungsprozeß eingebunden. Beteiligungskarten entstehen stets dann, wenn sich im Zuge eines Planaufstellungs-, -änderungs- oder Raumordnungsverfahrens Beteiligte um die Berücksichtigung der von ihnen vertretenen Interessen bemühen, deren Berücksichtigung zunächst offenbleibt. Wenn die Planungskarte dabei nicht nur Verhandlungsergebnisse ''protokollieren'' soll, sondern wenn sie einen Beitrag zur Klärung der jeweiligen Konflikte leisten soll, die sich aus unterschiedlichen, z.T. gegensätzlichen Interessen ergeben, dann muß sie auf die ''besonderen Vorkommnisse'' des Planungsgeschehens, z.B. auf die Erfordernisse der Integration, Koordinierung und Abwägung, ausgerichtet sein. Beteiligungskarten braucht man daher um so mehr, je stärker die Probleme auftreten, die zu lösen sind.

Dies führt zu inhaltlichen und - als Folge davon - zu Darstellungsproblemen: Der Karteninhalt muß Konfliktfälle wiedergeben können, Restriktionen aufzeigen, Impulse (ggfs. auch von außerhalb des Kartenausschnittes kommende) verdeutlichen und Alternativen und Varianten zum Ausdruck bringen können. Für die kartographische Darstellung sind damit Aufgaben verbunden, die geeignete Methoden erfordern.

Die Kartographie hat sich mit den besonderen Anforderungen des planerischen Beteiligungsprozesses noch nicht systematisch auseinandergesetzt. Daher sind auch noch keine Vorschläge erarbeitet worden, welche exemplarischen Möglichkeiten problemadäquater Darstellungsweisen es für Planungsbeteiligungskarten gibt.

Die Vielfalt der einzelnen Planarten würde einen solchen Überblick erschweren. Andererseits wird die kartographische Problematik dadurch entschärft, daß es keine Beteiligungskarte gibt, in der alle v.g. Problemfälle insgesamt vorkommen. Der Planungsablauf ist fließend, die Inhalte sind von Fall zu Fall verschieden, die Beteiligten wechseln, so daß es zu einer Vielzahl von Zwischenständen kommt, bei denen jeweils ein Teil der Problemfälle bereits abgehakt werden kann, so daß sie dann nicht mehr als kartographische Aufgaben anstehen.

Eine andere Schwierigkeit kann sich aus folgendem Sachverhalt ergeben: Je zügiger der Planungsablauf ist, desto schneller muß die planende Stelle auf Zwischenstände reagieren können. Beteiligungskarten erfordern daher eine sehr flexible Kartentechnik, d.h. Einzeländerungen müssen schnell verarbeitet und neue Entwürfe müssen schnell präsentiert werden können. Dabei sollen sie auch noch möglichst kostengünstig sein. Mit diesen speziellen Fragen befassen sich Hake (3.5) und Rase (3.6), auf deren Beiträge in diesem Band verwiesen wird.

Eine weitere Frage, die die Planungsbeteiligungskarten aufwerfen, betrifft die Typisierung kartographischer Darstellungsformen bei Beteiligungskarten verschiedener Planungsarten. Wenn man eine durchgehende Typisierung für erstrebenswert hält, könnte am Ende entsprechender Überlegungen eine Zeichensystematik stehen, die den einzelnen Planarten (vgl. Kap. 1.1.1) zu empfehlen wäre. Es wäre ferner der Frage nachzugehen, welche Anregungen zu geben sind, den Gang der Raumentwicklung von der Ausgangssituation, dem Ist-Zustand, eventuell über mehrere Zwischenstufen bis zum angestrebten Endzustand zu verdeutlichen. Die bisher üblichen Planungskarten zeigen in dieser Hinsicht ein sehr uneinheitliches Bild (z.B. Darstellung eines Sachverhaltes als bestehend / angestrebt / vorgesehen / festgelegt / abgestimmt / nicht abgestimmt, bzw. es wird keine Unterscheidung vorgenommen). Dies gilt auch für die unterschiedliche Berücksichtigung topographischer Elemente.

Um den angestrebten systematischen Überblick dieses Kapitels nicht zu stören, werden detaillierte Hinweise erst im Unterkapitel 1.1.3.8 gegeben.

Planungsfestlegungskarten

Wenn Inhalt und Aussageschärfe der Planung abgeklärt sind, kann sie abgeschlossen, d.h. aufgestellt werden. Erst in diesem Stadium wird die Karte zur eigentlichen Planungskarte. Hierfür wird aus Gründen der besseren Unterscheidbarkeit die Bezeichnung "Planungsfestlegungskarte" gewählt. Unabhängig von - meist politisch bestimmten - Entscheidungen über den darzustellenden Sachverhalt sowie von Zweckmäßigkeitsüberlegungen bezüglich der Darstellungsweise und der Druckform ist bei Planungsfestlegungskarten vor allem der Zusammenhang mit gesetzlichen Vorschriften zu beachten (siehe Reiners, 1.2). Planungsfestlegungskarten sind im Gegensatz zu Grundlagen- und Beteiligungskarten Rechtsdokumente, die bestimmten Anforderungen der Genauigkeit und Auslegbarkeit aus juristischen Gründen zu genügen haben. Die Vielfalt der kartographischen Lösungen ist dennoch groß, wie die vorhandenen Pläne zeigen. Besondere kartographische Probleme kann es bei der Signaturenwahl, z.B. für Flächen-, Gebiets- und Raumabgrenzungen, für Standort- und Trassenbestimmungen sowie für funktionsräumliche Zusammenhänge, z.B. zentralörtliche Bereiche (Pseudo-Areale), geben. Bei der Ziellastigkeit dieser Pläne sind zahlreiche schematisierte Darstellungen erforderlich. Diese stehen in einem gewissen unauflösbaren Widerspruch zu dem exakten topographischen Kartenfond.

Systematische Übersicht

Unter Einschluß der Gliederungsmerkmale, die in Kap. 1.1.1 dargelegt wurden, kann folgendes System der im Planungsbereich verwendeten Karten aufgestellt werden:

Karten für die und in der Planung

Verwendungs-bereich ⟍ Aufgaben-bereich	Grundlagen-erhebung	Beteiligung	Festlegung
Raumforschung	Topographische Karten Themakarten*	- -	- -
Raumplanung	Raumordnungs-katasterkarten*	Planungskarten zum Raumordnungsverfahren* Karten landesplanerischer Pläne* Karten regionalplanerischer Pläne* Karten fachlicher Rahmenpläne*	

* Diese Karten haben in der Regel topograpische Karten zur Grundlage.

1.1.3 Planungsbezogene Fragestellungen für kartographische Lösungen bei Beteiligungs- und Festlegungskarten

1.1.3.1 Allgemeines

Es gibt Aufgabenstellungen des Planers an den Kartographen, die alle Arten von Planungskarten berühren, und es gibt spezifische Fragen, die einen bestimmten Planungskartentyp mehr als andere betreffen. Auf letzteren soll das Hauptgewicht dieser Ausführungen liegen, insbesondere mit Bezug auf die Beteiligungskarten.

Vorweg einige allgemeine Punkte, eine Aufzählung allgemein üblicher Erfordernisse, die Planungskarten erfüllen sollen:

- Trotz hoher Vielfalt der Kartenelemente soll die Karte gut lesbar sein. Das einzelne Element soll möglichst problemlos erkennbar sein.
- Die kartograpische Methode soll den Parametern Lagegenauigkeit und Mengenwert entsprechen.
- Die Bezüge der Planungselemente zum übergeordneten politischen Leitrahmen sollen ebenso deutlich werden wie zur Topographie.
- Die Differenzierung der kartographischen Elemente soll der inhaltlichen Gliederung der Planungskarte z.B. hinsichtlich Gruppenbildung und Bedeutung entsprechen.
- Planungs- bzw. Realisierungsphasen sollen kartographisch verdeutlicht werden.

1.1.3.2 Lagegenauigkeit und Mengenwert

Die Festlegungen der Landes- und Regionalplanung müssen nachgeordneten Planungen (Fachplanungen, Bauleitplanungen) genügend Gestaltungsraum lassen und sollen daher - von besonders begründeten Fällen abgesehen - nicht sehr genau (z.B. nicht parzellenscharf), sondern nur eine Rahmenvorgabe sein. Schon der mittlere Maßstab der Landes- und Regionalplanung (1:50 000, 1:100 000) bringt es mit sich, daß unangemessene Anforderungen an die Lagegenauigkeit nicht angebracht sind. Im allgemeinen sollte eine Punktsignatur z.B. die Zuordnung eines Standortes zu einer Gemeinde / einem Ort anzeigen; handelt es sich dabei um ein förmlich festgelegtes Ziel der Raumordnung und Landesplanung, wird zweckmäßigerweise in einer verbalen Beschreibung (Textteil) verdeutlicht, wie die Lagebeziehung verstanden werden soll. Auf der Planungskarte sollten Standorte, deren Position im Rahmen des Kartenmaßstabes ''exakt'' ist, eine zusätzliche Kennzeichnung der Signatur erhalten.

Auch bei Verbindungen (Straßen, Eisenbahnen, Leitungen) könnte so verfahren werden. So sollte sich eine in bestimmter Weise qualifizierte Straßenverbindung, die nur als abstrakte Verkehrsbeziehung gedacht ist, in ihrer Darstellung von einer Verbindung, bei der die sog. Linienbestimmung bereits erfolgt ist, durch ein kennzeichnendes Merkmal unterscheiden.

Die Abgrenzung von Flächen und Räumen sollte entweder topographischen Elementen folgen (z.B. wenn Waldgrenzen und Flußläufe als Grenzlinien gemeint sind) oder als abstrahierte, generalisierte Linie (so im Falle von zentralörtlichen Bereichen) dargestellt werden. Eine entsprechend unterschiedliche kartographische Kennzeichnung müßte erfolgen.

Wohl nur bei Standorten spielt auch der Mengenwert eine Rolle (z.B. bei Standorten für Kläranlagen von 5 000 oder von über 100 000 Einwohner/Einwohnergleichwerten). Wegen der damit verbundenen, sehr unterschiedlichen räumlichen Wirkungen sollten unterschiedlich große Signaturen verwendet werden.

1.1.3.3 Schichtung und Gruppierung

Eine weitere Aufgabe besteht darin, Systemzusammenhänge kartographisch zu verdeutlichen. Solche inhaltlichen Bezugsgefüge gibt es z.b. zwischen Zentralortsfunktion und Siedlungstätigkeit (hierbei handelt es sich um verschiedenartige Sachbereiche) oder zwischen gewerblichen Förderzonen, gewerblichen Entwicklungspolen und gewerblicher Flächenreservierung (diese sind gleichartige Sachbereiche). In den Fällen hierarchischer Systeme (z.B. bei zentralörtlichen Bereichen, Netzen von Verkehrsverbindungen) müssen die Schichtungsverhältnisse - von unten nach oben oder umgekehrt - kartographisch deutlich werden.

Einen besonderen Schichtungssachverhalt stellen die Vorranggebiete dar, die mehr und mehr in die Pläne der Raumordnung und Landesplanung Eingang finden. Hier kommt es zu gewollten Überlagerungen, die auf einer definierten Prioritätenfolge beruhen. Auch diese Prioritätenschichtung sollte kartographisch herausgearbeitet werden.

In allen Plänen gibt es generell den Schichtungsfall der flächenhaften Planungsaussage über der Darstellung der Flächennutzung, die u.U. um zusätzliche Bestandseintragungen ergänzt wurde (z.B. um neue Siedlungsgebiete, Haldenflächen). Es kommt darauf an, daß auch mit kartographischen Mitteln dazu beigetragen wird, topographische Elemente nicht mit planerischen Festlegungen zu verwechseln.

Neben der (vertikalen) Schichtung spielt die Frage der (horizontalen) Gruppierung eine Rolle. Hierbei geht es um die Verdeutlichung sachgruppenspezifischer Zusammenhänge, z.B. um die Erkennbarkeit der planerisch zu sehenden ''Verwandtschaft'' zwischen den Freiraumnutzungen Land- und Forstwirtschaft oder der Gewerbe-, Wohn- und Ferien-/Wochenendsiedlung oder der Straßen-, Schienen-, Wasserstraßen- und Luft-Verkehrsinfrastruktur oder den Natur-, Landschafts-, Klima-, Boden- und Wasser-Schutzfunktionen.

1.1.3.4 Zeitachse

Planungsziele sind in einen Zeitrahmen eingebettet, der in Phasen untergliedert sein kann. Wenn eine solche zeitliche Differenzierung vorgenommen wird - z.B. nach Fünf-Jahres-Abschnitten -, sollte sie auch auf kartographische Weise zum Ausdruck gebracht werden.

In diesen Bereich fällt die Verdeutlichung der unterschiedlichen Realisierungsstufen ''bestehend'' (Ziel: Erhaltung), ''geplant'' (Ziel: Errichtung o.ä.), ''vorgesehen'' (Ziel: Planung) mit hinein; die beiden letztgenannten Stufen können u.U. mit Angaben über Zeitabschnitte kombiniert werden.

1.1.3.5 Lesbarkeit

Eine besondere Schwierigkeit liegt darin, daß die zeichnerische Darstellung in Planungskarten in angemessener Weise auf den rechtlich Betroffenen Rücksicht nehmen muß, der keine Erfahrung im Kartenlesen hat. Nicht so sehr der von den Inhalten nicht unmittelbar betroffene Bürger wäre in diesem Zusammenhang zu sehen, sondern vor allem der die politischen Entscheidungen treffende Politiker und der mit Umsetzungsaufgaben betraute Techniker. Es wäre zu überlegen, ob es allgemeine Regeln dafür geben kann, welche Konzessionen in diesem Zusammenhang bezüglich der graphischen Gestaltung von Karten zu machen sind. Während die Beteiligungskarten noch der Willensbildung, Unterrichtung und Überzeugung - aber mit dem Ziel einer am Ende des Planungsprozesses liegenden verbindlichen Entscheidung! - dienen, üben Festlegungskarten hoheitliche Wirkungen aus: sie binden, veranlassen, verhindern. Damit spielen in Planungsfestlegungskarten strategische Fragen stark hinein (z.B. bezüglich der Auswahl der festzulegenden und der wegzulassenden Inhalte), aber auch Fragen der Taktik. Diese können insbesondere schon bei den Beteiligungskarten berührt sein (z.B. Verdeutlichung oder Unterdrückung von Problemen).

Planungskarten unterliegen nicht dem Druck kurzfristiger Wahrnehmung ihres syntaktischen oder semantischen Inhalts. Der Kartograph kann davon ausgehen, daß die Beschäftigung mit Planungskarten tendenziell mit längerem Zeitaufwand erfolgt.

Was die "Verschlüsselung" von Inhalten durch kartographische Zeichen angeht, kann er ferner davon ausgehen, daß er es mit einer "festen Klientel" zu tun hat, die - anders als der Zufalls- oder Gelegenheitsbenutzer einer Karte - bestimmte Darstellungselemente als typisch und grundsätzlich nicht mehr erklärungsbedürftig akzeptiert.

Die Planungsfestlegungskarte muß als Verwaltungsdokument justitiabel sein (siehe Reiners, 1.2). Ausgehend von der These, daß ein Planer erst weiß, was dies bedeutet, wenn er mit seinem Plan einmal vor Gericht steht, sollte versucht werden, Kriterien aufzustellen, die die Planungsfestlegungskarte "gerichtsfest" machen, soweit Fragen der Kartographie dabei berührt sind.

1.1.3.6 Abstraktionsgrad

Der Planer sieht sich bei bestimmten Aufgaben der Umsetzung räumlicher Zielvorstellungen in die Karte vor das Problem gestellt, daß sich die kartographische Darstellung von abstrakten Raumbezügen nicht genügend von derjenigen konkreter Ziele unterscheiden könnte; die kartographischen Elemente sind sich oft zu ähnlich. Beispielsweise bedürfen Grundwassererneuerungszonen als wesentlich abstrakterer Karteninhalt als Wasserschutzgebiete einer entsprechend unterschiedlichen Darstellung. Auch die Darstellung räumlicher Kategoriebildungen wie Ländlicher Raum, Ordnungsraum, Verdichtungsraum sollte deren Abstraktionsgrad in besonderer Weise entsprechen.

Eine ähnlich abstrakte, stark verallgemeinernde und zusammenfassende planerische Aussage wäre die kartographische Verdeutlichung besonderer Entwicklungsräume (z.B. zurückgebliebener ländlicher Teilräume mit überdurchschnittlichem Entwicklungsbedarf) oder von Teilräumen mit strukturellem Erneuerungs- und Modernisierungsbedarf (z.B. Altindustriegebieten). Hierbei käme es auf die Darstellung einer übergeordneten Leitlinie an. Ob Aussagen dieser Art in der

Planungskarte sinnvoll sind, soll hier nicht näher erörtert werden; es ist denkbar, daß es Fälle gibt, für die eine geeignete kartographische Lösung zur Hand sein sollte.

Gut gelöst wurde von der Landes- und Regionalplanung bisher die siedlungsstrukturelle Kategorisierung der zentralen Orte, z.T. auch der Entwicklungsachsen. Die Planungskarte muß in allen Fällen dieser Art vermitteln, daß konkrete Standort-, Flächen- und Linienbezüge nicht gemeint sind und infolgedessen auch keine konkreten Abgrenzungen durch die kartographischen Elemente herbeigeführt werden sollen.

Mißverständnisse in dieser Richtung sind durch Verwendung eines topographischen Kartenunterdrucks praktisch vorprogrammiert. Auf die Wiedergabe topographischer Bezugspunkte im gesamten Planungsraum kann zwar grundsätzlich nicht verzichtet werden, da nur mit einem unverzerrten topographischen Fond gewährleistet ist, daß planerische Festlegungen, bei denen es auf räumliche Konkretheit ankommt, auch in dieser angestrebten Qualität erkannt werden können. Räumlich abstrakte Planungsaussagen - wie oben beispielhaft angesprochen - "kollidieren" aber mit topographischen Feinheiten, die in der Kartengrundlage mit enthalten sind, d.h. sie sind nicht an letztere angepaßt.

Insbesondere nachgeordnete Planungsebenen sind versucht, kartographisch festgelegte Ziele der Landes- und Regionalplanung in übertriebener Exaktheit in ihren in der Regel größeren Kartenmaßstab (1:25 000 - 1:5 000) zu übertragen, wobei sie sich an topographischen Details wie Feldwegen, Jagen, Bächen und Höhenlinien orientieren. Dadurch kommt es zu einer unberechtigten Interpretation des der Landes- und Regionalplanung eigenen Abstraktionsgrades.

1.1.3.7 Kartenherstellung

Die herkömmliche Entwurfstechnik (manuell gezeichnete Karten) genügt für die Herstellung von "Einmal-Plänen" - internen Arbeitskarten -.

Mit dem fortschreitenden Einsatz neuer Technologien in den Planungsstellen bietet die Graphische Datenverarbeitung (GDV) neue und vielfältige Möglichkeiten. Diese neue Technik ist vor allem dann von Vorteil, wenn mit häufigen Planänderungen zu rechnen ist. Jeder Planer kennt die Materialschlacht, die bei der herkömmlichen Kartentechnik bei der Herstellung von Deckern, Rasterkopien und Druckfilmen abläuft und die einfach ihren erhöhten Zeitbedarf hat und nur eine sehr beschränkte Variabilität bietet. Wenn auch bisher kaum eingeführt, läßt die GDV doch erwarten, daß sie für Problembewältigungen wie Aufgabendefinition, Optimierung und Alternativenfindung geeigneter ist. Bei erforderlichen Schnellreaktionen ist sie besonders günstig einzusetzen.

So ist die GDV insbesondere bei Beteiligungskarten eine große Herausforderung an den Planer. Er muß sich fragen, wie er die neuen Möglichkeiten bestmöglich einsetzt. Die neue Technik kann vieles erleichtern, allerdings in der Sachaussage prinzipiell nichts Neues bringen. Das Verlockende an ihr ist, daß sie die Herstellung von Vergleichen erleichtert, Verknüpfungen schneller verdeutlicht und eine überzeugende "Manipulation" erlaubt. Sie läßt eine hohe Operationalität erwarten und wird sich schon aus diesem Grunde, insbesondere wegen der Schnelligkeit des Kartenentwurfs, durchsetzen. Darüber hinaus bietet sie mit der Möglichkeit, aus dem digitalen

Kartenentwurf heraus Berechnungen durchzuführen (z.B. Entfernungen, Flächenumfang), einen zusätzlichen Dienst.

Sofern der heutige Stand der Technik, insbesondere beim Einsatz der GDV-Programme, angewandt wird, ist das von den Anfängen der GDV her bekannte, weniger ansprechende Erscheinungsbild rechnergestützt erstellter Karten nicht zu befürchten und eine erhöhte Akzeptanzbereitschaft insoweit nicht erforderlich. Die technische Qualität von Planungskarten ist mit GDV-Unterstützung in der Regel besser, weil präziser und einheitlicher. Selbst wenn man Planungskarten nicht nur als Gebrauchsgegenstände, sondern - zumindest die Festlegungskarten - auch als Kunstwerke sieht, können gut gemachte GDV-gestützte Karten überzeugen.

1.1.3.8 Besonderheiten bei Beteiligungskarten

Die im Unterkapitel 1.1.2.2 zu den Beteiligungskarten getroffenen Aussagen werden im folgenden Abschnitt ergänzt sowie um spezielle inhaltliche Gesichtspunkte erweitert.

Grundsätzliches

Beteiligungskarten haben einen inhaltlichen und verfahrensmäßigen Bezug (Mitwirkung, Anhörung) zu Festlegungskarten. Sie sollen den Planungszweck und das Planungserfordernis verdeutlichen und konzeptionelle Vorstellungen (Ideen) vermitteln. Sie müssen daher beabsichtigte (Teil-)Aussagen einer Festlegungskarte in den Rahmen der jeweiligen Problemstellung einbetten. Ihre Aufgabe ist es, die Hintergründe und Begleitumstände des Planungsfalles zu verdeutlichen, z.B. Koordinierungsbedarf anzuzeigen, Konflikte zu markieren, Bewertungen vorzunehmen, Gegenpositionen darzustellen und Alternativen anzubieten. Diese sollen Gegenstand der Diskussion sein. Sie sollen die Sachauseinandersetzung fördern und den Willensbildungsprozeß voranbringen. Sie sind in der Regel zugleich Vorentwürfe von Festlegungskarten; über diese hinaus stellen sie aber auch die "Begleitumstände" der Planung dar.

Daraus wird deutlich, daß Beteiligungskarten ein Instrument sind, den Dialog zwischen Planer und Planungsbetroffenem zu fördern. Sie machen es erforderlich, daß Karten-Ersteller und Karten-Benutzer mit der Karte *arbeiten*, sie also nicht nur *betrachten*.

Den Beteiligungskarten können zur weiteren Erhöhung des Verständnisses Grundlagenkarten beigegeben werden. Auch Auswertungskarten können Beteiligungskarten sein.

Ihre kartographische Ausführung muß auf die am Planungsprozeß Beteiligten ausgerichtet sein, die "betroffen" gemacht werden sollen. Es kann daher zweckmäßig sein, daß sie auch graphische Elemente nach Art der Werbung enthalten. Oft wird eine bewußte zeichnerische Umformung der Karteninhalte vorgenommen werden müssen (z.B. übermäßige Generalisierung, farbliche Hervorhebung, demonstrative Betonung durch Hinweiszeichen wie Pfeile, Signalpunkte, Piktogramme u.ä.); auch Vereinfachungen, Auslassungen und andere - meist größere - Maßstäbe sind besondere Merkmale der Beteiligungskarten.

Ihr Einsatz geschieht in Besprechungen, Erörterungsterminen, Informationsveranstaltungen, Anhörungen usw. Sie werden vervielfältigungsfähig vom Träger der Planung angefertigt.

Inhalte

Beteiligungskarten haben im Vergleich zu Festlegungskarten grundsätzlich keine anderen Inhalte als diese. Sie enthalten jedoch z.T. noch nicht geklärte Aussagen sowie kritische Bemerkungen und Hinweise auf noch offene Punkte.

Solche inhaltlichen Punkte können z.B. sein:

1. Bewältigung von Konflikten; im einzelnen:
- Nutzungskonflikt / besonderer Konflikt / Konfliktpunkt / Konfliktsituation / Konfliktüberprüfung
- Interessenkonflikt
- Nutzungskonkurrenz
- Unverträglichkeit
- Behinderung einer Funktion
- Verhinderung einer Entwicklung

2. Durchführung von Koordination und Prüfung; im einzelnen:
- Koordinations- / Abstimmungsbedarf
- Prüfauftrag

3. Berücksichtigung von Alternativen und Varianten; im einzelnen:
- Gegenvorschlag
- Untersuchungsauftrag

4. Beseitigung von Mängeln; im einzelnen:
- Restriktion
- Mangel / mangelhafte Ordnung
- Fehlentwicklung / Fehlplanung
- Beeinträchtigung einer Funktion
- Isolierung eines Standortes

5. Beachtung des Planungsstandes; im einzelnen:
- Festlegung noch nicht erfolgt
- Vororientierung / Zwischenergebnis / Festsetzung / Ausgangslage
- Entwicklungsmöglichkeit

6. Herstellung einer Verbindung zu anderen Planungen oder zu Planansätzen (Textteil); im einzelnen
- Benennung einer bestimmten Planung
- Anbringung einer Objektnummer / Textziffer.

Diese Beispielsnennungen sind keineswegs als umfassend und abschließend anzusehen. Nicht jeder während einer Planaufstellung notwendig werdende Zusatz wird sich unter diese Punkte subsumieren lassen.

Soweit für Beteiligungskarten typische Zusätze bisher bekannt geworden sind, können sie zu drei unterschiedlichen Inhaltsgruppen zusammengefaßt werden:

A. Bezeichnung des Entscheidungsbedarfs

Hierunter fallen:
- Konfliktbewältigung
- Koordination und Prüfung sowie
- Berücksichtigung von Alternativen u.ä.

B. Bewertende Aussagen

Dies betrifft:
- die Mängelbeseitigung

C. Informatorische Mitteilungen

Hierzu zählen:
- Angaben zum Planungsstand und
- Angaben zu anderen Inhalten.

Zeichen

Für die kartographische Visualisierung dieser besonderen Inhalte gibt es keine Zeichenvorschriften, so daß - grundsätzlich gesehen - eine freie Zeichenwahl möglich ist. Die Zeichen sollten aber folgenden Bedingungen genügen:

- Sie müssen auffällig sein.
- Sie müssen sich von den Zeichen des normalen Karteninhalts deutlich unterscheiden.

Als kartographische Elemente kommen insbesondere in Betracht:

- Pfeil, Doppelpfeil
- geometrisches Zeichen wie Dreieck, Kreis, Quadrat
- Signalpunkt
- Stern
- Ausrufezeichen
- Bandverstärkung
- Kontrastlinie
- Ziffer
- Buchstabe
- Piktogramm
- Vergrößerung von Kartenausschnitten (Lupenbetrachtung).

Beteiligungstypische Sonderinhalte sind bisher überwiegend in fachplanerisch orientierten Plänen dargestellt worden. Es wird angeregt, die besonderen Möglichkeiten der Beteiligungskarte im Planungsprozeß auch im Bereich Landes- und Regionalplanung auszuschöpfen. Damit wäre ein sehr förderlicher kartographischer Beitrag zur Erhöhung der Planungstransparenz und zur Intensivierung der Mitwirkung anderer Beteiligter geleistet.

1.1.4 Planungskarte und Planungstext

Die Karte hat Grenzen der Aussage- und der Vermittlungsfähigkeit. Bei förmlichen Planungen bilden Text und Karte daher eine Einheit.

Die Stellung der Karte innerhalb der jeweiligen Planung ist bei den einzelnen Planungsarten unterschiedlich. Bei der verbindlichen Bauleitplanung sind die Karten (Bebauungspläne) rechtlich die Hauptsache. Bei der Landes- und Regionalplanung und den fachlichen Rahmenplanungen ist die rechtliche Bedeutung von Planungskarte und Planungstext gleichrangig; dies trifft generell bei Festlegungskarten und bei Beteiligungskarten zu.

Dagegen sind Grundlagenkarten - also auch die Raumordnungs- und Fachkataster - meist nicht in eine eindeutige Beziehung zu Texten zu stellen, da sie ohne zugehörigen Text bestehen.

Bei der Neufassung (Änderung) eines Planes ist nicht nur die inhaltliche, sondern auch die darstellerische Akzeptanz stets neu zu suchen, d.h. die Planungskarte muß "ankommen". Dazu gehört auch eine weitgehende Kongruenz zwischen Legendenaufbau und Gliederung (Struktur) des Textes. Unverzichtbar ist vollständige Identität der in Text und Karte verwendeten Begriffe. Deren Semantik ist nicht Gegenstand der Karte, sondern muß im erforderlichen Umfang im Textteil geklärt sein. Im Gegensatz zu einer topographischen Karte und mancher einfachen Themakarte können Planungskarten, die als Beteiligungs- oder Festlegungskarten verwendet werden, nicht losgelöst vom zugehörigen Text ein "Eigenleben" führen.

1.2 Stellung und Bedeutung landesplanerischer Pläne und ihrer Vorstufen im Planungsprozeß

1.2.1 Landesplanerische Pläne (Festlegungskarten) und verfahrensbegleitende Illustrationen (Planungsbeteiligungskarten)

In seinem Beitrag hat P. Moll (1.1) die in Landes- und Regionalplanung üblichen Karten als interne (Arbeits- und Vorbereitungskarten) und externe Karten (Planungsgrundlagen-, - beteiligungs- und -festlegungskarten) gegliedert und charakterisiert. Damit ist zugleich eine Aussage getroffen, welche Karten bzw. graphische Darstellungen in welchen Phasen des landes- bzw. regionalpla- nerischen Planungsprozesses zum Einsatz kommen können.

Bei der Erarbeitung von Karten in und für den Planungsprozeß muß beachtet werden, daß nur jene landes- und regionalplanerischen Zielsetzungen zur Verbindlichkeit gelangen können, die in verbaler und/oder zeichnerischer Form eine Festlegung in Plänen gefunden haben. Nur sie gelten als "Ziele der Raumordnung und Landesplanung" mit dem Anspruch, bei raumbedeutsamen Planungen und Maßnahmen beachtet zu werden. Ihre Rechtsnatur und -stellung sowie ihre Bedeutung sind in der einschlägigen Literatur eingehend dargestellt worden (Hoppe, 1986,1987, Erbguth, 1981,1983, Klein, 1972, Niemeier, 1976, Zinkahn/Bielenberg, 1965, Erbguth/Söfker, 1985). Gerade im Hinblick auf deren Durchsetzung erscheint es jedoch von entscheidender Bedeutung, daß sie kartographisch in einer Form dargestellt werden, die eine ausreichende räumliche Zuordnung und Konkretisierung ermöglicht, wie das Bundesverwaltungsgericht (1984) in Entscheidungen aus dem Jahre 1984 verlangt hat. Insoweit ist eine *angemessene zeichnerische Darstellung* in "landesplanerischem Maßstab" *Voraussetzung für die Vollzugskraft landesplanerischer Zielsetzungen.* Dies bedeutet, daß die bei der Erstellung solcher landesplanerischer Pläne angewandten Methoden schließlich ebenso wie ihr Ergebnis - der landesplanerische Plan - einer verwaltungsgerichtlichen Nachprüfung Stand halten müssen.

Es muß des weiteren hervorgehoben werden, daß diese Kartenart einen besonderen Charakter hat, der nicht selten übersehen wird, wenn *Verständnis-* und *Wahrnehmbarkeitsprobleme* wegen der *Dichte* und *Unübersichtlichkeit* und damit der *Aussagefähigkeit* der Darstellungen auftreten (Rödel, 1985) und gefordert wird, diese zu entfeinern oder zu entflechten sowie den Inhalt auf mehrere Blätter zu verteilen. Gesichtspunkte der *Planungs-Sicherheit* und *-Vollständigkeit* sprechen - u.a. auch unter Berücksichtigung der *juristischen Nachprüfbarkeit* (Reiners, 1971, 1984, 1989) - gegen eine solche Vorgehensweise.

Bei Plänen dieser Art handelt es sich um *ausschließlich behördenverbindliche Aussagen*, die den einzelnen Bürger weder binden noch verpflichten. Dementsprechend ist *keine Bürgerbeteiligung* in landes- bzw. regionalplanerischen Verfahren (MKRO, 1983, Erbguth, 1983) - z.B. entgegen den Verfahren in der Bauleitplanung[1]) - vorgesehen. Gleichwohl gibt es hier einen Ansatzpunkt bei den *Planungsbeteiligungskarten*". Es kann abgewartet werden, ob es bei der bisherigen Verfahrenspraxis für die Landes- und Regionalplanung bleibt oder ob sich die Gesetzgeber in Bund und Ländern dem Drängen der von Planungen und Maßnahmen der künftigen Landes- und Regionalentwicklung betroffenen Bürger öffnen und ihnen eine wie auch immer ausgestaltete Beteiligung einräumen. Die Durchführung der ersten Stufe der Umweltverträglichkeitsprüfung (UVP) in Raumordnungsverfahren - könnte diesen Prozeß u.U. beschleunigen. Ungeachtet dessen ist das Interesse an solchen planerischen Entwicklungen und Entscheidungen so groß, daß es - in geordnete Bahnen gelenkt - Beachtung verdient. Deshalb wird in wenigen Fällen auch schon seit Jahren von den Planungsträgern eine direkte Bürgerbeteiligung, zum Teil ohne Anerkennung einer Rechtspflicht, zugelassen[2]). Bisher findet aber schon jetzt in aller Regel eine mittelbare Beteiligung der Bürger über ihre Gemeinden statt.

Die absehbar bürgerorientierte Entwicklung, gefördert durch die im öffentlichen Bewußtsein gestärkte Mitverantwortung für die Umwelt, zwingt die Planungsträger geradezu zu einer "publikumswirksamen" Verdeutlichung ihrer Absichten. Das kann sich nicht nur auf eine - in allen Fällen nicht einmal mögliche - Änderung der bisherigen planungskartographischen Methodik für landesplanerische Pläne beschränken. Vielmehr bedarf es dazu illustratorischer Erläuterungen im Rahmen des Planungsprozesses. Dies gilt auch schon für die bisher und künftig durchgeführten "Behörden"-Verfahren: Von Nutzen wären solche zusätzlichen Darstellungen auch für die Träger öffentlicher Belange und ihre Beteiligung in solchen Planverfahren.

1.2.2 Hierarchisches System landesplanerischer Pläne

Die hier anstehende Thematik ist in der fachwissenschaftlichen Literatur so häufig behandelt worden (Hoppe, 1985, 1986, Erbguth, 1983, v. Malchus, 1983, Reiners, 1984, 1989), daß sich eine Darstellung im einzelnen zwar erübrigt, der Sachzusammenhang macht jedoch einen Überblick notwendig.

Vorausgeschickt sei hier zur begrifflichen Klarstellung, daß unter *Landesplanung* jener "Teil der öffentlichen Verwaltung in den Ländern verstanden wird, deren Aufgabe die zusammenfassende, überörtliche, übergeordnete, den Grundsätzen der Raumordnung entsprechende Aufstellung von Programmen und Plänen sowie die Koordinierung raumbedeutsamer Planungen und Maßnahmen" (BMBau, 1984, Hoppe, 1986) ist. Diese Programme und Pläne enthalten die behördenverbindlichen, textlich und/oder zeichnerisch dargestellten *Ziele der Raumordnung und Landesplanung*, die von allen öffentlichen Planungsträgern zu beachten sind. Eine entsprechende Aufgabe fällt der *Regionalplanung* für Teilräume des Landes auf der Grundlage der übergeordneten Programme und Pläne der Länder zu. Für die in den Regionalplänen enthaltenen Ziele der Raumordnung und Landesplanung gelten im regionalen Bereich die gleichen Beachtenspflichten.

1.2.2.1 Landesplanung (Programme und Pläne der Länder)

In der ersten Stufe (Masuhr, 1982) des landesplanerischen Planungssystems ergibt sich für die Länder in der Bundesrepublik Deutschland eine Zweigliederung insoweit, als es einmal solche landesplanerischen Zielsetzungen gibt, die umfassend *alle raum- und strukturrelevanten Elemente der Landesentwicklung für das gesamte Land* enthalten, wenn sie auch in der Terminologie und Methodik der Darstellung selbst voneinander abweichen:

- Landesraumordnungsprogramm   (H, NS, SH)
- Landesentwicklungsprogramm   (B, NRW, RhPf, S)
- Landesentwicklungsplan   (BW)

Zum anderen sind Ziele der Raumordnung und Landesplanung, auf *bestimmte sachliche Fachbereiche* und *räumliche Teilgebiete* abgestellt, in

- Fachlichen Programmen und Plänen   (B)
- Fachlichen Entwicklungsplänen   (BW)
- Landesentwicklungsplan   (H)
- Landesentwicklungsplänen   (NRW, S)

dargestellt und zugleich die in den Programmen enthaltenen Grundsätze konkretisiert.

1.2.2.2 Regionalplanung

Die zweite Stufe des Planungssystems weist eine relative inhaltliche Einheitlichkeit auf, dagegen ist die Terminologie der Pläne fast so vielgestaltig wie in der höheren Ebene:

- Regionalpläne   (BW, B, SH)
- Regionale Raumordnungsprogramme   (NS)
- Regionale Raumordnungspläne   (H, RhPf)
- Gebietsentwicklungspläne   (NRW).

1.2.3 Planungsverfahren

1.2.3.1 Verfahrensablauf

Der *Ablauf* der Planungsverfahren ist in den landesplanungsrechtlichen Vorschriften der Länder im einzelnen vorgeschrieben[3]). In der Regel umfaßt die *Vorbereitung* im wesentlichen zwei Arbeitsschritte - die Raumanalyse nach Flächennutzung und Struktur sowie die Herstellung eines Rohentwurfs bzw. einer Konzeption (Planentwurf), die Grundlage für den Beschluß des Planungsträgers ist, die *Erarbeitung* förmlich einzuleiten. Der Planungsträger fordert die Beteiligten auf, Bedenken und Anregungen zum Planentwurf zu äußern. Diese nach Zahl der Beteiligten, der Größe des Plangebietes und der Vielfalt des Planinhalts überaus zahlreichen, aber auch gegenteiligen Meinungsäußerungen bedürfen der Auswertung, insbesondere aber eines Ausgleichs; im Ergebnis führt dies zu einer Überarbeitung des Planentwurfs.

Dem schließt sich mit der Vorlage des Planentwurfs beim Planungsträger die *Aufstellungsphase* an: bei *Programmen und Plänen auf Landesebene* geschieht dies - in unterschiedlichen Regelungen - durch das Landesparlament (Gesetzgeber), Beschluß der Landesregierung, im Einvernehmen/Benehmen mit dem für Belange der Raumordnung und Landesplanung zuständigen Parlamentsausschuß sowie im Einvernehmen/in Abstimmung mit den zu beteiligenden Fachministern. Die *Regionalpläne* werden durch die oberste, für Raumordnung und Landesplanung zuständige Landesbehörde (Landesplanungsbehörde) allein, nach Beratung der Landesregierung, im Einvernehmen mit den fachlich zuständigen Landesministern bzw. durch die Landesregierung genehmigt. Durch Bekanntmachung in dem dafür bestimmten Veröffentlichungsorgan erlangt ein Plan *Rechtskraft/Verbindlichkeit*, die zugleich die *Beachtenspflicht* auslöst.

1.2.3.2 Verfahrenssystematik

Der im vorausgehenden dargestellte Verfahrensablauf bezieht sich in erster Linie auf die Programme und Pläne der Landes- und Regionalplanung. Er erfaßt in gleicher Weise deren Änderung bzw. Ergänzung, sei es, daß dies nach einer in den landesplanungsrechtlichen Vorschriften festgesetzten Frist geschieht[4]), sei es, daß dies aus aktuellem Anlaß von den Planungsträgern, ggf. auf Antrag eines öffentlichen bzw. privaten Antragstellers, für erforderlich gehalten wird (*Änderungs-/Ergänzungs-/Fortschreibungsverfahren*).

Als Sonderform sind hier die in NRW nur für das Rheinische Braunkohlengebiet eingeführten *Braunkohlenpläne* (Depenbrock/Reiners, 1985) zu erwähnen, die "auf der Grundlage des Landesentwicklungsprogramms und der Landesentwicklungspläne und in Abstimmung mit dem Gebietsentwicklungsplan ... Ziele der Raumordnung und Landesplanung festlegen, soweit es für eine geordnete Braunkohlenplanung erforderlich ist" (§ 24 Abs. 1 LPlG). Deren Planungsträger ist der demokratisch legitimierte Braunkohlenausschuß (§§ 26 bis 28 LPlG), die Geschäftsführung liegt bei der Bezirksplanungsbehörde Köln (§ 27 Abs. 5 LPlG), die auch die Planverfahren betreut. Das zur Erarbeitung und Aufstellung der Braunkohlenpläne förmlich vorgeschriebene Verfahren (§ 24 Abs. 3 i.V. m. §§ 15 und 31 LPlG) weicht von sonstigen landesplanerischen Planverfahren insoweit ab, als bereits mit dem ersten Inkrafttreten des sog. Braunkohlengesetzes (1950)[5]), dessen Inhalt 1979 weitgehend als Sondervorschriften für das Rheinische Braunkohlengebiet in das Landesplanungsgesetz übernommen wurde[6]), auch die Beteiligung aller Bürger, ungeachtet ihrer unmittelbaren Betroffenheit, zugelassen war. Dies gilt noch heute, obwohl - auch seit 1979 - die zwingend an der Erarbeitung der Braunkohlenpläne zu beteiligenden Bundes- und Landesbehörden und -dienststellen, die Gebietskörperschaften, die Institutionen der funktionalen Selbstverwaltung etc. durch Rechtsverordnung festgelegt worden sind (§ 3 der 2. DVO zum LPlG[7])).

Zum prozessualen Instrumentarium der Landesplanung und Regionalplanung gehört auch das in allen Bundesländern - mit Ausnahme von NRW (Depenbrock/Reiners, 1985) -, wenn auch in unterschiedlicher Ausprägung, übliche *Raumordnungsverfahren*[8]): Im Rahmen eines förmlichen Verfahrens, das in den einschlägigen landesplanungsrechtlichen Vorschriften festgelegt ist, schlagen die dafür zuständigen Landesplanungsbehörden (als oberste Instanz) bzw. die Bezirksplanungsbehörden vor, auf welche Weise raumbedeutsame Planungen und Maßnahmen öffentlicher oder sonstiger Planungsträger unter Beachtung der Ziele der Raumordnung und Landesplanung aufeinander abgestimmt werden können, oder sie stellen fest, ob solche mit den Erfordernissen der Raumordnung übereinstimmen.

Ungeachtet der bereits erwähnten unterschiedlichen Ausprägung des Raumordnungsverfahrens gibt es einige allen gemeinsame Grundzüge ihrer Aufgabenstellung: Sicherstellung der Einhaltung der Ziele der Raumordnung und Landesplanung, Beitrag zur Konkretisierung bestehender oder Schutz der in der Aufstellung befindlichen Ziele. Dabei beschränkt sich die Anwendung des Raumordnungsverfahrens fachlich ausschließlich auf den landesplanerischen Bereich. Üblicherweise hat die abschließende Entscheidung in einem Verfahren keine Allgemeinverbindlichkeit, d.h. der einzelne Bürger wird durch diese nicht gebunden; demgegenüber ist die verwaltungsinterne Bindungswirkung in den einzelnen Ländern unterschiedlich festgelegt[9]).

Zusätzliche Aufgaben werden auf die Planungskartographie durch die beabsichtigte Einführung der *Umweltverträglichkeitsprüfung (UVP)* in das Raumordnungsverfahren bei bestimmten öffentlichen und privaten Objekten zukommen[10]).

1.2.4 Künftige Aufgaben der Planungskartographie im Planungsverfahren

Auch in Zukunft wird der *landesplanerische Plan* i.S. des Festlegungsplanes, ungeachtet der Planungsebene und seines räumlichen Geltungsbereiches, als *zeichnerische Darstellung der Landesentwicklungskonzeption*, als Veranschaulichung und rechtsrelevanter Bestandteil des Planes zugleich, die Ziele der Raumordnung und Landesplanung enthalten. Die Pläne dieser Art werden wohl immer, vielleicht sogar unter dem Einfluß der Mitverwendung der EDV und der zunehmend zum praktischen Einsatz gelangenden graphisch-interaktiven Arbeitsplätze, verstärkt *Verständnisschwierigkeiten* auslösen. Dies liegt zu einem großen Teil an der *Fülle der raum- und strukturrelevanten Elemente*, aus denen sich ein landesplanerischer Plan für die Gesamtentwicklung des Landes oder seiner Teilräume zusammensetzt. Dies hängt aber auch damit zusammen, daß eine *hinreichend konkretisierte Form der landesplanerischen Zielaussage* in der verwaltungsgerichtlichen Auseinandersetzung erwartet wird. Hier sind auslaufende Schraffuren, Farbflächen, Saumdarstellungen unterschiedlicher Gestaltung, unterstützt durch den bereits erwähnten EDV-Einsatz, keine ausreichenden Lösungen.

Bisher ist eine Idealform zwischen dem ausreichenden Konkretheitsgrad und der zu vermeiden-
den Einengung des Ermessensspielraumes, z.B. der regionalen Planungsträger bzw. der zu
gewährleistenden Planungsfreiheit im Rahmen der Selbstverwaltungsgarantie der Gemeinden als
Träger der Bauleitplanung, noch nicht gefunden.

Um so mehr ist die Planungskartographie als spezielle Disziplin der Thematischen Kartographie aufgerufen, zur *Verdeutlichung und Veranschaulichung des Planungswillens, der Planungskonzeption und des Planungszieles* beizutragen. Dazu gehört, daß die Planungskonzeption, die
Gegenstand der dargestellten Planverfahren ist, in deren Ablauf sie ggf. vielfältigen und
zahlreichen Änderungen unterworfen wird, von Beginn an begleitet wird von *kartographischen
und sonstigen graphischen Materialien*. Sie sind zum Teil als *Planungsgrundlagen*, etwa als
geowissenschaftliche Kartenwerke, als Umsetzung der Bevölkerungs- und Wirtschaftsstatistik in
analytische, komplexe und Synthesekarten vorhanden, zum Teil müssen sie als *Begleitmaterial*
(Planungsbeteiligungskarten) für die zahlreichen Arbeitsschritte des Planungsprozesses im
Hinblick auf die anstehende Einzelfallproblematik der planerischen Auseinandersetzung geschaffen werden.

1.3 Theoretische Aspekte der Kommunikation mit Planungskarten

Vorbemerkung

Unter dem Stichwort Kommunikation mit Planungskarten möchte ich versuchen, die Planungskartographie in die Zusammenhänge einer kommunikativen Gesellschaft zu stellen. Die Einbeziehung der theoretischen Konzepte der Kommunikationstheorie und der Zeichentheorie erscheinen dabei besonders geeignet, bisherige empirisch-pragmatische Begriffe und Prozesse der Planungskartographie theoretisch zu begründen und zu ergänzen, ihre Aufgaben zu präzisieren und
Karten als Instrumente der Planung räumlicher Entscheidungen zu verbessern. Angesichts der
Tatsache, daß weder die Kommunikationstheorie noch die Zeichentheorie geschlossene Theorien
sind und gegenwärtig vielseitig weiterentwickelt werden, können die vorgestellten Konzeptionen
nur als vorläufige, diskussionsfördernde Rahmenbedingungen verstanden werden.

1.3.1 Kommunikationstheorie

1.3.1.1 Allgemeine Kommunikationstheorie

Eine geschlossene allgemeine Kommunikationstheorie gibt es noch nicht, obwohl von verschiedenen Disziplinen Grundlagen hierfür aus der Informationstheorie, der Zeichentheorie, der
Kybernetik, der Linguistik, der Psychologie und der Soziologie erarbeitet und vorgestellt worden
sind. Übereinstimmung besteht bei den verschiedenen Ansätzen zu einer allgemeinen Kommunikationstheorie nur auf einer sehr abstrakten Ebene. Sie besagt, daß Kommunikation der Prozeß
der Übermittlung und der Austausch von Mitteilungen ist, der in der Regel zwischen einem
Sender, dem Expedienten, der die Mitteilung aussendet, und einem Empfänger, dem Rezipienten,
stattfindet, der die Mitteilung als Information empfängt, wobei für die Übermittlung im Kommunikationskanal ein spezielles Medium, ein bestimmter Code benutzt wird (Hake 1982, S. 19). Jede
konkrete Aussage über den Kommunikationsprozeß und seine Elemente führt zu speziellen

Kommunikationstheorien, die sich entsprechend ihren Grundlagen in zwei Hauptgruppen gliedern lassen, die kybernetische Kommunikationstheorie und die soziologische Kommunikationstheorie. Gemeinsam ist beiden, daß in ihnen als Medium der Kommunikation die gesprochene oder geschriebene Sprache auftritt, die als verbale Kommunikation bezeichnet wird und in der Regel die Ziffern und Formeln der numerischen Kommunikation einschließt, sowie als Medien die graphischen und bildnerischen Mittel, die die visuelle Kommunikation kennzeichnen; ihnen läßt sich die Kartographie problemlos zuordnen.

1.3.1.2 Kybernetische Kommunikationstheorie

Grundlage der kybernetischen Kommunikationstheorie ist die mathematische Informationstheorie. Sie ist aus der Entwicklung der Nachrichtentechnik hervorgegangen und versuchte vor allem die Prozesse im Kommunikationskanal zu erklären und zu prognostizieren. Sie stellte damit die Codes, die Codierung und Decodierung sowie die Störungen im Kommunikationskanal in den Mittelpunkt der Untersuchung und trennte dabei die Kommunikationsteilnehmer von der Technik der Nachrichtenübermittlung.

In der Kartographie wurde dieser Ansatz der kybernetischen Kommunikationstheorie von A. Kolacny (1970) aufgegriffen, für die Kartographie präzisiert und dadurch erweitert, daß Expedient (Kartenhersteller) und Perzipient (Kartennutzer) ihre Repertoires von Codes in einer gemeinsamen Umwelt entwickelten. Die Probleme des sozialen Umfeldes wurden den Teilnehmern des Kommunikationsprozesses als individuelle Randbedingungen beigefügt. Seither ist die kartographische Kommunikationskette erweitert und differenziert worden, wobei die Probleme des Informationsverlustes und Informationsgewinns bei der Codierung der Objekte oder Begriffe der realen Welt in kartographische Zeichen und bei deren Decodierung im Mittelpunkt des Interesses standen. Insbesondere in der anglo-amerikanischen Literatur wurden dabei unter dem Begriff der Codierung die einzelnen Schritte des Kartenentwurfs, von der Verebnung über die Vereinfachung bis zur Symbolisierung, sowie der Kartennutzung, vom Kartenlesen über die Karteninterpretation bis zur Kartenanwendung, in einer Reihenfolge aufgelistet, die sie als kontinuierliche Teilprozesse auswiesen (Board, 1984). Besondere Aufmerksamkeit wurde dabei zwei Problemkreisen gewidmet: erstens der Wahrnehmung der realen Welt und ihrer ideellen Abbildung in kognitiven Karten (gedankliche Karten, Vorstellungskarten), also den immateriellen Vorstellungen einzelner Menschen oder sozialer Gruppen von den räumlichen Gegebenheiten, sowie zweitens der Wahrnehmung der Kartenzeichen als Symbolen der Objektwelt der Realität. Die Bedeutung der kybernetischen Kommunikationstheorie für die Kartographie liegt darin, daß sie die bisherige Auffassung von der Karte als dem Endprodukt eines technischen Herstellungsprozesses aufhob und die Karte in den Mittelpunkt eines visuellen Mitteilungsvorganges stellte. Sie verwies damit auf die Funktion der Karte als Medium der Mitteilung über räumliche Gegebenheiten; die Funktionen sowie die Besonderheiten des Mediums lassen sich jedoch nur durch die Einbeziehung sozialwissenschaftlicher und semiotischer Theorien differenzieren und erklären.

1.3.1.3 Soziologische Kommunikationstheorie

Grundlage der soziologischen Kommunikationstheorie ist die Linguistik oder allgemeine Sprachtheorie. Sie ist aus den antiken Disziplinen der Rhetorik und Grammatik und der modernen Disziplin der vergleichenden Sprachwissenschaft hervorgegangen, die vor allem die allgemeine Struktur und die Funktion der verbalen Sprache in der zwischenmenschlichen Kommunikation zum Gegenstand ihrer Forschung macht.

In der Auseinandersetzung um die Frage, ob praktische Tätigkeit und Arbeitsteilung oder sprachliche Kommunikation die Grundlagen der gesellschaftlichen Organisation sind, wurden einige Grundtypen der Funktion kommunikativer Tätigkeit herausgestellt, die sich aber nicht hierarchisch ordnen lassen (Steinmüller, 1977):

- Als organisierende Funktion wird die kommunikative Tätigkeit bezeichnet, deren Aufgabe die planende Vorbereitung, begleitende Koordination und eingreifende Strukturierung der praktisch-gegenständlichen Arbeit bei gemeinsamem Handeln von Menschen ist; dabei spielen neben der gesprochenen Sprache die Gestik oder andere in der Arbeit begründete Codes eine wichtige Rolle.
- Als kognitive Funktion wird die kommunikative Tätigkeit bezeichnet, die abhängig oder unabhängig von praktisch-gegenständlicher Tätigkeit darauf gerichtet ist, Erkenntnisse zu gewinnen, zu speichern und weiterzugeben, um zukünftiges Handeln zu planen und vorzubereiten; hierbei spielt neben der gesprochenen Sprache die Lektüre der fixierten und tradierten Sprache eine besondere Rolle.
- Als Kontaktfunktion wird die kommunikative Tätigkeit bezeichnet, die das Ziel der Herstellung, Aufrechterhaltung und Steuerung zwischenmenschlicher Kontakte durch Informationen ermöglicht, die zur Einschätzung der Situation und hierarchischen Positionen der Kommunikationsteilnehmer notwendig sind; hierbei spielen neben der verbalen Sprache Codes der Erscheinung und des Verhaltens eine Rolle.
- Als vierter Grundtyp kommunikativer Tätigkeit ist die existentielle Funktion zu nennen, deren Ziel die Selbsterkenntnis und Stabilisierung der individuellen Persönlichkeit ist; sie wird in der Regel durch die verbale Ansprache erreicht, die sich nicht an bestimmte Adressaten richtet und daher selten dem Begriff der Nachrichtenübermittlung entspricht.

Diese Grundtypen kommunikativer Tätigkeit sind unter Berücksichtigung vor allem der Rolle der verbalen Sprache entwickelt worden. Sie lassen sich durch die Art der Ansprache als monologische Kommunikation oder dialogische Kommunikation sowie als direkte Kommunikation oder anonyme (indirekte) Kommunikation ohne Schwierigkeit differenzieren. Ebenso lassen sie sich durch das Verhältnis der verbalen Sprache zu anderen Codes, auch der visuellen Kommunikation, präzisieren. Eine Übertragung dieser Grundbegriffe kommunikativer Tätigkeit in die Theorie der kartographischen Kommunikation ist bisher nicht erfolgt. In der kartographischen Kommunikation wurden die Funktionen der Karte bisher vorwiegend aus ihrem Modellcharakter abgeleitet und mit den Begriffen der Modelltheorie beschrieben (vgl. Abschn. 1.3.2.2).

Die bisher vorgestellte soziologische Kommunikationstheorie stellte die intra- und interpersonellen Beziehungen und die Sprache als Kommunikationsmedium in ihren Brennpunkt. Sie berücksichtigt die soziale Differenzierung, bietet aber keinen Ansatz, sie zu beschreiben oder zu erklären. Diese Aufgabe kann eine soziologische Kommunikationstheorie erfüllen, die den

Begriff der Kommunikation erweitert, andere Medien der Kommunikation einführt und damit in der Lage ist, Teilsysteme der Gesellschaft zu beschreiben und zu erklären. So wird Kommunikation von N. Luhmann (1971, 1981) definiert als gemeinsame Aktualisierung von Sinn, der mindestens einen der Kommunikationsteilnehmer informiert. Auch für ihn ist Kommunikation eine dreistellige Relation, die Sachverhalt, Kommunikator (Sender) und Empfänger in Beziehung setzt. Er betont, daß innerhalb dieser dreistelligen Relation Selektionen und Sinngebungen möglich sind. Kommunikation, Aktualisierung von Sinn, kann aber nur dann erfolgen, wenn im Kommunikationsprozeß die gleichen Kommunikationsmedien benutzt und akzeptiert werden. Luhmann unterscheidet vier Kommunikationsmedien, denen er Wert/Unwert-Gegensätze zuordnet, die der Kommunikation in bestimmten Teilsystemen der Gesellschaft dienen und nur dort:

- Geldwert (Besitz/Nichtbesitz) im Teilsystem Wirtschaft,
- Macht (Recht/Unrecht) im Teilsystem Politik/Verwaltung,
- Liebe (Intimität/Öffentlichkeit) im Teilsystem soziale Organisation,
- Wahrheit (Wahrheit/Unwahrheit) im Teilsystem Wissenschaft.

Die Teilsysteme dienen der Befriedigung der materiellen Bedürfnisse, der Ordnung, der sensuellen Bedürfnisse und der Erkenntnis.

Auf der Grundlage dieses soziologischen Ansatzes hat H. Klüter (1986) das Konzept des Raumes als Element sozialer Kommunikation entwickelt. Er weist darauf hin, daß in jedem gesellschaftlichen Teilsystem Raumvorstellungen und Raumbegriffe entwickelt wurden, die über die entsprechenden Codes und nur über sie adressierbar sind. Er unterscheidet daher:

- den Wirtschaftsraum, der über Geld definiert wird,
- den Administrativraum, der über Macht definiert wird,
- Heimat und Vaterland, die über Gefühle definiert werden, und
- den Erkenntnisraum als Transformationskonstrukt, der über Wahrheit definiert wird.

(Weitere Raumbegriffe, die aus anderen theoretischen Ansätzen ableitbar sind, sind Programmraum, Organisationsraum und Sprachraum; sie können mit anderen Raumbegriffen korreliert bzw. synchronisiert werden.)

Der Hinweis auf die verschiedenen Codes, die nur in bestimmten Räumen Geltung haben, ist von unmittelbarer Bedeutung für die räumliche Planung. Eine Kommunikation der verschiedenen Gruppen, die an der räumlichen Planung beteiligt sind, ist nur dann möglich, wenn sie gleiche Raumbegriffe mit gleichen Codes benutzen. Schon F. Wagener (1970) hatte auf die Nichtübereinstimmung von Planungsraum, Verwaltungsraum und Entscheidungsraum hingewiesen, ohne daß er bei seinem pragmatischen Ansatz eine allgemeine theoretische Begründung geben konnte.

Innerhalb jeden Raumes ist eine Differenzierung in zwei Richtungen möglich und notwendig. Eine erfolgt entsprechend der Größe des Raumes und kann mit dem räumlichen Horizont bestimmter sozialer Gruppen parallelisiert werden. Im Administrativraum ist die Rangordnung von der Kommune über die Kreise und Länder zum Staat allgemein bekannt; sie entspricht den Machtpositionen der politischen Gruppen und den Rechtsansprüchen der Verwaltungshierarchie. Im Wirtschaftsraum ist die Rangordnung vom Grundstück über den wirtschaftlichen Ergänzungsraum zum anonymen Adressenraum von H. Klüter erneut entwickelt worden. Im Gefühlsraum beschreiben Heimat, Mittelstandsidyll, Vaterland nicht immer eindeutig abgrenzbare Teilgebiete. Für den Erkenntnisraum gibt es bisher keine allgemein verbindlichen Teilraumbegriffe. In der physischen Geographie werden dafür Arealeinheiten wie Geotop, Geochore, Georegion und Geosphäre gebraucht, in der Kartographie in ähnlicher hierarchischer Stufung die Begriffe topometrische, topographische, chorographische und geographische Dimension (oder Maßstabsbereiche) verwandt.

Eine weitere Differenzierung ist innerhalb jeden Raumes nach der Art und dem Umfang der Objekte in einem spezifischen Raumabschnitt möglich, die von bestimmten sozialen Gruppen zur Befriedigung ihrer speziellen Bedürfnisse aus der Gesamtheit der vorhandenen Objekte selektiert, wahrgenommen und verwendet werden. Eine Brücke kann nicht oder kann wahrgenommen werden, im Wirtschaftsraum als Mittel zur Transportkostenminimierung, im Administrativraum als Erschwernis der Grenzkontrolle, im Gefühlsraum als Ausdruck kultureller Eigenständigkeit und im Erkenntnisraum als Stahlbetonkonstruktion. Kommunikation über faktische Objekte ist nur dann möglich, wenn sie im gleichen Sinne verstanden werden können. Die Schwierigkeiten werden deutlich, wenn verschiedene faktische Objekte zu neuen gedanklichen Objekten in neuen Begriffen aggregiert werden, wie z.B. die Begriffe Häuser in den Begriffen Dorf, Siedlung, zentraler Ort.

1.3.1.4 Kommunikationstheorie und Handlungstheorie

Jedes Individuum, jede soziale Gruppe stellt zur Befriedigung der verschiedenen Bedürfnisse Ansprüche an den Raum und seine faktischen Objekte. Dadurch kommt es notwendigerweise zu Konflikten zwischen den Individuen und Gruppen über die Art und den Umfang der Raumnutzung durch sie. Im Laufe der Zeit kann es zu einer Verschärfung oder Verminderung der Konflikte dann kommen, wenn die Veränderung der Bedürfnisse oder die Neubewertung und Selektion der Objekte in Relation zu den Bedürfnissen zu einer veränderten Bewertung der faktischen Objekte führt. Gerade diese Veränderungen von Bestand, potentieller Nutzung und projektierter Nutzung spielen für die räumliche Planung eine besondere Rolle.

Die Lösung der auftretenden Konflikte im Raum erfolgt in der Regel in gesellschaftlichen Teilsystemen und Teilräumen mit den ihnen entsprechenden Medien. Im allgemeinen kann die Lösung der Konflikte auf drei Wegen erfolgen, durch Kampf, durch Strategie oder durch Debatte. Strategie und Debatte sind heute die vorherrschenden Wege der Konfliktlösung, für die die Konflikttheorie und die Risikoforschung neue Lösungen anzubieten versuchen. Beide setzen Kommunikation voraus. Während in Kampf und Strategie die Konfliktlösung nur direkt zwischen den Betroffenen möglich ist, ist bei der Debatte auch die Einbeziehung von Außenstehenden, z.B. Experten der räumlichen Planung, möglich und häufig erwünscht. Für die Planungsentscheidungen scheint die Debatte unter Einbeziehung von Experten der beste Weg zu einer Lösung von Konflikten, auch wenn es bisher nicht gelungen ist, die Codes der unterschiedlichen soziologischen Kommunikationsräume zu vereinheitlichen.

Räumliche Konflikte ergeben sich notwendigerweise aus dem unterschiedlichen Handeln von Individuen und Gruppen im Raum. Sie ließen sich sicher reduzieren, wenn es eine allgemeine Theorie räumlichen Handelns gäbe, die Prognosen möglich machte. Die bisherigen Versuche, menschliches Handeln durch die Reduzierung auf die Folge Motiv-Handeln erklären zu wollen oder durch die Definition von menschlichen Grundbedürfnissen und ihren Befriedigungen oder durch den Zusammenhang von Handlungssituation und Zielorientierung an sozialen normativen Mustern und Handlungen, sind angesichts der Komplexität und Vielfalt der Entscheidungsmöglichkeiten innerhalb der räumlichen Sozialordnung weder umfassend noch zwingend. Dennoch sind unter diesen Prämissen Theorien räumlichen Handelns entwickelt worden; sie betrachten den Raum und seine Ausstattung sowohl als Determinanten wie als Ziel sozialen Handelns. Ihre Ansätze sind für die räumliche Planung von Bedeutung (Werbik, 1978, Werlen, 1987).

In der Handlungstheorie sind verschiedene Handlungsmodelle oder Sequenzen menschlichen Handelns entwickelt worden. Die von B. Werlen (1987) vorgestellten drei Modelle des Handelns, das zweckrationale Handeln, das normorientierte Handeln und das verständigungsorientierte Handeln, lassen sich nicht ohne Schwierigkeiten den Raummodellen der Kommunikationstheorie zuordnen. Die Handlungstheorie hat sich vor allem auf das menschliche Handeln als ökonomisch orientiertes und rationales Handeln beschränkt und daraus aus der Handlungstheorie eine Entscheidungstheorie entwickelt mit praktisch anwendbaren Handlungssequenzen. Im Rahmen bestimmter Vorgaben hat sie verschiedene Entscheidungsmodelle entwickelt. Sie unterscheiden sich nach Art und Umfang der Zielsetzung, nach Art und Umfang der Entscheidungsträger sowie nach der Art der Entscheidungsregeln. In allen Modellen wird das Problem der vollkommenen oder unvollkommenen Information als Voraussetzung für die Abschätzung von Sicherheit oder Risiko der Entscheidung ausführlich behandelt (Gaefgen, 1968, Bitz, 1981).

In der räumlichen Handlungstheorie wie in der raumbezogenen Entscheidungstheorie spielt neben der verbalen Kommunikation über den Raum die visuelle Kommunikation eine Rolle. Die Karte als Mittel der visuellen Kommunikation über räumliche Gegebenheiten ist besser als Worte, Text oder andere Graphiken geeignet, die Gleichzeitigkeit der räumlichen Gegebenheiten, der räumlichen Ansprüche, der angestrebten Ordnung des Raumes unter der Zielsetzung bestimmter sozialer Gruppen sichtbar, kommunizierbar zu machen und damit die Gleichzeitigkeit der Konfliktpotentiale im Raum. Dabei müssen in der Karte die entsprechenden Codes der gesellschaftlichen Teilsysteme eindeutig in die Zeichen der graphischen Sprache transkribiert werden, wozu die Zeichentheorie wichtige Hinweise geben kann.

1.3.2 Zeichentheorie

1.3.2.1 Allgemeine Zeichentheorie

Im Unterschied zur Kommunikationstheorie sind die Umrisse einer allgemeinen Zeichentheorie entwickelt und dargestellt worden. Sie hat ihre Grundlagen in der Philosophie, insbesondere der Logik, in der Linguistik und Sprachtheorie, aber auch in der Graphik, Ästhetik, Psychologie und Biologie. Die Entwicklung der Zeichentheorie ist eng verbunden mit der Entwicklung der Informationstheorie und Kommunikationstheorie sowie der Nachrichtentechnik, Kybernetik und Informatik. Sie ist ebenso zu einer universalen Theorie biotischer Systeme erweitert wie zu speziellen Theorien bestimmter Zeichensysteme eingeengt worden. Grundaussagen der allgemeinen Zeichentheorie betreffen Strukturen und Funktionen von Zeichen und ihre Zuordnung zu Prozessen. Ein Zeichen ist Träger von Information. Es wird definiert als sinnlich wahrnehmbares Objekt, das symbolisch, indirekt den von ihm bezeichneten Gegenstand, eine Erscheinung, ein Ereignis, eine Eigenschaft oder eine Beziehung von Gegenständen, Erscheinungen oder Eigenschaften darstellt oder auf sie verweist bzw. den Gegenstand, die Erscheinung, das Ereignis, die Eigenschaft signalisiert, die vom Zeichen bezeichnet wird (ECO, 1972). In materieller Form als Zeichengestalt bieten Zeichen die Möglichkeit, Informationen zu sammeln, zu speichern, zu übertragen. Zeichen werden im Kommunikationsprozeß als Signale, als Träger von Informationen verwendet. Zeichen können durch Designationsprozesse zu Trägern bestimmter Informationen bzw. Bedeutungen festgelegt werden. Im Designationsprozeß müssen die triadischen Zeichenrelationen berücksichtigt werden, die Beziehungen der Zeichen zueinander (Syntaktik), die Beziehungen der Zeichen zu den Gegenständen, Erscheinungen, Eigenschaften usw. (Semantik) und die Beziehungen der Zeichen zu den Menschen, die die Zeichen in einem bestimmten Sinn, mit einem bestimmten Inhalt gebrauchen (Pragmatik). Die dritte Relation verweist verstärkt auf den Kommunikationsprozeß.

1.3.2.2 Kartographische Zeichentheorie

Die Grundaussagen der allgemeinen Zeichentheorie sind durch die Übertragung auf bestimmte Zeichensysteme präzisiert worden. In die Kartographie wurde die Zeichentheorie vor allem durch das grundlegende Werk von J. Bertin (1967/74) eingeführt. Unter Berücksichtigung einiger pragmatischer Aspekte verfolgte Bertin in erster Linie eine grundlegende Analyse der Zeichen und der Zeichenbeziehungen. Seine Arbeiten wurden insbesondere für die Anwendung in der rechnergestützten Kartographie weitergeführt.

Die *kartographische Syntaktik* beruht auf der Analyse der graphischen Grundelemente und ihrer Variationen. Dabei werden die Elemente nach ihrer Lage und Erstreckung in der Bildebene (Punkt, Linie, Fläche) und nach ihrer Gestalt (Form, Richtung, Farbe, Muster, Helligkeitswert, Größe) gegliedert. Ihre Ordnung erfolgt nach dem Maß der Unterscheidbarkeit bei ihrer unmittelbaren Betrachtung und ihrer Assoziation mit Skalenbegriffen. Durch Kombination verschiedener Variablen kann der Vorrat an kartographischen Zeichen in starkem Umfang erweitert werden, doch setzt die Notwendigkeit ihrer Unterscheidbarkeit im Rahmen der visuellen Kommunikation diesem Verfahren Grenzen. Die Grenzen sind bisher meist subjektiv gesetzt, da empirische Untersuchungen bisher nur wenige Zeichentypen betrafen. Untersuchungen fehlen auch über die Grenzen, die der Schichtung von Zeichen durch die menschliche Wahrnehmungsfähigkeit gesetzt sind (Tainz, 3.3). Kombination und Schichtung von Zeichen bieten jedoch vor allem die Möglichkeit, die Gleichzeitigkeit des Vorkommens von Gegenständen, die sie bezeichnen, in der Abbildungsebene darzustellen, somit auch die Möglichkeit zur Darstellung von Konfliktpotentialen.

Die *kartographische Semantik* ist der Teil des Designationsprozesses, der gegenwärtig Forschungsschwerpunkt ist. Sie untersucht die Beziehungen zwischen kartographischen Zeichen im Zeichenraum und den realen Gegenständen, Erscheinungen, Ereignissen und Eigenschaften im Objektraum. Da die Zeichen im Zeichenraum durch geometrische und graphische Attribute definiert werden, müssen für die Designation (oder Transkription) die Gegenstände des Objektraumes so strukturiert und definiert werden, daß ihre Lage-, Substanz- und Zustandsparameter in die Attribute der Zeichen so überführt werden können, daß sie (vom Leser der Zeichen) problemlos und ohne Informationsverlust wiederum in den Objektraum transformiert werden können. Für charakteristische Objektverteilungen und Strukturen sind kartographische Abbildungsmuster erarbeitet worden, die als Kartenmodelle bezeichnet werden können. Zu ihnen gehören z.B. die Mosaikkarte als Abbildung von nominalskalierten diskreten Flächenobjekten, die Choroplethenkarte als Abbildung von ordinal-, rational- oder intervallskalierten diskreten Flächenobjekten und die Isolinienkarte als Abbildung der rational-skalierten Schnittflächengrenzen durch kontinuierliche Oberflächen. Wie bei den kartographischen Zeichen besteht bei den kartographischen Modellen die Möglichkeit, die Vielfalt und Gleichzeitigkeit der Erscheinungen des Objektraumes durch die Kombination oder Überlagerung von Kartenmodellen abzubilden. Sogenannte komplex-analytische Karten, wie die topographischen Karten, die Wirtschaftskarten und die Planungskarten, sind Beispiele hierfür. Die Grenzen solcher Kombinationen und Überlagerungen sind sowohl durch die Struktur des Objektraumes wie die visuell-kommunikative Kompetenz der Kartenbenutzer bestimmt, doch sind sie bisher kaum empirisch untersucht worden. Die kartographische Generalisierung könnte als Mittel der Informationsreduktion und der graphischen Entlastung eingesetzt werden, doch wird dabei die graphische Generalisierung gegenüber der begrifflichen Generalisierung nur eine untergeordnete Rolle spielen können. Begriffliche Generalisierung bedeutet, daß die Gegenstände des Objektraumes in Begriffen einer höheren Hierarchiestufe zusammengefaßt oder korreliert werden, was nur im Hinblick auf eine bestimmte Funktion der Karte erfolgen kann.

Die *kartographische Pragmatik* untersucht die kartographischen Zeichen und Modelle in ihren zweiseitigen Beziehungen zu den Kartenherstellern und den Kartennutzern. Besonders in der anglo-amerikanischen Kartographie wurden, wie oben erwähnt, analytische Methoden der Wahrnehmungsforschung entwickelt, die sowohl im Objektraum wie im Zeichenraum angewandt wurden. Bei diesen Untersuchungen standen Fragen der semantischen Codierung im Vordergrund und erste Ansätze zu einer Differenzierung der Kartennutzer nach Nutzergruppen.

Die Überprüfung der Funktionalität kartographischer Ausdrucksformen ist bisher nur in Einzelfällen mit einfachen Kartenmodellen vorgenommen worden. Die Funktionen von Karten sind manchmal durch die Vorgaben für ihre Herstellung, den Umfang ihres Absatzes oder andere Indikatoren zu erkennen (Moll, 1.1). Eine Systematik der Funktionen von Karten in Kommunikationsprozessen ist bisher jedoch nur aus den allgemeinen Modellfunktionen des kartographischen Modells abgeleitet worden bzw. aus den Kategorien von Modus und Gebrauch der allgemeinen Zeichentheorie (Freitag, 1977). So wurden der Karte die allgemeinen Modellfunktionen

- der Erkenntnis (wissenschaftliche Karten),
- der Demonstration und Erklärung (Planungsgrundlagenkarten, Schulkarten),
- der Variation und Optimierung (Planungsbeteiligungs- und Festlegungskarten),
- der Prüfung und Verifikation (Aufnahmekarten),
- der Projektierung und Konstruktion (Baupläne),
- der Steuerung (Navigationskarten, Schulkarten)

und die Ersatzfunktion (Reliefkarten) zugeschrieben, ohne daß bisher eindeutige Zuordnungen von kartographischen Modellen zu bestimmten, dominierenden Funktionen möglich sind. Oder es wurden entsprechend einer Typologie von Modus und Gebrauch von Texten auch bestimmte Kartengruppen den Typen des informativen, bewertenden, hervorrufenden und systembildenden Gebrauchs zugeordnet, wie z.B. die Planungsgrundlagenkarten, Planungsfestlegungskarten und Planungsbeteiligungskarten. Es ist offensichtlich, daß eine operationale Typologie von Kartenfunktionen nur entwickelt werden kann, wenn sie die Ansätze der soziologischen Kommunikationstheorie stärker berücksichtigt und integriert.

1.3.3 Aufgaben der Planungskommunikation

Räumliche Planung wird in der Bundesrepublik Deutschland wie in den meisten Ländern als Hoheitsaufgabe des Staates und der Kommunen, also der Regierung einschließlich ihrer nachgeordneten Behörden sowie der Gemeinden für die Bereiche ihrer Rechtsaufsicht wahrgenommen und durchgeführt. Das System und die Organisation der räumlichen Planung sind mehrfach ausführlich dargestellt worden (Fürst u. Hesse, 1981, Reiners, 1984) und entsprechend ihren Horizonten geordnet worden von der Landesplanung über die Regionalplanung bis zur kommunalen Planung mit der Zuordnung entsprechender Fachplanungen. Durch die genannten Begriffe kommt zum Ausdruck, daß sich die Raumplanung auf den Administrativraum bezieht und das Ziel einer räumlichen Ordnung und Kontrolle durch Debatte und Ausgleich zu erreichen versucht. Sie hat dabei von den administrativen Teilräumen auszugehen, für die durch politische Macht spezifische Gesetze und Verordnungen Gültigkeit haben. Es gibt auch politische und damit Rechtsgrenzen überschreitende Planungsregionen, die durch Rechtsabsprache einen besonderen Status haben. Die Schaffung solcher Planungsregionen ist in der Regel darauf zurückzuführen, daß im Administrativraum einer Entwicklung entsprochen wurde, die durch Entscheidungen im Wirtschaftsraum initiiert worden ist und den realen Raum betrifft. Das Dilemma der Regionalplanung ist, daß sie die Entscheidungen im dynamischen Wirtschaftsraum kaum und nur indirekt beeinflussen kann, in der Regel nur über unzureichende, oft geheimzuhaltende Daten des Wirtschaftsraumes verfügt, sie aber dennoch in ihren offenzulegenden Planungen berücksichtigen soll oder will. Da die Raumvorstellungen anderer gesellschaftlicher Teilsysteme noch weniger in konkreten Daten und Grenzen zu erfassen sind, können sie auch nicht in die auf konkrete Ordnung gerichteten Texte und Karten der regionalen Raumordnung aufgenommen werden. Sie finden ihren Ausdruck nur im Rahmen der Bürgerbeteiligung oder als Bürgerprotest, meist innerhalb des kleinen Horizonts der kommunalen Planung.

Die Beschränkung der regionalen Raumordnung auf den Administrativraum und die ihm angepaßten Organisationsräume von öffentlichen oder halböffentlichen Einrichtungen bestimmt die Themenbereiche und Schwerpunkte der Regionalplanung. Schwerpunkte, die durch eine Fülle von Planelementen ausgewiesen sind, bilden die Siedlungsstruktur, das Verkehrsnetz und die unter Umweltschutz summierten Einrichtungen der Entsorgung (Junius, 1.4). Aufgeführt sind auch die Teilbereiche des Wirtschaftsraumes, die einen größeren Flächenanspruch erheben. Die Themenbereiche werden in der Regel entsprechend einer bewährten allgemeinen Systematik dargestellt, die selbst bei einigen Veränderungen der Reihenfolge eine Vergleichbarkeit der Planung innerhalb der Region und zwischen den Regionen gewährleistet. Durch den verständlichen Ausschluß wichtiger Wirtschaftsdaten und die Einhaltung einer - trotz differenzierter Details - einheitlichen Systematik der Themen ist es in der Regionalplanung schwer, eine hierarchische Ordnung der Themenbereiche entsprechend hierarchischer Zielvorgaben für die Planung herauszustellen. Die Mitwirkungsrechte zahlreicher Fachverwaltungen in einer verwaltungsinternen Planungskommunikation wirken in die gleiche Richtung.

Räumliche Konflikte lassen sich am besten durch die Darstellung der Raumansprüche der verschiedenen Sozialgruppen in einem graphischen Modell des Planungsraumes, in einer Karte, sichtbar, überschaubar und offenkundig machen. Eine solche Darstellung ist zur Identifikation des Konfliktraumes geeignet, sie kann aber nicht die Aufgabe erfüllen, die Konfliktlösung anzubieten. Die Karte könnte diese Aufgabe nur dann erfüllen, wenn von den Politikern, den Verwaltern, den Planern und den übrigen Interessengruppen im Objektraum eine hierarchische

Struktur der Objekte und ihrer Beziehungen ganz oder in Teilen im Konsens erarbeitet worden wäre, die dann in eine hierarchische Struktur der Zeichen und Modelle im Zeichenraum transkribiert werden könnte. Die synoptische Karte aller oder aller graphisch darstellbaren Planelemente in einer Karte, in dem Regionalplan, kann nur dem Nachweis von Konfliktfällen dienen und der Information derjenigen Planer, die an der Komplexität der räumlichen Planung interessiert sind und sie im Rahmen der internen Planungskommunikation verstehen. Die Selektion und Analyse von Elementen oder Teilräumen des Konfliktes ist in ihr nicht oder nur unter Schwierigkeiten möglich. Daher sind selbst für die interne Planungskommunikation weitere Planungskarten entwickelt worden; sie vergrößern entweder die Darstellung des Konflikttraumes durch einen anderen Maßstabsfaktor, oder sie reduzieren die Darstellung inhaltlich auf diejenigen Planelemente, die für den Konfliktraum von Bedeutung sind oder scheinen. Bei der ersten Form wird die Komplexität der Konfliktsituation erhalten und eine Neubewertung der Planelemente erleichtert. Bei der zweiten Form wird die Analyse und Neubewertung der ausgewählten Planelemente erleichtert, aber die Einbeziehung weiterer Planelemente zur Konfliktlösung erschwert. Vielfach werden daher mehrere Karten für die Konflikte in bestimmten Themenbereichen der regionalen Planung angefertigt, die für diese Themenbereiche größere Details, also bessere Informationen bereitstellen und einer genaueren Bestimmung der Planziele dienen können. Karten dieser vereinfachten Form sind, ergänzt durch andere Graphiken und Texte, gute Hilfsmittel der externen Planungskommunikation zwischen Experten und Betroffenen der Regionalplanung.

Die Grenzen des Entwurfs und der Produktion von Karten dieser Art sind durch die Größe des Planungsraumes und die Menge der Planelemente, durch die Kompetenz der Kommunikationsteilnehmer, vor allem aber durch die bisher angewandte Technik der Kartenherstellung und ihre Kosten gesetzt. Die zeit- und kostenaufwendigen Kartenherstellungsverfahren der konventionellen Kartographie haben die auch konzeptionell bedingte Tendenz verstärkt, Karten als multifunktionale Mittel der visuellen Kommunikation zu verstehen und zu entwerfen. Die zunehmende Spezialisierung macht es aber notwendig, auch die Karten im Hinblick auf eine spezifische Funktion mit spezifischen Inhalten und spezifischen Formen zu entwerfen. Die Möglichkeiten, solche spezifisch-funktionalen Karten zu konstruieren und zu gestalten, werden in zunehmendem Maß durch die Entwicklung der Verfahren der rechnergestützten Kartographie geboten. Schon heute sind funktionale Karten unterschiedlicher Ausführung, frei von funktionsbehindernden Inhaltselementen, effektive Produkte der rechnergestützten Kartographie für die Regionalplanung und die Planungskommunikation. Zu ihnen gehören auch jene vereinfachten Karten von Konflikträumen, bei denen durch die zielgerichtete Variation der Darstellung der Konfliktpotentiale graphisch eine iterative Näherung an die optimale Lösung der räumlichen Konflikte erreicht werden kann. Solche Karten werden sicher in Zukunft eine größere Vielfalt und größere Bedeutung erlangen, wenn für den Zweck der räumlichen Planung Planungsdatenbanken entwickelt werden, die in ihrer Struktur besser als die bisherigen räumlichen Kataster die Anforderungen der graphischen Datenpräsentation berücksichtigen. Ihre Grundlage könnte ein System funktionaler Kartentypen für bestimmte Ziele der Planungskommunikation sein, das von Raumplanern und Kartographen unter Berücksichtigung von politischen Zielvorgaben, von Gegenständen, Erscheinungen, Ereignissen und Eigenschaften des Objektraumes, ihrer Bewertung durch Planer und Betroffene und von Regeln der graphischen Konstruktion und Gestaltung entwickelt wird. Die Unterscheidung von Planungsgrundlagenkarten, Planungsbeteiligungskarten und Planungsfestlegungskarten könnte den Rahmen einer solchen Typologie bilden.

1.4 Analyse und Systematisierung von Planinhalten

1.4.1 Vorbemerkungen

Zur Systematisierung der zahlreichen und vielfältigen Planinhalte der Regionalpläne, die in den einzelnen Ländern der Bundesrepublik Deutschland stark voneinander abweichen, war es erforderlich, eine angemessene Zahl solcher Pläne zu untersuchen (Junius, 1987). Ziel dieses von der Akademie für Raumforschung und Landesplanung geförderten Forschungsvorhabens war auch, aus den gewonnenen Erkenntnissen eine Systematisierung der kartographischen Darstellungsformen abzuleiten. Das Ergebnis dieser Untersuchungen wird in zusammengefaßter Form nachfolgend vorgestellt.

1.4.2 Themenbereiche der Regionalplanung

Thematisch wurden in den untersuchten Plänen die vorgefundenen Plandarstellungen zu den nachstehenden Themenbereichen behandelt[1]):

1. Raum- und Siedlungsstruktur
   1.1 Raumkategorien
   1.2 Zentrale Orte
   1.3 Entwicklungsachsen
2. Gewerbliche Wirtschaft
3. Siedlungswesen
4. Wasserwirtschaft
5. Landwirtschaft
6. Forstwirtschaft
7. Rohstoffgewinnung
8. Energiewirtschaft

9. Umweltschutz
   9.1 Abfallwirtschaft
   9.2 Abwasserwirtschaft
   9.3 Immissionsschutz
10. Natur und Landschaft
11. Erholungswesen
12. Verkehrswesen
    12.1 Straßenverkehr
    12.2 Schienenverkehr
    12.3 Wasserverkehr
    12.4 Luftverkehr
    12.5 Nachrichtenverkehr

1.4.3 Aufgliederung der Themenbereiche nach Planelementen

Für die vorgenannten 12 Themenbereiche wurden sämtliche in den Regionalplänen vorkommenden Planelemente[2]) aufgelistet und unter die gemeinsamen Oberbegriffe subsumiert. Um die verschiedenen Begriffe, die in den Bundesländern für inhaltlich ähnliche Sachverhalte (z. B. Verdichtungsraum, Ordnungsraum) benutzt werden, vergleichen zu können, wurden die Definitionen aus den jeweiligen Landesgesetzen und -verordnungen (i.d.R. Landesentwicklungsprogramme, Landesentwicklungsgrundsätze) nebeneinander gestellt. Dabei sollte nicht der Versuch einer inhaltlichen Bestimmung unternommen werden, wie es in einem anderen Zusammenhang bei Kistenmacher (1980) gemacht worden ist, sondern es stand die kartographische Wiedergabe im Mittelpunkt des Interesses. Es ist nicht auszuschließen, daß einzelne Planelemente nicht in allen Bundesländern inhaltlich völlig deckungsgleich sind. Da hier nur die kartographische Darstellung von Belang ist, können die möglichen Unterschiede vernachlässigt werden.

Die Themenbereiche können, wie nachstehend gezeigt, mit Hilfe der Planelemente weiter aufgeschlüsselt werden. Dabei ist bei der begrifflichen Beschreibung zu berücksichtigen, daß in den einzelnen Bundesländern terminologische und inhaltliche Abweichungen bestehen. Die Detaillierung erfolgt in den Bundesländern nicht bei allen Themenbereichen in gleichem Maße. Daher kann es vorkommen, daß einzelne Themenbereiche zwar differenziert, jedoch nur selten besetzt sind. Es ist daher der verallgemeinernde Zusammenschluß versucht worden, bei dem Besonderheiten einzelner Bundesländer u.U. nicht mehr deutlich hervortreten.

Mit der Aufteilung der Planinhalte in Themenbereiche und Planelemente ist ein erster Schritt in Richtung auf eine Systematisierung der kartographischen Darstellung getan, die bei der Analyse der Planelemente in den RO-Plänen herausgearbeitet werden konnte.

Planelemente in Regionalplänen

1. Raum- und Siedlungsstruktur
   1.1 Raumkategorien
      1.1.1 Ordnungsraum
         - Verdichtungsraum
         - Randzone des Ordnungs-
           raumes
      1.1.2 Ländlicher Raum
      1.1.3 Strukturschwacher Raum
      1.1.4 Fördergebiet
   1.2 Zentrale Orte
      1.2.1 Oberzentrum
      1.2.2 Mittelzentrum
      1.2.3 Unterzentrum / Grundzen-
            trum
      1.2.4 Kleinzentrum
      1.2.5 Doppelzentrum
      1.2.6 Ländlicher Zentralort /
            Stadtrandkern
      1.2.7 Ort/Bereich mit besonderer
            Entwicklungsaufgabe,
            Gemeindefunktion
      1.2.8 Mittelbereich
      1.2.9 Nahbereich
      1.2.10 Siedlungsgebiet von
             zentralen Orten
   1.3 Entwicklungsachsen
      1.3.1 Landesentwicklungsachse
      1.3.2 Regionale Entwicklungs-
            achse

2. Gewerbliche Wirtschaft
   2.1 Schwerpunktraum für Industrie
   2.2 Vorranggebiet für Industrie /
       Gewerbe
   2.3 Gewerbliche Baufläche

3. Siedlungswesen
   3.1 Wohnbaufläche
   3.2 Sonderfläche
   3.3 Bereich für öffentliche Einrichtungen
   3.4 Siedlungsentwicklung
   3.5 Bereich für besondere Aufgaben des
       Städtebaus

4. Wasserwirtschaft
   4.1 Gebiet mit besonderer Bedeutung für
       die Wasserwirtschaft
   4.2 Vorranggebiet für die Wasser-
       wirtschaft
   4.3 Wasserschutzgebiet
   4.4 Wasserfernleitung
   4.5 Wasserwerk
   4.6 Wasserfläche
   4.7 Wasserspeicher
   4.8 Überschwemmungsbereich
   4.9 Rückhaltebecken
   4.10 Deich

5. Landwirtschaft
   5.1 Gebiet mit besonderer Bedeutung für
       die Landwirtschaft
   5.2 Vorranggebiet für die Landwirtschaft
   5.3 Landwirtschaftliche Fläche
   5.4 Sonderkulturen
   5.5 Besondere Maßnahmen

6. Forstwirtschaft
   6.1 Gebiet mit besonderer Bedeutung für
       die Forstwirtschaft
   6.2 Vorranggebiet für die Forstwirtschaft
   6.3 Wald
   6.4 Aufforstungsfläche

Um eine solche Systematisierung erfolgreich durchführen zu können, müssen Kriterien entwickelt werden, die als Parameter hier eingesetzt werden können. Diese werden im folgenden Kapitel entwickelt.

1.4.4 Analyse der Planelemente

1.4.4.1 Kartographische Darstellungselemente für Regionalpläne

Jedes Planelement muß in der Karte durch ein Darstellungselement wiedergegeben werden. Die Zuordnung muß umkehrbar eindeutig sein. Die Darstellungselemente selbst sollen klar und unterscheidbar sein. Sie können gebildet werden nach Hake (1982) aus den graphischen Elementen Punkt, Linie, Fläche, den daraus abgeleiteten Signaturen (als zusammengesetzte Zeichen) und den graphischen Gefügen. Diese Dreistufigkeit für die Signaturenbildung reicht jedoch nicht aus, um die Vielfalt der Darstellungsmöglichkeiten und -notwendigkeiten zu beschreiben. Die vorgenannten kartographischen Zeichen können in systematischer Weise variiert werden. Dazu nennt Hake sechs Möglichkeiten: Größe, Form, Orientierung, Füllung, Tonwert und Farbe. Im Hinblick auf die Systematisierung wird darauf zu achten sein, inwieweit die Variationsmöglichkeiten systematisch genutzt werden können.

1.4.4.2 Zum Begriff der Klassenbildung

Mit der Herausarbeitung der Themenbereiche sind die Planelemente klassifiziert worden. Allerdings ist die Zuordnung nicht immer zweifelsfrei. Denn es lassen sich Planelemente aufgrund ihrer übergreifenden Eigenschaften durchaus auch unterschiedlichen Klassen resp. Themenbereichen zuordnen. Beispielsweise könnte das Planelement Kläranlage sowohl der Wasserwirtschaft als auch dem Bereich Umwelt angehören. Bei der Analyse der Planelemente wird nun geprüft, inwieweit eine Klassenbildung erkennbar wird und bei der Wahl der Darstellungselemente berücksichtigt worden ist; resp. ob sich aufgrund der Darstellung die Planelemente klassifizieren lassen. Des weiteren wird untersucht, ob abweichend von der inhaltlichen Klassenbildung ggf. Darstellungsgruppen gebildet werden nach Arnberger (1966), indem gleichartige Objekttypen durch gleichartige Signaturen wiedergegeben werden (z.B. standortgebundene Einrichtungen durch gleichartige Punktsignaturen).

1.4.4.3 Kriterien für die Analyse

Bei der vergleichenden Analyse der einzelnen Planelemente werden Kriterien herangezogen, die sich den Oberbegriffen ''Raumbezug'', ''Sachbezug'' und ''Bezug zu anderen Planelementen'' zuordnen lassen.

Der *Raumbezug eines Planelementes* kann durch die Darstellung in der Karte und/oder durch die Beschreibung im Text erfolgen. Dabei wird untersucht, welche Signaturen (Punkt-, Linien- und Flächensignaturen) verwendet werden. Die Schärfe der Darstellung kann in der Karte unterschiedliche Ausprägung haben, wobei zwischen einer graphischen und logischen Abgrenzung zu unterscheiden ist. Wesentlich ist dabei festzuhalten, inwieweit die Abgrenzungsarten korrespondieren (z.B. scharf/parzellennah) oder gegeneinander laufen (z.B. scharf/schematisch). Überlagerungen werden festgestellt.

Der *Sachbezug eines Planelementes* wird deutlich durch die Zielsetzungen in den einzelnen Themenbereichen. Bei der Analyse der Darstellungsformen kann festgestellt werden, ob der sachliche Zusammenhang auch durch gemeinsame graphische Elemente deutlich wird; unter dem Stichwort "Klassenbildung" wird vor allem diesem Aspekt Rechnung getragen. Aber auch bei der Überlagerung von Nutzungen wird der Sachbezug deutlich (z.B. Mehrfachnutzungen oder Vorrang bestimmter Nutzungen).

Die *Beziehungen zu anderen Planelementen* werden nicht nur bei Überlagerungen sichtbar. Es ist dabei zu unterscheiden zwischen inhaltlichen Beziehungen, die sich auch durch den Text ergeben, und rein graphischen Beziehungen, die aus dem jeweiligen graphischen Zusammenhang abgeleitet werden wie z.B. Farbkontrast, optische Täuschung oder graphische Differenzierung.

Die Analyse der Regionalpläne wurde anhand folgender Kriterien durchgeführt und in Tabellen festgehalten, von denen einige beigefügt sind:

Signaturen

Man findet in Regionalplänen Punkt-, Linien- und Flächensignaturen. *Punktsignaturen* sind meist als geometrische Figuren ausgebildet, deren Innenfläche farbig angelegt ist und ein differenzierendes Muster oder ein Piktogramm enthält; auch *Schriftsignaturen* werden verwendet. Bei *Liniensignaturen* variieren Linienbreite, Form und Farbe. Bei den *Flächensignaturen* werden farbige Vollflächen (mit bunten oder unbunten Farbmischungen - s. Hake, 1982), Linien- und Kreuzschraffuren sowie Strukturmuster eingesetzt. Flächen werden außerdem mit Grenzlinien und Grenzbändern gekennzeichnet.

Darüber hinaus können alle Signaturen in Kombinationen vorkommen und mit Schriftzusätzen versehen sein. Die Farbe der Signaturen sowie Unterschiede zwischen Bestand und Planungsstufen werden vermerkt.

Klassenzugehörigkeit

Die Darstellungsparameter werden unter dem Gesichtspunkt geprüft, ob sie die Zugehörigkeit des Planelementes zu einer Klasse nahelegen, indem gleiche Formen oder Farben verwendet werden. Wenn beispielsweise für Punktsignaturen aller Themenbereiche als geometrische Figur stets ein Kreis benutzt wird, die Kreisfläche mit ein und derselben Farbe gefüllt und die Unterscheidung durch eine figürliche Füllung erzeugt wird, so wird hiermit zwar einheitlich der Standortcharakter betont, aber nicht die Zugehörigkeit zu einer Klasse oder einem Themenbereich. Werden hingegen nur innerhalb der einzelnen Themenbereiche gleiche Formen und/oder Farben benutzt, so wird die Abgrenzung zu anderen Sachverhalten hervorgekehrt.

Größe des Planzeichens

Hier wird untersucht, inwieweit die Größe von Punktsignaturen oder die Breite einer Linien-signatur in Abhängigkeit von bestimmten Planungszielen variieren.

Einzel- und gehäufte Darstellung

In der Regel werden Punktsignaturen zur Einzeldarstellung von bestimmten Objekten oder Bereichen verwendet. Eine gehäufte Darstellung bei Punktsignaturen liegt dann vor, wenn die Signatur zur Erzielung einer Flächenwirkung mehrfach benutzt wird (Wiederholung).

Abgrenzung

Flächenhafte Planelemente sind graphisch und logisch abgegrenzt. Während sich die graphi-sche Abgrenzung auf die Ausgestaltung des Flächenrandes und die visuelle Wirkung beim Betrachter bezieht, betrifft die logische Abgrenzung die Grenzziehung und sagt etwas darüber aus, wie ein flächenhaftes Planelement festgelegt wird. Aus den Plandarstellungen konnten für beide Abgrenzungsarten drei Stufen abgeleitet werden. Sie sind wie folgt gegliedert:

- graphische Abgrenzung:
  - scharf (Flächenkontur durch Linien nachgezogen)
  - halbscharf (Farbige Flächen mit geringem Farbkontrast grenzen aneinander)
  - unscharf (stetiger Übergang wird angedeutet) und

- logische Abgrenzung:
  - parzellennah (relativ genaue Orientierung an topographischen Elementen oder Nutzungsgrenzen)
  - schematisiert (grobe Orientierung an topographischen Elementen oder Nutzungsgrenzen)
  - schematisch (keine Orientierung an topographischen Elementen oder Nutzungsgrenzen, da-her räumlich ungenau)

Bei der graphischen Abgrenzung erscheint insbesondere die Unterteilung in scharf und halbscharf problematisch. Es hat sich jedoch gezeigt, daß die Trennwirkung von Flächenkonturen deutlich größer ist als das bloße Aneinanderstoßen farbiger Flächen, insbesondere dann, wenn ihr Farbkontrast gering ist. Die Trennwirkung steigt jedoch mit wachsendem Farbkontrast.

Bei der Betrachtung der Punkt- und Liniensignaturen erfolgt die Untersuchung der logischen Abgrenzung nach den Kriterien:

- raumtreu (ungefähre Lage eines Objektes)
- lagetreu/standortgenau (genaue Lage eines Objektes).

Bei lagetreuer bzw. standortgenauer Darstellung kennzeichnet der Bezugspunkt einer Punkt-signatur den Standort des geplanten Objektes oder die Mittelachse einer Liniensignatur den Verlauf des linienhaften Objektes. Bei raumtreuer Darstellung soll eine Punktsignatur lediglich darlegen, daß der Standort örtlich noch nicht genau bestimmt ist, sondern nur auf eine Gemeinde oder grob bestimmbare Bereiche bezogen ist; eine raumtreue Liniensignatur gibt z. B. nur an, daß zwei Punkte miteinander verbunden werden sollen, ohne über die Trasse dieser Linie irgend etwas auszusagen (s. Moll, 1.1.3.6).

Farbkontrast

Hier wird verglichen, ob die gewählte Farbe das jeweilige Planelement hervorhebt (mit/ohne Signalwirkung) oder ob der Farbkontrast nur schwach ist. Der Farbkontrast wird jedoch nicht allein von der Farbgebung des Planelements selbst bestimmt, sondern vielmehr durch das Zusammentreffen von ähnlichen oder unterschiedlichen Farbtönen und Farbintensitäten im gesamten Plan.

Optische Täuschung und visuelle Trennbarkeit

Eine optische Täuschung liegt vor, wenn eine Verwechslung zweier oder mehrerer Planelemente z.B. durch ähnliche Farbgebung oder Strichstärke möglich ist; es handelt sich um ein Wahrnehmungs- und Identifizierungsproblem. Der sog. Passepartout-Effekt, bei dem eine helle Fläche in einem dunklen Rahmen dunkler wirkt als in einem hellen Rahmen, ist hier ebenso zu nennen wie die erschwerte Trennung von gleichartigen farbigen Schraffuren - z. B. grün und blau - oder die Unterscheidung von innen und außen bei Flächen, die lediglich durch Grenzbänder dargestellt sind.

Eine untergeordnete Rolle spielen optische Täuschungen im geometrischen Sinne, z. B. daß geometrische Formen nicht richtig erkannt werden können.

Graphische Differenzierung

Jedes Planelement muß sich mindestens durch ein Darstellungskriterium (Farbe, Form, Strichbreite, Abstand und Breite sowie Orientierung von Schraffuren usw.) von allen anderen Planelementen unterscheiden. In der Tabelle werden die differenzierenden Kriterien genannt.

Bezug zu anderen Planelementen

Es wird die Beziehung eines Planelementes zu anderen untersucht, d.h. die thematische Überlagerung des jeweils untersuchten Planelements mit anderen Planelementen, auch wenn sich die Signaturen selbst nicht überlagern.

Als Beispiele für die Dokumentation dieser Untersuchung sind die Tabellen für Planelemente aus den Themenbereichen Erholung und Verkehr beigefügt worden.

1.4.5 Systematisierung

Auf der Grundlage der durchgeführten Analyse ergibt sich ein vielgestaltiges Bild der kartographischen Darstellungen in Regionalplänen. Vor allem zeigt sich, daß sich Sachverhalte zwar gleichen oder ähnlich sind, aber durchaus unterschiedlich darstellen lassen und daß sich in einigen Sachbereichen gleichartige Darstellungen wiederholen.

Es werden Punkt-, Linien- und Flächensignaturen vorgefunden. Aus der tabellarischen Auswertung lassen sich die nachstehenden generalisierenden Aspekte ableiten.

1.4.5.1 Punktdarstellungen

Bei der Gestaltung von Punktsignaturen ist eine einheitliche Tendenz feststellbar: Es überwiegen die geometrischen Umrißformen Kreis, Quadrat und Dreieck, seltener sind Rechteck, Vieleck und Piktogramme mit figürlichem Umriß. (Die Reihenfolge der Aufzählung entspricht der Häufigkeit des Auftretens.) Die Umrißfigur ist meistens schwarz gehalten. Eine Variation der Signatur wird durch Farbe und Größe, vor allem aber durch Strukturmuster innerhalb der Signatur erreicht. Diese Strukturmuster können sowohl abstrakt als auch figürlich ausgebildet sein. In einzelnen Fällen werden auch Schriftzeichen verwendet.

Die gute Erkennbarkeit von Punktsignaturen ist immer dann gegeben, wenn sie nicht von den anderen Darstellungselementen graphisch erdrückt werden. Das setzt eine bestimmte Größe und einen gewissen Kontrast voraus. Vor einer farbigen Vollfläche hebt sich bereits eine kleine Signatur gut ab, bei einer mehrschichtigen Darstellung muß die Signatur wesentlich größer sein, um denselben Effekt zu erzielen (Mindestmaße können allerdings nicht angegeben werden). Von der von A. Wenner (1987) empfohlenen Möglichkeit, Piktogramme zu verwenden, wird nur im Ausnahmefall Gebrauch gemacht.

1.4.5.2 Liniendarstellungen

Verkehrseinrichtungen, Ver- und Entsorgungsleitungen einschließlich Energieleitungen und Kommunikationsstrecken werden einheitlich durch linienhafte Signaturen wiedergegeben. Es werden verwendet: farbige Linien mit und ohne Kontur. Einheitlich wird der Bestand mit durchgezogenen, die Planung mit gestrichelten Linien gekennzeichnet. Die Linienbreite wird häufig zur Kennzeichnung von Hierarchiestufen benutzt (z. B. des klassifizierten Straßennetzes), die Farbe zur Klassifizierung (z. B. Straßenverkehr, Schienenverkehr). Wenn die Variation durch Breite und Farbe nicht ausreicht oder nicht genutzt wird, findet man Signaturenzusätze in Form von Punktsignaturen in regelmäßigen Abständen innerhalb der Linie (=Knotenmuster), senkrecht zum Linienverlauf angeordnete Strichmuster, einfache die Linie begleitende Piktogramme sowie Schriftzusätze (insbesondere die KV-Zahl bei Starkstromleitungen). Ganz selten sind Liniensignaturen mit Strukturmustern verwendet worden. Die wiederzugebenden Planelemente können meist linear, z. B. als Trennlinie mit nicht exakt bestimmbarer Breite oder als Trennfläche angesehen werden (z. B. das ökologisch bedeutsame Trenngrün).

Bestandsaufnahme der Planelemente - Themenbereich *Siedlungsflächen*

Wohnbaufläche	Baden-Württemberg	Bayern	Hessen	Niedersachsen
Name des Planzeichens	verstärkte Errichtung von Wohnbauflächen	Wohnbaufläche, gemischte-, Sonderbaufläche	Siedlungsfläche	
Signatur	PS, rot, Viereck	FS, hellorange, Farbe	FS, Farbe, B: braun P: hellbeige	
Klassenzu-gehörigkeit			Flächennutzung	
Größe des Planzeichens				
Einzel-/ geh. Darstellung	Einzeldarstellung			
graphische Abgrenzung		halbscharf	halbscharf	
logische Abgrenzung	lagetreu	schematisiert	schematisiert	
Farbkontrast	hervorgehoben	hervorgehoben	B: hervorgehoben P: schwach	
optische Täuschung				
graphische Differenzierung	Form, Farbe, Größe	Farbe	Farbe	
graphische Dichte	2 Überlagerungen	2 Überlagerungen	3 Überlagerungen	
Bezug zu anderen Planelementen	Industrie, Gewerbeschwer-punkte, Schwerpunkt für die Errichtung von Dienst-leistungssektoren, Naherho-lung, Siedlungsbereich von ökologischer Bedeutung	Verkehr, gewerbl. Bauflä-chen, landwirtschaftliches Vorbehaltsgebiet, Gebiet, das die wesentl. zu schüt-zenden Landschaftsbestand-teile enthält, (Schutzzone im) Naturpark, Rekultivie-rung v. Landschaftsschäden, Vorbehaltsfläche zur Roh-stoffgewinnung, Trenngrün, Versorgung	Verkehr, Vorrang Erho-lung, Wasser, Naturpark-grenze	
Entwicklungs-richtung	Ausbau		Sicherung, Ausbau	
Planungsstufen	Bestand	Bestand	Bestand, Zuwachs	
Farbassoziation				
Text	detaillierte Liste			

Erläuterungen zu den Tabellen Siedlungsflächen, Gewerbliche Wirtschaft, Zentrale Orte, Natur und Landschaft, Erholung so Straßenverkehr siehe Seite 49.

Wohnbaufläche	Nordrhein-Westfalen	Rheinland-Pfalz	Saarland	Schleswig-Holstein
Name des Planzeichens	Wohnsiedlungsbereich	Wohnbaufläche	Wohnsiedlungsfläche	
Signatur	FS, ocker, Farbe	FS, braun (Bestand) S, (Planung)	FS, hellrot, Farbe	
Klassenzu- gehörigkeit				
Größe des Planzeichens				
Einzel-/ geh. Darstellung				
graphische Abgrenzung	halbscharf	scharf	scharf	
logische Abgrenzung	schematisiert	schematisiert	schematisiert	
Farbkontrast	hervorgehoben	hervorgehoben schwach (Planung)	schwach	
optische Täuschung		Verwechselung mit gewerbl. Baufläche		
graphische Differenzierung	Farbe	Farbe	Farbe	
graphische Dichte	2 Überlagerungen	1 Überlagerung	8 Überlagerungen	
Bezug zu anderen Planelementen	Verkehr, Infrastruktur- einrichtungen	Kläranlage, Fernmeldean- lage, Verkehr, größere Ein- richtungen des Freizeit- wohnens, gewerbl. Entwick- lungsort, Wasserschutzge- biet	SRÖ, SRE, SRI, VW, VL, VE, VÖ, BÖ, BK, BW, Frei- raum, Verkehr, gewerbl. Siedlungsfläche, Bela- stungsgebiet, Lärmschutz- bereich, E - Versorgung, Richtfunkstrecke, Rekulti- vierungsfläche	
Entwicklungs- richtung	Ausbau, Sicherung		Sicherung	
Planungsstufen	Bestand, Planung	Bestand, Planung	Bestand	
Farbassoziation				
Text	allg. Angaben auf der Karte			

Themenbereich *Gewerbliche Wirtschaft*

Gew. Baufläche	Baden-Württemberg	Bayern	Hessen	Niedersachsen
Name des Planzeichens	überörtlich bedeutsamer Industrie- und Gewerbestandort	gewerbliche Baufläche	Industrie- und Gewerbefläche	
Signatur	PS, violett, Kreis mit innerer Struktur, unterschieden in Bestand und Planung	FS, Farbe, grau	FS, Farbe, Bestand: violett Zuwachs: hellviolett	
Klassenzugehörigkeit				
Größe des Planzeichens				
Einzel-/ geh. Darstellung	Einzeldarstellung			
graphische Abgrenzung		halbscharf	halbscharf	
logische Abgrenzung	raumtreu	parzellennah	schematisiert	
Farbkontrast	hervorgehoben	hervorgehoben	hervorgehoben	
optische Täuschung		i.V.m. der Grundkarte schlecht erkennbar		
graphische Differenzierung	Form, Farbe	Farbe	Farbe	
graphische Dichte	2 Überlagerungen	2 Überlagerungen	2 Überlagerungen	
Bezug zu anderen Planelementen	Siedlung, Verkehr (Straße, Schiene), Erholung, wasserwirtschaftliches Vorranggebiet	Verkehr, Wohnsiedlungsflächen, Trenngrün, landschaftliches Vorbehaltsgebiet, Bereich, der die wesentlich zu schützenden Landschaftsbestandteile enthält	Verkehr, Vorranggebiete, Wasserwirtschaft, Naturpark, Landschaftsschäden	
Entwicklungsrichtung	Ausbau	Sicherung, Ausbau	Sicherung, Ausbau	
Planungsstufen	Bestand, Planung	Bestand	Bestand, Zuwachs	
Farbassoziation		gegeben		
Text	detaillierte Angaben	allgemeine Angaben		

w. Baufläche	Nordrhein-Westfalen	Rheinland-Pfalz	Saarland	Schleswig-Holstein
ne des nzeichens	Gewerbe- und Industrie-ansiedlungsbereiche	1. Gewerbl. Baufläche, 2. Industrieansiedlungen	Gewerbl. Siedlungsfläche	
natur	FS, Farbe, grau, gemäß Abstufung teilweise farbig begrenzt	1. FS, Farbe m.GL, dunkelbraun, Bestand / FS, S, dunkelbraun (festgelegte Planung)	FS, hellviolett, Farbe	
ssenzu-örigkeit	Gewerbe und Industriebereiche		Nutzungen	
ße des nzeichens				
zel-/ geh. rstellung				
phische grenzung	halbscharf, 2 Abstufungen scharf	B: halbscharf P: un(scharf)	scharf	
ische grenzung	schematisiert	parzellennah	schematisiert	
bkontrast		schwach	schwach	
ische uschung		Verwechselung mit Wohnbaufläche		
phische ferenzierung			Farbe	
phische chte	2 Überlagerungen	2 Überlagerungen	2 Überlagerungen	
zug zu leren nelementen	Verkehr, Wasserschutzgebiet, Leitungsbänder	Verkehr, Kläranlage, Hochspannungsleitung, Wasserschutzgebiet, Bauschutzbereich, Landschaftsschutzgebiet, Umspannanlage	Wohnsiedlungsfläche, landwirtschaftliche Fläche, Freiraum, VW	
wicklungs-htung	Sicherung, Ausbau	Sicherung, Ausbau	Sicherung	
nungsstufen		Bestand, 2 Planungsstufen	Bestand	
rbassoziation				
xt	detaillierte Angaben	detaillierte Liste		

Themenbereich *Zentrale Orte*

Wohnbaufläche	Baden-Württemberg	Bayern	Hessen	Niedersachsen
Name des Planzeichens	Oberzentrum	Oberzentrum	Oberzentrum	Oberzentrum
Signatur	PS, Kreis, rot/schwarz	PS, Kreis, violett/schwarz	PS, Kreis, rot	PS, Kreis, grau
Klassenzugehörigkeit	zentrale Orte	zentrale Orte	zentrale Orte	zentrale Orte
Größe des Planzeichens				
Einzel-/ geh. Darstellung	Einzeldarstellung	Einzeldarstellung	Einzeldarstellung	Einzeldarstellung
graphische Abgrenzung				
logische Abgrenzung	raumtreu	raumtreu	raumtreu	raumtreu
Farbkontrast	hervorgehoben	hervorgehoben mit Signalwirkung	hervorgehoben	schwach
optische Täuschung				
graphische Differenzierung	Größe	Größe, Farbe	Größe	Größe
graphische Dichte	1 Überlagerung, freigestellt	freigestellt	1 Überlagerung	
Bezug zu anderen Planelementen	*Die aufgeführten Planelemente betreffen nur die Themenbereiche "Raumkategorien, Zentrale Orte und Entwicklungsachsen"* Ort mit besonderer Entwicklungsaufgabe, verstärkte Siedlungsentwicklung, Entwicklungsachsen, Verdichtungsrandzone mit den Zielen für die Verdichtungsräume	Verdichtungsraum, Entwicklungsachsen	Siedlung, Gewerbe	
Entwicklungsrichtung		Ausbau, Sicherung		
Planungsstufen	Bestand		Bestand	
Farbassoziation				
Text	allgemeine Angaben	allgemeine Angaben	Auflistung in der Erläuterungskarte	

Wohnbaufläche	Nordrhein-Westfalen	Rheinland-Pfalz	Saarland	Schleswig-Holstein
Name des Planzeichens		Oberzentrum		Oberzentrum (zentraler Bereich)
Signatur		PS, Viereck, rot		FS, Farbe, rot mit GL, schwarz
Klassenzu-gehörigkeit		zentrale Orte		
Größe des Planzeichens				
Einzel-/ geh. Darstellung		Einzeldarstellung		
graphische Abgrenzung				scharf
logische Abgrenzung		raumtreu		parzellennah
Farbkontrast		hervorgehoben		hervorgehoben mit Signalwirkung
optische Täuschung				
graphische Differenzierung		Größe, Form		Farbe
graphische Dichte		freigestellt		2 Überlagerungen, freigestellt
Bezug zu anderen Planelementen	*Die aufgeführten Planelemente betreffen nur die Themenbereiche "Raumkategorien, Zentrale Orte und Entwicklungsachsen"* Siedlung			Ordnungsraum, Siedlungsgebiete
Entwicklungs-richtung				Ausbau
Planungsstufen		Planungsstufen		
Farbassoziation				
Text		detaillierte Liste		allgemeine Angaben

Themenbereich *Natur und Landschaft*

Vorranggebiet	Baden-Württemberg	Bayern	Hessen	Niedersachsen
Name des Planzeichens	Ökologischer Vorrangbereich	Gebiet, das die wesentlichen zu schützenden Landschaftsbestandteile enthält		Vorranggebiet für Natur und Landschaft
Signatur	FS, grün, S	GL, rot		FS, schwarz, S, mit GL
Klassenzugehörigkeit	Natur	Vorbehaltsfläche		Gebiete für Natur und Landschaft
Größe des Planzeichens				
Einzel-/ geh. Darstellung				
graphische Abgrenzung	unscharf	halbscharf		scharf
logische Abgrenzung	schematisch	schematisiert		parzellennah
Farbkontrast	schwach	hervorgehoben mit Signalwirkung		schwach
optische Täuschung				
graphische Differenzierung	Schraffenabstand, Orientierung	Struktur		Schraffenabstand, zusätzliche GL
graphische Dichte	3 Überlagerungen	3 Überlagerungen		3 Überlagerungen
Bezug zu anderen Planelementen	Waldfläche, landwirtschaftliche Fläche, land- und forstwirtschaftlicher Vorrangbereich, wasserwirtschaftlicher Vorrangbereich, Erholung	Vorbehaltsgebiet, Trenngrün, Flurbereinigung, Naturpark, Landschaftsschutzgebiet, Naturschutzgebiet, Bodenschätze		Naturpark, Eltleitung, Gebiet mit besonderer Bedeutung für - Landwirtschaft - Forstwirtschaft - Erholung - Wassergewinnung - Rohstoffgewinnung
Entwicklungsrichtung	Sicherung	Sicherung		Sicherung
Planungsstufen		Planung		
Farbassoziation	gegeben			
Text	detaillierte Angaben, Erläuterungskarte	allgemeine Angaben		detaillierte Angaben

Vorranggebiet	Nordrhein-Westfalen	Rheinland-Pfalz	Saarland	Schleswig-Holstein
Name des Planzeichens			Ökologisches Vorrang-gebiet (VÖ)	
Signatur			FS, rot, S	
Klassenzu-gehörigkeit				
Größe des Planzeichens				
Einzel-/ geh. Darstellung				
graphische Abgrenzung			unscharf	
ogische Abgrenzung			schematisch	
Farbkontrast			schwach	
optische Täuschung				
graphische Differenzierung			Farbe, Schraffenabstand, Orientierung	
graphische Dichte			6 Überlagerungen	
Bezug zu anderen Planelementen			Freiraum, regionaler Grün-zug, SRÖ, SRI, SRE, VW, VE, VL, VF, landwirtschaft-liche Fläche, Forstwirtschaft	
ntwicklungs-chtung			Sicherung	
lanungsstufen			Planung	
arbassoziation				
ext			allgemeine Angaben	

Themenbereich *Erholung*

Erholungs-schwerpunkt, Erholungsort, Heilquelle	Baden-Württemberg	Bayern	Hessen	Niedersachsen
Name des Planzeichens	1. Freizeitschwerpunkt, 2. Schwerpunkt der Ferien- und Kurerholung, 3. Naher-holung, 4. prädikatis. Orte	Erholungsschwerpunkt	1. Fremdenverkehrsort, 2. reg./überreg. Erholungs- und Freizeitzentrum	1. Gemeinde mit der besonde-ren Entwicklungsaufgabe Er-holung, 2. Erholungsschwer-punkt in der Landschaft
Signatur	1. PS, Kreis, grün/schwarz mit Schriftzusatz, 2. PS, Dreieck, schwarz, 3. PS, schwarz, Dreieck, 4. PS, grün, Dreieck mit Struktur	PS, grün mit Schriftzusatz	1. PS, grün, Quadrat 2. PS, grün, Ring	PS, schwarz/grün, 1. Quadra 2. Dreieck mit Schriftzusatz
Klassenzu-gehörigkeit	1. Erholung, Natur und Landschaft, 4. prädikatis. Orte	Landschaft und Erholung	Erholung und Freizeit	Erholungsschwerpunkte und Erholungsort
Größe des Planzeichens				
Einzel-/ geh. Darstellung				Einzeldarstellung
graphische Abgrenzung				
logische Abgrenzung	lagetreu	raumtreu	1. raumtreu, 2. lagetreu	1. raumtreu, 2. standortgena
Farbkontrast	schwach	hervorgehoben	schwach	hervorgehoben
optische Täuschung				
graphische Differenzierung	Form, Farbe	Form, Schriftzusatz	Form, Größe	Form
graphische Dichte	1. 2 Überlagerungen 2., 3. freigestellt 4. 1 Überlagerung	1 Überlagerung	4 Überlagerungen	2 Überlagerungen

Erholungs-schwerpunkt, Erholungsort, Heilquelle	Nordrhein-Westfalen	Rheinland-Pfalz	Saarland	Schleswig-Holstein
Name des Planzeichens	1. Erholungsbereiche 2. Freizeit- und Erholungs-schwerpunkte	1. Naherholungszentrum 2. Heilquelle	Bereich für Erholung	1. kleinräumige Erholungsge-biete, 2. zu entwickelnde Er-holungsgebiete, 3. ruhige Zo-nen in Erholungsgebieten, 4. Gebiete, in denen neue Wo-chenendhausgebiete zugelas-sen werden, 5. Gebiete, in de-nen keine neuen Wochenend-hausgebiete ausgewiesen wer-den sollen
Signatur	1. FS, S, grün 2. FS, grün, Farbe	1. PS, schwarz, Viereck mit Schriftzusatz, 2. PS, blau, Kreis mit Struktur	PS, grün/weiß	1.-3. FS, S, grün 4.-5. GB, grün, Punkte
Klassenzu-hörigkeit	Natur und Erholung		Bereich für besondere Funktionen	Erholungsgebiete
Größe des Planzeichens				
Einzel-/ geh. Darstellung				
graphische Abgrenzung	halbscharf			unscharf
logische Abgrenzung	schematisch	lagetreu	raumtreu	1.-3. schematisiert 4.-5. schematisch
Farbkontrast	schwach	schwach	hevorgehoben	schwach, 4. hervorgehoben
optische Mischung				
graphische Differenzierung	Form	Form, Farbe	Farbe	Orientierung (1,2,3), Farbe (1,4), Linienform (4,5), Linienabstand (1)
graphische Dichte	3 Überlagerungen	freigestellt	freigestellt	1,3,4. 3 Überlagerungen, 2. 5 Überlagerungen 5. 3 Überlagerungen

Fortsetzung nächste Seite

Forts. Themenbereich *Erholung*

Erholungs-schwerpunkt, Erholungsort, Heilquelle	Baden-Württemberg	Bayern	Hessen	Niedersachsen
Bezug zu anderen Planelementen	1. Erholung, Landschafts-schutzgebiet, Naturpark, Gasfernleitung, 2.-3. reg. Grünzug, Vorranggebiet: Forst, Wasser, Ökologie, Landwirtschaft, 4. Vorrang-gebiet: Landwirtschaft, Forst, Ferien- und Naherho-lung, reg. Grünzug, Wasser-schutzzgebiet, Landschafts-schutzgebiet	Wohnsiedlungsfläche, Ge-werbe, landschaftliches Vorbehaltsgebiet, Naturpark, Naturschutzgebiet, Vorbe-haltsfläche Rohstoffe	Vorranggebiete: - Landwirtschaft - Wasserwirtschaft Landschaftsschäden, Ver-kehr, Versorgungsleitungen	1. Gebiet mit besonderer Be-deutung: - Landwirtschaft - Rohstoffgewinnung Naturpark, Vorranggebiet Wassergewinnung, 2. Gebiet mit besonderer Bedeutung: - Natur und Landschaft - Forstwirtschaft - Rohstoffgewinnung - Wassergewinnung Naturpark, Vorranggebiet Erholung
Entwicklungs-richtung	2.-3. Sicherung		Ausbau	Sicherung, Ausbau
Planungsstufen	1. Bestand und Planung			
Farbassoziation	gegeben	gegeben	gegeben	gegeben
Text	1.,4. detaillierte Angaben 2.,3. allgemeine Angaben		detaillierte Liste	1. detaillierte Angaben 2. allgemeine Angaben

Erholungs-schwerpunkt, Erholungsort, Heilquelle	Nordrhein-Westfalen	Rheinland-Pfalz	Saarland	Schleswig-Holstein
Bezug zu anderen Planelementen	Wasserschutzbereich, Landschaftsschutzbereich, Agrarbereich, Verkehr, Versorgungsleitungen, Waldbereich	Erholung, Wasserschutzgebiet, Wald, Landwirtschaft, reg. Grünzug, Landschaftsschutzgebiet, Siedlung	SRE, VE, VW, VF, Freiraum, Verkehr	Wasserverkehr (4), Straßenverkehr (1-5), Schienenverkehr (2-5), Bauschutzbereich (1-5), Wasserschongebiet (1-5), Naturpark (2/3/4), Gebiet mit bes. landwirtschaftlicher Erholungseignung (1), ruhige Zone in Erholungsgebieten (2), zu entwickelnde Erholungsgebiete (3/4), Fremdenverkehrsgestaltungsräume, -entwicklungsräume (5), Gebiet, in dem neue Wochenendhausgebiete zugelassen werden sollen (2), bes. zu erhaltende Ortsbilder u. -teile (2), geologische u. geomorphologische Sonderbereiche (1)
Entwicklungsrichtung	Ausbau			1,2,4 Ausbau 3,5 Sicherung
Planungsstufen		1. Bestand u. Planung 2. Bestand		
Farbassoziation	gegeben		gegeben	gegeben
Text	allgemeine Angaben	allgemeine Angaben	detaillierte Angaben	detaillierte Angaben

Erläuterungen zu den Tabellen

	Flächensignatur	landsch.	landschaftlich	VL	Landwirtschaftes Vorranggebiet
	Grenzband	LSG	Landschaftsschutzgebiet	VM	Gewerbliches Vorranggebiet (Montanindustrie)
	Grenzlinie	MKRO	Ministerkonferenz für Raumordnung	VÖ	Ökologisches Vorranggebiet
	Liniensignatur			VW	Wasserwirtschaftliches Vorranggebiet
	Punktsignatur	NP	Naturpark		
	Schraffur	NSG	Naturschutzgebiet	BA	Bereich für Abfallbeseitigung
	Kreuzschraffur	ÖPNV	Öffentlicher Personennahverkehr	BB	Bereich für übertägige Gewinnung von Bodenschätzen
	Punktraster	reg.	regional	BE	Bereich für Erholung
	Strukturraster	Schwarzwaldpr.	Schwarzwaldprogramm	BK	Bereich für Abwasserbeseitigung
	Bestand			BÖ	Bereich für besonderen ökologischen Ausgleich
L	Planung	Wassergew.	Wassergewinnung		
MSchG	Bundesimmissionsschutzgesetz	WSG	Wasserschutzgebiet	BW	Bereich für Wasserversorgung
. m. bes.	Bereich mit besonderen	SRI	Schwerpunktraum der Industrie	BS	Bereich für besondere Aufgaben des Städtebaus
ktionen	Funktionen	SRE	Schwerpunktraum der Erholung		
Un-mm	Dortmund-Unna-Hamm	SRÖ	Schwerpunktraum ökologischer Aufgaben		
.i.d.d.	Gebiet, in dem die ...	VE	Erholungs - Vorranggebiet		
. m. bes.	Gebiet mit besonderer	VF	Forstwirtschaftliches Vorranggebiet		Landesentwicklungsplan UMWELT (Flächenvorsorge für Freiraumfunktionen, Industrie und Gewerbe) des Saarlandes in der Fassung vom 18.12.1979
. f.	Bedeutung für				
W	Kernkarftwerk	VG	Gewerbliches Vorranggebiet (Großvorhaben)		
	Kraftwerk				

Themenbereich *Straßenverkehr*

Autobahn	Baden-Württemberg	Bayern	Hessen	Niedersachsen
Name des Planzeichens	2bahnig, überreg. Verkehr/ Bundesautobahn	Autobahn mit Anschluß- stelle (4- und mehrspurig); Ausbau bis zu 6 Spuren, (Bestand und Planung)	2bahnige überreg. Straße	Autobahn
Signatur	LS, rot, Kreis mit PS	LS, rot mit Struktur, Pla- nung unterbrochen	LS, rot mit Schriftzusatz	LS, rot, Planung unterbrochen
Klassenzu- gehörigkeit	Straßenverkehr	Verkehr	Straßenverkehr	Straßenverkehr
Größe des Planzeichens				
Einzel-/ geh. Darstellung				
graphische Abgrenzung				
logische Abgrenzung	lagetreu, Planung raumtreu	lagetreu	lagetreu	lagetreu
Farbkontrast	hervorgehoben mit Signalwirkung	hervorgehoben	hervorgehoben mit Signalwirkung	hervorgehoben mit Signalwirkung
optische Täuschung		Verwechselung mit Freileitung		
graphische Differenzierung	Farbe, Strichstärke	Farbe, Strichstärke	Strichstärke, Schriftzusatz	Strichstärke
graphische Dichte	5 Überlagerungen	2 Überlagerungen	3 Überlagerungen	2 Überlagerungen
Bezug zu anderen Planelementen	Wald, Flur, Siedlung, Vor- rangbereiche, Verkehr, Wasserversorgung	reg. Grünzug, Wohnbau- fläche, gewerbliche Bau- fläche, Energieleitungen, Rohstoffgewinnung, Ver- kehr, Wasserwirtschaft	Siedlung, Verkehr, Wald, Versorgung, reg. Grünzug, Vorranggebiet: - Landwirtschaft - Wasserwirtschaft - Erholung	Gebiet mit bes. Bedeutung: - Natur und Landschaft - Erholung - Land- und Forstwirtschaft - Rohstoffgewinnung Vorranggebiet für: - Erholung - Wassergewinnung, Verkehr, Richtfunkstrecke, Sperrgebiet, Fernwasserlei- leitung, Eltleitung

Autobahn	Nordrhein-Westfalen	Rheinland-Pfalz	Saarland	Schleswig-Holstein
Name des Planzeichens	Straße für den großräumigen Verkehr	großräumige Straßenverbindung	Verbindung des Primärstraßennetzes mit Anschlußstelle	1. Bundesautobahnen und andere 4spurige Hauptverkehrsstraßen, 2. Bundesautobahnen 6spurig, 3. Trassenführung in Überprüfung
Signatur	LS, rot	LS, rot	LS, rot mit PS, Kreis, weiß	LS, grau, Planung unterbrochen
Klassenzugehörigkeit	Straßenverkehr	Straßenverkehr	Verkehrsinfrastruktur	Straßenverkehr
Größe des Planzeichens				
Einzel-/ geh. Darstellung				
graphische Abgrenzung				
ogische Abgrenzung	lagetreu, Planung raumtreu	lagetreu, Planung raumtreu	lagetreu/standortgenau	1-2. lagetreu, Planung teilweise raumtreu, 3. raumtreu
Farbkontrast	hervorgehoben mit Signalwirkung	hervorgehoben mit Signalwirkung	hervorgehoben	schwach
optische Täuschung				
raphische Differenzierung	Strichstärke	Strichstärke, Farbe	Strichstärke, Farbe	1-3. Strichstärke 3. Linienraster
raphische Dichte	freigestellt	4 Überlagerungen	freigestellt	3 Überlagerungen
ezug zu nderen lanelementen	Siedlungsbereich, Erholungsbereich, Natur- und Landschaftsschutz, Gewerbe, Agrarbereich, Freizeit- und Erholungsschwerpunkte	reg. Grünzug, Landwirtschaft, Natur- und Landschaftsschutzgebiet, Naturpark, Verkehr, Richtfunkstrecke, Erholung, Umspannanlage, Kläranlage	nachgeordnete Verkehrsverbindungen, Freiraum, reg. Grünzug, SRÖ, SRE, SRI, VÖ, VW, VF, VL, VE, VG, BÖ, BW, BK, BA, BB, BE, BS, BG	Fremdenverkehrsgestaltungsräume (3), Fremdenverkehrsentwicklungsräume (1,3), Gebiete mit besonderer landschaftlicher Erholungseignung (1), Straßenverkehr, Schienenverkehr, Bauschutzbereich(1), Rohstoffsicherungsgebiet (1), Wasserschongebiet, Naturschutzgebiet (1), Gebiete mit bes. ökologischen Funktionen (1), Gebiete, in denen keine neuen Wochenendhausgebiete ausgewiesen werden sollen (3)

Fortsetzung nächste Seite

1.4.5.3 Flächendarstellungen

Die flächenhaften Nutzungen und Raumfunktionen sind besonders schwierig darzustellen, zumal dann, wenn sie sich z. T. mehrfach überlagern. Es sind folgende Variationen bei den Darstellungen vorgefunden worden: Vollfläche, Schraffuren, Strukturraster, Grenzbänder und Grenzlinien. Als Variationsparameter wird die Farbe eingesetzt, bei den Grenzlinien und -bändern zusätzlich die Breite, seltener die Gestaltung als Signatur. Die farbige Vollfläche erscheint mit dem größten graphischen Gewicht, die Grenzlinie mit dem geringsten, die anderen Darstellungsmittel liegen dazwischen. Durchgängig konnte beobachtet werden, daß die farbige Vollfläche für die Flächennutzungen eingesetzt wird: Siedlungs-(Wohnbau)flächen, Gewerbliche Bauflächen, Sonderbauflächen, land- und forstwirtschaftliche Flächen sowie Wasserflächen. Sofern Raumstrukturkarten benutzt werden, wird die Gliederung des Ordnungsraumes meist durch Farbflächen wiedergegeben. Ebenfalls nahezu einheitlich werden Flächen, für die Schutz- und Sicherungsbestimmungen gelten wie z. B. Naturschutzgebiete, Lärmschutzzonen u.ä., mit Grenzlinien gekennzeichnet. Schraffuren und Strukturraster werden alternativ und überwiegend für die Kennzeichnung von Flächen eingesetzt, die im RO-Plan besondere Bedeutung erlangen. Es sind dies (bei uneinheitlicher Terminologie) Vorrangflächen, Gebiete mit besonderer Bedeutung, Fördergebiete u. a. Schraffuren werden darüber hinaus in einzelnen Fällen benutzt, um Bestand und Planung zu unterscheiden[1]).

Ein seltener Sonderfall ist zu erwähnen: Eine den Strukturrastern vergleichbare optische Wirkung entsteht, wenn Punktsignaturen gehäuft auftreten.

Die vorgefundenen Darstellungsarten sind in der Tabelle (s. nächste Seite) zusammengefaßt. Als Spaltenüberschrift ist die Darstellungsart gewählt, in den Spalten werden die Planelemente aufgeführt, die in dieser Form dargestellt sind. Mehrfachnennungen sind durch die verlängernden horizontalen Striche angedeutet. So sind z. B. ökologische Sonderflächen in allen Darstellungsarten mit Ausnahme der farbigen Vollfläche vorgefunden worden.

Forts. Straßenverkehr

Autobahn	Baden-Württemberg	Bayern	Hessen	Niedersachsen
Entwicklungs-richtung	Erhalt, Sicherung, Ausbau	Erhalt, Sicherung, Ausbau	Erhalt, Ausbau	Erhalt, Ausbau
Planungsstufen	Bestand, 2 Planungsstufen	Bestand, Planung	Bestand, Planung	Bestand, Planung
Farbassoziation				
Text	detaillierte Angaben		detaillierte Angaben	detaillierte Angaben

Vollflächen	Schraffuren	Strukturraster	Grenzband	Grenzlinie
Ordnungsraum Wohnbauflächen Gewerbliche Baufl. Sonderbaufläche Sperrgebiet Landwirt. Flächen Forstwirt. Flächen Wasserflächen				Schwerpunktraum Industrie
(Vorranggebiet)	--- Vorranggebiet ---------	Fördergebiet		Vorranggebiet
	------------ Gebiet mit besonderer Bedeutung --			
	------------ Ökologische Sonderflächen --			
		--------- Wasserschutzgebiete -------------------------------------		
Überschwemmungs- gebiet				Überschwemmungsgebiet Lärmschutzbereich Belastungsgebiet Landschaftsschutzgebiet Naturschutzgebiet Naturpark

1.4.5.4 Empfehlungen

Aus den vorstehend beschriebenen Beobachtungen, verbunden mit einer wertenden Kritik, sind in einem Diskussions-Prozeß zwischen den Mitarbeitern des Forschungsprojektes für die einzelnen Planelemente Kriterien für die Darstellungselemente entwickelt worden[4]). Dabei ist ausschließlich der visuelle Eindruck und bei geänderter Darstellung der vermutete Eindruck berücksichtigt worden. Das kann zur Folge haben, daß diese Empfehlungen im konkreten Einzelfalle nicht unbedingt übertragen werden können, weil unter Umständen die planungspolitischen Randbedingungen bestimmte Darstellungsformen verbieten. Solche länderspezifischen Randbedingungen bedürfen, um sie berücksichtigen zu können, einer Expertenbefragung vor Ort. Sie hat nicht stattgefunden.

Die empirisch ermittelten Erkenntnisse sind dazu auf die einzelnen Themenbereiche projiziert worden. Um das Ergebnis überschaubar zu machen, sind tabellarische Zusammenstellungen

Autobahn	Nordrhein-Westfalen	Rheinland-Pfalz	Saarland	Schleswig-Holstein
Entwicklungs- richtung	Erhalt, Ausbau	Erhalt, Ausbau	Erhalt, Ausbau	Erhalt, Ausbau
Planungsstufen	Bestand, 2 Planungsstufen	Bestand, Planung		1-2. Bestand, Planung 3. Planung
Farbassoziation				
Text	detaillierte Angaben	detaillierte Angaben	detaillierte Angaben	detaillierte Angaben

entwickelt worden, die einerseits die summarischen Ergebnisse der Kartenanalyse enthalten (linke Seite) und Vorschläge[5], wie verfahren werden könnte (rechte Seite). Dabei werden Ausnahmefälle nicht berücksichtigt.

Raumstrukturkarte

Zur besseren Orientierung (Veranschaulichung) bei hoher Inhaltsdichte des Regionalplans ist die Darstellung der Raumkategorien (mit ihrer Differenzierung in Verdichtungsraum, ländlicher Raum und strukturschwacher Raum) in einer gesonderten ''Raumstrukturkarte'' zusammen mit den inhaltlich verwandten Themenbereichen ''Zentrale Orte'' und ''Entwicklungsachsen'' sinnvoll.

Für die Unterteilung des Ordnungsraumes eignen sich insbesondere Flächensignaturen, und zwar sowohl farbige Vollflächen wie auch farbig abgestufte Schraffuren. Beide Darstellungen wurden bei den untersuchten Plänen benutzt.

Die Darstellung zentraler Orte kann sich auf Ober-, Mittel- und Unter-/Grundzentren beschränken. Während die Wiedergabe von Kleinzentren im Regionalplan noch sinnvoll erscheint, sollten weitergehende Differenzierungen (Funktionszuweisungen) im Text erfolgen.

Entwicklungsachsen können als schematische Liniensignaturen (Bänder) in zwei Abstufungen (regional / überregional) dargestellt werden; eine Differenzierung kann durch Linienunterbrechung erfolgen. Dieser Themenbereich zeigt die größten Unterschiede in den einzelnen Bundesländern: Während in einigen Bundesländern keine kartographische Darstellung vorgenommen wird, sind in anderen Ländern die Entwicklungsachsen zum Teil mit den Verkehrsachsen identisch, oder es werden flächenhafte Signaturen verwendet, die die weitere Siedlungsentwicklung in den betreffenden Gebieten darstellen sollen.

Ein Beispiel für eine Raumstrukturkarte ist im Regionalplan Nordschwarzwald (Baden-Württemberg) enthalten (Abb. 1). (Die Abbildungen 1 bis 20 befinden sich auf S. 65 bis 82.)

Tabellarische Gegenüberstellung der Darstellungskriterien

In den nachstehenden Tabellen sind die entwickelten Darstellungskriterien für die Themenbereiche Gewerbliche Wirtschaft, Siedlungsflächen, Land- und Forstwirtschaft, Energie und Umweltschutz beispielhaft den vorgefundenen Darstellungselementen gegenübergestellt.

1.4.5.5 Gestaltungsvorschlag

Wenn man untersucht, inwieweit sich die Gestaltungsvorschläge bereits in vorhandenen Plänen wiederfinden lassen, so stellt sich in einigen Fällen heraus, daß die hervorzuhebende Darstellungsweise mit einer anderen, die nicht so positiv beurteilt wurde, zusammenstößt. Daher wird auf die Wiedergabe solcher Beispiele verzichtet.

In einem Test wurde versucht, diese Vorschläge anzuwenden. Da insbesondere die Flächendarstellungen in ihrem Schichtengefüge Darstellungsprobleme aufwerfen, galt der Versuch diesem Schwerpunkt (s. Tainz, 4.2). Es bot sich zunächst an, das zur Verfügung stehende Datenmaterial des Planausschnittes des Landesentwicklungsplans "Umwelt" des Saarlandes für den Test zu benutzen und mit THEMAK2 zu bearbeiten (s. Lindert, 4.1). Die Besonderheiten dieses Planes liegen in der extrem hohen Inhaltsdichte und der damit verbundenen starken Schichtung. Es liegt nur ein vorläufiges Ergebnis vor, weil die experimentellen Variationsmöglichkeiten zu sehr eingeengt waren und daher nicht zum Abschluß gebracht werden konnten.

In einem zweiten Versuch wurde ein "fiktiver Plan" als synthetisches Beispiel gewählt, bei dem eine mittlere Inhaltsdichte und eine Mischung von städtischen und ländlichen Strukturen zugrunde gelegt wurde. Um in geeigneter Weise experimentieren zu können, d.h. Farben und Flächenmuster zu variieren, ist der Inhalt digitalisiert und aufbereitet worden[6]. Es sind dabei in konsequenter Verfolgung der unter Ziff. 1.4.5.4 dargelegten Empfehlungen die Flächenfarben und -signaturen ausgewählt worden. Die individuellen Farbabstimmungen konnten am Bildschirm vorgenommen werden.

Im Rahmen dieses Tests wurden einzelne Beispiele entwickelt, die die Variations- und Kombinationsmöglichkeiten aufzeigen sollen.

Diskussion der flächenhaften Darstellungselemente

Die am weitesten gehende Entscheidung geht von der farbigen Vollfläche aus. Es können nur die Planelemente mit Farbflächen belegt werden, die sich an keiner Stelle überlagern. Dies trifft ohne Ausnahme nur für die tatsächliche Flächennutzung zu. Für nahezu alle anderen Planelemente kann eine solche Überlagerung nicht ausgeschlossen werden. Wenn eine Entscheidung für die Wiedergabe mit einer farbigen Fläche erfolgt, muß vorher sichergestellt sein, daß keine Überlagerung mit einem anderen Planelement stattfindet, das ebenfalls durch eine Farbfläche wiedergegeben wird. Tritt eine solche jedoch auf, so muß eines der Planelemente zurückstehen und durch ein anderes Darstellungselement, z. B. eine Schraffur oder ein Strukturraster wiedergegeben werden.

Die farbige Vollfläche hat im Regelfall das größte graphische Gewicht. Mit einer graphischen Gewichtung kann eine Rangstufenbildung verbunden sein. Zurückgedrängt werden kann dieses graphische Gewicht nur, wenn die Intensität der Flächenfarben gemildert wird. Die Schärfe der graphischen Abgrenzung von farbigen Flächen hängt in erster Linie von der Flächenkontur und dem Farbkontrast zu den benachbarten Flächen ab. Die Abbildungen 2 und 3 zeigen die unterschiedlichen Wirkungen. Als Planer sollte man entscheiden, wie sich die graphische Abgrenzung zur logischen verhalten soll.

Schraffuren als Darstellungselemente können variiert werden durch

- die Linienbreite,
- den Linienabstand,
- die Orientierung,
- die Farbe und
- die Linienart.

Darstellung der Planelemenete

Themenbereich *Raumkategorien*

	Bestand	Empfehlungen
Signatur	FS, braun, weiß, schwarz, rot	FS
Klassen	---	---
graphische Abgrenzung	scharf bis unscharf	scharf, halbscharf
logische Abgrenzung	schematisiert	schematisiert
Farbkontrast	schwach bis hervorgehoben	s. allgemeine Empfehlungen
optische Täuschung	---	s. allgemeine Empfehlungen
graphische Differenzierung	Farbe, Orientierung	Farbe
graphische Dichte	2 bis 5 Überlagerungen	s. allgemeine Empfehlungen
Planungsstufen	---	---
Farbassoziation	---	---

Themenbereich *Zentrale Orte*

	Bestand	Empfehlungen
Signatur	PS, rot, schwarz, GL, schwarz (Bereiche)	PS, rot, schwarz, GL (Bereiche)
Klassen	zentrale Orte	zentrale Orte
graphische Abgrenzung	---	scharf (GL)
logische Abgrenzung	raumtreu/parzellennah	raumtreu (PS), parzellennah (GL)
Farbkontrast	hervorgehoben, z.T. mit Signalwirkung	hervorheben
optische Täuschung	---	s. allgemeine Empfehlungen
graphische Differenzierung	Größe, Farbe, Form	Größe, Form
graphische Dichte	freigestellt, 1 bis 4 Überlagerungen	PS freistellen
Planungsstufen	Bestand, Planung	Bestand, Planung
Farbassoziation	nicht möglich	---

Themenbereich *Entwicklungsachsen*

	Bestand	Empfehlungen
Signatur	LS, GB, schwarz, grün Ausnahmen: grau, rot, dunkelgelb, braun	LS, schwarz
Klassen	Entwicklungsachsen	Entwicklungsachsen
graphische Abgrenzung	scharf bis unscharf	---
logische Abgrenzung	raumtreu, schematisch	schematisch
Farbkontrast	hervorgehoben	hervorheben
optische Täuschung	---	s. allgemeine Empfehlungen
graphische Differenzierung	Strichstärke, Farbe, Struktur	Strichstärke, Form
graphische Dichte	1 bis 9 Überlagerungen	s. allgemeine Empfehlungen
Planungsstufen	---	---
Farbassoziation	---	---

Themenbereich *Gewerbliche Wirtschaft*

	Bestand	Empfehlungen
Signatur	FS, Farbe, violett Standorte werden als PS dargestellt	FS, Farbe, violett, GB, violett (Schwerpunkträume/Vorranggebiete)
Klassen	keine bzw. keine einheitliche Klasse	Siedlungsflächen/Gewerbeflächen
graphische Abgrenzung	halbscharf	halbscharf
logische Abgrenzung	parzellennah, schematisiert, schematisch	schematisiert (Vorranggebiete, Schwerpunkträume) parzellennah (Bauflächen)
Farbkontrast	hervorgehoben	hervorheben evt. mit Signalwirkung
optische Täuschung	---	s. allgemeine Empfehlungen
graphische Differenzierung	Farbe	Form, Farbe, Farbstärke (z.B. Planung in hellerem Ton)
graphische Dichte	2 bis 5 Überlagerungen	s. allgemeine Empfehlungen
Planungsstufen	teilweise differenzierte Planungsstufen	Bestand, Planung
Farbassoziation	nicht möglich	---

Themenbereich *Siedlungsflächen*

	Bestand	Empfehlungen
Signatur	FS, Farbe, rot, braun	FS, Farbe, rot, orange (Sondergebiete)
Klassen	---	Siedlungsflächen/Gewerbeflächen
graphische Abgrenzung	halbscharf	---
logische Abgrenzung	parzellennah bis schematisch	parzellennah oder schematisiert
Farbkontrast	schwach bis hervorgehoben	schwach
optische Täuschung	---	s. allgemeine Empfehlungen
graphische Differenzierung	Farbe	Farbe, Farbstärke (z.B. Planung in hellerem Ton)
graphische Dichte	2 bis 8 Überlagerungen	s. allgemeine Empfehlungen
Planungsstufen	Bestand, Planung	Bestand, Planung
Farbassoziation	nicht möglich	---

Themenbereich *Landwirtschaft*

	Bestand	Empfehlungen
Signatur	FS, Farbe, Vorranggeb. als Punktraster, gem. Farb-. konv. gelb, braun, bei Sonderkulturen andere Farben vorhanden	FS, Farbe, gelb oder braun, Spezifizierungen mit Raster überlagern (z.B. Vorranggebiete als Punktraster)
Klassen	keine durchgängige Klasse, meist nur in Verbindung mit Vorranggebieten für Land- und Forstwirtschaft	Forstwirtschaft/Landwirtschaft
graphische Abgrenzung	scharf bis unscharf	s. allgemeine Empfehlungen
logische Abgrenzung	parzellennah bis schematisch	schematisch
Farbkontrast	schwach	schwach, Vorranggebiete evt. hervorheben
optische Täuschung	---	s. allgemeine Empfehlungen
graphische Differenzierung	Farbe, Form	Farbe
graphische Dichte	2 bis 6 Überlagerungen	s. allgemeine Empfehlungen
Planungsstufen	Bestand	nicht notwendig
Farbassoziation	gegeben, gelb, braun	gelb, braun

Themenbereich *Forstwirtschaft*

	Bestand	Empfehlungen
Signatur	FS, Farbe, Raster, grün	FS, hellgrün, Raster/Schraffur für Vorranggebiete
Klassen	nicht einheitlich	Forstwirtschaft/Landwirtschaft
graphische Abgrenzung	unscharf bis scharf	s. allgemeine Empfehlungen
logische Abgrenzung	schematisiert, parzellennah	parzellennah (Wald) schematisiert (Vorranggebiete)
Farbkontrast	hervorgehoben (Wald) schwach (Vorranggebiete)	schwach
optische Täuschung	---	s. allgemeine Empfehlungen
graphische Differenzierung	Farbe, Form	Form
graphische Dichte	2 bis 5 Überlagerungen	s. allgemeine Empfehlungen
Planungsstufen	Bestand bzw. keine Angaben	nicht notwendig
Farbassoziation	gegeben, grün	grün

Themenbereich *Energie*

	Bestand	Empfehlungen
Signatur	PS, LS, schwarz, braun, grün, rot, blau, ocker, oliv, violett, gelb, grau	PS, einheitl. Farbwahl mit untersch. innerer Struktur LS, einheitl. Farbw. m. Schrift- o. Strukturzusatz auf d. Linie
Klassen	nicht einheitlich Unterklasse - Energie	Oberklasse - Einrichtungen der Ver- und Entsorgung
graphische Abgrenzung	---	---
logische Abgrenzung	standortgenau, lagetreu	lagetreu, standortgenau
Farbkontrast	hervorgehoben, schwach	schwach, hervorheben (große Kraftwerke)
optische Täuschung	bei Leitungen besteht Verwechselungsgefahr mit anderenLeitungen und Verkehrswegen	s. allgemeine Empfehlungen
graphische Differenzierung	bei PS: Farbe, Form, Struktur, Größe bei LS: Schriftzusatz	Oberklasse - einheitlich geometrische Figur Unterklasse - Farbe, Struktur, Größe (bei PS), Schriftzusatz, Struktur (bei LS) (Differenzierung innerh. d. Unterklasse durch Struktur und Schriftzusatz)
graphische Dichte	2 bis 5 Überlagerungen bzw. freigestellt	PS freistellen, s. allgemeine Empfehlungen
Planungsstufen	Bestand, Planung	Bestand, Planung
Farbassoziation	nicht möglich	s. allgemeine Empfehlungen

Themenbereich *Abfallbeseitigung*

	Bestand	Empfehlungen
Signatur	PS mit Struktur, Schriftzusatz schwarz, violett, ocker, grau	PS mit Struktur, Schriftzusatz schwarz, violett, ocker, grau
Klassen	Abfallbeseitigung, Versorgungsanlagen	Oberklasse - Einrichtungen der Ver- und Entsorgung Unterklasse - Abfallbeseitigung, Versorgungsanlagen
graphische Abgrenzung	---	---
logische Abgrenzung	standortgenau	standortgenau
Farbkontrast	schwach	schwach
optische Täuschung	---	s. allgemeine Empfehlungen
graphische Differenzierung	Farbe, Struktur, Schriftzusatz	Oberklasse - bei PS einheitlich geometrische Figur Unterklasse - Farbe, Struktur, Schriftzusatz (Differenz. innerh. d. Unterkl. d. Struktur u. Schriftzusatz)
graphische Dichte	1 bis 4 Überlagerungen bzw. freigestellt	freistellen
Planungsstufen	Bestand, Planung	Bestand, Planung
Farbassoziation	nicht möglich	s. allgemeine Empfehlungen

Themenbereich *Straßenverkehr*

	Bestand	Empfehlungen
Signatur	LS, PS, rot (Anschlußstellen, Bahnhof), Planung wird durch unterbrochene Linie dargestellt, Straßenkategorien haben unterschiedliche Strichstärke, Ausnahme: Straßenkategorien haben unterschiedliche Farben	LS, PS, rot, Planung durch unterbrochene Linie darstellen Klassifizierung der Straßen durch Strichstärke darstellen
Klassen	Straßenverkehr	Straßenverkehr
graphische Abgrenzung	---	---
logische Abgrenzung	lagetreu, raumtreu (Planung)	lagetreu, raumtreu (Planung)
Farbkontrast	hervorgehoben z.T. mit Signalwirkung	hervorheben
optische Täuschung	---	s. allgemeine Empfehlungen
graphische Differenzierung	Strichstärke, Form (PS) Farbe (andere Verkehrsarten)	Verkehrsarten - Farbe Verkehrskategorien - Strichstärke
graphische Dichte	1 bis 5 Überlagerungen bzw. freigestellt	freistellen
Planungsstufen	Bestand, Planung, teilw. 2 Planungsstufen	Bestand, Planung
Farbassoziation	gegeben, rot (Konvention)	rot (Konvention)

Themenbereich *Erholung*

	Bestand	Empfehlungen
Signatur	FS, Farbe, S, GL, GB, PS (Sportanlagen usw.) grün/schwarz, rot, blau	FS, S, GL, grün PS mit Struktur/Symbol (Sportanlagen)
Klassen	Erholung	Natur und Landschaft, Erholung
graphische Abgrenzung	scharf bis unscharf	s. allgemeine Empfehlungen
logische Abgrenzung	schematisiert, raumtreu, lagetreu	schematisiert, lagetreu
Farbkontrast	schwach, hervorgehoben	schwach, hervorheben (z.B. Erholungsschwerpunkte)
optische Täuschung	---	s. allgemeine Empfehlungen
graphische Differenzierung	Farbe, Form, Orientierung	Farbe, Form, Schraffur, Schraffenabstand Strichstärke, Orientierung
graphische Dichte	1 bis 9 Überlagerungen bzw. freigestellt	s. allgemeine Empfehlungen
Planungsstufen	Bestand, Planung	nicht notwendig
Farbassoziation	gegeben, grün	grün

Die Wirkung einzelner Variationsparameter soll an einigen Beispielen gezeigt werden. Bei gleicher Farbe (hier: schwarz) können bereits durch die Variation nur eines Parameters verschiedene Qualitäten sichtbar gemacht werden. In der Abb. 4 sind bei gleicher Neigung nur die Abstände (und geringfügig die Strichbreiten) verändert worden. Das Ergebnis befriedigt jedoch nicht; ähnlich - wenn auch schon besser - ist die Wirkung, wenn im wesentlichen die Neigung variiert wird (Abb. 5). Erst das Zusammenkommen von mehreren Variationsparametern erzeugt ein ausgeglichenes Bild (Abb. 6). Wenn allerdings wie in Abb. 7 die Abstufung zu stark ist und zudem noch eine kräftige Kreuzschraffur auf überwiegend große Flächen gelegt wird, ist die Wirkung ausgesprochen negativ.

Schraffuren eignen sich insbesondere für die Wiedergabe von räumlichen Funktionen, die sich ganz oder teilweise überlagern. In diesen Fällen kann auf die Farbe als zusätzliches Unterscheidungsmerkmal nicht verzichtet werden. Man muß allerdings beachten, daß im Regelfall bereits eine logische Schicht, für die Flächenfarben verwendet werden, darunterliegt. Daher müssen die Schraffuren kontrastieren und sind anders zu gestalten als in den Beispielen der Abbildungen 4 bis 6. Wird der Linienabstand vergrößert, sollte in gleichem Maße auch die Strichbreite wachsen. Werden überwiegend kleine Flächen gekennzeichnet, sollte die Schraffur enger sein als bei großen Flächen. Abb. 8 zeigt ein ausgewogenes Verhältnis der Schraffuren, obwohl Farben, Linienabstände und Strichbreiten sich unterscheiden.

Die bereits in Abb. 4 gezeigte Notwendigkeit, die Neigung zu variieren, unterstreicht noch einmal Abb. 8, bei der alle Schraffuren dieselbe Neigung haben, alle anderen Parameter aber identisch mit Abb. 7 sind.

Das Gewicht einer Fläche kann erhöht werden, wenn die Strichbreite deutlich erhöht (Abb. 9) oder eine Signalfarbe (Abb. 10) verwendet wird. Das Gleichgewicht kann gestört werden, wenn trotz annähernd gleich gesättigter Farben die Farbintensität ungleich ist wie in Abb. 11. Von dieser Wirkung kann jedoch auch systematisch Gebrauch gemacht werden, wenn man einzelne Funktionen betonen oder zurückdrängen will.

Bei der Gestaltung von Strukturrastern und in etwas geringerem Umfang auch bei Kreuzschraffuren sind der Phantasie so gut wie keine Grenzen gesetzt. Das graphische Gewicht wird weitgehend von der Größe und Dichte der Strukturelemente sowie der Farbintensität bestimmt. Dennoch sind ihrer Verwendung deutliche Grenzen gesetzt, und zwar bei der Überlagerung. Es können dabei zwei Fälle unterschieden werden.

- Eine Fläche liegt vollständig in der anderen: Eine visuelle Trennung der beiden Flächen, vor allem aber die Identifizierung der innenliegenden Fläche ist zumindest stark erschwert.
- Zwei Flächen überdecken sich teilweise: Der Überlappungsbereich signalisiert einen Konflikt oder eine Konkurrenz der Planelemente, er ist teilweise zu erkennen.

Zusätzliche Schwierigkeiten ergeben sich, wenn die verwendeten Farben und Muster gleich oder ähnlich gestaltet sind, wie dies im Beispiel der Abb. 12 gezeigt wird.

Grenzlinien können in ihrer Strichbreite, der Linienart und der Farbe variiert werden. Dünne Linien werden nur erkannt, wenn der Farbkontrast zur unmittelbaren Umgebung groß ist. Breite Linien werden hingegen leichter erkannt. Je größer eine Fläche und je komplizierter ihr Grenzverlauf ist, um so schwieriger wird sie als Ganzes erkannt - und umgekehrt. Durchgezogene Linien signalisieren eine logisch und graphisch scharfe Abgrenzung einer Fläche. Schon eine breite Linie mildert die Schärfe der Abgrenzung ab. Eine Auflösung der Linie durch eine Strichlinierung oder Punktmuster erzeugt Unschärfe.

Bei einem Grenzband kommt gegenüber der Grenzlinie noch hinzu, daß eine leichte Orientierung nach außen und innen möglich ist. Dieser Vorteil wirkt sich insbesondere bei großen oder nicht geschlossenen Flächen aus. Die Abb. 13 zeigt die Kombination von Schraffuren, Grenzlinien und Grenzband bei gegenseitiger Überlagerung. In Abb. 14 ist zudem noch die Nutzung als Flächenfarbe unterlegt und zeigt damit die Gesamtwirkung aller Darstellungsverfahren.

Diskussion linienhafter Darstellungselemente

Die Variationsmöglichkeiten von Linien sind bereits bei den Grenzlinien aufgezählt worden. Hinzu kommt allerdings die Möglichkeit der Liniensignatur. Als solche gelten beispielsweise die Straßensignaturen mit ihren Doppellinien mit und ohne Farbfüllung. Es hat sich als Konvention herausgebildet, daß bestehende linienhafte Planelemente mit durchgezogenen, geplante oder vorgesehene durch aufgebrochene Linien wiedergeben werden. Die Schärfe der Aussage kann nur durch das Vorhandensein von Konturlinien verändert werden (s. Abb. 15).

Diskussion punktförmiger Darstellungselemente

Punktförmige Darstellungselemente werden in Regionalplänen in erster Linie als Punkt-signaturen verwendet. Die Untersuchungen von Wenner (1987) haben gezeigt, daß sprechende Signaturen (Piktogramme) leichter erkannt werden als abstrakte Punktsignaturen (s. Junius, 3.2). Bei der Ausgestaltung kann man auf Vorbilder aus der Bauleitplanung zurückgreifen. Die Planzeichenverordnung sieht für standortgebundene Einrichtungen Planzeichen vor, die nach einheitlichen Kriterien gestaltet sind. In einem liegenden Rechteck ist zentrisch eine bildhalfte Signatur angeordnet, die als Leitsignatur durch Zusätze ergänzt werden kann (s. Abb. 16). Diese Planzeichen wirken plakativ, lassen vielfach eine Assoziation zur geplanten Einrichtung zu und heben sich von den flächenhaften Planzeichen wegen des Kontrastes ab. Ähnlich wird auch bei Flächennutzungen verfahren, die durch eine Punktsignatur erläutert werden sollen (s. Abb. 16).

Im Sinne einer vertikalen Integration von Landes- und Ortsplanung wäre es wünschenswert, wenn die auf beiden Planungsebenen verwendeten Signaturen korrespondieren könnten. In besonderem Maße beträfe eine solche Harmonisierung die Punktsignaturen für solche baulichen Anlagen und Einrichtungen, die beiden Planarten gemeinsam sind (Beispiel: Abb. 17 und Abb. 18). Allerdings lassen sich die Gestaltungsmechanismen auf Regionalpläne nur sinngemäß über-tragen, da die Signaturen insgesamt kleiner sein müssen als in den Bauleitplänen. Für das leichte und schnelle Erkennen und Interpretieren ist vor allem eine plaktive Gestaltung erforderlich. Dazu gehören die geometrische Begrenzung und die innere Ausgestaltung als Piktogramm. Diese bildhafte Ausgestaltung soll zum einen die Assoziation zur geplanten Einrichtung wecken und erleichtern (z. B. symbolisierte Luftfahrzeuge für Einrichtungen des Luftverkehrs, s. Abb. 19), zum anderen leicht unterscheidbar sein und sich vom Kartengrund und den flächenhaften Plan-zeichen abheben. Die Positiv- und Negativgestaltung unterstützen diese Wirkung. Eine Leitfarbe unterstreicht die Zugehörigkeit zu einem Themenbereich. Zur logischen Gruppenbildung kann die Umrißform als Kreis, Quadrat oder Dreieck herangezogen werden. Ähnliche Signaturen hin-gegen, die sich nur durch geringfügige Zusätze unterscheiden, komplizieren die Darstellung und erschweren die eindeutige Identifizierung im Kartenbild (s. Abb. 19).

Eine Möglichkeit zur Steuerung der planerischen Aussage besteht in der Plazierung und Gruppierung der Punktsignaturen. Sind beispielsweise vier Standorte festzulegen und werden die dazugehörigen Signaturen an ihren möglichen Standorten als Einzelsignatur plaziert (Abb. 20 unten), so wirkt dies wie eine Standortvorgabe (= standortgenaue Signatur). Werden die vier Signaturen dagegen gebündelt und der Gemeindefläche zugeordnet (Abb. 20 oben), wird die Standortvorgabe vermieden (= raumtreue Signatur).

1.4.6 Zusammenfassung

Das Forschungsvorhaben hat gezeigt, daß die kartographische Darstellung der Regionalplanung systematisch aufbereitet werden kann. Nach einer eingehenden formalen Analyse der Planinhalte und deren Aufgliederung in Themenbereiche und Planelemente (mit den genannten Einschränkungen bezüglich der inhaltlichen Deckung) konnten die kartographischen Darstellungen zusammengefaßt werden. Diese Bestandsaufnahme, die sich auf die Auswertung von 43 Regionalplänen aus der gesamten Bundesrepublik stützt, befaßt sich mit jedem einzelnen Planelement, ist tabellarisch aufbereitet und ermöglicht somit einen bundesweiten Vergleich der kartographischen Darstellungen der einzelnen Planelemente.

Nach einer eingehenden Auseinandersetzung mit den zum Teil unterschiedlichen Darstellungsmethoden wurde der Versuch einer Bewertung unternommen, um daraus empfehlende Hinweise für die kartographische Darstellung von Planinhalten abzuleiten. Natürlich beruhen diese Empfehlungen auf der subjektiven Einschätzung der Bearbeiter und können nur allgemeine Hinweise für die Ausgestaltung von Regionalplänen liefern. Jedoch wurde versucht, die Aussagen durch die Systematik der Untersuchung und die Zahl der untersuchten Pläne abzusichern.

Die Aufgliederung eines Regionalplanes in Themenbereiche und die Definition der Planelemente erlaubten eine formale Systematisierung des Planinhaltes. Mit dem kartographischen Prinzip der Darstellungsgruppen wurde der Begriff ''Klassenbildung'' geprägt, der eine Korrespondenz von Plan- und Darstellungselementen andeutet. Die Plandarstellungen wurden auf diese Klassenbildung und die graphischen Elemente auf ihre Leit- und Differenzierungsfähigkeit untersucht. Als zweiter wesentlicher Bereich hat sich das Zusammenwirken der Planelemente bzw. ihrer Darstellungen erwiesen. Die einzelnen das Zusammenwirken beeinflussenden Parameter sind untersucht und auf ihre Verwendbarkeit geprüft worden. Die daraus abgeleiteten Empfehlungen lassen sich für die einzelnen Signaturengruppen allerdings nicht mit gleicher Sicherheit aussprechen. Während sie bei punkt- und linienförmigen Signaturen aufgrund der praktizierten Darstellungsarten verhältnismäßig gut abgestützt werden können, sind die Ergebnisse für flächenhafte Signaturen eher spekulativ. Zwar kann bei dem Zusammenwirken mehrerer Flächensignaturen anhand der ausgewählten Kriterien festgestellt werden, ob der beabsichtigte Zweck der Darstellung erreicht wird oder nicht, eine systematische Begründung hierfür kann jedoch nicht geliefert werden (s. Tainz, 3.3). Die im Rahmen dieser Arbeit gemachten praktischen Erfahrungen haben jedoch Ansatzpunkte geliefert.

Abb. 1: Raumstrukturkarte (Beispiel)

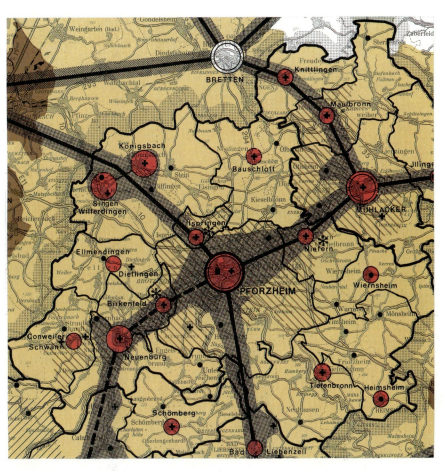

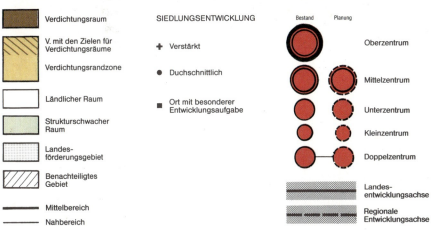

Verdichtungsraum		
V. mit den Zielen für Verdichtungsräume		
Verdichtungsrandzone		
Ländlicher Raum		
Strukturschwacher Raum		
Landesförderungsgebiet		
Benachteiligtes Gebiet		
—— Mittelbereich		
—— Nahbereich		

SIEDLUNGSENTWICKLUNG

✚ Verstärkt

● Duchschnittlich

■ Ort mit besonderer Entwicklungsaufgabe

Bestand   Planung

Oberzentrum

Mittelzentrum

Unterzentrum

Kleinzentrum

Doppelzentrum

Landesentwicklungsachse

Regionale Entwicklungsachse

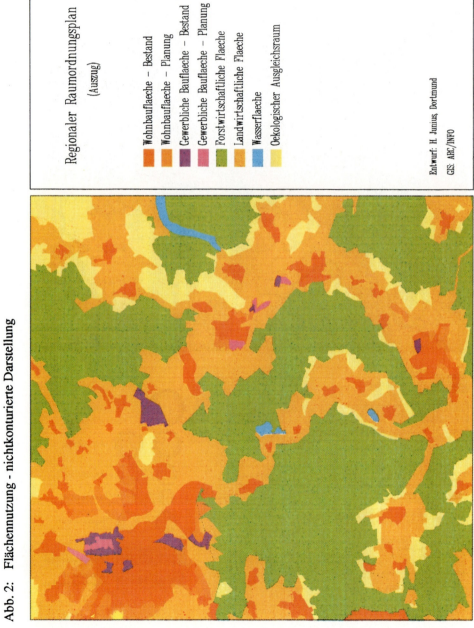

Abb. 2: Flächennutzung - nichtkonturierte Darstellung

Regionaler Raumordnungsplan

(Auszug)

Wohnbauflaeche – Bestand
Wohnbauflaeche – Planung
Gewerbliche Bauflaeche – Bestand
Gewerbliche Bauflaeche – Planung
Forstwirtschaftliche Flaeche
Landwirtschaftliche Flaeche
Wasserflaeche
Oekologischer Ausgleichsraum

Entwurf: H. Junius, Dortmund

GIS: ARC/INFO

Abb. 3: Flächennutzung - konturierte Darstellung

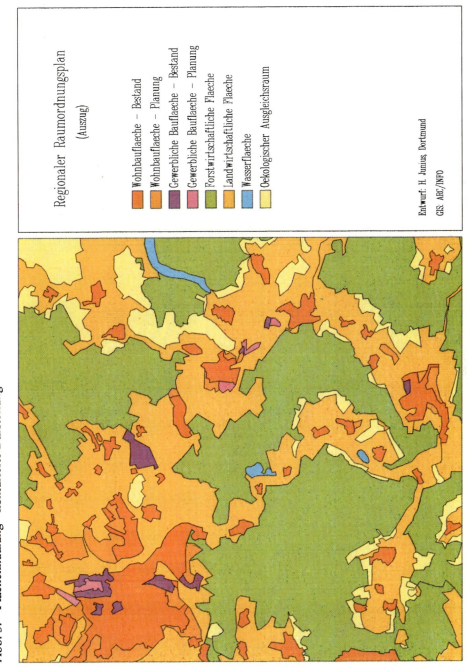

Regionaler Raumordnungsplan

(Auszug)

Wohnbauflaeche – Bestand
Wohnbauflaeche – Planung
Gewerbliche Bauflaeche – Bestand
Gewerbliche Bauflaeche – Planung
Forstwirtschaftliche Flaeche
Landwirtschaftliche Flaeche
Wasserflaeche
Oekologischer Ausgleichsraum

Entwurf: H. Junius, Dortmund
GIS: ARC/INFO

Abb. 4: Flächennutzung - gleichgerichtete Schraffuren

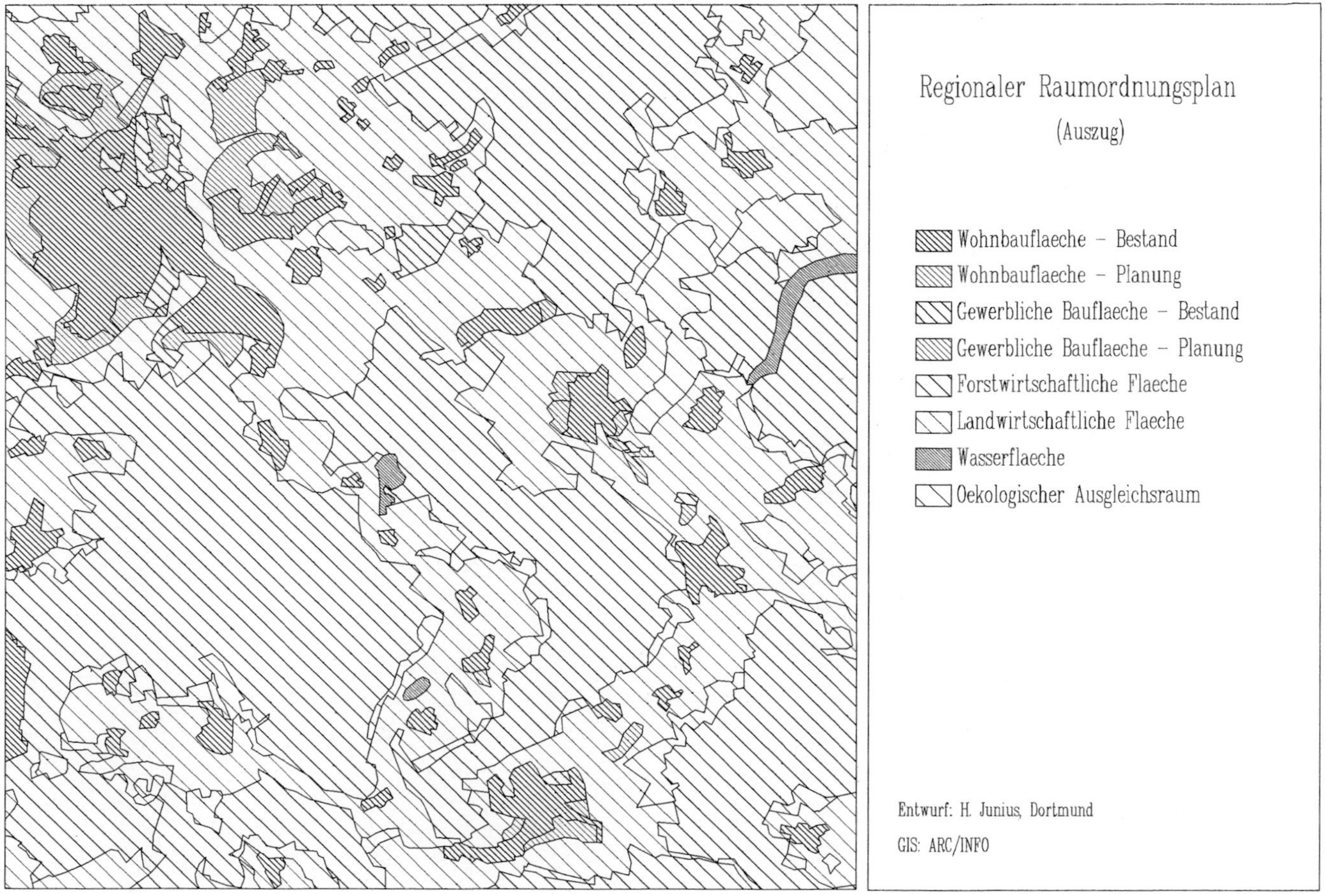

Regionaler Raumordnungsplan

(Auszug)

Wohnbauflaeche – Bestand
Wohnbauflaeche – Planung
Gewerbliche Bauflaeche – Bestand
Gewerbliche Bauflaeche – Planung
Forstwirtschaftliche Flaeche
Landwirtschaftliche Flaeche
Wasserflaeche
Oekologischer Ausgleichsraum

Entwurf: H. Junius, Dortmund
GIS: ARC/INFO

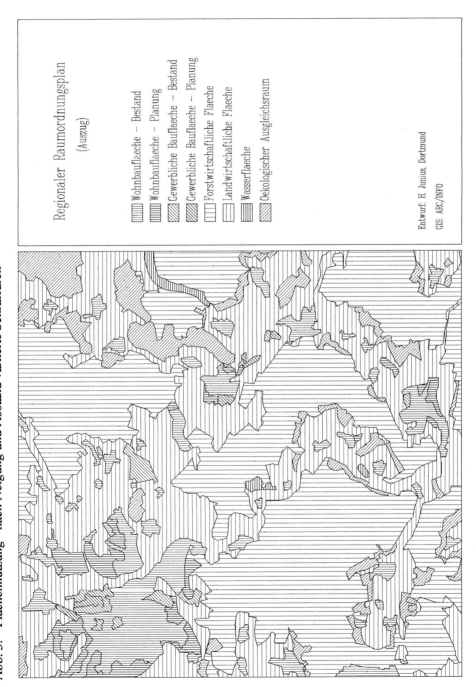

Abb. 5: Flächennutzung - nach Neigung und Abstand variierte Schraffuren

Regionaler Raumordnungsplan

(Auszug)

Wohnbauflaeche – Bestand
Wohnbauflaeche – Planung
Gewerbliche Bauflaeche – Bestand
Gewerbliche Bauflaeche – Planung
Forstwirtschaftliche Flaeche
Landwirtschaftliche Flaeche
Wasserflaeche
Oekologischer Ausgleichsraum

Entwurf: H. Junius, Dortmund

GIS: ARC/INFO

Abb. 6: Flächennutzung - nach Neigung, Abstand und Strichbreite variierte Schraffuren

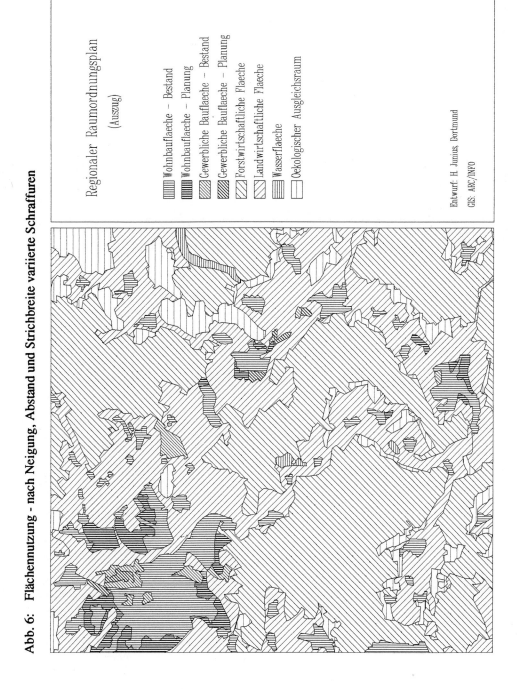

Regionaler Raumordnungsplan

(Auszug)

Wohnbauflaeche – Bestand
Wohnbauflaeche – Planung
Gewerbliche Bauflaeche – Bestand
Gewerbliche Bauflaeche – Planung
Forstwirtschaftliche Flaeche
Landwirtschaftliche Flaeche
Wasserflaeche
Oekologischer Ausgleichsraum

Entwurf: H. Junius, Bortmund
GIS: ARC/INFO

Abb. 7: Ziele der Raumordnung und Landesplanung - Gleichwertigkeit von farbigen Schraffuren

Alle Parameter zur Gestaltung von Flächenschraffuren (wie Farbe, Linienbreite, -neigung und -abstand) sind aufeinander abgestimmt.

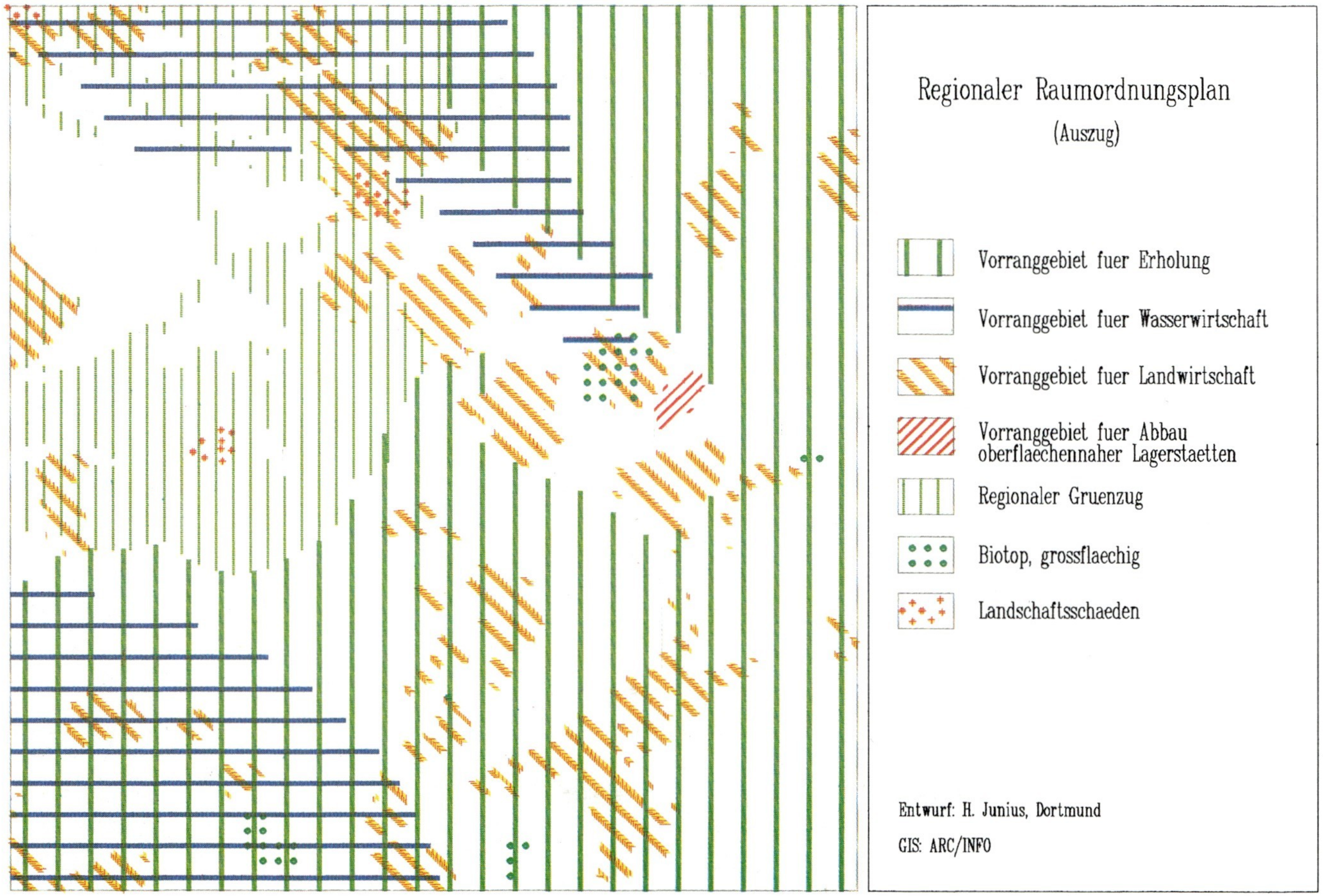

Regionaler Raumordnungsplan

(Auszug)

Vorranggebiet fuer Erholung

Vorranggebiet fuer Wasserwirtschaft

Vorranggebiet fuer Landwirtschaft

Vorranggebiet fuer Abbau
oberflaechennaher Lagerstaetten

Regionaler Gruenzug

Biotop, grossflaechig

Landschaftsschaeden

Entwurf: H. Junius, Dortmund

GIS: ARC/INFO

Abb. 8: Ziele der Raumordnung und Landesplanung - Gleichgerichtete Schraffuren und Lesbarkeit
Alle Parameter der Schraffuren bis auf die Neigung entsprechen denen der Abb. 7.

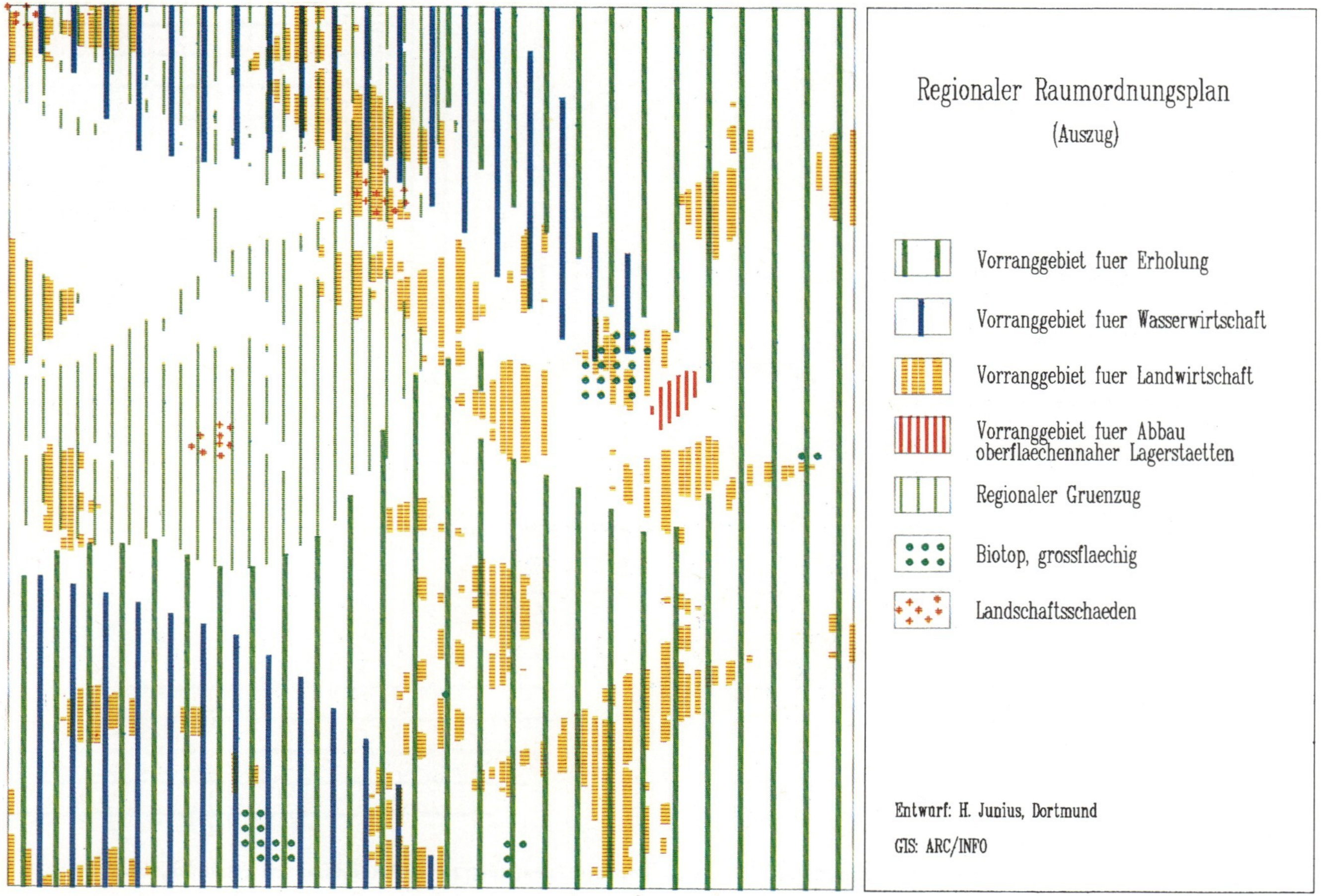

Regionaler Raumordnungsplan

(Auszug)

Vorranggebiet fuer Erholung

Vorranggebiet fuer Wasserwirtschaft

Vorranggebiet fuer Landwirtschaft

Vorranggebiet fuer Abbau
oberflaechennaher Lagerstaetten

Regionaler Gruenzug

Biotop, grossflaechig

Landschaftsschaeden

Entwurf: H. Junius, Dortmund
GIS: ARC/INFO

Abb. 9: Ziele der Raumordnung und Landesplanung - Strichbreite und graphisches Gewicht bei farbigen Schraffuren
Gegenüber Abb. 7 ist die Linienbreite einer Schraffur und damit das graphische Gewicht dieser Flächen erhöht worden.

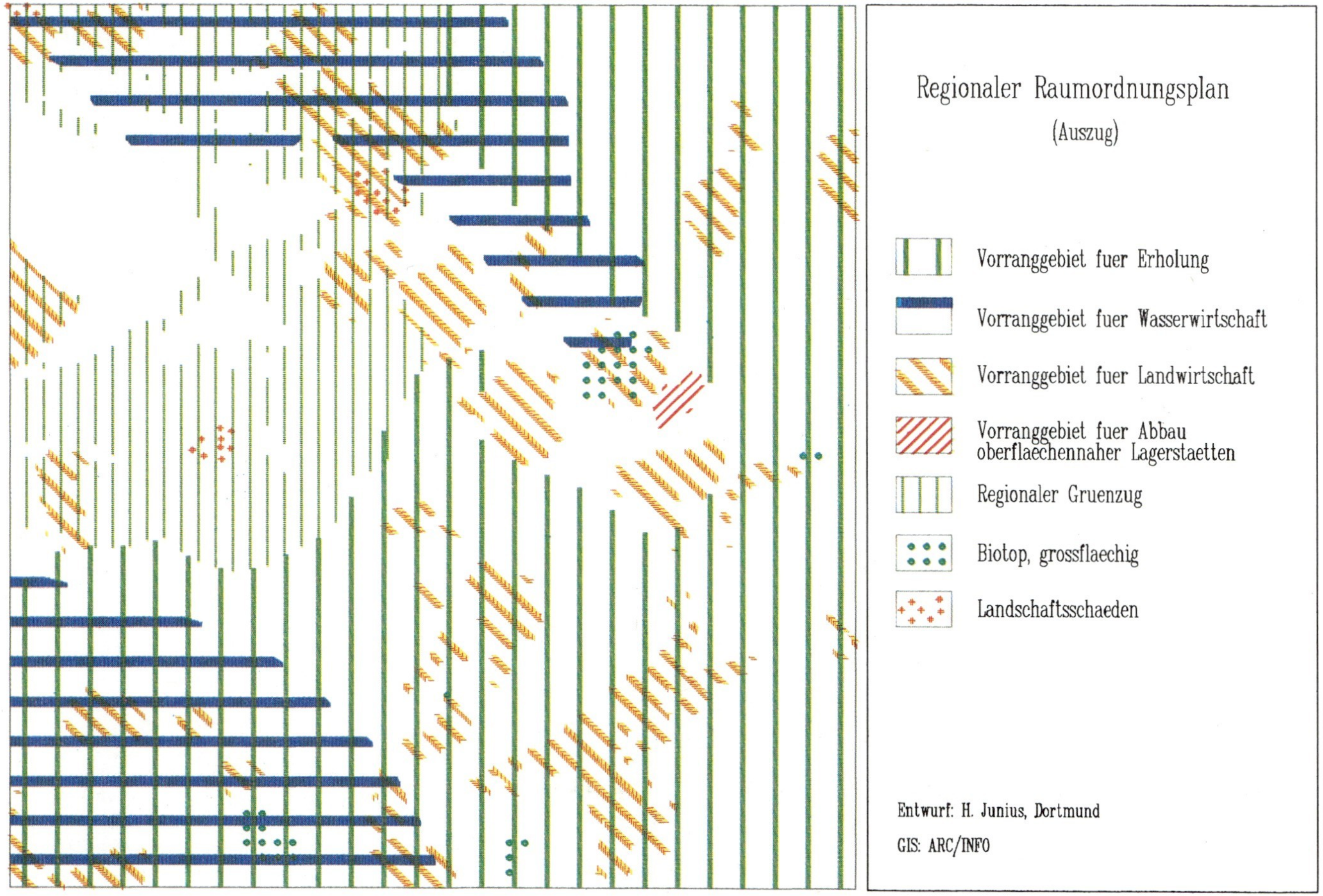

Regionaler Raumordnungsplan
(Auszug)

Vorranggebiet fuer Erholung
Vorranggebiet fuer Wasserwirtschaft
Vorranggebiet fuer Landwirtschaft
Vorranggebiet fuer Abbau oberflaechennaher Lagerstaetten
Regionaler Gruenzug
Biotop, grossflaechig
Landschaftsschaeden

Entwurf: H. Junius, Dortmund
GIS: ARC/INFO

Abb. 10: Ziele der Raumordnung und Landesplanung - Signalwirkung der Farbe Rot bei farbigen Schraffuren

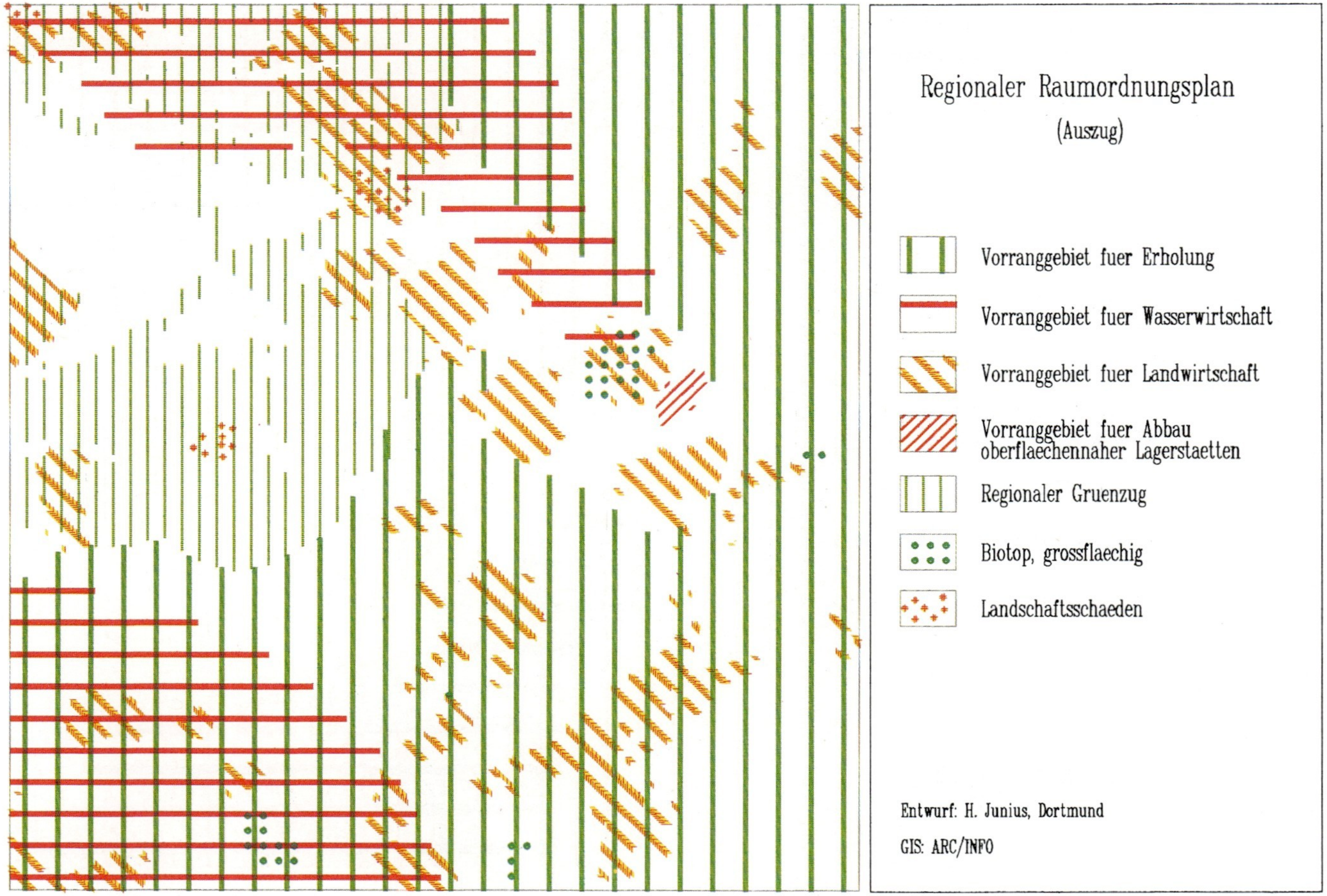

Regionaler Raumordnungsplan

(Auszug)

Vorranggebiet fuer Erholung

Vorranggebiet fuer Wasserwirtschaft

Vorranggebiet fuer Landwirtschaft

Vorranggebiet fuer Abbau
oberflaechennaher Lagerstaetten

Regionaler Gruenzug

Biotop, grossflaechig

Landschaftsschaeden

Entwurf: H. Junius, Dortmund

GIS: ARC/INFO

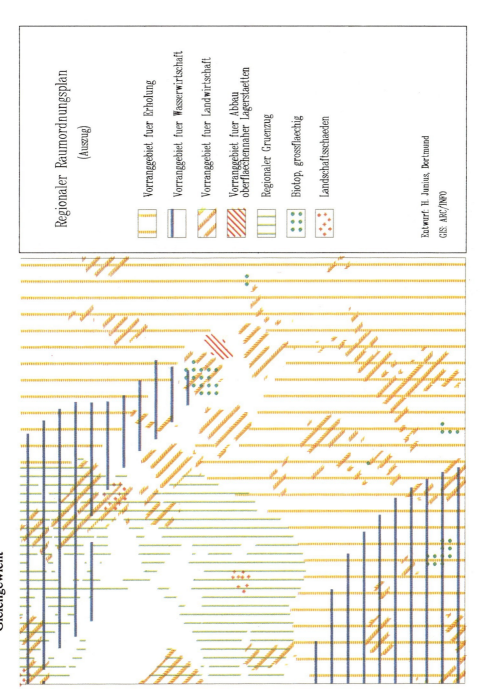

Abb. 11: Ziele der Raumordnung und Landesplanung - Ungleiche Farbintensität bei farbigen Schraffuren verschiebt das graphische Gleichgewicht

Regionaler Raumordnungsplan

(Auszug)

Vorranggebiet fuer Erholung

Vorranggebiet fuer Wasserwirtschaft

Vorranggebiet fuer Landwirtschaft

Vorranggebiet fuer Abbau oberflaechennaher Lagerstaetten

Regionaler Gruenzug

Biotop, grossflaechig

Landschaftsschaeden

Entwurf: H. Junius, Dortmund

GIS: ARC/INFO

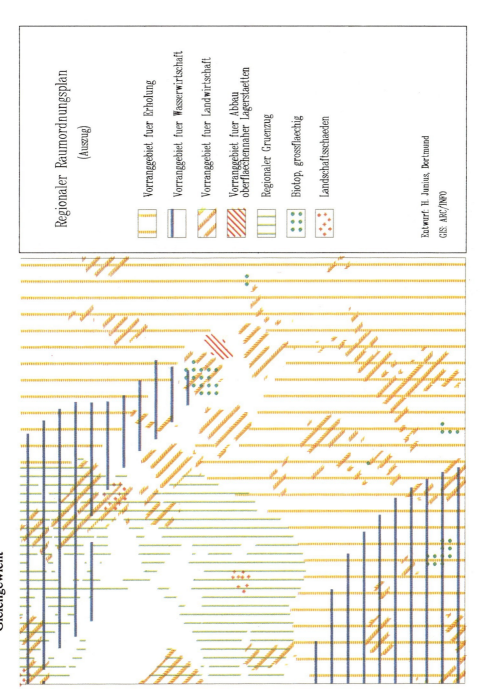

Abb. 12: Ziele der Raumordnung und Landesplanung - Überlagerung von Kreuzschraffuren führt fast immer zu unleserlichen Karten

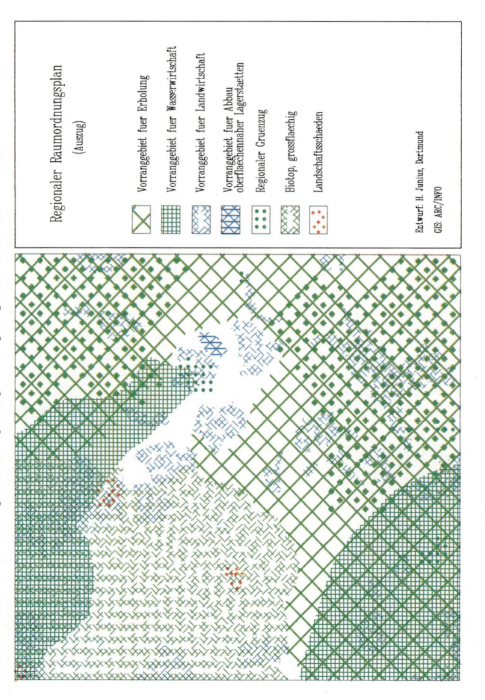

Regionaler Raumordnungsplan

(Auszug)

Vorranggebiet fuer Erholung

Vorranggebiet fuer Wasserwirtschaft

Vorranggebiet fuer Landwirtschaft

Vorranggebiet fuer Abbau
oberflaechennaher Lagerstaetten

Regionaler Gruenzug

Biotop, grossflaechig

Landschaftsschaeden

Entwurf: H. Junius, Dortmund

GIS: ARC/INFO

Abb.13: Ziele der Raumordnung und Landesplanung, Fachplanerische Informationen - Das Zusammenwirken von farbigen Schraffuren und linienhaften Flächenabgrenzungen

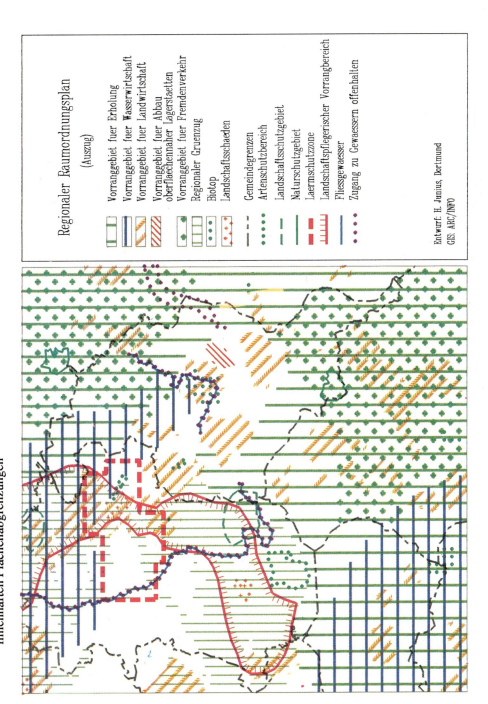

Regionaler Raumordnungsplan
(Auszug)

Vorranggebiet fuer Erholung
Vorranggebiet fuer Wasserwirtschaft
Vorranggebiet fuer Landwirtschaft
Vorranggebiet fuer Abbau oberflaechennaher Lagerstaetten
Vorranggebiet fuer Fremdenverkehr
Regionaler Gruenzug
Biotop
Landschaftsschaeden

Gemeindegrenzen
Artenschutzbereich
Landschaftsschutzgebiet
Naturschutzgebiet
Laermschutzzone
Landschaftspflegerischer Vorrangbereich
Fliessgewaesser
Zugang zu Gewaessern offenhalten

Entwurf: H. Junius, Dortmund
GIS: ARC/INFO

Abb. 14: Ziele der Raumordnung und Landesplanung, Fachplanerische Informationen, Flächennutzung - Das Zusammenwirken von Farbflächen, farbigen Schraffuren und linienhaften Flächenabgrenzungen

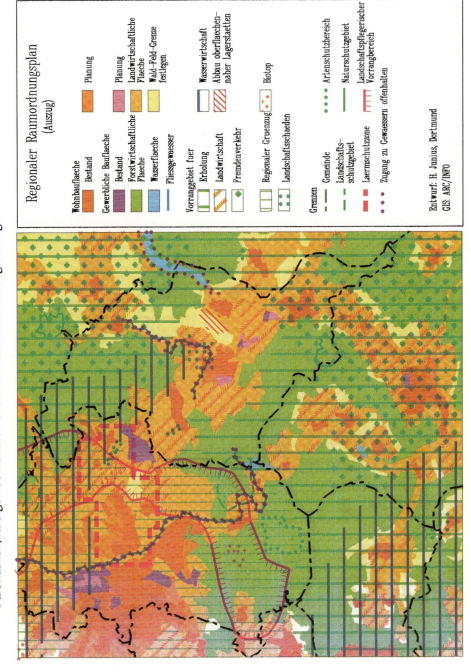

Regionaler Raumordnungsplan
(Auszug)

Entwurf: H. Junius, Dortmund
GIS: ARC/INFO

Abb. 15: Liniensignaturen

Links: konkrete Planung. Rechts: beabsichtigte Planung. Oben: Konturierte Liniensignaturen. Mitte: Farbfüllung. Unten: Kontur und Farbfüllung.

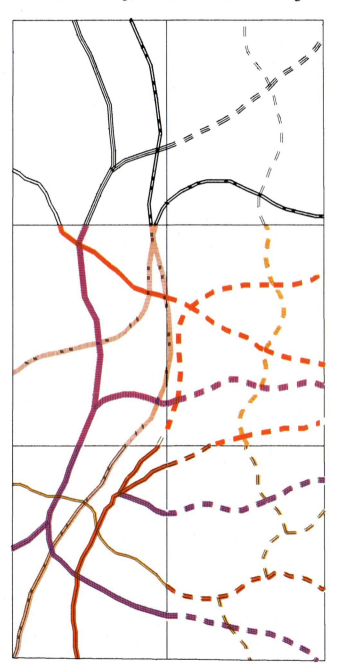

Abb. 16: Punktsignaturen für bauliche Anlagen und Einrichtungen in Bauleitplänen gemäß
Planzeichenverordnung

Einrichtungen und Anlagen:

Öffentliche Verwaltungen		Sportlichen Zwecken dienende Gebäude und Einrichtungen	
Schule		Post	
Kirchen und kirchlichen Zwecken dienende Gebäude und Einrichtungen		Schutzbauwerk	
Sozialen Zwecken dienende Gebäude und Einrichtungen		Feuerwehr	
Gesundheitlichen Zwecken dienende Gebäude und Einrichtungen			
Kulturellen Zwecken dienende Gebäude und Einrichtungen			

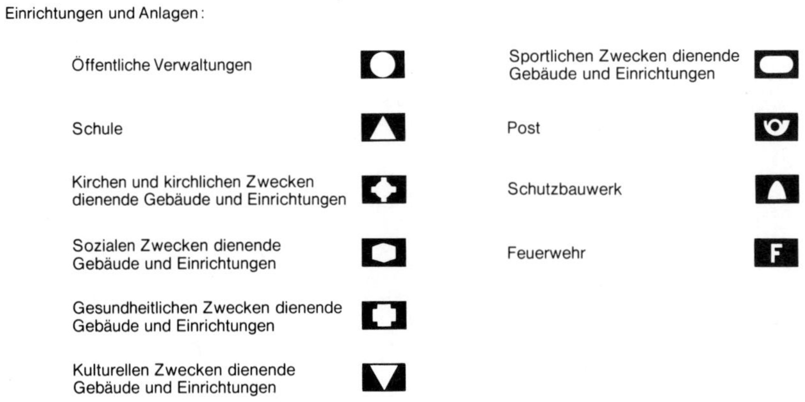

Abb. 17: Punktsignaturen für die Erläuterung einer Flächennutzung in Bauleitplänen gemäß
Planzeichenverordnung

Zweckbestimmung:

Parkanlage		Zeltplatz	
Dauerkleingärten		Badeplatz, Freibad	
Sportplatz		Friedhof	
Spielplatz			

Zweckbestimmung:

Öffentliche Parkfläche	
Fußgängerbereich	

Zweckbestimmung:

Flughafen		Landeplatz	
Segelfluggelände		Hubschrauber- landeplatz	

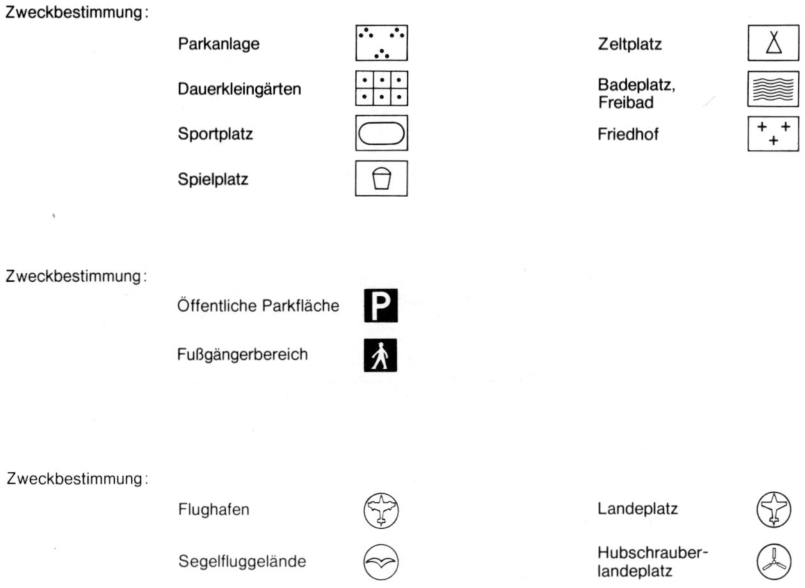

Abb. 18: Punktsignaturen für Einrichtungen des Luftverkehrs

Beispiele aus mehreren der untersuchten Regionalpläne. Vergl. auch Abb. 17

Flughafen	Segelflugplatz
Verkehrslandeplatz	Sonderlandeplatz ᵏ
Hubschrauberlandeplatz	
Segelfluggelände	Verkehrsflughafen
	Regionalflughafen
Landeplatz	Militärflugplatz
Segelfluggelände	Landeplatz
Hubschrauberlandeplatz	Segelfluggelände

Abb. 19: Punktsignaturen für Ver- und Entsorgungseinrichtungen

Aus der Gestaltung kann im Verein mit der hier nicht wiedergegebenen farbigen Gestaltung
die Gruppenbildung unterstützt werden. Allerdings wird hier durch die sehr ähnliche Gestaltung
der Signaturen die Identifizierbarkeit im Kartenbild erschwert

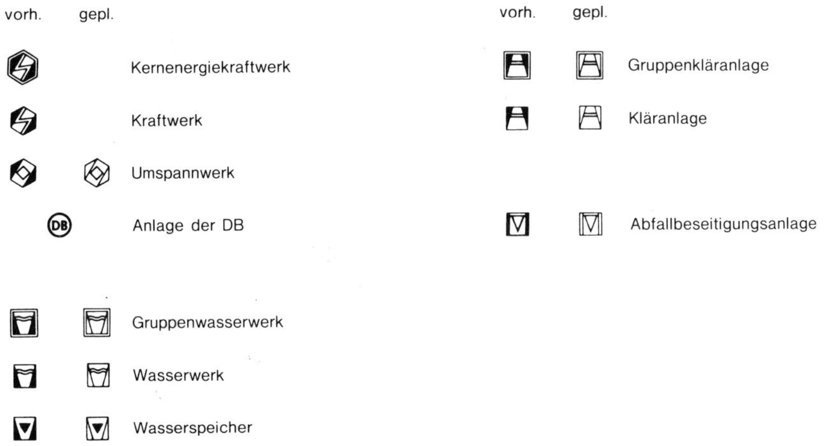

vorh.	gepl.		vorh.	gepl.	
		Kernenergiekraftwerk			Gruppenkläranlage
		Kraftwerk			Kläranlage
		Umspannwerk			
		Anlage der DB			Abfallbeseitigungsanlage
		Gruppenwasserwerk			
		Wasserwerk			
		Wasserspeicher			

Abb. 20: Punktsignaturen

Plazierung von Signaturen. Oben: schematisch angeordnete Signaturen.
Unten: Standortgenaue Signaturen

1.5   Graphische Umsetzung von Planungsinhalten

Vorbemerkung

Die graphische Umsetzung von Planungsabsichten erfolgt durch den Planer, für den außer den inhaltlichen die organisatorischen und planungstechnischen Gesichtspunkte im Vordergrund stehen. In dieser Betrachtung sollen dagegen die dabei auftretenden Darstellungsfragen grundsätzlich erörtert werden.

1.5.1   Entwicklungsstand "Bestand und Planung"

1.5.1.1 Topographische Karten als Kartengrundlage und Raumbezugssystem

Jeder regionale Raumordnungsplan wird auf der Grundlage einer topographischen Karte die tatsächlichen und die zukünftigen Nutzungen und raumbedeutsamen Maßnahmen darstellen. Die topographische Kartengrundlage erfüllt dabei zwei Aufgaben. Zum einen erlaubt sie dem Benutzer des Regionalplanes die Orientierung im Raum und damit die Vorstellung, inwieweit die ihm bekannte Örtlichkeit von den Planungsmaßnahmen betroffen sein wird, und sie beschreibt aufgrund ihres komplexen Karteninhaltes die tatsächlichen Verhältnisse. Andererseits stellt sie das notwendige Raumbezugssystem für die Aufnahme der Plandarstellungen dar. Ein Raumbezugssystem ist notwendiger Bestandteil eines jeden räumlichen Informationssystems. In abgewandelter Form kann auch ein Raumordnungsplan als ein Informationssystem verstanden werden, das sich auf einen zukünftigen anzustrebenden Zustand bezieht. In einem Raumbezugssystem wählt man die Größe der Bezugseinheit so aus, daß sie der Größe der Planelemente entspricht. Werden beispielsweise mehrere Flächeneinheiten des Raumbezugssystems regelmäßig von einer einheitlichen geplanten Nutzung überdeckt, so ist offensichtlich das Auflösungsvermögen des Raumbezugssystems zu fein gewählt worden. Das Gegenteil ist der Fall, wenn die Raumbezugseinheiten mehrere Nutzungen aufweisen.

Für die topographische Karte als Raumbezugssystem heißt das nun, daß die Feingliedrigkeit der Raumeinheiten mit abnehmendem Kartenmaßstab - bedingt durch die wachsende Generalisierung - ebenfalls abnimmt. Das Generalisierungsmaß und die Eignung als Raumbezugssystem können daher aufeinander abgestimmt sein. Welche Karte aus der Reihe der topographischen Karten man als Unterlage für den Regionalplan auswählt, kann daher nicht gleichgültig sein.

1.5.1.2 Entwicklungsrichtung

Ein Regionaler Raumordnungsplan gibt die Planungsziele wieder; dabei können die augenblickliche Nutzung einer Fläche, die Funktion eines Verkehrsweges oder die Zahl von Infrastruktureinrichtungen o.ä. bereits diesen Zielen entsprechen oder ihnen widersprechen und werden durch den Planungsvollzug geändert. Diese Unterscheidung ist wichtig bei der Interpretation des Regionalplanes durch die vom Verwaltungshandeln Betroffenen und muß daher unmittelbar aus dem Plan abgeleitet werden können.

Bei der Darstellung des Bestandes sind zwei Entwicklungsrichtungen erkennbar. Einmal kann das Planungsziel für einen Teil des Raumes als erreicht gelten, zum anderen soll mit der Bestätigung des Bestandes, als mit dem Planungsziel konform gehend, dieser gegen den Druck anderer Nutzungsansprüche gesichert werden. Soll der Bestand nicht erhalten bleiben, so ist das Planungsziel als Handlungsaufforderung zu verstehen. Sie muß als solche aus dem Plan erkennbar sein.

Bei der Vielschichtigkeit des Regelungsumfanges von Regionalplänen würde diese im Grunde notwendige dreifache Unterscheidung zu einer Fülle von Darstellungselementen führen, die die Lesbarkeit eines Planes so sehr einschränken, daß letzten Endes die Absicht der dreifachen Unterscheidung verfehlt würde. Hier kann zum einen durch das geschickte Einbeziehen der Kartengrundlage, die - innerhalb des Fortschreibungsrhythmus' - den vorhandenen Bestand wiedergibt, und zum anderen die textliche Beschreibung, auf die in der Legende hingewiesen werden kann, Abhilfe geschaffen werden. Insofern ist die Kombination von Text und Karte als ein arbeitsteiliges System der Plandarstellung zu verstehen. Dies wird um so deutlicher, wenn eine Planungsfestlegungskarte, die auf einem Blatt in angemessenem Maßstab alle Planelemente wiedergeben muß, zwangsläufig an irgendeiner Stelle Einschränkungen erleidet. Eine Abhilfe könnten erklärende Karten schaffen, die in den Text eingestreut sind und zur Erläuterung des gesamten Tatbestandes zudem noch in vergrößertem Maßstab wiedergegeben werden. In einem solchen Falle lassen sich die einzelnen Planelemente auch weiter differenzieren.

Diese Möglichkeit ist in besonderem Maße gegeben, wenn der Regionalplan mit den Mitteln der graphischen Datenverarbeitung erstellt wird, denn hier kann jedem graphischen Element des Planes - Punkt, Linie oder Fläche - eine Liste von beschreibenden Attributen beigegeben werden, die gerade eine nähere Beschreibung und damit eine relativ weitgehende Differenzierung der Planelemente zulassen (s. Lindert, 4.1). In Sonderkarten können diese unterscheidenden Merkmale auch sichtbar gemacht werden. Es ist durchaus vorstellbar, daß der Planinhalt in solchen Fällen nicht oder nur selten vollständig wiedergegeben werden kann, wenn man z. B. an die Überlagerung von Nutzungen denkt, die dann u.U. nicht mehr unterschieden oder getrennt werden könnten (s. Junius, 1.4 und Tainz, 3.3). Daher könnten in einem solchen Falle durchaus unterschiedliche Darstellungsverfahren eingesetzt werden:

- der Gesamtplan benutzt generalisierende Darstellungselemente;
- die den Einzelfall beschreibenden Ausschnitte zeigen die differenzierenden Darstellungselemente.

1.5.2   Logische und graphische Abgrenzung

1.5.2.1 Flächenhafte Planelemente

Vor allem bei flächenhaften Planelementen ergibt sich das Problem der Abgrenzung gegen andere Planelemente. Es muß zwischen einer graphischen und einer logischen Abgrenzung unterschieden werden. Bei der graphischen Abgrenzung wird die Ausgestaltung des Flächenrandes betrachtet. Die logische Abgrenzung betrifft die physische Ausdehnung einer realen Fläche. Zwei Beispiele mögen dies erläutern: Ein Lärmschutzbereich kann aufgrund eines Lärmausbreitungsmodells berechnet, und seine Grenzen können als Polygon bestimmt werden, dessen Eckpunktkoordinaten eine geschlossene Fläche exakt wiedergeben. In die Karte übernommen, würde diese Fläche scheinbar willkürlich, das heißt *schematisch* erscheinen, da die Grenzziehung überhaupt keine Rücksicht auf die topographischen Gegebenheiten nimmt. Die Grenze eines Naturschutzgebietes ist in der Örtlichkeit festgelegt und orientiert sich an Grundstücksgrenzen. Die Darstellung wird daher sehr eng an die topographischen Gegebenheiten der Kartengrundlage angepaßt sein. Eine solche logische Abgrenzung kann als *parzellennah* bezeichnet werden. Logische Abgrenzungen von Flächen, deren Ausdehnung durch nachfolgende Planungen ausgefüllt werden, liegen in ihrem Bestimmtheitsgrad zwischen den beiden Extremen und werden, da sie sich nur angenähert an den natürlichen Gegebenheiten orientieren müssen, als *schematisiert* bezeichnet.

Unabhängig von der logischen kann und muß die graphische Abgrenzung betrachtet werden. Hier kann die Dreiteilung in *scharf, halbscharf und unscharf* vorgenommen werden. *Scharf* ist eine Grenzziehung, wenn die Flächenkontur durch eine Linie nachgezogen oder durch einen hohen Kontrast betont wird; man kann von einer *unscharfen* Abgrenzung sprechen, wenn ein stetiger Übergang zweier Flächen angedeutet wird. Eine Zwischenstufe wird mit *halbscharf* bezeichnet; sie ist durch fehlende Konturlinien gekennzeichnet, wenn z. B. farbige Flächen mit verwandten Farbtönen oder Strukturrastern unmittelbar aneinanderstoßen[1]).

Während die logische Abgrenzung ein inhaltlicher Bestandteil des Planelementes ist, kann die graphische Abgrenzung in der Regel frei gewählt werden. Dabei ist nicht gesagt, daß eine schematisch bestimmte Fläche graphisch unscharf wiedergegeben werden muß. Hier dominieren eher entwicklungspolitische Gesichtspunkte, und es stehen Überlegungen im Vordergrund, wie stark ein Planelement betont und auch entsprechend erkannt werden soll (s. Tainz, 3.3).

1.5.2.2 Punkt- und linienförmige Planelemente

Die logische Abgrenzung kann unter den Gesichtspunkten der Lage-und Raumtreue gesehen werden. Bei lagetreuer oder standortgenauer Darstellung kennzeichnet der Bezugspunkt einer Punktsignatur (und ein solcher sollte natürlich auch erkennbar sein) den Standort des geplanten Objektes oder die Mittelachse einer Liniensignatur den exakten Verlauf des linienhaften Objektes. Bei *raumtreuer* Darstellung soll eine Punktsignatur lediglich darlegen, daß der Standort auf einen grob bestimmbaren Bereich oder eine Gemeinde bezogen, aber noch in keiner Weise näher bestimmt ist; eine raumtreue Liniensignatur gibt nur an, daß zwei Punkte miteinander verbunden werden sollen, ohne über die Trasse dieser Linie irgend etwas auszusagen. Diese logische Abgrenzung, die man auch als Genauigkeit der Festlegung ansehen kann, muß aus den Darstellungselementen abgeleitet werden können.

Eine Unterscheidung von standortgenauen und raumtreuen Punktsignaturen ist aus ihrer kartographischen Darstellung nicht möglich. Lediglich die graphische Ausgestaltung und die Plazierung der Signaturen können den Unterschied verdeutlichen. Eine standortgenaue Festlegung kann durch eine Signatur mit einem eindeutigen Bezugspunkt und eine konkrete Bezeichnung, z.B. Kläranlage, signalisiert werden. Die Raumtreue dagegen kann erzeugt werden, wenn eben dieser Bezugspunkt fehlt, die Bezeichnung nur auf eine "Anlage der Abfallwirtschaft" weist und die Plazierung so gewählt wird, daß eine Standortvermutung nicht zustande kommt. Dies kann man z.B. mit der Gruppierung von mehreren Einzelsignaturen erreichen.

Bei linienhaften Objekten ist die Unterscheidung zwischen Lage- und Raumtreue eher möglich, und zwar durch unterschiedliche Linienstrukturen und Korngrößen. Ein farbiges Band mit einer kontrastierenden Kontur ist scharf abgegrenzt und wird automatisch als lagetreu interpretiert. Dieser Bestimmtheitsgrad nimmt ab, wenn die Kontur entfällt, die Farbe lichter wird und die Linie in Form der Strichlinierung aufgelöst wird. Je gröber das Korn dieser Auflösung wird, um so stärker überwiegt der Charakter der Raumtreue. Die Schematisierung der Linienführung kann dies noch unterstützen. Insbesondere bei geplanten Verkehrswegen kann diese Unterscheidung sichtbar gemacht werden. Bestehende Verkehrswege haben die Kontur in der topographischen Karte und werden durch eine Straßenfüllung hervorgehoben; bereits trassierte Verbindungen werden lagetreu wiedergegeben, während eine nur konzipierte Verbindung durch eine schematisierte und relativ offene Liniensignatur dargestellt wird.

1.5.3 Mehrfachnutzungen

Die Regionalplanung ist eine Querschnittsplanung, die die unterschiedlichen Nutzungsansprüche der sektoralen Fachplanungen koordinieren und ausgleichen muß. Dies führt insbesondere bei flächenhaften Nutzungen dazu, daß Planelemente für denselben Raum gelten, ohne deckungsgleich zu sein. Diese Mehrfachnutzungen liegen im Raumordnungsplan gleichsam wie Schichten übereinander. Von der planerischen Absicht und Zielsetzung ergeben sich drei Situationen: gleichberechtigte Nutzungen, Nutzungskonflikte und Vorrangstellung der Nutzungen[2]).

1.5.3.1 Gleichberechtigte Nutzungen

Die geplanten Nutzungen stehen gleichberechtigt nebeneinander, wobei offen bleibt, ob sie dies tun, ohne sich zu stören, indem sie sich gleichsam ergänzen. So dürfen etwa Land- und Forstwirtschaft zu einem Landschaftsschutzgebiet als verträgliche Nutzungen gelten. Auch die stille Erholung kann damit in Einklang gebracht werden. Dieser Einklang soll auch in der Plandarstellung erkennbar sein, d.h. keines der Planelemente darf graphisch gegenüber dem anderen betont werden.

1.5.3.2 Nutzungskonflikte

Probleme entstehen in der Regel, wenn gleichberechtigte Nutzungsansprüche auf ein und dieselbe Fläche zugreifen wollen und dabei zwangsläufig die andere einschränken oder verdrängen. Natürlich ist die Regionalplanung darauf gerichtet, solche Nutzungskonflikte auszugleichen oder zu beheben; es soll nicht immer die stärkere Nutzung sich durchsetzen können. Wo der Konflikt (noch) nicht beseitigt werden konnte (z.B. Lage eines gewerblichen Gebietes in der Nähe eines Erholungswaldes), bedeutet dies für die Wahl der kartographischen Darstellungselemente, daß sie graphisch in einem hohen Kontrast stehen müssen, damit die Gegensätze auch erkannt werden. Dieser Grundsatz sollte in erster Linie für Planungsbeteiligungskarten gelten, da in diesem Stadium der Planung Konflikte noch ausgetragen werden können und müssen. Für die Planungskarten gilt dann eher Ziff. 3.3.

1.5.3.3 Rangstufen der Nutzungen

Unter entwicklungspolitischen Gesichtspunkten können u.U. divergierende Nutzungsansprüche einer Rangfolge unterworfen werden, die auch als das Ergebnis eines Aushandlungsprozesses bei Nutzungskonflikten angesehen werden kann. Eine Rangfolge hängt naturgemäß vom politischen Standort ab und kann daher unterschiedlich ausfallen. Es sollte jedoch möglich sein, eine einmal gewählte Rangfolge auch kartographisch zum Ausdruck zu bringen, indem der Nutzungsanspruch mit der höchsten Priorität auch am deutlichsten in der Plandarstellung erkannt wird.

Eine Hilfe bei der Prioritätensetzung im Rahmen der Planungsbeteiligung bietet die graphische Datenverarbeitung. Hier können die Darstellungselemente relativ einfach geändert werden, so daß z.B. bei vier Nutzungsansprüchen alternative Darstellungen erzeugt werden können, und zwar in der Weise, daß jeweils einer dieser vier Nutzungen die höchste Priorität gegeben werden kann und die anderen als nachgeordnet betrachtet werden. Die unterschiedlichen Darstellungen helfen vielleicht, den politischen Prozeß der Willensbildung zu beeinflussen und zu einer mehrheitsfähigen Rangstufenregelung zu kommen.

2. Raumbezogene Informationssysteme in der Raumplanung
Verwendung von Karten in analoger und digitaler Form

2.0 Einführung

Der Begriff "Informationssystem" hat sich im allgemeinen Sprachgebrauch eingebürgert und bezeichnet systematisch angelegte Datensammlungen. Sehr viel enger versteht die Informatik unter einem Informationssystem ein computergestütztes System zur Bereitstellung von Informationen, das sich auf mindestens drei Komponenten stützt: eine Datenbasis, Datenverwaltungsprogramme und Methodenprogramme. Die Methodenprogramme sollen die Daten der Datenbasis zu Informationen verbinden und komprimieren. Die Information wird als eine das Wissen verändernde Wirkung aufgefaßt. Ein Informationssystem für die räumliche Planung benötigt darüber hinaus ein räumliches Bezugssystem, mit dessen Hilfe Datenelemente geographischen Raumeinheiten zugeordnet werden können. Raumbezogene Informationssysteme im engeren Sinne sind nur vereinzelt oder nur in Teilen realisiert, so z.b. im kommunalen Bereich bei der Stadt München und dem Umlandverband Frankfurt; in der Landesplanung hingegen überwiegen die an die statistischen Datenbanken der Länder angelehnten Systeme.

Wenn hier im Zusammenhang mit der Planungskartographie "Raumbezogene Informationssysteme" als Überschrift gewählt wird, so nicht in dem einschränkenden Sprachgebrauch der Informatik, sondern in dem eher umgangssprachlichen Sinne. Daher finden hier Raumordnungskataster und Fachkataster als Informationsquelle ebenso ihren Platz wie auch digitale Datenbestände.

Die koordinierende Funktion der Landes- und Regionalplanung wird in dem Beitrag von H. Reiners 2.1) über das Raumordnungskataster (ROK) deutlich, in dem alle planungsrelevanten Maßnahmen und die Fachplanungen synoptisch zusammengeführt werden. Während bisher ausschließlich die Karte in manueller Herstellung diese Funktion übernehmen konnte, werden für die Zukunft insbesondere die Möglichkeiten der graphischen Datenverarbeitung zur Bearbeitung des ROK genutzt werden können. In dieser Form kann das ROK als ein Grundbaustein für ein raumbezogenes Informationssystem der Landes- und Regionalplanung ausgebaut werden.

Die von H. Kellersmann (2.2) beschriebenen Fachkataster sind als Ergebnisse der Raumbeobachtung zu werten. Diese in unterschiedlicher Form geführten Nachweise können als Auszüge auch im Raumordnungskataster enthalten sein.

Raumbezogene Informationssysteme sind unvollständig, wenn sie nicht über kartographische Ausgabemöglichkeiten verfügen. Wie nun in einem solchen System Daten verknüpft und mit den passenden Darstellungsverfahren rechnergestützt zu Karten verarbeitet werden können, zeigt der Beitrag von W.-D. Rase (2.3) über die Karte als analytisches Werkzeug. Es wird besonderer Wert darauf gelegt zu zeigen, wie die Planungsgrundlagen analytisch durchdrungen werden können, um z.B. Nutzungskonflikte deutlich zu machen.

Die Landesplanung als koordinierende Planung wird die Daten eines Informationssystemes nur in Ausnahmefällen selbst erheben. Sie ist vielmehr darauf angewiesen, Fremddaten zu übernehmen. Ob und wie sich solche Daten einbeziehen lassen, untersucht H. Junius (2.4) in dem Beitrag: Zur Struktur digitaler Datenbestände für die Raumplanung. Dabei wird nicht auf die tatsächlich verfügbaren Daten eingegangen, sondern es werden vielmehr allgemeine Kriterien genannt, die bei Daten in räumlichen Bezugssystemen eine Rolle spielen und bei der Übernahme von Fremddaten beachtet werden sollten. Damit werden die in dem Beitrag von Rase (2.3) genannten methodischen Überlegungen ergänzt und abgerundet.

2.1 Raumordnungskataster*)
Gegenwärtige Situation und künftige Entwicklung

2.1.1 Allgemeines

Es hat den Anschein, als ob das Raumordnungskataster (ROK), das als *das spezifische Grundlagenkartenwerk für die Landes- und Regionalplanung* angesehen werden könnte, diesen Stellenwert in vielen Behörden und Dienststellen der Landesplanung auf allen Ebenen und bei zahlreichen Mitarbeitern bei weitem noch nicht erlangt hat.

Aktualität ist eine der wichtigen Grundvoraussetzungen für dieses wichtige Arbeitsinstrument. Jedoch sind Laufendhaltung und Fortführung nicht nur abhängig von der Zulieferung planerischer Informationen, sondern auch von deren technischer Verarbeitung, d.h. Einarbeitung in das Kartenwerk selbst.

Entscheidend ist aber, daß in der Zukunft insbesondere das computergestützte ROK zu einem *Baustein in einem landesplanerischen Informationssystem* wird, das es zugleich zur Grundlage für die zeichnerische und textliche Bearbeitung der Regionalpläne, der Landes- und Raumentwicklungspläne und -programme auf Landesebene werden läßt.

Die nachfolgende Darstellung wird bewußt auf die gegenwärtige Situation in der Bundesrepublik Deutschland begrenzt; hier ist das ROK (bzw. die Plankartei in Rheinland-Pfalz) in den meisten Flächenländern als Grundlageninstrument eingeführt. Im Rahmen dieser Darstellung muß davon abgesehen werden, die Handhabung des ROK in den einzelnen Bundesländern - gegenwärtig und künftig - darzustellen.

Das ROK hat bisher - und das trotz seiner grundlegenden praktischen Bedeutung - quantitativ zumindest eher eine bescheidene *Berücksichtigung in der Fachliteratur* gefunden.

Die Hinweise auf dieses Instrument, etwa für die Kenntnis der Grundeigentumsbeschränkungen (Müller, 1955 bzw. 1961), und auf dessen Notwendigkeit aus verwaltungs- und planungspraktischen Gründen (Niemeier und Müller, 1964, Niemeier, 1976 und 1982, Masuhr, 1982, Schmitz, 1982 und Erbguth, 1983) sowie auch in der Kommentarliteratur (u.a. Depenbrock/ Reiners, 1985, Hoppe/Menke, 1986) sind relativ zahlreich. Demgegenüber ist die Gesamtdarstellung auf wenige Beiträge begrenzt: Die Zusammenarbeit zwischen Müller und Lehmann in Nordrhein-Westfalen hatte die Einführung des ROK in Nordrhein-Westfalen zur Folge (Leh-

---

*) Eine ausführliche Darstellung des Entwicklungsstandes mit Kartenbeispielen ist in den Arbeitsmaterialien (177) der Akademie veröffentlicht.

mann, 1966 und 1970, Reiners, 1985 sowie Hirt, 1970). In diese Auflistung einzubeziehen sind auch die z.T. kurzen Beschreibungen in der kartographischen Literatur (Witt ,1970 und 1979, Hake, 1970 bzw. 1985 und Reiners, 1984). Eine Zwischenbilanz zog schließlich Witzmann (1981) - ohne allerdings die Möglichkeiten zu würdigen, die eine computergestützte Erstellung und Fortführung des ROK in Aussicht stellen. Dies geschah durch den einschlägigen Beitrag des Verfassers (1985). Den jüngsten Beitrag über rechnergestützte Flächenkataster hat Fischer (1988) geliefert, der sich auch schon früher mit dieser Thematik beschäftigt hat.

Den Versuch, dem ROK eine *Begriffsbestimmung* zu geben, haben viele der bereits genannten Autoren unternommen (Müller, 1961, Lehmann, 1970, Hirt, 1970, Witt, 1970, 1979, Witzmann, 1981, Reiners, 1985)

Das *Raumordnungskataster*

- enthält *inhaltlich* die vollständige Erfassung der rechtsrelevanten Festsetzungen an Grund und Boden, d.h. alle im Zuge eines förmlichen fachgesetzlichen Verfahrens getroffenen Festlegungen und Entscheidungen für die Flächennutzung;

- stellt *methodisch* auf der Grundlage topographischer Karten, in der Regel i.M. 1 : 25 000, seltener i.M. 1 : 50 000, die Festsetzungen in flächenhafter (z.B. Siedlungs-, Gewerbeflächen), linienhafter (z.B. Verkehrs-, Ver- und Entsorgungsanlagen und -leitungen) und punkthafter Darstellung (z.B. infrastrukturelle Einrichtungen aus dem Bildungs- und Gesundheitswesen) in ständiger Aktualisierung für den Planungsraum dar;

- ist *funktional* Grundlage für
  - die Beurteilung raum- und strukturwirksamer Planungen, Maßnahmen, ggf. auch Investitionen,
  - den Nachweis bestehender oder zu erwartender Flächennutzungskonflikte und bietet zugleich den Ansatz ihrer Lösungsmöglichkeit,
  - die Abstimmung und Beratung von öffentlichen und privaten Planungsträgern auf Landes-/ Regionalebene und im kommunalen Bereich bei Vorhaben der Wirtschaft und Verwaltung, die einen Flächenbedarf nach sich ziehen bzw. nachhaltige Auswirkungen auf die Raumstruktur erwarten lassen (Reiners, 1985),
  - die Erarbeitung landesplanerischer Pläne,-die Vorbereitung landesplanerischer Entscheidungen im Zuge überörtlicher fachlicher Einzelplanungen, die nach spezialgesetzlichen Bestimmungen aufgestellt werden (Lehmann, 1970).

Die *unterschiedliche Qualität planerischer Einstufung bzw. rechtlicher Festsetzung* - Früherkennung der Planungsnotwendigkeit und Planungsabsicht/Vorbereitende Planung/Festgestellte Planung, des weiteren noch Realnutzung, beendete Nutzung - erfordert auch zwangsläufig eine abgestufte Kennzeichnung der Sachverhalte im ROK (Lehmann, 1970). So ergibt sich z.B. im Bereich der Bandinfrastruktur bei der Straßenplanung folgende Abstufung: Bestandteil des Straßenausbauplanes - linienbestimmte Bundesfernstraße (§ 16 FernStrG) - planfestgestellte Bundesfernstraße (§ 17 FernStrG) - gebaute Straße (= Verkehrsfreigabe) - eingezogene Straße.

Neben dem ROK im e.S. nimmt dieses insoweit ergänzend in ein sog. *Arbeitsblatt* (Lehmann,1970, Witzmann, 1981, Reiners, 1985) jene Überlegungen und Ergebnisse planerischer

Überlegungen auf, denen der Charakter rechtlicher Festlegung noch nicht zukommt, die aber gleichwohl für den Gesamtzusammenhang der Dispositionen innerhalb des Planungsraumes von Bedeutung sind oder werden können.

Trotz des aktualisierten ROK einschließlich des Arbeitsblattes verbleibt eine nicht unerhebliche Informationslücke, weil es zwar die landes- und bauplanungsrechtliche sowie fachgesetzliche Widmung von Flächen zusammenfaßt, aber nicht erkennen läßt, welche Flächen bzw. -anteile für die vorgesehene Nutzung bereits in Anspruch genommen oder noch verfügbar sind (Reiners, 1985). Diesem Mangel abzuhelfen vermag die *Realnutzungskartierung (RNK)*, auf die hier wegen des notwendigen Ansatzes schon hinzuweisen ist, deren Einordnung als Planungsinstrument in ein landesplanerisches Informationssystem später erläutert wird (s. 2.1.5).

Abschließend sei darauf verwiesen, daß das ROK eine sinnvolle, zweckmäßige, aber auch unverzichtbare Ergänzung erfährt durch entsprechende, *fachlich orientierte Kataster*, so u.a. Altlasten-, Abgrabungs- und Biotopkataster, auch Lärmkataster, über die Kellersmann im Anschluß an diesen Beitrag berichtet (2.2 sowie Roland, 1987).

2.1.2 Voraussetzungen

Rechtsgrundlagen zur Führung und Laufendhaltung sind in den landesplanungsrechtlichen Vorschriften der meisten Länder der Bundesrepublik Deutschland enthalten[1]).

Informationsgrundlage für das ROK sind die Unterrichtungs- und Mitteilungspflicht sowie Auskunftspflicht. Die rechtliche Institutionalisierung, die sich in allen Planungsgesetzen der Länder[2]) und auch im Raumordnungsgesetz (§ 10) findet, wurde deshalb für so wichtig gehalten, weil alle Verwaltungsebenen, denen die Wahrnehmung landesplanerischer Aufgaben übertragen ist, unterrichtet sein müssen über Maßnahmen und Vorhaben, die für die Raumordnung Bedeutung haben oder erlangen können.

Indessen bleibt die Beschaffung und Zulieferung eben solcher Informationen deshalb nicht ohne Schwierigkeiten, weil sich nicht alle Fachbehörden und -dienststellen dieser Verpflichtung gegenüber den Planungsdienststellen bewußt sind, obwohl sie diese in den fachgesetzlichen Genehmigungs-, Bewilligungs-, Zulassungs- und Planfeststellungsverfahren etc. aufgrund der sog. Raumordnungsklauseln[3]) zu beteiligen haben.

2.1.3 Inhalt

2.1.3.1 Konzeptionelle Vorüberlegungen zur Gestaltung des ROK

Als *topographische Bezugsgrundlage* für das ROK hat sich in *Nordrhein-Westfalen* seit langem die *TK 25* bewährt (Reiners, 1985, Lehmann, 1970, Witzmann, 1981). Aus diesem Grunde wird deren Heranziehung in Form einer Zusammenkopie aller Einzelelemente (Situation und Schrift, Gewässer, Höhenlinien und -punkte einschließlich der Zahlenangaben, Wald) dieses Kartenwerks verwendet. Andere Überlegungen zielen auf eine Differenzierung unter Bezugnahme auf die spezifische Raumstruktur ab: Lehmann befürwortet für ''Länder oder Großregionen'' die TK

25, für kleinere Gebiete sogar die DGK 5 bzw. deren Verkleinerung auf 1 : 10 000. Demgegenüber würden auf Karten mit "kleineren Maßstäben als 1 : 25 000 die Schwarz-Weiß-Signaturen der zahlreichen Festlegungen öffentlich-rechtlicher Art" nicht untergebracht werden können (Lehmann, 1970) (ähnlich Witzmann, 1981).

Die Situation in den anderen Bundesländern[4]) ergibt sich aus der nachfolgenden Übersicht:

	Topographische Ausgangslage für das ROK	
Land	bisher	künftig
Baden-Württemberg	TK 25 (TK 50 nur beim RP Karlsruhe)	Vereinheitlichung TK 25
Bayern	Höhere Landesplanungsbehörde/Regierungspräsidenten TK 25 überwiegend	Vereinhheitlichung auf TK 25
	Oberste Landesplanungsbehörde/BStMLU, übrige Landesplanungsbehörden	Übersichten im TK 100 bzw. TÜK 200
Hessen	TK 25 (früher)	TK 25/50
Niedersachsen	TK 25	TK 25
Nordrhein-Westfalen	TK 25	TK 25
Rheinland-Pfalz	TK 25	TK 25
Saarland	TK 25/50/100	Vereinheitlichung auf TK 100
Schleswig-Holstein	TK 25	TK 25

Zur Vereinheitlichung wird vorgeschlagen, das ROK (einschließlich Arbeitsblatt) grundsätzlich auf der Grundlage der TK 25 zu führen. Für ländliche Räume mit einer gegenüber Verdichtungsgebieten niedrigeren Dichte rechtsrelevanter Festsetzungen an Grund und Boden (= ROK) sowie an Vorüberlegungen (Arbeitsblatt), aber auch mit einer weit geringeren Planungsintensität könnte die TK 50 zugrunde gelegt werden[5]). Dennoch wäre der für das gesamte Landesgebiet einheitliche Maßstab 1 : 25 000 vorzuziehen.

Alle zur Führung und Laufendhaltung des ROK (einschließlich Arbeitsblatt) erforderlichen Informationen bedürfen der Konzentration bei der *katasterführenden Stelle:* die Behörden und Dienststellen der Landesplanung auf allen Ebenen, die Träger der Bauleitplanung und der Fachplanung haben dieser Stelle ihre für Flächennutzung und Struktur des Raumes bedeutsamen Entscheidungen, Genehmigungen, Bewilligungen und Erlaubnisse, Zulassungen, Planfeststellungen nach den Vorschriften über die Unterrichtungs- und Mitteilungspflicht[6]), die Wirtschaftsunternehmen aufgrund der Auskunftspflicht[7]), die entsprechenden Angaben zu machen.

Indessen gibt es innerhalb der Bundesrepublik Deutschland gerade eine unerwartete Vielfalt der mit der Führung des ROK beauftragten Behörden.

Aufgrund der in der Bundesrepublik Deutschland bestehenden Verwaltungsorganisation der Flächenländer ist festzustellen, daß der *Regierungspräsident* mit einer hohen Verwaltungskraft (Sachmittel und Personal) ausgestattet ist, auch über die größte potentielle Kenntnis fachlicher Entscheidungen verfügt, durch eigene Verwaltungsentscheidungen, durch Beteiligung an solchen sowie durch die Aufsichtsfunktion als Höhere Landesbehörde. Insoweit erscheint die ihm zugeordnete Bezirksplanungsbehörde optimal zur Führung des ROK geeignet, wie es seit geraumer Zeit in vielen Bundesländern auch von Amts wegen üblich ist.

Die *Zeichengebung* richtet sich im allgemeinen an zwei Forderungen aus: einmal ist es die bis in die Gegenwart zu beobachtende Verwendung des ROK als Informationsbasis - etwa zur Feststellung des Bestandes. Künftig wird allerdings das ROK als Grundlage für die unmittelbare Weiterverarbeitung zur Erarbeitung und Änderung insbesondere der Regionalpläne, aber auch zur Bearbeitung anderer landesplanerischer Pläne und Entscheidungsgrundlagen herangezogen werden. Insoweit werden Sachkatalog und Signaturenkatalog auf die Inhalte abgestellt, die relevant im Hinblick auf die weitere Arbeit sind. Zum anderen hat sich die Zeichengebung weitgehend an das Planzeichenverzeichnis für die Bauleitpläne sowie an die Vorschriften für Flächennutzungspläne[8]) angenähert.

Die im Zuge der Laufendhaltung des ROK vorzusehende *Anpassung an den jeweiligen Rechtsstatus* ist entsprechend den jeweiligen Verwaltungsschritten im Ablauf des Planverfahrens vorzusehen und insoweit zeichentechnisch vorzubereiten. Dies wird hier für einige Sachbereiche des ROK-Inhaltskatalogs gezeigt (s. Anlage). Zwar hat eine computergestützte Bearbeitung des ROK hinsichtlich der Zeichentechnik Rücksicht zu nehmen, sie ermöglicht aber auch hier eine wesentliche Vereinfachung im Arbeitsprozeß, der zur Änderung von Signaturen manuell i.d.R. mit erheblichem Aufwand verbunden ist.

Zu den dienstinternen Regelungen gehört die Festlegung der *Weitergabe des ROK an die obersten bzw. die dem RP nachgeordneten Verwaltungsbehörden.* Größere Bedeutung ist der Frage beizumessen, ob und in welchem Umfang dieses Kartenwerk insgesamt, in Teilen bzw. in Einzelblättern Dritten (Bürgern, Unternehmen der privaten Wirtschaft etc.) zur *Einsichtnahme* oder gar als Lichtpause/Ausdruck zur Verfügung gestellt werden soll oder darf.

Abweichend von der in einigen Bundesländern bisher gehandhabten restriktiven Einstellung verlangt die Transparenz aller planerischen Maßnahmen und Vorhaben von den Trägern der Planung eine offene Informationspolitik der Landesplanungsbehörden und -dienststellen auch mittels des ROK auf allen Ebenen. Interessenten, insbesondere den Trägern der Fachplanung, aber auch privaten Planungsträgern sollte daher das ROK zur Verfügung gestellt werden.

Indessen sollte das *Arbeitsblatt* nicht Dritten ausgehändigt werden, weil die Eintragungen ihrem Charakter nach wirklich nur als ''vorläufige Planungsüberlegungen'' zu bewerten sind und demzufolge allenfalls zur Verwirrung, weniger aber zur Unterrichtung beizutragen vermögen.

2.1.3.2 Sachkatalog

Der *thematische Inhalt* des ROK umfaßt - in Ausrichtung auf die angestrebte Verwendung dieses Instruments - alle mit einer Rechtsqualität versehenen Festlegungen der Flächennutzung in Anpassung an den jeweiligen Rechtszustand ebenso wie die Änderungen der späteren realen Nutzung.

Obwohl sich ein Sachkatalog einschließlich der Zeichengebung nicht ohne weiteres von einem auf einen beliebigen anderen Planungsraum, von der einen zur anderen Region, von einem Land zum anderen übertragen läßt, muß eine *Vereinheitlichung innerhalb des Landesgebietes* gewährleistet sein. Es sollte indessen angestrebt werden, eine vereinheitlichte Zeichengebung auch innerhalb des Bundesgebietes, ggf. später auch für die europäischen Staaten, einzuführen.

Die Lösung kann darin bestehen, daß von dem sehr umfassenden Gesamtbestand der ROK-Signaturen ein Teil als für alle Planungsregionen verbindliche Darstellungen klassifiziert und entsprechend als sogenannter *Mindestkatalog* (Reiners, 1985) gekennzeichnet wird. Ein anderer Teil hat ggf. Bedeutung nur für eine Region, so in NRW z.B. die Freiballon-Start- und -Landeplätze (Regierungsbezirk Detmold), die Umsiedlungsflächen im Rheinischen Braunkohlengebiet (Regierungsbezirke Düsseldorf und Köln). Eine solche Differenzierung entlastet die ohnehin vor allem in den Verdichtungsräumen sehr zahlreichen Eintragungen flächen- und linienhafter Signaturen sowie der zahlreichen Symbole, ermöglicht aber andererseits eine Einbeziehung von Besonderheiten, die nur regionalbedeutsam sind (sog. *Regionalspezifika*).

2.1.4   Technische Bearbeitung

2.1.4.1 Manuelle Bearbeitung

Bisher werden ROK in den Landesplanungsdienststellen noch überwiegend in konventioneller Art geführt, d.h. alle *Eintragungen und Änderungen* werden *von Hand* ausgeführt. Deshalb erscheint es notwendig, verschiedene Aspekte der Bearbeitung hier anzusprechen, weil sie zum Teil von grundlegender Bedeutung sind (Lehmann, 1970, Witzmann, 1981, Reiners, 1985).

Es ist grundsätzlich davon auszugehen, daß die *topographischen Grundlagen*, unabhängig vom Maßstab, als seitenverkehrte bzw. -richtige Kopie auf einer transparenten maßhaltigen Folie für den gesamten Planungsraum auf dem jeweils aktuellen Stand zur Verfügung stehen.

Die *Bearbeitung des ROK* selbst vollzieht sich technisch in sehr unterschiedlicher Weise:

1) Auf eine *gedruckte Ausgabe* bzw. eine *Lichtpause* werden alle Eintragungen von Hand nach einem bestimmten Zeichenschlüssel farbig vorgenommen.

Änderungen und *Berichtigungen* werden nach Wegnahme des ursprünglichen Inhalts durch Radieren/Schaben, anschließend durch zeichnerische Ergänzung bzw. Überkleben vorgenommen. Das Kartenwerk ist ein *Unikat* und nicht zur Vervielfältigung geeignet.

2) Grundlage der Eintragung ist eine *transparente Folie*, deren Unterseite die Topographie trägt, auf deren Oberseite die Eintragungen insgesamt vorgenommen werden.

Für *Änderungen/Berichtigungen* wird der ursprüngliche Inhalt weggeschabt und entsprechend den eingegangenen Informationen ergänzt.

Nachteilig ist es, daß der ROK-Inhalt bei Erscheinen eines neuen Blattes vollständig auf dieses übertragen werden muß. Vervielfältigungen als Lichtpause sind in beliebiger Zahl möglich.

3)Die *topographische Bezugsgrundlage* steht als seitenverkehrte transparente und maßhaltige Folie zur Verfügung, sie selbst bleibt von Eintragungen frei. Sie wird abgedeckt durch eine weitere durchsichtige, mit Paßecken (-löchern) versehene *maßhaltige Folie*, die mittels Klebestreifen auf der Karte befestigt wird. Auf dieser Folie werden alle *Eintragungen, Änderungen/ Ergänzungen* vorgenommen. Sie ist auch dann weiterverwendbar, wenn die Bezugsgrundlage erneuert wird. *Vervielfältigungen* mittels einer Kombinationslichtpause (ROK + Topographie) sind in beliebiger Zahl möglich.

Eine Lichtpause nach 2 und 3 bietet auch die Grundlage für eine *vereinfachte mehrfarbige Bearbeitung*: Sie wird (mit dem Aufdruck der einfarbigen Zeichen und Signaturen des ROK) farbig angelegt und muß von Zeit zu Zeit erforderlicherweise ergänzt bzw. vollständig erneuert werden.

Diese ROK-Form hat sich auch als *Informationskarte* bei Besprechungen mit kleiner Teilnehmerzahl bewährt, wenn die Papierkarte auf Leinen bzw. auf Preßholzkacheln aufgezogen und mit einem Verbindungssystem ausgestattet ist, das ermöglicht, einen bestimmten Planungsraum flächendeckend zu veranschaulichen.

Für kleine Ausschnitte erscheinen *Vervielfältigungen* in zahlenmäßiger Begrenzung möglich, sofern die Personalkraft und die verfügbare Zeit es zulassen, eine Kolorierung der Lichtpausen von Hand vorzunehmen.

4)Die *ROK-Darstellung* auf einem einzigen Zeichenträger - losgelöst von der topographischen Grundlage - kann aus vielerlei Gründen auch aufgelöst werden, indem bestimmte *Fachbereiche* gesondert auf je einer transparenten und maßhaltigen Folie, versehen mit Paßecken (-löchern), eingetragen werden.

Die Notwendigkeit, für das ROK auch eine *Vervielfältigungsmöglichkeit* sicherzustellen, bedarf - zumindest solange es bei einer manuellen Fertigung bleibt - der Grundsatzentscheidung zwischen einer ein- oder mehrfarbigen Bearbeitung. Sicher wird zu Recht in der *einfarbigen Bearbeitung* und der damit sichergestellten Möglichkeit, Lichtpausen in beliebiger Zahl ohne Qualitätsverlust herstellen zu können, eine optimale Lösung gesehen.

Indessen erweist sich gegenüber den einfarbigen Ausgaben gerade bei dichtem Sachinhalt eine *mehrfarbige Ausgabe* des ROK für den Benutzer, den Fachmann, den Mitarbeiter aus der Verwaltung, den Vertreter einer Fachbehörde bzw. -dienststelle, insbesondere für den Rat suchenden Unternehmer wie den zu informierenden Bürger in einem Planverfahren als vorteilhaft.

Die im sog. *Arbeitsblatt* festzuhaltenden Ergebnisse planerischer Anfragen, Vorerörterungen und Überlegungen zu Standortproblemen, zur Linien- und Trassenführung von Ver- und Entsorgungsleitungen etc. werden auf einer ebenfalls maßhaltigen, transparenten Folie eingetragen, die mit dem entsprechenden Blatt des zugrunde gelegten topographischen Kartenwerkes fest verbunden oder gesondert aufbewahrt wird. Sie ist mit Paßecken (-löchern) versehen, so daß jederzeit eine sichere Zuordnung und ggf. sogar Kombinationslichtpause mit der TK und/oder dem ROK möglich ist.

Die zeichentechnische Aktualisierung erfordert auch die *Führung eines Veränderungsnachweises*, zu dem die katasterführende Stelle durch entsprechende Erlasse bzw. Dienstanweisungen verpflichtet bzw. aufgefordert ist[9]).

2.1.4.2 Computergestützte Bearbeitung

Die *Anwendung der EDV zur Bearbeitung des ROK* dient der Bewältigung großer Datenmassen und ihrer zweckgerichteten Verarbeitung. Als primäre Ziele der Inanspruchnahme dieser Technologie für das ROK müssen einmal die Verminderung des Personaleinsatzes und des Arbeitsaufwandes bei der Laufendhaltung dieses Kartenwerkes (Änderung/Ergänzung), zum anderen aber dessen verstärkte Einbindung in ein landes- und regionalplanerisches Informationssystem gelten. Hinzu kommt, daß der Zeitbedarf für die Aktualisierung des ROK erheblich zurückgeht, die Planungssicherheit demzufolge zunimmt und außerdem zusätzliche, bisher nicht realisierbare Möglichkeiten (Vervielfältigung/Flächenberechnung/themenbezogene Darstellung bzw. Kombination mehrerer Fachbereiche) eröffnet werden (Reiners, 1990).

Eine computergestützte Bearbeitung des ROK setzt die Klärung zahlreicher notwendiger *Grundansätze* voraus: Datenerfassung und -nachweis, Datenpflege, Anlage von Arbeitsdateien, Datenverbund (ggf. zur Landesdatenbank), Datenauswertung und Datenausgabe in tabellarischer oder graphischer Form.

Zur *Hardware* eines GIAP (= Graphisch-Interaktiver Arbeitsplatz), eine Kombination von graphischen Ein- und Ausgabegeräten verbunden mit einer Steuereinheit, gehören im einzelnen folgende Bestandteile:

- Digitalisiertisch (mit einem Menüfeld)
- Rechner-Datenspeicher (Magnetplatte, Diskette)
- Bildschirm (graphikfähig)
- Bildschirm (numerisch)
- Tisch-/Trommelplotter
- Drucker.

Anforderung und Funktion der Hardware sind von Rase (1987) im Rahmen eines Beitrages des AK "Planungskartographie" dargestellt worden. Insofern kann darauf zur Vertiefung verwiesen werden.

Zur Erfüllung der Aufgaben gehört zur computergestützten Führung des ROK neben der Hardware eine anwendungsbezogene *Software*, die in sehr vielfältiger Art zwischenzeitlich von zahlreichen Firmen entwickelt worden ist. Indessen wird die Anschaffung einer Gerätekonfiguration nicht ausschließlich auf das ROK auszurichten sein, sondern auch die übrigen im Rahmen der Aufgabenstellung der Landes- und Regionalplanung zu erledigenden Arbeiten mit zu berücksichtigen haben. Zu den *Grundanforderungen für eine anwenderfreundlich gestaltete Software* gehören folgende Funktionen zur Bearbeitung objektbezogener alpha-numerischer Daten: Berechnung der Flächengröße, Ermittlung der Fläche (mit einer Signatur/Schraffur), Flächenschraffuren, Freistellung von Signaturen/Schrift innerhalb von Flächen bzw. Schraffuren, Enklaven und Exklaven, Flächen-Aggregation, Flächenverschneidung.

Obwohl bei den Landesplanungsbehörden in den Bundesländern seit langem derartige Untersuchungen zur Einführung der computergestützten Bearbeitung von ROK bzw. Flächennutzungskatastern eingeleitet sind, zum Teil auch abgeschlossen werden konnten, sind Entscheidungen nur vereinzelt getroffen, lediglich in wenigen Fällen auch verwirklicht.

Dies ist das Ergebnis einer Umfrage des Datenausschusses der MKRO, auf die bereits hingewiesen wurde[4]), aber auch einer Erhebung des ARL-AK ''Neue Technologien und ihre Anwendung in der Landes- und Regionalplanung[10]).

Für Anwendung und Fortentwicklung von Methoden und Technik des computergestützten ROK, von denen einige als Beispiel nachfolgend beschrieben werden, können die bisher schon eingeführten Verfahrensweisen und die dabei benutzten Graphiksysteme auch für andere Planungsbehörden von Bedeutung sein.

MINIKAT/ROV Rhein-Neckar, RV Unterer Neckar, PG Rhein-Pfalz

Zur Führung des *Raumordnungs- und Raumplanungskatasters*/RO-/RPK (Rheinland-Pfalz: Plankartei) ist beim *Raumordnungsverband Rhein-Neckar* seit 1981 (grenzüberschreitend Baden-Württemberg/Hessen/Rheinland-Pfalz)/*Regionalverband Unterer Neckar* (Baden-Württemberg) und *Planungsgemeinschaft Rheinpfalz* (Rheinland-Pfalz) (im folgenden jeweils abgekürzt: ROV RN/RV UN/PG RP) das graphische Arbeitsplatz-System MINIKAT der AED-Süd eingesetzt. Es ist ab Mitte 1986 bei der Obersten Landesplanungsbehörde Rheinland-Pfalz wie auch bei den drei Bezirksplanungsbehörden in Koblenz, Trier und Neustadt/Weinstraße eingeführt (Fischer, 1977, Loch, 1978).

Aufbau und *Struktur* dieses RO- und RPK sowie die Gliederung in ein *Verfahrens-* und *Nutzungsartenkataster* werden aus der Abb. 21 ersichtlich. Ergänzt wird diese Darstellung durch eine Übersicht der Nutzungsarten, die in Kombination mit den Verfahrensarten schließlich Grundlage des *Basis-* bzw. der *Teilkataster* sind (Abb. 22).

Das RO- und RPK wird beim ROV RN/RV UN und der PG RP mit Hilfe eines *graphischen Arbeitsplatzes auf PC-Basis* geführt. Nach dem System MINICAT ist der Digitalisiertisch mit einer Menüsteuerung ausgestattet, die die typischen Befehlsformen enthält.

GIROK/RP Detmold

In *Nordrhein-Westfalen* verbanden sich nach 1975 unterschiedliche Bemühungen zur *Vereinheitlichung des ROK*: Seitens der Landesplanungsbehörde wurde die Forderung nach einheitlicher Verwendung der Planzeichen für das Kartenwerk erhoben[11]). Angesichts der Notwendigkeit, einen gewissen Nachholbedarf bei der Erarbeitung des ROK zu befriedigen und dessen Laufendhaltung zu vereinfachen, kam es Anfang der 80er Jahre zu einer Zusammenarbeit zwischen dem RP Detmold/Bezirksplanungsbehörde, dem Landesamt für Datenverarbeitung und Statistik Nordrhein-Westfalen und der IBM Deutschland GmbH (Reiners, 1985).

Nach der zwischen Landesplanungsbehörde und den Bezirksplanungsbehörden vorgenommenen Abstimmung des Sachkatalogs zum ROK (Reiners, 1985, und 2.1.5), wurde dem RP Detmold

Abb. 21: Raumordnungs- und Planungskataster Rheinpfalz - Aufbau

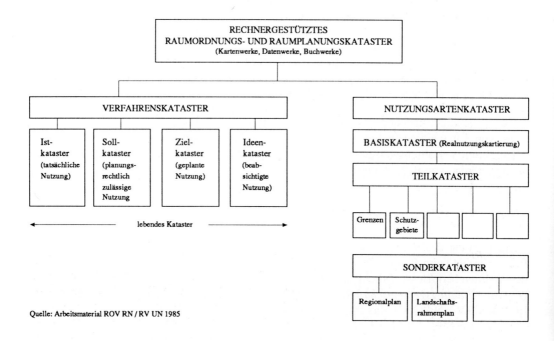

Quelle: Arbeitsmaterial ROV RN / RV UN 1985

Abb. 22: Raumordnungs- und Planungskataster Rheinpfalz - Nutzungs- und Verfahrensarten

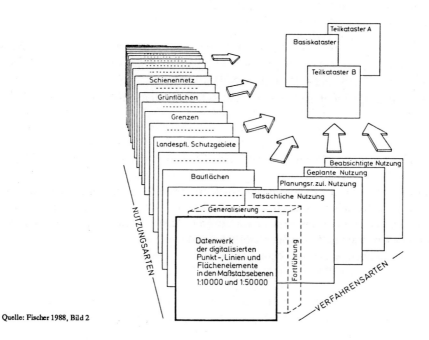

Quelle: Fischer 1988, Bild 2

durch die Landesplanungsbehörde die Durchführung des *Pilotprojektes ''ADV-gestütztes Raumordnungskataster''* übertragen (1982). Dieses Projekt ist mehrfach beschrieben worden, so insbesondere von Keil (1984 und 1986) und dem Verfasser (1985).

Das ROK wird als Bestandteil des sich bei der Bezirksplanungsbehörde im Aufbau befindlichen sog. *Graphischen Raum-Informations- und Planungssystems* (GRIPS) angesehen; es dient als Grundlage für die Bearbeitung und Fortführung auch des Gebietsentwicklungsplanes (GEP) für den Regierungsbezirk Detmold und wird - abgesehen von der üblichen Datenzulieferung aufgrund der Mitteilungs-, Unterrichtungs- und Auskunftspflicht (2.1.2) sowie der Datenentnahme aus Bauleitplänen und Fachplänen - ergänzt durch eine Realnutzungskartierung.

Den *Sachinhalt* verdeutlicht - in zusammengefaßter Form - die Abb. 23 und 24. In ihrer vollständigen Aufgliederung werden dabei rd. 130 Flächen-, rd. 60 linienhafte Signaturen (Bandinfrastruktur) und rd. 33 Symbole (Punktinfrastruktur) unterschieden. Der *strukturelle Aufbau* - wie er sich bei Fertigstellung des GRIPS darstellen wird - umfaßt Darstellungen von der Naturtopographie bis zu den verschiedenen Phasen des GEP.

Das *GRIPS*, innerhalb dessen das ROK nur einen Teil des Gesamtbestandes einnimmt, basiert auf der IBM-Software Graphischer Programm-Generator (GPG). Neben der geographischen wird eine alpha-numerische Datei für die ROK-Objekte und andere Informationen geführt. Für die Eingabe und Auswertung wird das System über mehrere *Menüs* gesteuert. Zur Vervollständigung des Systems ist der Einsatz der beim LDS NW verwendeten *Graphischen Datenband-Software* (GDBS) der IBM notwendig zur Herstellung einer ''flexiblen Verbindung zwischen GPG und ROK-Datenbank''. Damit können blattschnittfreie Darstellungen mit vorbestimmten Inhalten hergestellt werden.

ALK-GIAP/LVermA NW

Wegen der insbesondere aus Kostengründen gebotenen weitgehenden Vereinheitlichung raumbezogener Informationssysteme im Geschäftsbereich des Innenministers und des MURL NW wurde die Hard- und Software der IBM zugunsten der Version *ALK-GIAP (Graphisch-interaktiver Arbeitsplatz für die Automatisierte Liegenschaftskarte)* aufgegeben. Dabei handelt es sich um ein offenes graphisches System, das zunächst für die Erfordernisse der Vermessungsverwaltung entwickelt und dessen Software kompatibel und herstellerunabhängig ist. Unter Einbeziehung der Anforderungen des Graphischen Kernsystems (= GKS) besteht Unabhängigkeit von den graphischen Endgeräten und vom Steuerrechner (Brüggemann, 1986, Mittelstrass, 1987).

Für den unmittelbaren Einsatz des Systems ALK-GIAP bei den Landesplanungsdienststellen sind allerdings noch erhebliche Vorarbeiten insbesondere auf der Softwareseite zu erbringen, weil die Belange der planenden Verwaltung bei der Entwicklung zunächst nicht, zumindest aber nicht im ausreichenden Maße berücksichtigt worden waren.

Abb. 23:
Graphisch-interaktives Raumordnungskataster (GIROK)
Regierungspräsident Detmold - Nutzungsarten des ROK

Haupt-abschnitt	Unter-abschnitt	Bezeichnung	Farbe
1	10 - 15	Wohnsiedlungsflächen	braun
	16 - 17	Punktinfrastruktursymbole (im Wohnsiedlungsbereich)	orange
2	20 - 24	Gewerbliche Bauflächen	schwarz
3		Verkehr	
	31 - 32	Straßenverkehr	rot
	33	Schienenverkehr	violett
	34	Wasserstraßen und Häfen	blau
	35	Luftverkehr	schwarz-orange
4	41- 44	Wasserwirtschaft	blau
5		Versorgung	
	51	Elektrische Anlagen und Leitungen	orange
	52	Sonstige Anlagen und Leitungen	orange
	53	Ruchtfunkstrecken	orange
	54	Versorgungseinrichtungen und Anlagen	orange
6	61 - 63	Gewinnung von Bodenschätzen	schwarz
7		Grünflächen, Sport, Erholung, Freiraum, Wald	grün
	71	Grünflächen	
	72	Sport	
	73	Erholung	
	74	Freiraum	
	75	Denkmale	
	76	Wald	
8	81 - 85	Deponien und Entsorgungseinrichtungen	gelb
9	91 - 95	Grenzen	schwarz

Abb. 24:
GIROK/RP Detmold - Aufbau und Struktur des GRIPS

Kenn-buchstabe	Inhalt
A	Topographie
B	Naturräumlicher Bestand (z. B. Rohstoffvorkommen, Biotope)
C - G	Landesentwicklungspläne (Ziele der Raumordnung und Landesplanung in zeichnerischer Darstellung)
O	Planungsabsichten, Früherkennung von Planung (z. B. Erweiterungsabsichten für einen Flughafen)
P	Vorbereitende Planungen (z.B. regional bedeutsame Ausweisungen eines rechtskräftigen Flächennutzungsplans)
Q	Festgestellte Planungen (z. B. planfestgestellte Bundesfern- und Landstraßen, Wasserflächen, Abfallbeseitigungsanlagen)
R	Realnutzung (z. B. bebaute Flächen, vorhandene Infrastruktur)
S	Beendete Nutzung (z.B. Folgenutzung bei Abgrabungen und Abbau von Bodenschätzen, Altlast einer Deponie)
T	Reserveflächen (Ergebnis der Flächenbilanz von planerisch dargestellten Flächen und real genutzten Flächen)
V - Z	Gebietsentwicklungsplan (Übernahme der zeichnerischen Darstellung für verschiedene Phasen des Aufstellungsverfahrens)

Zur Beschleunigung des *Einsatzes des Systems* soll

- *beim LDS NW ein Graphikzentrum* eingerichtet werden, damit nach *Fertigstellung der wesentlichen Anwenderfunktionen* eine fortwährende Betreuung und Unterstützung für die Landesplanung und die sich bei deren Arbeitsabläufen ergebenden Anforderungen gewährleistet wird,
- *die ALK-Software und das GKS* in Verbindung mit der Herstellerfirma (AED) und dem Graphikzentrum als *Quellprogramme zur Herstellung der notwendigen Fachschalen* ohne Belastung durch Rechte Dritter zur Verfügung gestellt werden,
- für die *Entwicklung* der (im System ALK-GIAP bisher noch nicht vorhandenen) *Präsentations/ Business-Graphik* die erforderlichen Mittel bereitgestellt werden,
- die *digitale Bildverarbeitung* nach Fertigstellung eines Anforderungs- und Bedarfsprofils durch die Landes- und Regionalplanung mit den erforderlichen Haushaltsmitteln ermöglicht werden.

SICAD/Siemens AG - BStMLU

Beim *Regierungspräsidium in Unterfranken* (Würzburg) wird seit 1989 die computergestützte Führung des ROK auf der Basis des Systems SICAD-GDB mit günstigen Ergebnissen erprobt.

Darüber hinaus hat die beim BStMLU eingesetzte *Arbeitsgruppe "Vereinheitlichung und Automatisierung des Raumordnungskatasters"* (AG-ROK) erste Ergebnisse ihrer Untersuchung dieser Technologie für die landesplanerische Praxis vorgelegt (Reiners, 1984).

Das BStMLU hatte bereits 1982 Daten zum ROK Oberfranken auf der Grundlage entzerrter Luftbilder (Befliegung 1980 i.M. 1:5 000) für neun Nutzungsarten i.M. 1:50 000 digitalisiert und ausgewertet. Das kartographische Ergebnis ist, zumindest als Ausschnitt, mehrfach veröffentlicht worden (BStMLU, 1986, Witzmann, 1981).

Als Testanwendung wurde, begrenzt auf das naturräumliche Potential, EDV-gestützt eine Kartierung für einen Ausschnitt im Format DIN A 4 der TK 50 im Norden Münchens durchgeführt, die bereits bemerkenswerte Erfahrungen erbrachte.

Für Bayern wird "ein schrittweiser Übergang vom herkömmlichen zum automatisierten ROK" angestrebt, für dessen tatsächliche Verwirklichung einige *Vorbedingungen sachlicher* (Verringerung des Themenkatalogs, Reduzieren der Planzeichen), *methodischer* (Erfassung quantitativer und qualitativer Merkmale in Sachdateien unter Verzicht auf Abspeicherung im graphischen Teil des ROK) und *zeitlicher Art* (in Anpassung an den Planungsstand) zu erfüllen sind. Die erste Ausbaustufe wird aber nach Einschätzung der AG-ROK dennoch nur zu Lösungen führen, "die in ihrem graphischen Standard unter dem Niveau der vom BStMLU bislang veröffentlichten Kartenwerke liegen". Dabei werden Aktualität und Zugriffsmöglichkeit auf das ROK vor Gesichtspunkten kartographischer Ästhetik und "übertriebener landesplanerischer Vollständigkeit in der kartographischen Darstellung" stehen. Außerdem wird es als notwendig angesehen, organisatorisch "die Sammlung und Aufbereitung räumlicher Daten" in einer sog. Planzentrale - letztlich zur "Beschleunigung und Automatisierung des ROK" - zu vereinigen[12]). Auch im Saarland hat die Landesplanung mit SICAD zu arbeiten begonnen.

2.1.5 Das ROK als kartographische Grundlage und Baustein eines landesplanerischen Informationssystems

Ungeachtet der hier zu erörternden Thematik zum ROK im besonderen muß auf zwei Aspekte hingewiesen werden: Zum einen wird gerade bei der Erörterung einer *computergestützten Version des ROK* allein dieses Planungsinstrument in den Vordergrund des Interesses gestellt, zum anderen muß betont werden, daß dieses Kartenwerk einzugliedern ist in ein *integriertes landesplanerisches/umweltorientiertes Informationssystem* (Reiners, 1985).

Die Zweckbestimmung des ROK, seine Bearbeitung einschließlich der Fortführung, seiner Nutzung auch zu vielfältigen Auswertungen, bringt es mit sich, daß die hierfür vorgehaltenen Anwendungen kartographischer und rechnerischer Art vielfach jene Möglichkeiten außer acht lassen, die die EDV auch für andere Aufgaben der Landes- und Regionalplanung eröffnet, soweit dies bisher überhaupt übersehbar ist. Das gilt für den Einsatz der EDV - ausgehend vom ROK - bei der Erstellung der Regionalpläne, der landesplanerischen Pläne auf Landesebene sowie für die zugehörigen Entscheidungsgrundlagen graphischer und kartographischer Art. Dazu zählen auch die strukturrelevanten Analysen, die mittels der EDV überhaupt erst ermöglicht werden. Dazu gehört auch, daß diese zur Begleitung förmlich vorgeschriebener Verfahren zur Erarbeitung und Aufstellung landesplanerischer Pläne im weitesten Sinne eingesetzt werden. Insbesondere gilt es, die überaus zahlreichen Bedenken und Anregungen lokal bzw. regional und fachlich aufzuarbeiten, die Entscheidungen vorzubereiten und herbeizuführen. Zugleich besteht die Möglichkeit, alle Phasen notwendiger Entscheidungen zu dokumentieren (SMG, 1985), zu speichern, mit den notwendigen Verweisen auszustatten und ggf. für verwaltungsgerichtliche Auseinandersetzungen auf Anforderung zur Verfügung zu haben.

Die Entwicklung des GRIPS wurde in den Grundzügen und soweit hier erforderlich dargestellt. Hierbei geht es um eine weitere Möglichkeit bzw. um einen erweiterten Einsatz des eigentlich landesplanerisch ausgerichteten Instruments, das ohnehin auch der Bauleitplanung wie der Fachplanung in mehrfachem Sinne offensteht: alle Planungsträger haben aufgrund der Mitteilungs- und Unterrichtungspflicht zur ständigen Aktualisierung des Werkes beizutragen, alle Mitwirkenden sollten auch diese Grundlage für ihre fachlichen Belange nutzen.

Darüber hinaus wird aber das ROK als ein Baustein eines umfassenden Informationssystems, das den raumordnungspolitischen Anforderungen und Zielsetzungen entsprechend z.T. schon seit geraumer Zeit, z.T. erst in der Gegenwart sehr stark umweltorientiert ist, nutzbar gemacht werden müssen. Dafür gibt es bereits mehrere Beispiele, etwa in Bayern das *Informationssystem für den Geschäftsbereich des Staatsministeriums für Landesentwicklung und Umweltfragen* (Barwinski, 1984), in Nordrhein-Westfalen das *Daten- und Informationssystem des Ministers für Umwelt, Raumordnung und Landwirtschaft* (= DIM). Auch in anderen Bundesländern wird an DV-gestützten Informationssystemen gearbeitet, in die die spezifischen Interessen der Landes- und Regionalplanung integriert werden müssen.

2.2 Fachkataster
Ein Überblick über thematisch gebundene Nachweise

2.2.1 Allgemeines

Während das Raumordnungskataster alle raumrelevanten Festlegungen der öffentlichen Planungsträger in einem Kartenwerk festhält, stehen den Landes- und Regionalplanungsdienststellen darüber hinaus noch eine Reihe anderer Informationsquellen zur Verfügung, die auch als Ergebnisse der Raumbeobachtung zu bewerten sind. Es handelt sich dabei um Nachweise, die hier ''Fachkataster'' genannt und exemplarisch beschrieben werden. Auszüge dieser Kataster sind in der Regel auch Bestandteile des Raumordnungskatasters, jedoch stellen sie aus fachspezifischer Sicht die Zusammenhänge dar. Diese fachgebundenen Nachweise können aus Listen, Tabellen und Karten bestehen, als flächendeckendes Kartenwerk oder als Einzelkarten, als Strich- oder Rasterkarten, als analoge Karten oder digital geführte Informationen.

In der nachstehenden Übersicht sind ausgewählte inhaltliche und kartographische Merkmale allgemein üblicher Fachkataster zusammengestellt (Erhebungsstand Ende 1990). Die Angaben treffen auf die im Saarland und einige im Land Rheinland-Pfalz vorhandenen Kataster zu; sowohl die Bezeichnungen als auch die ausgewerteten Details können von Land zu Land verschieden sein.

Die Auswahl der nachfolgend beschriebenen Fachkataster erstreckte sich auf solche, die möglichst von allen Landesplanungsbehörden als regelmäßige Informationsquelle benutzt werden. Besondere Themenkarten, die überwiegend landestypische Bedeutung haben, blieben unberücksichtigt. Die aus den jeweiligen Ländern beschriebenen Fachkataster haben nur Beispielcharakter und sollen nicht als musterhaft oder nachahmenswert herausgestellt werden. Es wurde versucht, möglichst Beispiele aus allen Bundesländern heranzuziehen, ohne die Unterschiede von Land zu Land gesondert herauszustellen.

Fast alle Fachkataster werden als analoge Kartenwerke geführt, sehr häufig handelt es sich sogar nur um Unikate. Eine drucktechnische Vervielfältigung ist für viele Karten aus Kostengründen nicht durchführbar. Um eine Verknüpfbarkeit der unterschiedlichen thematischen Aussagen herbeizuführen, wäre eine digitale Datenführung für die wichtigsten Fachkataster vorteilhaft. Es darf jedoch nicht übersehen werden, daß für eine Verschneidung der verschiedenen geometrischen Informationen gleiche geometrische Grundlagen erforderlich sind, um Flächenidentitäten erkennen zu können. Im übrigen wird auf die Aufsätze von Rase (3.6) und Reiners (1.2) verwiesen.

Die beschriebenen Fachkataster geben im Schwerpunkt Aussagen zur Umweltqualität oder zu Umweltbeeinträchtigungen wieder und sollen unter die Oberbegriffe der natürlichen Lebensgrundlagen Boden, Wasser, Luft und Vegetation gegliedert werden.

Kataster	Gebiet	Inhalt				Kartographie					
Bezeichnung	Erhebungsgebiet	Aktueller Stand	Aktualisierungszeitraum	Anzahl der in der Karte dargestellten Hauptinhalte	Sachdatendarstellung in Begleitliste o.ä.	Maßstabszahl in Tsd.	Form	Kartengrundlage	Kartentechnik	Kartographische Darstellung	Farbigkeit
Ablagerungen	Landesfläche	1989	*	9	D	5/25	0	TK	A	V	M
Altlasten	Landesfläche	1990	lfd.	5	A	1	T	TK	A	R	E
Biotope	Landesfläche[1]	84-90	5	11[2])	D	25	D/T	TK	A	V	M
Biotop-Defiziträume	Landesfläche[1]	1984	*	1	-	100	0	TK	A	V	M
Bodenbelastung	Belastungsgebiet	1989	*	2	A	25	T	TK	A	R	E
Bodenwerte	Landesfläche[3]	1940	*	1	-	25	0	TK	A	V	M
Direkteinleiter	Landesfläche[4]	1989	ldf.	8	D	5	0	TK	A	L	M
Elektrizitätsversorgung	Landesfläche	1990	lfd.	6	-	100	0	TK	A	L	M
Emissionen: Hausbrand/Kleingewerbe	Belastungsgebiet	1978	1995	5	D	150	D	SK	A	R	M
Emissionen: Industrie	Belastungsgebiet	1990	*	10	D	150	D	SK	A	R	M
Emissionen: Kfz-Verkehr	Belastungsgebiet	1978	1995	3	D	150	D	SK	A	R	M
Fauna und Flora	Landesfläche	1989	lfd.	2	D	var.	*	TK	D	R	()
Flächenschutz	Landesfläche	1990	lfd.	5[5])	-	5-100	0	TK	A	V	M
Forst	Landesfläche[6]	1990	lfd.	3	-	25/30	0	TK	A	V	M
Forststandorte	Landesfläche[7]	1962	20	3[8])	D	10	0	TK	A	V	M
Forstwirtschaft	Landesfläche[7]	1962	20	5[9])	D	10	0	TK	A	V	M
Gasversorgung	Landesfläche	1989	lfd.	6	-	100	0	TK	A	L	M
Geländeklima	Landesfläche	1978	*	2	-	50	0	TK	A	V	M
Gewässergüte	Landesfläche[4]	1990	5	5	D	var.	D	SK	A	L	M
Grundwasser	Landesfläche	1989	2	1[10])	A	200	D	SK/TK	A	R/L	M
Kontaminationsverdächtige Standorte	Stadtverband SB	1989	1	1	D	5	T	TK	D	V	E
Lagerstätten	Landesfläche	1981	*	3	-	50	T	TK	A	V	E
Landschaftsschutzgebiete	Landesfläche	1990	lfd.	5[11])	A	25	T	TK	A	L	E
Militärische Anlagen	Landesfläche	1990	lfd.	2	A	50	T	TK	A	R/L	E
Naturdenkmale	Landesfläche	1990	lfd.	1[11])	A	25	T	TK	A	L	E
Naturschutzgebiete	Landesfläche	1989	lfd.	1[11])	D	100	0	TK	A	V	M
Radwegenetz	Landesfläche	1987	5	4	-	200	D	SK	A	L	M
Richtfunkverbindungen	Landesfläche	1989	lfd.	9	-	100	0	TK	A	L	M
Rohstoffsicherung	Landesfläche	85/89	*	4	A	50/100	T	TK	A	V	E
Schwermetallbelastung	Landesfläche	87-92	*	13	D	5/25	*	TK	D	()	()
Standortgruppen	Landesfläche	70/82	*	9[12])	-	50	T	TK	A	V/R	E
Straßen	Landesfläche	1989	2	6[13])	-	50-200	D	SK	A	L	M
Straßenverkehrsmengen	Landesfläche	1985	5	4	A	100	D	SK	A	L	M
Vegetation[14]	Landesfläche	()	()	1	A	10	0	TK	A	L	M
Wassergefährdende Stoffe	Landesfläche	89-92	*	3	D	()	()	()	()	()	()
Wasserschutzgebiete	Landesfläche	1989	lfd.	3[15])	-	50/100	0	TK	A	V	M
Wasserversorgung	Regionsfläche	1982	10	2	A	200	[16])	TK/SK	A	R/L	M
Wirkungskataster[17]	Belastungsgebiet	1990	*	5	D	290	D	SK	A	R	E

2.2.2 Fachkataster Boden

2.2.2.1 Altlastenkataster

Altablagerungen sind verlassene und stillgelegte Ablagerungsplätze mit kommunalen und gewerblichen Abfällen, wilde Ablagerungen, Aufhaldungen und Verfüllungen mit Bauschutt, Bergematerial und Produktionsrückständen. Sind die Standorte kontaminiert (verseucht), geht von ihnen eine Gefährdung für Boden, Wasser oder Luft aus, und sind mögliche Folgenutzungen eingeschränkt, spricht man von einer Altlast. Um mögliche Gefahren vorzubeugen, ist es erforderlich, die Altlasten systematisch zu erfassen und darzustellen (Altlastenkataster).

Die Erfassung der Altlasten ist in den hierfür zuständigen Bundesländern seit Ende der 60er Jahre eingeleitet worden. Sie wird von Bundesland zu Bundesland nach verschiedenen Kriterien und unterschiedlicher Intensität durchgeführt.

In Nordrhein-Westfalen ist gemäß Runderlaß vom 26.3.1980 der Regierungspräsident die zuständige Behörde für die Erfassung von Altlasten. Alle übrigen Behörden des Landes sind gehalten, die Regierungspräsidenten zu unterstützen und zu unterrichten. So haben die Staatlichen Ämter für Wasser und Abfall seit 1980 Karten über Altablagerungen für das gesamte

---

Erläuterungen zur Übersicht

Erhebungsgebiet:	z.B. Landesfläche, Belastungsgebiet	Kartographische Technik:	A = analog
Aktueller Stand:	Jahresangabe		D = digital
Aktualisierungszeitraum:	Angabe des zeitlichen Intervalls (in Jahren) oder des vorgesehenen Aktualisierungstermins (z.B. 1995)	Kartographische Darstellung:	R = Rasterfelder
			V = Vektoren
Sachdatenerfassung:	A = analog		L = Linien, Bänder
	D = digital	Farbigkeit:	E = einfarbig
			M = mehrfarbig
Form:	D = Druck		
	T = transparente Deckblätter oder Karten (lichtpausfähig)	Zeichen/Abkürzungen	* = nicht festgelegt
	O = Originale (Unikate, nicht oder nur begrenzt vervielfältigungsfähig)		? = nicht bekannt
			- = nicht vorhanden
			() = in Vorbereitung
Kartengrundlage:	TK = amtliche topographische Karte		var. = variabel
	SK = besondere Karte		

Anmerkungen

1) Wald und Siedlungen sind nicht bearbeitet.
2) Mit Begleitlisten.
3) Auf landwirtschaftliche Nutzflächen beschränkt.
4) Auf Fließgewässer beschränkt.
5) Naturschutzgebiet, Landschaftsschutzgebiet, Geschützter Landschaftsbestandteil, Naturdenkmal, Naturpark.
6) Auf Forstamtsbezirke beschränkt, Besitz- und Reviergrenzen sind mit dargestellt.
7) Auf Wald beschränkt.
8) Standortstypen, darunter Ökoserien.
9) Darunter Baum- und Nutzungsarten.

10) Dargestellt sind auch versauertes Grund-Rohwasser und Grundwasserlandschaften.
11) Auch in der Flächenschutzkarte enthalten.
12) Dargestellt sind u.a. landwirtschaftliche Nutzflächen, nichtlandwirtschaftlich genutzte Flächen und Sonderkulturflächen.
13) Einschließlich der Grenzen der Stadtmeistereien.
14) Potentielle natürliche Vegetation.
15) Auch die im Verfahren befindlichen Wasserschutzzonen II und III sind dargestellt.
16) In den Wasserwirtschaftlichen Rahmenplänen enthalten.
17) Nach Bioindikatoren.

Landesgebiet erarbeitet (Topographische Karte 1:25 000); das Landesoberbergamt hat ein Berg-baualtlastenkataster für alle problematischen Standorte ehemaliger Kohlenwasserstoffanlagen in Text- und Kartenteil erstellt, und die kreisfreien Städte, Kreise und Gemeinden haben als Sonderordnungsbehörden für ihre Zwecke eigene Altlastenkataster aufgestellt, die aufgrund der jeweiligen eigenen Erfahrungen sehr unterschiedlich aufgebaut, gesammelt und dargestellt sind. Die Erfassung von Altlasten erfolgt im wesentlichen durch

- Auswertung von Akten,
- Auswertung von Karten und Luftbildern und
- Befragungsaktionen.

Der Aufbau der Altlastenkataster besteht in der Regel aus Kartenwerken, Karteikarten und Einzelakten für jede Altlast. Durch Hinweise muß eine Beziehung zwischen Karte, Karteikarte und Akte sichergestellt werden. Beispielhaft wird hier das Altlastenkataster der Regierungsprä-sidenten in Nordrhein-Westfalen aufgezeigt:

1. Kreisakte

In einer Übersichtskarte im Maßstab 1:50 000 werden für jeden Kreis die Altablagerungen durch Symbol dargestellt und gemeindeweise durchnumeriert. In einer korrespondierenden Liste werden die Standorte benannt.

2. Gemeindeakte

Eine Karte 1:25 000 bezeichnet den Standort innerhalb der Gemeinde, die laufende Nummer und durch eine Signatur die Anlagen der Abfallbeseitigung, z.B. Auffüllung einer Grube, Altlast aus Unfall, Kompostwerk oder Verbrennungsanlage. Außerdem enthält die Karte ein Kurzzei-chen für die Art der Abfälle, z.B. Bauschutt, Klärschlamm, Schlacke oder Bergematerial. Das Verzeichnis enthält für die Gemeinde die laufende Nummer, die Bezeichnung des Standortes, die Art der Ablagerung, die Nummer des Staatlichen Amtes für Wasser und Abfall sowie eine Bemerkungsspalte.

3. Einzelne Altlastenakte

Für jeden einzelnen Standort ist

- ein Ausschnitt der Topographischen Karte 1:25 000,
- ein Ausschnitt der Deutschen Grundkarte 1:5 000,
- ein Ausschnitt der Flurkarte 1:2 000/1:1 000

mit Angabe der Gemarkung, Flur und des Flurstücks angelegt. Für besondere Maßnahmen werden Karten in größeren Maßstäben hinzugefügt. Das ''Altlastenkatasterblatt'' enthält alle bekannten Hinweise über den Standort: neben genauer Lage- und Größenbezeichnung Angaben über den Grundstückseigentümer, die Art der Ablagerung, den Zeitraum der Ablagerung, Beschaffenheit des Standortes, wasserwirtschaftliche Merkmale, festgestellte Gefahren und Vor-kommnisse.

2.2.2.2 Bergschadenskataster

Ein Kataster der Bergbauflächen des Saarlandes wird seit 1974 flächendeckend für das Landesgebiet im Maßstab 1:25 000 erarbeitet. Die insgesamt 13 Kartenblätter werden von den Saarbergwerken AG erstellt und stehen den Behörden zur Verfügung. Jedes Kartenblatt besteht aus drei Teilblättern mit unterschiedlichen Inhalten:

- Blatt 1: Kabel
Es enthält die Betriebsflächen und Siedlungsflächen, differenziert nach vorhandenen und geplanten (im braunen und gelben Vollton bzw. gestrichelte Umringsgrenzen). Linienhaft (rot bzw. gelb) sind ebenfalls vorhandene und geplante Starkstrom- und Fernmeldekabel dargestellt.

- Blatt 2: Leitungen
Neben den Betriebs- und Siedlungsflächen sind Leitungen wie Methangas-, Wasser-, Preß- luft-, Fernwärme- und Rohölleitungen, vorhanden und geplant, verschiedenfarbig wiedergege- ben.

- Blatt 3: Einwirkungsbereich des oberflächennahen Abbaues
Es sind in der Karte Abbauflächen in Teufen bis 50 m und bis 100 m, unterschieden in vorhanden und künftig, dargestellt. Außerdem wird die Karte ergänzt durch Hochspannungsfreileitungen und Bruchspalten.

- Blatt 4: Einwirkungsbereich des Abbaues aus Teufen > 100 m
Diese Karte stellt Einwirkungsbereiche in zeitlicher Differenzierung 1980, 2000 und nach 2000 dar. Diese sind noch unterschieden nach vorhandenen und künftigen Einwirkungen mit voraus- sichtlichem Beginn der Einwirkung.

Ein flächendeckendes Kataster für die Bergsenkungsgebiete im Ruhrgebiet existiert nicht. Der Minister für Umwelt, Raumordnung und Landwirtschaft des Landes Nordrhein-Westfalen hat jedoch 1986 zum erstenmal ein Gesamtkonzept zur Nordwanderung des Steinkohlenbergbaus an der Ruhr herausgegeben, in dem die von den Bergwerksunternehmen bis zum Jahr 2005 beabsichtigten Planungen berücksichtigt sind. Das Untersuchungsgebiet erstreckt sich vom linken Niederrhein (Kreis Wesel) bis nach Beckum und erfaßt das Gebiet nördlich der Lippe bis an die Stadtgrenzen von Bocholt und Dülmen im Norden.

Die raumwirksamen Ansprüche des Bergbaus bestehen in

- der Flächeninanspruchnahme, wobei davon ausgegangen wird, daß diese möglichst wenig in die Umwelt eingreifen, d.h. keine neuen Förderschächte errichtet werden,
- den bergbaulichen Einwirkungen durch untertägigen Abbau,
- den Grubenwassereinleitungen und
- den Bergehalden.

Das Nordwanderungskonzept wird in drei Karten dargestellt:

- Landschaft und Ökologie 1:200 000,
- Bergsenkung und Denkmalschutz 1:200 000,

- Bergsenkung und Grundwasserflurabstände 1:100 000.

Die beiden ersten Karten stellen gemeinsam

- den Planungsraum bis zum Jahre 2005,
- die geplanten Seilfahrt- und Wetterschächte,
- die derzeit betriebenen Abbaufelder sowie
- die Reserveräume dar.

In der Karte Landschaft und Ökologie werden darüber hinaus dargestellt

- naturschutzwürdige Bereiche größer und kleiner als 10 ha,
- schutzwürdige Biotope größer und kleiner als 10 ha,
- Naturwaldzellen,
- naturnahe Fließ- und Stillgewässer,
- naturräumliche Begrenzung der Lippe- und Rheinaue.

Die Karte Bergsenkungen und Denkmalschutz erfaßt außerdem

- Linien gleichen Senkungsbetrags (gerechnete Prognosen bis 2005),
- Baudenkmäler,
- historische Ortskerne und
- Bodendenkmale.

Für Teilbereiche der Planungsräume stellt die dritte Karte Grundwasserflurabstände in fünf Stufen zwischen 0,4 und 5,0 m dar. Die farblich wiedergegebenen Werte entsprechen den Senkungsprognosen. Das Gesamtkonzept soll künftig im Abstand von 5 Jahren überprüft werden.

2.2.2.3 Abgrabungskataster

Ein einheitliches Kartenwerk für alle Bundesländer über Abgrabungsflächen bzw. Flächen für die Rohstoffgewinnung existiert nicht. In Nordrhein-Westfalen ist das Erarbeitungsverfahren zum Landesentwicklungsplan (LEP V) - Sicherung von Lagerstätten - vorerst zurückgestellt. Mit der Neufassung des LEP III - Sicherung von natürlichen Lebensgrundlagen (Freiraum, Natur und Landschaft, Wald, Wasser, Erholung) - sind die nutzbaren Lagerstätten, die sich in der Regel im Freiraum befinden, unter vorläufigen Schutz gestellt, da die Festlegung als Freiraum einer späteren Nutzung der Lagerstätte nicht entgegensteht. In Rheinland-Pfalz hingegen gibt es für die Regierungsbezirke Karten der Rohstoffflächen im Maßstab 1:100 000; dargestellt sind:

- Vorrangflächen für Rohstoffgewinnung,
- bedeutende Lagerstätten, die von Landschaftsschutzgebieten überlagert werden,
- bedeutsame Flächen für die Rohstoffgewinnung,
- bedeutsame Flächen für die Rohstoffgewinnung, die zugleich für die Biotopsicherung von Bedeutung sind,
- Freiflächen zur Sicherung natürlicher Ressourcen,
- Flächen, für die der Rohstoffabbau genehmigt ist.

Alle Flächen sind mit einer laufenden Nummer bezeichnet; in einer tabellarischen Zusammenstellung sind alle Flächen einzeln dokumentiert und beschrieben.

Als regionales Abgrabungskataster kann ein Auszug aus der digital geführten Flächennutzungskartierung des Kommunalverbandes Ruhrgebiet bezeichnet werden. Das Kriterium 26 beschreibt tatsächlich vorhandene Sand-, Kies-, Lehm-, Ton-, Mergel-, Gesteinsabgrabungsflächen sowie ausgebeutete, brachliegende Flächen. Diese werden mittels stereoskopischer Luftbildinterpretation gewonnen und im Maßstab 1:5 000 erfaßt. Die Ausgabe erfolgt wahlweise im Maßstab 1:10 000 oder kleiner im Zusammenhang mit Verkehrswegen zur Orientierung. Die Daten werden im Drei-Jahres-Turnus aktualisiert und sind auf Gemeindegrenzen oder kartenblattweise abrufbar. Die Flächengrößen werden listenmäßig ausgegeben.

2.2.3 Fachkataster Wasser

2.2.3.1 Gewässergütekarten

Für die Bundesrepublik Deutschland bearbeitet die Landesarbeitsgemeinschaft Wasser (LAWA) in einer Arbeitsgruppe die Gewässergütekarte. Sie enthält sieben Gewässergütestufen für alle Fließgewässer. Außerdem werden die Abflüsse (MNQ m³/s) für einzelne Flußabschnitte in verschiedenen Stufen dargestellt. Die Gewässergütekarten werden unter anderem in den Raumordnungsberichten des Bundesministers für Raumordnung, Bauwesen und Städtebau veröffentlicht.

Die Bundesländer erarbeiten und veröffentlichen zusätzlich Gewässergüteberichte, gleichzeitig wird alle fünf Jahre die Gewässergütekarte vorgestellt. In Nordrhein-Westfalen untersuchen das Landesamt für Wasser und Abfall (LWA) und die Staatlichen Ämter für Wasser- und Abfallwirtschaft (StÄWA) kontinuierlich und systematisch etwa 1 000 Bäche und Flüsse nach einem zeitlich abgestuften Überwachungssystem. Es wird eine Vielzahl von physikalisch-chemischen und biologischen Parametern erfaßt, deren Bewertung einem Saprobienindex zwischen 1,0 und 4,0 in sieben Stufen zugeordnet wird. Diese Stufen - nach einheitlichen Richtlinien ermittelt - entsprechen bundeseinheitlich den Güteklassen nach dem Grad der organischen Belastung:

Güteklasse	Grad der organischen Belastung	Farbe in der Karte
I	unbelastet bis sehr gering belastet	dunkelblau
I - II	gering belastet	hellblau
II	mäßig belastet	dunkelgrün
II - III	kritisch belastet	hellgrün
III	stark verschmutzt	gelb
III - IV	sehr stark verschmutzt	orange
IV	übermäßig verschmutzt	rot

Die Gewässergütekarte des Landes Nordrhein-Westfalen wird im Maßstab 1:300 000 geführt. Die Abflüsse werden in sieben Stufen zwischen < 0,2 bis > 200 MNQ m³/s dargestellt. Außerdem sind alle Kanäle, Talsperren, Seen und Bachläufe erfaßt und benannt.

Neben dem Gewässergütebericht und der Gewässergütekarte des Landes geben einzelne Kreise bzw. kreisfreie Städte zusätzliche Gewässergütekarten heraus, z.B. der Kreis Unna (Umweltamt). In der Einleitung zur Gewässergütekarte 1985 heißt es, daß die Gewässergüteuntersuchungen des Umweltamtes den Gewässergütebericht des Landes ergänzen, und zwar durch

- Feststellung der Gewässergüte kleinerer, in der Gewässergütekarte nicht erfaßter Wasserläufe,
- Verdichtung des Untersuchungsprogrammes an Wasserläufen mit unbefriedigendem Gütezustand und
- Kontrolluntersuchungen an bisher einmalig beprobten Gewässerabschnitten.

Die Zuordnung zu den Güteklassen erfolgt nach dem gleichen Saprobienindex. Die Gewässergütekarte des Kreises liegt im Maßstab 1:100 000 vor und enthält als Deckblatt die Untersuchungsstellen mit Jahresangabe an den jeweiligen Gewässern.

Es ist noch zu erwähnen, daß verschiedene Wasserverbände (z.B. der Lippeverband) für ihre Einzugsgebiete ebenfalls Gewässergüteberichte veröffentlichen. Neben einer Gewässergütekarte nach einheitlichem Muster werden auch Meßzahlen verschiedener Stoffe nach Standorten und Meßtagen abgedruckt.

2.2.4 Fachkataster Luft/Klima

2.2.4.1 Luftreinhaltepläne

Nach dem Bundes-Immissionsschutz-Gesetz (BImschG) vom 15.3.1974 sind in Gebieten, in denen durch Luftverunreinigung in besonderem Maße schädliche Umwelteinwirkungen hervorgerufen werden können, Luftreinhaltepläne aufzustellen. In diesen Belastungsgebieten haben die nach Landesrecht zuständigen Behörden (z.B. Saarland: Minister für Umwelt; Hessen: Minister für Umwelt, Landwirtschaft und Forsten; Nordrhein-Westfalen: Minister für Umwelt, Raumordnung und Landwirtschaft) Art und Umfang der atmosphärischen Umweltverunreinigung festzustellen und die für ihre Entstehung und Ausbreitung bedeutsamen Umstände zu untersuchen. Aus diesem gesetzlichen Auftrag folgt, daß die Länder im ersten Schritt Belastungsgebiete festgelegt haben, so das Land

Hessen:
- Untermain, Rhein-Main, Wetzlar und Kassel

Nordrhein-Westfalen:
- Ruhrgebiet Ost, Ruhrgebiet Mitte, Ruhrgebiet West, Rheinschiene Mitte, Rheinschiene Süd

Saarland:
- Dillingen, Völklingen, Saarbrücken und Neunkirchen.

Die übrigen Bundesländer (Bremen, Hamburg, Niedersachen, Baden-Württemberg) - mit Ausnahme von Schleswig-Holstein - haben in ähnlicher Weise Belastungsgebiete festgelegt.

In diesen Belastungsgebieten sind

- Emissionskataster aufzustellen, in denen Art, Menge, räumliche und zeitliche Verteilung von Luftverunreinigungen festgehalten werden,
- Immissionskataster aufzustellen, in denen Art und Umfang der Luftverunreinigungen dargestellt sind,
- Wirkungskataster anzulegen; es enthält die Ergebnisse über mögliche Folgen von Luftverunreinigungen für die Allgemeinheit (Menschen, Tiere, Pflanzen, Sachgüter),
- Ursachenanalysen durchzuführen; sie stellen die Zusammenhänge zwischen Wirkungs-/Immissionskataster und Emissionskataster dar,
- Prognosen zur Luftverunreinigung aufzustellen und
- Maßnahmenpläne zu erarbeiten, um die schädlichen Umwelteinwirkungen zu beseitigen.

Luftreinhaltepläne setzen - soweit sie nicht durch Rechtsverordnung der jeweiligen Landesregierung für verbindlich erklärt werden - kein selbständiges Recht. Ihr Ziel ist die Wiederherstellung der Luftqualität in den Belastungsgebieten. Dazu reicht es nicht aus, daß die Immissionsgrenzwerte eingehalten werden; sie sollen deutlich unterschritten werden, damit ein Spielraum für die Entwicklung der Wirtschaft erreicht wird. Außerdem wird eine Angleichung der Luftqualität in Belastungsgebieten an die von weniger belasteten Räumen angestrebt.

Für das Emissionskataster werden Daten erfaßt, Berechnungen durchgeführt und graphische Darstellungen, getrennt nach den Emittentengruppen, geführt:

- Hausbrand/Kleingewerbe,
- Kraftfahrzeuge und
- Industrie.

Es werden die Jahresemissionen, bezogen auf ein 1-km-Rasterquadrat, dargestellt. Als Beispiel enthält der Luftreinhalteplan Ruhrgebiet Ost 1986-1990 folgende Rasterdarstellungen:

- anteilige Jahresemissionen für Industrie/Kfz-Verkehr und Hausbrand für Schwefeldioxid,
- anteilige Jahresemissionen nach Emittentengruppen für Stickstoffoxide,
- anteilige Jahresemissionen nach Emittentengruppen für Kohlenmonoxid,
- anteilige Jahresemissionen nach Emittentengruppen für organische Gase und Dämpfe,
- anteilige Jahresemissionen nach Emittentengruppen für Staub,
- gesamte Jahresemissionen (t/a) nach fünf Gruppen:
  $\leq$ 1/> 1 $\leq$ 10/> 10 $\leq$ 100/> 100 $\leq$ 1 000/> 1 000,
  getrennt für Schwefeldioxid, Stickstoffoxide, Kohlenmonoxid, organische Gase und Dämpfe, Staub, gasförmige Fluorverbindungen, gasförmige Chlorverbindungen, Trichlorethan, Ammoniak, Benzol, Toluol, Steinkohlenteer, Formaldehyd, Cyanwasserstoff, Schwefelwasserstoff, Chromoxide, Blei und Bleiverbindungen, Zink und Zinkverbindungen, Cadmium und Cadmiumverbindungen, Nickel und Nickelverbindungen, Arsen und Arsenverbindungen.

Das Immissionskataster stellt die Immissionssituation in Rasterdarstellungen und Diagrammen dar. Zu den Ergebnissen führen

- sogenannte Pegelmessungen an den Eckpunkten des 1-km²-Rasters, an jedem Eckpunkt 13 Messungen/Jahr, d.h. 52 Messungen für die Rasterfläche,

- teilautomatische und vollautomatische Meßstationen (TEMES), die etwa im Abstand von 6 km kontinuierlich erfassen.

Durch Pegelmessungen werden

- Schwefeldioxid und
- Staubniederschlag

ermittelt, durch teilautomatische Meßstationen

- Schwebstoffe,

durch vollautomatische Meßstationen

- Schwefeldioxid,
- Schwebstoffe,
- Stickstoffmonoxid,
- Stickstoffdioxid,
- Kohlenmonoxid und
- Ozon.

Die Immissionsbelastung durch Pegelmessungen gibt die Belastung in vier Farbstufen und einem Zahlenwert als arithmetisches Mittel (Jahresmittel) für die Einheitsfläche von 1 km² (mg/ m³) wieder.

Die Karten für die Immissionsbelastung der durch teil- und vollautomatische Meßstationen ermittelten Werte geben die Lage der Meßstationen nach Koordinaten an. Als Hintergrundinformation dienen amtliche Topographische Karten oder nur dargestellte Autobahnen, übergeordnete Straßen und Gewässer. Im Wirkungskataster werden die Ergebnisse im wesentlichen als Balkendiagramme und Tabellen wiedergegeben; Karten mit Rasterdarstellung (1 km²) und vier Belastungsstufen enthalten:

- das Geruchskataster,
- die Belastung der Böden durch Blei-, Zink-, Cadmium-, Kupfer- und Nickelemissionen.

Die Ursachenanalyse enthält keine Karten. Die Prognose stellt Rasterkarten für den Energieeinsatz und die erwarteten SO₂-Emissionen für 1992 dar.

Die Karten für den Maßnahmenplan unterscheiden die Rasterquadrate für verschiedene Emissionen wie Schwefeldioxid, Stickstoffoxide oder Kohlenmonoxid nach Abnahme, keine Veränderung und Zunahme.

Für die Planung ist bei Luftreinhalteplänen zu beachten,

- daß sie beschränkt bleiben auf die festgesetzten Belastungsgebiete,
- daß der Maßnahmenplan als Kernstück des Luftreinhalteplanes nur allgemeingültige Regeln des Immissionsschutzrechtes schafft und

- daß der Luftreinhalteplan keine Verbindlichkeit besitzt, d.h. die Durchsetzungsfähigkeit ist eingeschränkt.

2.2.4.2 Klimakarten/Wuchsklimakarten

Die kartographische Darstellung von Klimaelementen aus den Meßreihen des Deutschen Wetterdienstes erlaubt wegen der geringen Stationsdichte und der groben Interpolation nur kleinmaßstäbige (1:500 000 oder 1:1 000 000) Klimakarten. Für die Landes- und Regionalplanung und erst recht für kommunale Planungen werden aber großmaßstäbige Klimakarten benötigt. Diese liegen nur für einzelne Teilflächen im Bundesgebiet vor. Ellenberg hat 1956 für Südwestdeutschland eine Wuchsklimakarte im Maßstab 1:200 000 auf pflanzenphänologischer Grundlage herausgegeben, ebenso für Hessen 1974. Nach gleichem Konzept hat Schreiber für das Ruhrgebiet und angrenzende Bereiche in Zusammenarbeit mit dem Kommunalverband Ruhrgebiet 1985 eine Wuchsklimakarte im Maßstab 1:50 000 herausgegeben. Mit Hilfe der jahreszeitlichen Wachstumsentwicklung der Pflanzendecke innerhalb einer Vegetationsperiode wird flächendeckend eine wuchsklimatische Gliederung herausgearbeitet. Die phänologische Detailkartierung im Aufnahmemaßstab 1:25 000 erfaßt das wichtige Klimaelement Wärme, da die phänologischen Prozesse im wesentlichen von der Temperatur gesteuert werden. Dazu gelangt Schreiber über eine 10-stufige Skala sowohl für die Blüten- als auch für die Blattentwicklung an einem bestimmten Tag. Die neun Wuchsklimastufen erlauben die Zuordnung von Temperaturstufen von 0,5 °C der durchschnittlichen Jahresmitteltemperatur. Den Wuchsklimastufen sind in der Karte Farben zugeordnet. Der hohe Detaillierungsgrad übertrifft die Darstellung der Jahresmitteltemperaturen in den Klimaatlanten der Bundesländer und ist für Planungszwecke besser auswertbar, wenn auch keine sogenannte Parzellenschärfe erreicht wird.

Ebenfalls Wärmestufen werden in den Thermal- oder Wärmeklimakarten wiedergegeben, die auf der Auswertung von Satelliten- oder Thermalluftaufnahmen beruhen. Eine solche Thermalkarte ist vom Ruhrgebiet 1987 ebenfalls im Maßstab 1:50 000 herausgegeben worden. Darin werden Oberflächentemperaturen nach einer Auswertung von HCMM-Daten (Heat Capacity Mapping Mission) vom 30.8.1979 für die Tagsituation und vom 16.9.1979 für die Nachtsituation dargestellt. Auf die bestehenden Übereinstimmungen wie die Unterschiede zwischen Thermalluftaufnahmen und Wuchsklimakarten weist Schreiber in einem besonderen Kapitel hin.

Auf der Basis der Topographischen Karte 1:50 000 ist für das Saarland flächendeckend ein Geländeklimakataster für Strahlungswetterlagen erstellt worden. Die Karte differenziert im flächigen Vollton vier Klimazonen, von denen

- gelb mäßig warme und durch normale Luftfeuchtigkeit gekennzeichnete Flächen,
- braun Übergangszonen zwischen mäßig warmen und feuchtkalten Gebieten,
- blau feuchtkalte, frischluftführende Tallagen,
- violett extrem kalte und feuchte Zonen mit häufiger Nebel- und Taubildung und größerer Frostgefährdung

darstellt.

Diese Karte gibt in übersichtlicher Form Gebiete gleicher Klimawirksamkeit wieder, wobei der Temperatur als Klimafaktor vorrangige Bedeutung zukommt. Die Einzelfarben assoziieren die zugehörigen Klimastufen und grenzen die unterschiedlichen Klimate eindeutig lesbar ab. Das Gesamtkartenbild erscheint jedoch zu wuchtig.

2.2.4.3 Lärmkataster

Der Deutsche Planungsatlas, Band I: Nordrhein-Westfalen, Lieferung 26 "Belastung der Umwelt durch Immissionen", gibt in dem beigefügten Kartenblatt "Umweltbelastung durch Schallimmissionen" Beispiele für Fluglärm, Industrie- und Verkehrslärm sowie Straßenlärm in unterschiedlichen Maßstäben wieder. Flächendeckende Kartenwerke existieren nur für den Bereich Fluglärm. Der Hessische Minister für Landwirtschaft und Umwelt hat 1974 für das gesamte Landesgebiet eine Lärmübersichtskarte auf der Grundlage der Topographischen Karte 1: 50 000 herausgegeben. Es werden die Reichweite von Lärmquellen mit großem Einwirkungsbereich, wie bei Verkehrsanlagen und Industriegebieten, dargestellt. Entlang von Verkehrswegen werden drei Belastungsstufen für tags 50 dB (A) bis 80 dB (A) und nachts von 35 dB (A) bis 65 dB (A) der Schallausbreitung unterschieden. Die verschiedenen Rottöne symbolisieren die Intensität, die Reichweite gibt den ungünstigsten Fall - die maximal zu erwartenden Werte -, also die von meteorologischen und topographischen Verhältnissen ungestörte Schallausbreitung an. Zeitweilige Lärmeinwirkungen, wie von Sportstadien oder Schießplätzen, sind durch unterbrochene Flächenfarben gekennzeichnet. Um auch die im Hinblick auf Lärmeinwirkungen schutzbedürftigen Gebiete zu erfassen, zeigt die Karte die Grenzen der Naturparke und Erholungswälder. Wohnbereiche sind ausgespart. Diese werden in einer "Übersicht der durch Verkehrslärm hoch belasteten Wohngebiete in Hessen" von 1979 erfaßt (Hessischer Minister für Umwelt, Landwirtschaft und Forsten). Die Übersicht ist eine Liste nach Gemeinden und Straßen ohne kartographische Darstellung.

Die Lärmübersichtskarte Hessen von 1974 wird heute vom Ministerium als nicht genügend aussagekräftig bewertet. An eine Überarbeitung ist nicht gedacht.

Einen weiteren Versuch für den Bereich des Verkehrslärms unternimmt zur Zeit der Kommunalverband Ruhrgebiet. Bei der Aufstellung des Regionalen Freiraumsystems Ruhrgebiet ist für die Fläche des Kommunalverbandes ein Kartenwerk im Maßstab 1:50 000 über Verkehrslärmimmissionen für Straße und Schiene entstanden. Es werden 6 Lärmzonen zwischen < 45 dB (A) und > 65 dB (A) nach Farbstufen dargestellt. Die Lärmzonen enthalten Tagesmittelungspegel. Die Siedlungsbereiche sind ausgegrenzt.

2.2.5   Fachkataster Vegetation

2.2.5.1   Waldfunktionskarte/Waldschadenskataster

Mit der Zunahme der Besiedlungsdichte wachsen in allen Bundesländern die Anforderungen an den Freiraum, insbesondere an den Wald. Damit stellt sich neben Ziel und Aufgabe der volkswirtschaftlich notwendigen Rohstoffversorgung auch die Frage der sozialen und landeskulturellen Funktion des Waldes im Hinblick auf die Sicherung der Lebensgrundlagen Boden, Wasser, Klima und Luft.

In Nordrhein-Westfalen wurde durch Runderlaß vom 1.3.1974 "Erfassung und Darstellung der Schutz- und Erholungsfunktionen des Waldes" die Landesanstalt für Ökologie, Landschaftsentwicklung und Forstplanung (LÖLF) beauftragt, die Funktionen des Waldes zu erfassen und in Karten darzustellen. Die Waldfunktionskarte wird im Maßstab 1:50 000 geführt und enthält zusätzlich flächenhafte Naturdenkmale, Naturparke, Flächen für Forschung und Lehre sowie sonstige schutzwürdige (z.B. ökologisch wertvolle, landschaftsbildprägende oder forstgeschichtlich wertvolle) Waldflächen.

Es werden Waldflächen von besonderer Bedeutung für das Gemeinwohl in zwei Stufen dargestellt:

1. Die Schutz- oder Erholungsfunktion hat so große Bedeutung, daß sie die Waldbewirtschaftung bestimmt.
2. Die Schutz- oder Erholungsfunktion hat so große Bedeutung, daß sie die Waldbewirtschaftung beeinflußt.

Im Kartenwerk werden außer den Stufen auch die einzelnen Schutzfunktionen unterschieden, und zwar nach

- Wasserschutzfunktion,
- Klimaschutzfunktion,
- Sichtschutzfunktion,
- Immissions- und Lärmschutzfunktion,
- Bodenschutzfunktion sowie
- Erholungsfunktion.

2.2.5.2 Biotopkataster

Das Bundesnaturschutzgesetz sowie die meisten Naturschutz- bzw. Landschaftsschutzgesetze der Länder gehen von der Zielsetzung aus, Natur und Landschaft im besiedelten und unbesiedelten Bereich so zu schützen, zu pflegen und zu entwickeln, daß

- die Leistungsfähigkeit des Naturhaushaltes,
- die Nutzungsfähigkeit der Naturgüter,
- die Pflanzen- und Tierwelt sowie
- die Vielfalt, Eigenart und Schönheit von Natur und Landschaft

nachhaltig gesichert sind. Um dieses Ziel zu erreichen, bedarf es eines wirkungsvollen Flächenschutzes, der nicht auf einzelne Naturschutzgebiete beschränkt ist, sondern den Gesamtraum erfaßt. Die hierfür notwendigen Kenntnisse über schutzwürdige Biotope und Biotopkomplexe fehlen jedoch in weiten Landesteilen. Daher ist es zunächst die Aufgabe, diese Biotope zu erfassen und zu kartieren - und das nicht nur im Freiraum, sondern auch in den Siedlungsbereichen. Die Ergebnisse der Biotopkartierung fließen ein in das "Kataster der schutzwürdigen Biotope".

Im ersten Schritt sind in mehreren Ländern nur die Gebiete erfaßt, deren Schutzwert über einem regional unterschiedlichen Schwellenwert liegt. Der Schwerpunkt der landesweiten Erstkartierung lag allgemein auf der Erfassung vegetationskundlicher und floristischer Merkmale.

Der zweite Schritt beinhaltet eine flächendeckende Inventarisierung der Landschaft, ohne daß vorher festgelegt wird, was als schutzwürdig anzusehen ist.

Das Biotopkataster hat folgenden Aufbau:

Alle erfaßten Flächen sind in einer topographischen Karte (pausfähig) 1:25 000 eingetragen und durchgehend numeriert. Die Numerierung verweist auf Karteikarten, die pro Kartenblatt organisiert sind. Flächen, die auf mehreren Kartenblättern liegen, haben auf jeder Karte eine eigene Nummer. Die Aktualisierung geschieht daher kartenblattweise. Die Karteikarte enthält für jede Fläche alle Angaben über Lage, Flächengröße, Schutzstatus, Biotoptyp, pflanzensoziologische Zuordnung, Objektbeschreibung, angrenzende Nutzungen, Tiere, Empfehlungen für Schutz- und Pflegemaßnahmen sowie Literaturangaben.

Die Karte der schutzwürdigen Biotope des Saarlandes differenziert in der Karte bereits Vorschläge für Schutzmaßnahmen, so z.B. Naturschutzgebiet (rot), Naturschutzzelle, Naturdenkmal (orange) und Landschaftsschutzgebiet (grün) und Flächen mit ausschließlich oder vorwiegend biologischer Bedeutung (violett).

2.3 Die Karte als analytisches Werkzeug in raumbezogenen Informationssystemen

2.3.1 Topographische Karten als Grundlage für Planungskarten

Das allgemeine Verständnis von kartographischen Produkten ist geprägt durch den Begriff "Landkarte": auf einem Blatt Papier ist ein verkleinertes Abbild der Erdoberfläche und der auf ihr sichtbaren Elemente, wie Straßen, Gewässer, Siedlungen oder Pflanzenwuchs, abgebildet. Das mag daran liegen, daß im täglichen Leben die Berührung mit Karten meistens auf Abbildungen der realen Wirklichkeit beschränkt ist, etwa auf topographische Karten während des Wehrdienstes oder auf Spezialkarten für Wanderer, Rad- oder Autofahrer.

Nach dem Vorbild der amtlichen topographischen Karten haben wir uns daran gewöhnt, eine Karte als die graphische Dokumentation am Ende eines Arbeitsprozesses zu sehen. Nach der Datenerhebung (Vermessung, Photogrammetrie) wird mit großem personellem Aufwand ein Original erstellt. Vom wirtschaftlichen Standpunkt sind die hohen Herstellungskosten des Originals nur zu rechtfertigen, wenn die Karte in hoher Auflage gedruckt wird, die Produktionskosten also durch einen entsprechend hohen Verkaufserlös amortisiert werden. Die Herstellung der amtlichen topographischen Karten ist jedoch eine hoheitliche Aufgabe, bei der die rein pekuniäre Rentabilität nur ein kleiner Teil der Kostenrechnung ist.

Das kartographische Endprodukt des Planungsprozesses, die Festlegungskarten, sind aufgrund ihrer Anforderungen an die Genauigkeit der Verortung eng mit topographischen Karten verbunden. In der Regel werden zum Beispiel die Grenzen von Planungsräumen oder der Verlauf linienförmiger Infrastruktureinrichtungen auf im Gelände sichtbare Elemente bezogen. Nur so kann die Eindeutigkeit der Abgrenzung oder des Verlaufs gewährleistet werden, auch im Hinblick auf mögliche spätere gerichtliche Auseinandersetzungen. Die Grundlage für die Festlegungskarte ist deshalb eine topographische Karte im passenden Maßstab, weil dort die Geländemerkmale zur eindeutigen Verortung der Planungsmaßnahmen vorhanden sind.

Diese enge Verbindung von Festlegungskarten und topographischen Karten führt manchmal dazu, daß der übliche Herstellungsprozeß für topographische Karten (Datenerhebung - Originalisierung - Vervielfältigung) als prototypisch für die Herstellung von Planungskarten angesehen wird. Alle Karten, die während des Planungsprozesses entstehen, sind nach dieser Auffassung Entwürfe oder Zwischenprodukte für die Festlegungskarte. Der hohe Aufwand an Personal in der rein manuellen Herstellung von Kartenentwürfen und die verhältnismäßig geringe, kaum vermarktungsfähige Auflage verhindern, daß Karten von allen Planungsgrundlagen, von Planungsalternativen, von Zwischenstadien während des Planungsprozesses und des Beteiligungsverfahrens überhaupt angefertigt werden.

2.3.2   Der Einfluß der Elektronischen Datenverarbeitung

Mit der weiter zunehmenden Anwendung der Elektronischen Datenverarbeitung in der Planung verändern sich jedoch die wirtschaftlichen und technischen Grundlagen:

- Raumbezogene Informationssysteme erleichtern das Zusammentragen, das Umformen und die Präsentation des   Zahlenmaterials und der anderen Grundlagen.
- Die Graphische Datenverarbeitung stellt die Techniken zur   kostengünstigen Herstellung und Vervielfältigung von thematischen Karten in kleinen Auflagen, auch in Farbe, bereit.
- Neue Verfahren der algorithmischen Geometrie ermöglichen   geometrische Mengenoperationen, die einen Erkenntnisgewinn   durch Erschließung neuer Datenquellen und Verknüpfung unterschiedlicher geometrischer Bezüge versprechen.

Die Rationalisierung durch die Elektronische Datenverarbeitung hebt einige der wirtschaftlichen Restriktionen in der Kartenherstellung weitgehend auf. Die Karte ist nicht mehr allein die Dokumentation des Ergebnisses, sondern ein Werkzeug zur analytischen Durchdringung in der räumlichen Forschung und im Planungsprozeß. Allerdings wird das nach außen kaum sichtbar, da diese Karten in der Regel als Unikate hergestellt werden. Nur ein kleiner Teil davon macht seinen Weg bis zur Veröffentlichung, der Rest bleibt Außenstehenden verborgen.

2.3.2.1 Raumbezogene Informationssysteme

Ein aufwendiger Arbeitsgang vor der eigentlichen Kartierung der Planungsgrundlagen ist das Zusammentragen, Umrechnen und Aggregieren der demographischen, wirtschaftlichen und sozialen Informationen. Die Informationen werden zum überwiegenden Teil von der amtlichen Statistik erhoben, liegen in maschinell lesbarer Form vor und sind von den statistischen Ämtern auf Datenträgern zu erhalten, allerdings in ''Rohform'':

- Die Zahlen müssen auf ein der Fragestellung angepaßtes   räumliches und sachliches Niveau aggregiert werden,

- es sind relative Zahlen zur Messung von Disparitäten bei unterschiedlich großen Bezugseinheiten oder sachlichen Gruppen zu berechnen,
- zur Analyse von Entwicklungen sind Zeitreihen zusammenzustellen,
- statistische Methoden, Modellrechnungen und Prognosen werden für die Analyse der Informationen und die Auswahl geeigneter Instrumente zur Beeinflussung der Raumstruktur benötigt,
- Bewertungsverfahren liefern die Grundlagen für Kompromisse zur Lösung von Nutzungskonflikten.

Aufgrund des Umfangs der Daten und der Komplexität der Auswertungsmethoden sind diese
Funktionen nur in einem rechnergestützten System wirtschaftlich abzuwickeln. Die sehr stark
ausgeprägte räumliche Komponente in der Datenbasis (räumliches Bezugssystem) und den
Werkzeugen unterscheidet das raumbezogene Informationssystem von einem allgemeinen
Informationssystem, etwa für Anwendungen in einem Industrie- oder Handelsbetrieb. Die
Objekte oder Bezugseinheiten im System sind auf der Erdoberfläche verteilt und mit Angaben
über den Ort in zwei oder drei Dimensionen versehen.

An dieser Stelle sind einige Bemerkungen zu den Begriffen notwendig. Die Bezeichnung
"Raumbezogenes Informationssystem" ist sprachlich besser als der früher benutzte Begriff
"Räumliches Informationssystem". Im angloamerikanischen Bereich spricht man von "Geographical Information System", abgekürzt GIS. In der wörtlichen Übersetzung gibt dieser Begriff
Anlaß für Mißverständnisse. Es handelt sich nicht, wie man vermuten könnte, um ein Informationssystem für Geographen oder die Geographie, sondern für geographische (räumlich verteilte)
Informationen. Die Bezeichnung "Land-Informationssystem" (LIS) wurde für Informationssysteme benutzt, die Flurstücke und daraus abgeleitete Einheiten einschließlich Besitzverhältnissen
und Landnutzung verwalten. In der Literatur findet man noch andere Bezeichnungen, die sich
meistens am jeweiligen Verwendungszweck orientieren.

Um Mißverständnissen aufgrund der vielen unterschiedlichen Bezeichnungen vorzubeugen,
haben die Herausgeber der Fachzeitschrift GIS vorgeschlagen, den Namen "Geo-Informations-
System" als Oberbegriff zu verwenden (Steinborn und Fritsch, 1988). "Geo" wird dabei als
Kürzel für alle Geowissenschaften (Geodäsie, Geologie, Geographie, Geophysik usw.) verstanden. Gegenüber dem "Raumbezogenen Informationssystem" ist der Begriff weniger umständ-
lich und außerdem als Abkürzung mit dem gängigen englischen Akronym identisch.

2.3.2.2 Graphische Datenverarbeitung

Es wäre nicht sinnvoll, die in dem Informationssystem enthaltenen Informationen über die
räumliche Verteilung manuell in Karten umzusetzen. Die wirtschaftlichen Vorteile des Informationssystems würden durch die zeit- und personalaufwendige Kartenzeichnung wieder neutrali-
siert. Deshalb sind in jedem System Bausteine für die rechnergestützte Zeichnung von Karten
enthalten. Dem Benutzer des Informationssystems steht mit der graphischen Datenverarbeitung
ein Werkzeug zur Verfügung, um schnell und kostengünstig eine zweidimensionale Darstellung
der räumlichen Verteilung zu erhalten. Allerdings erfordert der Einsatz der EDV gewisse
Mindestmengen in der Produktion, damit die Investitionskosten auf eine ausreichend große
Stückzahl umgelegt werden können (s. Rase, 3.6).

Die niedrigen Herstellungskosten verbessern die Chancen, daß die Karte als Hilfsmittel für die Raumanalyse genutzt wird. Die Umsetzung aller wesentlichen Planungsgrundlagen in Karten verursacht nur marginale zusätzliche Kosten. Die Veröffentlichung in hoher Auflage als Rechtfertigung für die hohen Kosten der Kartenherstellung ist nicht mehr eine notwendige Voraussetzung. Der Wissenschaftler oder Planer kann sich nicht nur die ihn interessierenden Sachverhalte graphisch ausgeben lassen, sondern zum gleichen Sachverhalt auch Alternativen in der Darstellung anfordern. Zu nennen wären etwa Flächenstufenkarten mit veränderten Schwellenwerten, relative oder absolute, planimetrisch genaue oder perspektivische Darstellungen. Die Karte ("Kartenentwurf" in der herkömmlichen Betrachtungsweise) wird dabei nicht immer auf Papier ausgegeben. Oft genügt ein Blick auf den Bildschirm, um die wesentlichen Tatsachen festzustellen oder die Darstellungsalternativen zu beurteilen.

Die Karte auf dem Bildschirm des Planers ist ein Beispiel, daß die Vorstellung des bedruckten Kartenblattes nicht mehr den technischen Realitäten entspricht. Die geometrischen Grundinformationen sind als digital kodierte Struktur vorhanden, aus der durch Verknüpfung mit Sachinformationen die thematische Karte entsteht, entweder wieder in numerischer Kodierung (Bilddatei, "Metafile"), als flüchtiger Bildschirminhalt oder als langlebiges Bild auf einem Zeichnungsträger ("Hardcopy" im EDV-Jargon).

Voraussetzungen für die rechnergestützte Kartenzeichnung sind in erster Linie die notwendigen EDV-Geräte und -programme. Obwohl der Versorgungsgrad noch ungenügend ist, wird sich die Nutzung der EDV in der Planung weiter vergrößern. Computer und graphische Geräte werden immer preiswerter. Die Software wird mehr und mehr standardisiert, damit verringern sich die anteiligen Kosten für den einzelnen Nutzer. Das größere Problem ist wohl das qualifizierte Personal, nicht nur direkt im EDV-Bereich, sondern auch in der Anwendung der EDV-Werkzeuge[1]).

Eine weitere Voraussetzung ist die geometrische Datenbasis. Die Kosten für die Erfassung, Kodierung und Speicherung der geometrischen Bezüge werden in der Regel unterschätzt. Während Computer und graphische Geräte immer kostengünstiger werden und auch schlüsselfertige Informationssysteme auf dem Markt erhältlich sind, muß sich der Betreiber selbst um die maschinenlesbare Umsetzung des geometrischen Bezugssystems kümmern. Langfristig werden die Automatisierung des Liegenschaftskatasters bzw. der Liegenschaftskarte (ALK, Stöppler, 1987) und das ATKIS-Projekt (Automatisiertes topographisch-kartographisches Informationssystem, AdV, 1988) Abhilfe schaffen. Bis zur flächendeckenden Fertigstellung beider Vorhaben werden aber wahrscheinlich noch mehrere Jahrzehnte ins Land gehen (Nittinger, 1987). Zumindest mittelfristig bleibt dem Betreiber des Informationssystems die Digitalisierung der geometrischen Datenbasis nicht erspart.

Die Änderung in den Nutzungsgewohnheiten für thematische Karten in der Planung hat mehrere Konsequenzen, unter anderem:

- Der Raumwissenschaftler und Planer hat alle Informationsmittel in der Hand, ohne durch institutionelle oder personelle Abhängigkeiten behindert zu sein. Das sollte die analytische Durchdringung verbessern und beschleunigen, mit dem ferneren Ziel einer besseren Planung.

- Die Gestaltung der Karten wird mehr benutzerspezifisch. Zum Beispiel braucht der Planer keine ausführlichen topographischen Informationen, weil er sich regional auskennt. Andere Kartenbenutzer bedürfen sehr wohl der regionalen Orientierung, etwa um ihren Wohnort, ihren Stadtteil oder ihr Grundstück in der Karte zu finden.

- Durch die leichte Verfügbarkeit der rechnergestützten Werkzeuge sind dem Mißbrauch und der fehlerhaften Anwendung Tür und Tor geöffnet. Auch derjenige, der das kartographische Einmaleins nicht beherrscht, kann Karten in jeder Menge produzieren. Die Maßeinheit MIPS (Millionen Instruktionen pro Sekunde) für den Leistungsvergleich von Rechnern steht dann eher für "Millionen Irrtümer pro Sekunde".

- Die *Planungsatlanten* sind von der technischen Entwicklung überholt worden. Das räumliche Informationssystem stellt die Planungsgrundlagen, auch Karten, schneller und preiswerter bereit als ein Atlas. Die in den Atlanten enthaltenen Informationen sind wegen der langen Produktionszeiten in der Regel älter als die Daten im Informationssystem. Die Kosten der Atlasherstellung in der bisher gewohnten graphischen Qualität und Ausstattung sind außerdem bei der heutigen Finanzlage der öffentlichen Hand prohibitiv.

2.3.2.3 Mengenoperationen mit geometrischen Informationen

Die amtliche Statistik als wichtigste Datenquelle der Planung enthält nur wenig Informationen über die natürliche Ausstattung des Planungsraumes, zu physikalischen Phänomenen wie Wetter und Klima oder dem Zustand von Umweltfaktoren wie Luft und Wasser. Die Informationen liegen vor, aber nicht in den für die Planung notwendigen administrativen Raumbezügen, sondern meistens als Karte von Standorten oder Verbreitungsgebieten. Sowohl die Struktur als auch die geometrische Form der Bezugseinheiten unterscheiden sich erheblich.

Auf der "Papierkarte" muß sich die Verknüpfung unterschiedlicher geometrischer Elemente in der Regel auf die Übereinanderschichtung beschränken, mit allen damit verbundenen graphischen und kartographischen Problemen. Die visuelle Erfassung und Verknüpfung der Schichten bleibt qualitativ. Quantitative Aussagen, etwa zu den Flächeninhalten oder Längen der dargestellten Elemente und ihrer Kombinationen, sind deshalb nicht oder nur mit großem Nachbereitungsaufwand zu erhalten.

Ein Beispiel dafür ist die Beantwortung der Frage "Wie groß ist der Anteil der ökologischen Vorranggebiete in Schwerpunkträumen der Erholung an der Gesamtfläche jedes Kreises im Saarland?". Zuerst ist die Schnittmenge von ökologischen Vorranggebieten, Schwerpunkträumen der Erholung und Kreisgebieten zu ermitteln, dann der Flächeninhalt der Schnittmengen zu berechnen und mit den Flächen der Kreise in Beziehung zu setzen.

Nach den Regeln der Mengentheorie lassen sich alle denkbaren Kombinationen mit logischen Ausdrücken formulieren, die mit den Operatoren "und" (Schnittmenge), "oder" (Vereinigungsmenge) und "nicht" gebildet werden. Die Mengenoperationen sind nicht auf Flächen beschränkt, sondern können auch auf Punkte und Linien angewendet werden, etwa zur Beantwortung der Frage nach der Länge des klassifizierten Straßennetzes in einer administrativen Einheit. Auch die Einbeziehung von dreidimensionalen Körpern ist möglich, in der Raumplanung aber relativ selten.

Wenn die geometrischen Informationen in digitaler Form vorliegen oder mit wenig Aufwand erfaßt werden können, kann die Verknüpfung nicht nur visuell (qualitativ), sondern auch durch ein Computerprogramm (quantitativ) vorgenommen werden. Das Ergebnis der Rechnung sind genaue Zahlenwerte (so genau wie die Eingabedaten und die Fehlermarge des Rechenverfahrens). Die Zahlenwerte können als Zustandsbeschreibung in die Datenbasis des Informationssystems eingestellt werden, etwa für die Beobachtung der Entwicklung in Raum und Zeit.

Ein in der Planung routinemäßig angewendetes Bewertungsverfahren ist die Nutzwertanalyse (Deiters, 1986[2])). Wie auch bei anderen Verfahren werden identische Bezugseinheiten vorausgesetzt. Wenn die zu vergleichenden Einheiten unterschiedliche Formen haben, etwa Kreise und Naturräume, können sie nicht unmittelbar in die Nutzwertrechnung eingehen. Der Inhalt des einen Bezugssystems muß in das andere System umgerechnet werden, es sind geometrische Mengen zu bilden. Zwei grundsätzlich verschiedene Ansätze zur Lösung stehen zur Verfügung:

- Das Untersuchungsgebiet wird durch ein Raster in kleine Quadrate unterteilt. Jede der zu verknüpfenden Schichten wird auf dieses Raster umgerechnet. Die Rasterzellen sind jetzt die neuen, gleich großen Bezugseinheiten, die miteinander kombiniert und für die Nutzwerte berechnet werden.

- Die Bezugseinheiten werden geometrisch miteinander verschnitten. Jede Linie wird auf Schnitt mit jeder anderen geprüft, die Schnittpunkte werden berechnet, neue Linien generiert und bei Flächennetzwerken eine neue Netztopologie erzeugt.

Die Rasterung ist das konzeptionell einfachere Verfahren und ist deshalb schon öfter angewandt worden (Koeppel, 1987). Aus praktischen Gründen (Rechenzeit, Speicherkapazität) läßt sich das Raster nicht beliebig verfeinern. Auch ist die Rückführung der Rasterbilder in vektoriell kodierte Linien und Flächennetzwerke mit Problemen behaftet. Deshalb ist es sinnvoll, auch den anderen Weg über den geometrischen Schnitt zu untersuchen.

Bei den sechs Möglichkeiten der Kombination von Punkten, Linien und Flächen ist der Verschnitt von Flächen mit Flächen der komplexeste Fall. Das Verfahren besteht im Prinzip aus zwei Schritten. Zuerst werden alle Linien auf gegenseitigen Schnitt geprüft, gegebenenfalls Schnittkoordinaten berechnet und aus geschnittenen Linien neue Einzellinien erzeugt. Der zweite Schritt ist die Rekonstruktion der Netztopologie aus der Menge aller Linien, das heißt das Auffinden der Maschen im Netz mit Fortschreibung der Maschenattribute und ihrer Kombinationen. Daraus lassen sich dann die Schnitt, Vereinigungs- und Differenzmengen bilden. Ein fiktives Beispiel soll das Verfahren verdeutlichen (Abb. 25).

In einem Untersuchungsgebiet werden die Grenzen der administrativen Raumeinheiten (Verwaltungsräume, VR) von einer Raumgliederung überlagert, die aus der natürlichen Ausstattung (Naturräume, NR) abgeleitet ist. Eine Fragestellung wäre zum Beispiel, wie groß die Flächenanteile der Naturräume in den Verwaltungsräumen sind. Durch eine geometrische Und-Operation erhält man die Schnittmengen, das heißt alle vorkommenden Kombinationen von Verwaltungsräumen und Naturräumen, als neue Raumgliederung. Mit entsprechenden Auswertungsprogrammen lassen sich die Flächenanteile berechnen[3]).

Mit den geometrischen Schnittmengen sind auch die Voraussetzungen für die Anwendung eines Bewertungsverfahrens geschaffen. Aufgrund ihrer ''Eltern''-Beziehungen und der Flä-

Abb. 25: UND-Verbindung von zwei Grenznetzwerken

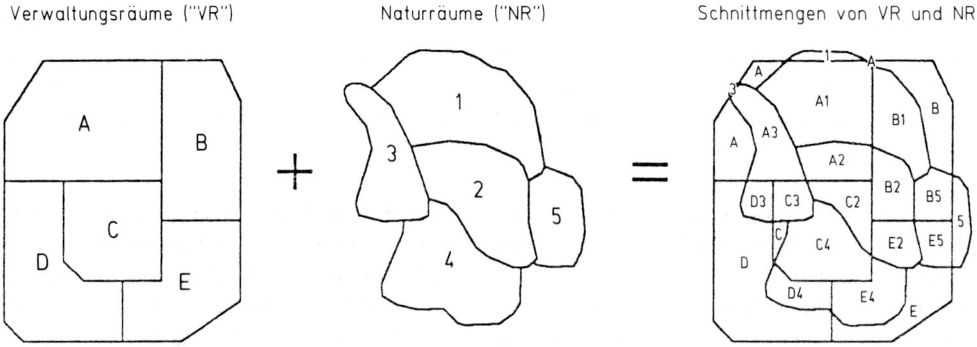
Verwaltungsräume ("VR")
Naturräume ("NR")
Schnittmengen von VR und NR
A
B
C
D
E
1
2
3
4
5
A1
A2
A3
B1
B2
B5
C2
C3
C4
D3
D4
E2
E4
E5

Herkunft VR	NR	Flächeninhalt	Flächenanteil in % VR	NR
A		0.68	14.81	-
A		-	0.07	-
A		0.20	4.33	-
A	1	2.10	45.94	63.57
A	2	0.63	13.68	27.94
A	3	0.97	21.17	65.17
B		0.96	31.98	-
B	1	1.03	34.44	31.13
B	2	0.62	20.72	27.64
B	5	0.38	12.86	37.76
C		0.12	5.18	-
C	2	0.56	23.94	25.06
C	3	0.31	13.11	20.69
C	4	1.35	57.77	51.54
D		2.73	81.82	-
D	3	0.20	5.96	13.39
D	4	0.41	12.21	15.51
E		0.96	37.37	-
E	2	0.43	16.91	19.35
E	4	0.87	33.79	32.95
E	5	0.31	11.93	30.04
	1	0.18	-	5.30
	3	0.01	-	0.76
	5	0.33	-	32.19

chenanteile lassen sich den neuen Raumeinheiten Bewertungskriterien und Maßzahlen zuordnen. Die daraus berechneten Ergebnisse, qualitativ oder quantitativ, sind die Grundlage für die Beurteilung der Einheiten in Hinblick auf eine geplante Maßnahme. Die geometrische Verknüpfung ist nicht wie in dem Beispiel auf nur zwei Raumgliederungen beschränkt. Das Ergebnis einer Kombination wird mit einer anderen Gliederung weiter verschnitten. Wann die Grenze des Sinnvollen erreicht ist, hängt in erster Linie von der Fragestellung und dem Bewertungsverfahren ab.

An diesem Punkt ist die Frage berechtigt, ob das alles - Informationssysteme, Graphische Datenverarbeitung, geometrische Mengenoperationen - eigentlich noch der Kartographie zuzurechnen ist. Nach der klassischen Definition der Karte könnte man sicher Zweifel daran haben. Die neuen Techniken erfordern eine Neufassung der Begriffsdefinitionen, die auch Karten in digitaler Form als geometrische Datenbasis oder als Kurzzeitbilder auf einem Sichtgerät berücksichtigen (Hake, 1988).

Die kritischen Punkte für die routinemäßige Anwendung der geometrischen Verschnitte in der Planung sind einmal die Effizienz des Verfahrens, zum anderen die Fehlerbehandlung:

- Die in der Planung verwendeten geometrischen Datensätze sind meistens sehr umfangreich (Gemeindegrenzen der Bundesrepublik: ca. 200 000 Koordinatenpaare). Durch fortgesetzten Schnitt mit anderen Netzwerken entstehen immer neue Koordinaten. Bei einem unintelligenten Algorithmus wächst die Rechenzeit geometrisch mit der Zahl der Linien und Koordinaten an und erreicht schnell einen untragbaren Wert. Der Algorithmus sollte deshalb, wenn möglich, ein lineares Zeitverhalten haben. Das gleiche gilt für die Rekonstruktion der Netztopologie (Maschengenerator).

- Beim Schnitt der Linien von Netzwerken aus unterschiedlichen Quellen wird es immer kleine Abweichungen geben, die durch Unterschiede in den Erfassungsmaßstäben, in der Genauigkeit der Erfassung oder auch durch die ungenügende Zahlengenauigkeit der Rechner bedingt sind. Dadurch ergeben sich viele winzige Polygone, oft kleiner als die Linienbreite in der Zeichnung und deshalb mit dem bloßen Auge nicht immer sichtbar. Damit die Flächenbilanzen stimmen und die Integrität des Netzes erhalten bleibt, müssen diese ''Splitter'' entweder entfernt oder benachbarten Flächen zusortiert werden. Viele dieser Polygone entstünden erst gar nicht, wenn man die Linien nicht exakt analytisch schneiden, sondern auf Ähnlichkeit untersuchen würde. Die Linienteile werden dann entfernt, die zwar nicht nach den Koordinaten, aber logisch identisch sind. Das Problem ist eng verwandt mit der rechnergestützten Generalisierung. Hier wie dort gibt es Lösungsansätze (Becker und Ottmann, 1988), die aber noch nicht in allen Fällen befriedigende Ergebnisse bringen.

- Bei der Rekonstruktion der Netztopologie sind Sonderfälle zu berücksichtigen, etwa Linien ohne Anbindung an Polygone, Inseln, Enklaven, geschlossene Polygone in anderen Polygonen, letzteres vielleicht sogar mehrfach geschachtelt.

2.3.2.4 Problembereiche

Mit den erweiterten technischen Möglichkeiten der EDV erscheinen alte Probleme der Planung und Planungskartographie in neuem Licht. Stellvertretend für andere Bereiche sollen hier zwei Felder kurz angesprochen werden, die neue Aktualität durch den Einsatz von raumbezogenen Informationssystemen erlangt haben.

Temporale Attribute

Die meisten raumbezogenen Imformationssysteme vernachlässigen die zeitliche Komponente. Wie in der konventionellen Kartenfortführung werden alle Veränderungen zu einem bestimmten Stichtag in einem neuen Datensatz festgehalten. Sehr selten ist dokumentiert, wann und wie sich die einzelnen Objekte und ihre Teile zwischen den Stichtagen verändert haben. Ein Zustandsbericht zu einem beliebigen Zeitpunkt zwischen den Stichtagen ist nicht möglich, ebensowenig wie Zeitreihen für die geometrischen Änderungen von einzelnen Objekten oder Objektgruppen. Diese Zeitreihen sind hilfreich, um die räumlichen Strukturen und Prozesse zu analysieren und zu erklären (Langran, 1989).

Zum Beispiel wird vermutet, daß in der Bundesrepublik die kleineren Waldflächen, etwa Feldgehölze, allmählich zugunsten größerer zusammenhängender Flächen verschwinden, mit allen negativen Folgeerscheinungen für die Ökologie. Die vorhandenen Statistiken zur Flächennutzung nützen hier wenig, da die Zahlen auf größere Bezugseinheiten akkumuliert sind. Man könnte der Hypothese gezielt nachgehen, indem man eine Zeitreihe für alle Objekte mit dem Attribut ''Wald'' aus der Datenbasis erzeugt und die Veränderungen verfolgt. Das geht aber nur, wenn in dem Informationssystem die Objekte einen Zeitstempel für ''Geburt'' und ''Tod'' tragen. Im Augenblick bleibt nur die langwierige Einzeluntersuchung, die dann meistens nicht durchgeführt wird, weil das Geld fehlt.

Die zusätzlichen Kosten für die Anbringung des Zeitstempels sind vernachlässigbar im Verhältnis zu den gesamten Kosten für die Erfassung und Laufendhaltung der geometrischen Datenbasis. Deshalb sollte bei zukunftsorientierten Systemen mit langer Lebensdauer wie etwa ATKIS unbedingt die zeitliche Komponente berücksichtigt und kodiert werden. In einigen Jahrzehnten werden uns die Nutzer der Systeme dafür dankbar sein. Der Zeitstempel ist übrigens keine neue Idee: in einigen der raumbezogenen Systeme, die in den siebziger Jahren entwickelt wurden, etwa in Skandinavien, war er bereits vorgesehen (s. Junius, 2.4).

Unscharfe Objekte

Die Kodierung von geometrischen Objekten in rechnergestützten Informationssystemen hat die Vorstellung gefördert, daß die Lage von Punkten, der Verlauf von Linien und die Abgrenzung von Flächen so genau ist wie die numerische Auflösung der Koordinaten. Man weiß natürlich, daß dies nicht der Wahrheit entspricht. Es gibt keine eindeutig bestimmbare Grenze zwischen Feld und Wald, zwischen Wasser und Land, sondern lediglich Übergangszonen. Sie sind in der Regel so schmal, daß sie in der kartographischen Abbildung zu Linien werden. Allerdings können solche Übergänge auch so ausgedehnt sein, daß sie auf der Karte als Band oder Zone darstellbar und auch erkennbar sein müssen. Entweder sind die Flächen tatsächlich nicht eindeutig abgrenz-bar, oder der Planer hat mit Absicht den "breiten Pinsel" benutzt, um nicht festgelegt zu sein oder Spielraum für Kompromisse zu haben.

Das Problem ist die Kodierung dieser unscharfen Objekte im Informationssystem. Der übliche Weg ist die Erfassung der Übergangszone als Fläche. Damit legt man sich aber wieder fest, was man ja gerade vermeiden wollte. Günstiger wäre ein Attribut "unscharf", mit der quantitativen Definition des Gradienten in der Übergangszone, der Übergangswahrscheinlichkeit oder der Fehlermarge. Dafür gibt es meines Wissens bisher keine Lösungen in existierenden Systemen, weder in der Datenverwaltung noch in den Anwendungsprogrammen.

Grenzgürtel, Übergangsgebiete und unscharfe Grenzen sind in der Geographie und räumlichen Forschung ein fast alltägliches Phänomen. Deshalb gibt es für ihre kartographische Darstellung eine Reihe von Vorschlägen, die in den einschlägigen Handbüchern nachzulesen sind. Die graphische Datenverarbeitung stellt einige zusätzliche Werkzeuge bereit, um neue Wege zur graphischen Transkribierung unscharfer Objekte zu erkunden. Zu nennen wären zum Beispiel Linien mit kontinuierlich wechselnder Breite oder gleitende Helligkeits-, Muster- und Farbüber-gänge zwischen Flächen.

2.3.3   Folgerungen für die Planung

Die weiter fortschreitende Verbesserung in der Wirtschaftlichkeit der Computernutzung erleichtert den Aufbau von raumbezogenen Informationssystemen. Die Kosten für EDV-Anlagen und graphische Geräte werden weiter fallen. Durch Standardisierung der Programmiersprachen und der Anbindung von Graphikgeräten lassen sich Kostensenkungen im Bereich der Anwen-dungsprogramme erzielen. Mit der Überführung des Liegenschaftskatasters (ALK) und der To-pographischen Karten (ATKIS) in digitale Form entfällt auf längere Sicht ein weiteres Hindernis für die Nutzung der EDV in der räumlichen Planung, nämlich die hohen Kosten für die Ersterfassung der geometrischen Datenbasis.

Ein Problem, das nur mittel- und langfristig gelöst werden kann, ist der Mangel an qualifizierten Fachkräften. Das gilt nicht nur für die Mitarbeiter in den Organisationseinheiten, die für die EDV-Infrastruktur unmittelbar verantwortlich sind, sondern auch für die Anwender und Entschei-dungsträger in den Planungsinstitutionen. Solange die Anwender nicht wissen, wie man zum Beispiel geometrische Mengenoperationen sinnvoll für die Aufgaben der räumlichen Planung einsetzen kann, bleibt es eine technische Spielerei für Insider. Die Hoch- und Fachhochschulen versuchen durch Einrichtung neuer Lehrveranstaltungen das benötigte Fachwissen zu vermitteln. Den Mitarbeitern, die das Ausbildungssystem schon durchlaufen haben, muß durch Fortbildungs-maßnahmen in den Behörden der Abbau der Wissensdefizite ermöglicht werden. Auch die Software-Entwickler sind gefordert: ihre Programme und Systeme sollten so benutzerfreundlich sein, daß man nicht unbedingt ein Informatikstudium absolviert haben muß, um sich der neuen Techniken zu bedienen.

Zusammenfassung

Das allgemeine Verständnis von Planungskarten orientiert sich weitgehend an topographischen Karten, sowohl am Inhalt als auch am Herstellungsprozeß, und der auf Papier gedruckten Karte. Insbesondere durch die fortschreitende Nutzung der Elektronischen Datenverarbeitung in der Raumplanung beginnt sich dieses Verständnis zu verändern. Die Planungskarten werden nicht mehr vorwiegend als Dokumentation eines abgeschlossenen Arbeitsschrittes gesehen, sondern auch als Mittel zur analytischen Durchdringung der Planungsgrundlagen, zur Aufdeckung von Nutzungskonflikten und zur Erarbeitung von Nutzungskompromissen. In zunehmendem Umfang stehen dem Planer räumliche Informationssysteme zur Verfügung, die auch Werkzeuge für die rechnergestützte Zeichnung von Karten enthalten. Aufgrund der veränderten wirtschaftlichen Bedingungen lassen sich Planungskarten kostengünstiger und schneller anfertigen. Der größere Teil der während des Planungsprozesses verwendeten Karten dient als Arbeitsmittel und wird nicht veröffentlicht, das heißt gedruckt. Das räumliche Informationssystem liefert auch die Voraussetzungen für Bewertungsverfahren zur Lösung von Nutzungskonflikten. Mit geometrischen Mengenoperationen lassen sich Bezugseinheiten unterschiedlicher geometrischer Form miteinander verknüpfen. Die entstehenden Schnitt-, Vereinigungs-und Differenzmengen verbessern die Datengrundlage und ergeben vergleichbare Bezugsräume für die Bewertung.

2.4 Zur Eignung digitaler Datenbestände für Zwecke der Planungskartographie

Vorbemerkung

Für die Behandlung des Themas sollen folgende voraussetzende Annahmen getroffen werden:

- Die Planungskartographie wird nur für den Bereich der Regionalplanung betrachtet. Zwar gilt für andere Planungsbereiche grundsätzlich ähnliches, nur können die Anforderungen andere sein (z.B. für die Straßenplanung), oder es müssen für das Arbeiten in anderen Maßstabsbereichen (z.B. Flächennutzungsplanung) andere Datenquellen erschlossen werden.

- Die Planungskartographie soll rechnergestützt durchgeführt werden. Ein dafür geeignetes Hard- und Software-System stehe dem Anwender zur Verfügung. Wegen der Vielfalt der möglichen Realisierungen werden die Betrachtungen weitgehend systemunabhängig durchgeführt. Allgemeine Grundsätze können systemübergreifend als gleich oder ähnlich angenommen werden. Daher werden datentechnische Einzelheiten wie z.B. die Übertragung der Daten von einem System zum anderen (= Ausgestaltung der Datenschnittstelle) weitgehend unberücksichtigt bleiben[1]).

- Die zu betrachtenden Datenbestände seien nicht originär von den Trägern der Regionalplanung, sondern von Dritten für deren eigene Aufgaben erfaßt worden.

- Es wird keine Bestandsaufnahme der verfügbaren Daten vorgenommen werden[2]), sondern es werden Hinweise entwickelt, die es einem Sachbearbeiter im konkreten Einzelfall ermöglichen, einen Datenbestand vor der Übernahme auf seine Verwendbarkeit im eigenen Bereich zu prüfen.

2.4.1 Datentypen

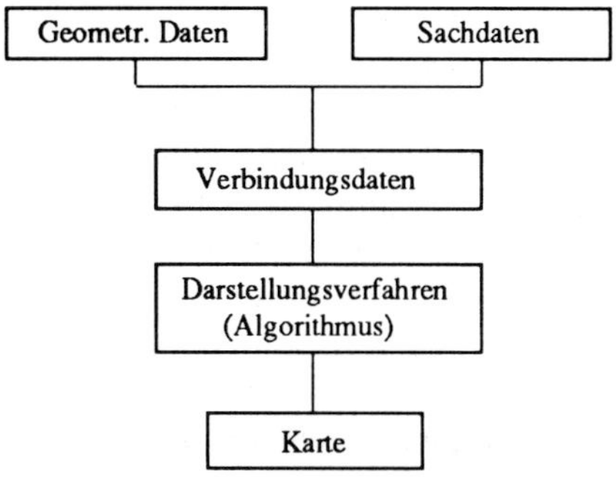

Auf alle Kartentypen, die im Bereich der Planungskartographie hergestellt werden (s. Moll, 1.1), kann das Grundschema der thematischen Kartographie angewendet werden. Grundsätzlich sind drei Datenarten erforderlich, auf die dann die Darstellungsverfahren angewendet werden:

- Geometrische Daten
- Sachdaten
- Verbindungsdaten

Abb. 26:
Grundschema der rechnergestützten thematischen Kartographie

Geometr. Daten	Sachdaten

Verbindungsdaten

Darstellungsverfahren (Algorithmus)

Karte

Geometrische Daten legen den Kartengrundriß fest, geben den räumlichen Bezug für die Sachdaten und bilden die Grundlage für Relationen zwischen den Raum- und den Sachdaten (z.b. in der Form von Flächen für die Bildung von Dichtewerten).

Sachdaten beschreiben den Raum, die Bevölkerung, Lebensumstände, die vorhandenen oder geplante Nutzungsarten, um nur einige Beispiele zu nennen, und können unterschiedlichen Bereichen entstammen.

Verbindungsdaten sind notwendig, um die geometrischen und Sachdaten zusammenführen, gemeinsam verarbeiten und schließlich in der Form einer thematischen Karte ausgeben zu können. Als Verbindungsdaten benutzt man Objektkennzeichen wie die Gemeindekennziffer der amtlichen Statistik, die Nummern der statistischen Bezirke, die Nummern der klassifizierten Straßen.

Das in der Vorbemerkung vorausgesetzte Software-System führt beide Datentypen zusammen, indem der Benutzer (nach Möglichkeit) interaktiv das passende Darstellungsverfahren auswählen und die passenden Systemparameter testen kann. Außerdem soll er das Ausgabemedium - z.B. Bildschirm, Hardcopy oder Plotter - bestimmen können.

Die Aufgabe der Zusammenführung beider Datentypen wird besonders dann offensichtlich, wenn die Geometriedateien und die Sachdaten aus zwei unabhängigen Quellen stammen. So werden beispielsweise die Daten der Statistischen Landesämter regelmäßig ohne geometrischen Raumbezug zur Verfügung gestellt. Erst wenn ein geeigneter Geometriedatenbestand verfügbar ist, können mit diesen Daten thematische Karten rechnergestützt erzeugt werden. Der umgekehrte Fall ist gegeben bei Sachdatenbeständen mit integriertem Raumbezug. Das ist beispielsweise der Fall bei Flächennutzungskartierungen, Biotopkartierungen, Schutzgebietsgrenzen, Bodenkarten etc. Hier handelt es sich immer um flächenhafte Daten, deren geometrische Abgrenzung gleichzeitig die unterschiedlichen Eigenschaften trennt. Für jede Flächeneinheit gilt nur eine Eigenschaft. Auf explizite Verbindungsdaten kann verzichtet werden; je nach Datenstruktur gibt es hier interne Verweise, die für den externen Benutzer der Daten nicht immer direkt nutzbar sind.

Auf einen wichtigen Aspekt wird bei Klitzing (1986) aufmerksam gemacht, nämlich die Zeitstabilität eines räumlichen Bezugssystems. So kann man trotz der Veränderungen im Rahmen der kommunalen Gebietsreform in den 70er Jahren den kommunalen Gebietsgrenzen in gewissem Umfang eine Beständigkeit beimessen; währenddessen sind die in der amtlichen Statistik für diese Gebiete vorgehaltenen Daten einer dauernden Veränderung unterworfen, so daß Zeitreihen entwickelt werden können. In anderen Bereichen sind sowohl die Geometriedaten als auch die Sachdaten weitgehend unveränderlich wie z.b. bei Höhenlinien, geologischen Daten oder Bodenarten. Bei flächenhaften Datenbeständen wie z. B. bei einer Flächennutzungskartierung können sich nicht nur die Sachdaten ändern (eine Fläche bleibt in ihrer Form unverändert, sie erhält aber eine neue Nutzung), sondern auch die Sachdaten und das Raumbezugssystem, wenn eine Fläche durch Teilung zwei oder mehrere neue Nutzungen erhält. Damit ändern sich Gestalt und Inhalt (s. Rase, 2.3). Da beide Datentypen voneinander abhängen, ist eine Zeitreihe nur durch geometrische Überlagerung darstellbar (s. Rase, 2.3).

2.4.2   Voraussetzungen zur Benutzung digitaler Datenbestände

2.4.2.1 Geometrische Daten

Geometrische Daten können zwei durchaus unterschiedliche Aufgaben erfüllen. Einmal braucht eine thematische Karte ein räumliches Grundgerüst, um dem Betrachter die Orientierung im Raum zu ermöglichen und die Zuordnung der dargestellten Erscheinungen zu der Örtlichkeit zu erleichtern, zum anderen ein Raumbezugssystem. Es wird daher zwischen topographischen und Raumbezugsdaten unterschieden.

Wenn eine drucktechnische Endbearbeitung der Planungskarte in Frage kommt, ist die Kombination mit einer topographischen Karte problemlos möglich und entspricht weitgehend der geübten Praxis. Bei Kleinstauflagen von weniger als fünf Exemplaren (z.B. als Besprechungsunterlage) stellt sich die Frage schon anders. Wird für herkömmliche Kartentechnik z.B. ein Farbprüfverfahren (Schulz, 1987) eingesetzt, liegen gleiche Bedingungen vor wie beim Druck. Werden die Karten jedoch ausschließlich mit rechnergestützten Verfahren hergestellt, fehlt diese reproduktionstechnische Kombinationsmöglichkeit, und die topographischen Elemente müssen ebenfalls mit dem graphischen Ausgabegerät erzeugt werden, d.h. die topographischen Elemente müssen als digitale Daten zur Verfügung stehen.

Topographische Daten

Topographische Daten in digitaler Form waren in der Vergangenheit nicht verfügbar und mußten in eigener Regie für die eigenen Belange erfaßt werden. Das hatte Mehrfachdigitalisierungen bei verschiedenen Bedarfsträgern zur Folge. Um dieser Fehlentwicklung entgegenzuwirken, hat die Arbeitsgemeinschaft der Vermessungsverwaltungen (AdV) ein Konzept für das "Amtliche Topographisch-Kartographische Informationssystem ATKIS" entwickelt (Grünreich, 1986, Harbeck, 1987, Appelt, 1987, AdV, 1988), dessen technische Realisierung 1988 eingeleitet wurde. Erste Ergebnisse in der Form eines Digitalen Höhenmodells 1:25 000 und der Verwaltungsgrenzen liegen für das Land NRW bereits heute vor. Mit ATKIS werden zum einen als "Digitales Landschaftsmodell (DLM)" digitale topographische Daten bereitgestellt, die unabhängig von einem kartographischen Zeichenschlüssel als reine Geometriedaten gespeichert und abgegeben werden, zum anderen entsteht nach der Zuordnung eines Signaturenschlüssels -

z.B. gemäß Musterblatt - ein ''Kartographisches Landschaftsmodell (KLM)'', das mittels eines graphischen Ausgabegerätes in eine analoge Karte umgewandelt werden kann.

Digitale topographische Daten erwecken zunächst den Eindruck, als hätten sie den Maßstab 1:1, da für die bestimmenden Punkte Gauß-Krüger-Koordinaten gespeichert sind. Erst wenn die Umwandlung in eine analoge Karte mit einem graphischen Ausgabegerät erfolgt, wird ein Kartenmaßstab gewählt. Theoretisch ist jeder beliebige Maßstab denkbar. Praktisch ergeben sich jedoch Grenzen, die mit dem Stichwort ''Generalisierung'' bei der Maßstabsverkleinerung umschrieben werden können. Da das Problem der rechnergestützten Generalisierung noch nicht gelöst ist, kann es nicht nur ein DLM geben. Es müssen Digitale Landschaftsmodelle in verschiedenen Modellmaßstäben entwickelt werden, die sich in ihrem Genauigkeitsgrad, ihrer Vollständigkeit und Detaillierung der Information unterscheiden (Harbeck, 1987). Das erste DLM wird im Modellmaßstab 1:25 000 entwickelt und soll die Kartenmaßstäbe 1:10 000 bis 1:50 000 (in Teilen auch bis 1:100 000) abdecken. Das Land NRW plant, den Aufbau dieses Systems in einer ersten Ausbaustufe bis 1995 abgeschlossen zu haben. Ein zweites DLM soll dem Kartenmaßstabsbereich kleiner als 1:100 000 dienen.

Um die Daten auf andere Systeme übertragen zu können, werden sie im Format der ''Einheitlichen Datenbank-Schnittstelle (EDBS)'' (EDBS, 1986) abgegeben. Diese Datenschnittstelle wurde für die Automatisierte Liegenschaftskarte entwickelt und ist systemneutral. Auf der Empfängerseite muß allerdings ein Programm vorhanden sein, das die EDBS-Daten in das Datenformat des eigenen Systems übersetzt.

Raumbezugsdaten

Notwendiges Kriterium für die Verwendung digitaler Datenbestände in der Raumplanung ist ihr räumlicher Bezug und seine Konkretisierung in der Form von geometrischen Modellfiguren. Solche Modellfiguren lassen sich mit den geometrischen Elementen Punkt, Linie und Fläche bilden (Horn, 1977, Molenaar, 1989). Daneben kann als abstrakte Figur das Rasterelement, das aus sich schneidenden Gitterlinien eines rechtwinkligen Koordinatensystems gebildet wird, verwendet werden. Form und Größe eines Rasterelementes können schwanken.

Raumbezugsdaten werden z.T. als eigenständige Dateien entwickelt und fortgeführt, um im Bedarfsfall mit Sachdaten z.B. der amtlichen Statistik kombiniert zu werden; sie stellen damit ein allgemeines Raumbezugssystem dar als Grundlage für mannigfaltige Sachdaten. Im Gegensatz dazu stehen die speziellen Raumbezugssysteme, die nur für eine einzige Gruppe von Sachdaten verwendet werden können (z.B. bei Flächennutzungsdaten, da hier die gegenseitige Abgrenzung der Flächen unterschiedlicher Nutzung integraler Bestandteil der Sachinformation ist (Kellersmann, 1987, und Radermacher, 1987).

Punktförmige Raumbezugsdaten

Die Modellfigur ist hier der Punkt, der durch ein Koordinatenpaar definiert ist. Dieser Punkt ist allgemeiner Repräsentant eines Objektes mit begrenzter Ausdehnung wie z.B. Standorte für Infrastruktureinrichtungen, herausragende bauliche Anlagen o.ä. Vielfach werden auch Flächen nur durch einen Flächenbezugspunkt wiedergegeben. Einzige geometrische Bedingung für einen solchen Punkt ist, daß er innerhalb der zu repräsentierenden Fläche liegen muß. Üblich sind folgende Verwendungsmöglichkeiten:

- Schematische Zuordnung
Eine Einrichtung wird ohne Standortvorgabe einer Verwaltungseinheit zugeordnet (raumtreue Positionierung eines Objektes);

- tatsächlicher Standort
Der Punkt gibt mit der maßstabsgebundenen Genauigkeit die lagetreue Position einer Einrichtung wieder (standortgenaue Position);

- Bezugspunkt für die Beschriftung
die rechnergestützte Plazierung einer Beschriftung verlangt einen Bezugspunkt, der im Regelfall der linke untere Punkt des ersten Buchstabens des wiederzugebenden Schriftzuges in Standard-schreibrichtung ist;

- Bezugspunkt für punktförmige Signaturen
Ebenso wie die Schrift brauchen auch punktförmige Signaturen einen geometrischen Bezugs-punkt. Bei Absolutdarstellungen kann dies ein zentrischer Bezugspunkt (z.B. bei Kreisdia-grammen) oder ein exzentrischer Bezugspunkt (z.B. bei Säulendiagrammen) sein. Der Bezugs-punkt kann mit dem Schriftbezugspunkt identisch sein. Bei gleichzeitiger Beschriftung sind dann aber Überschneidungen die Regel. Signaturenbezugspunkte können standortgenau oder raumtreu positioniert sein.

- Flächenbezugspunkt
Bezugspunkte für die Beschriftung oder für Signaturen können gleichzeitig auch die Funktion von Flächenbezugspunkten übernehmen.

Linienförmige Raumbezugsdaten

Die Modellfigur ist die Linie, die durch eine geordnete Folge von koordinierten Punkten (= Stützpunkte für jede einzelne Linie) definiert ist. Sie geben entweder

- durch den geometrisch richtigen Verlauf - also lagetreu - die darzustellenden Objekte als Trassen oder
- entsprechend eines groben Verbindungskonzeptes die Linienführung raumtreu wieder, oder
- sie bilden ein Netz von Linien, das auch als Knoten-Kanten-System bezeichnet wird. Ein sol-ches System ist immer auf einen zwar weitgefaßten, jedoch speziellen Verwendungszweck ausgerichtet (Beispiel: Straßendatenbank). Die Knoten erhalten eine Bezeichnung. Eine Zu-ordnung der Sachdaten erfolgt systembedingt über die Kanten oder die Knoten. Kanten sind dual durch die Angabe zweier Knoten festgelegt. Die Geometrie der Kanten kann sowohl lage-als auch raumtreu ausgebildet sein.

Linienhafte Bezugssysteme werden verwendet bei:

- Wiedergabe von Linienführungen

Lediglich beabsichtigte Raumverbindungen ohne Trassierung werden durch raumtreue linienförmige Bezugseinheiten wiedergegeben, wobei die Anfangs- und Endpunkte durchaus lagetreu sein können (Straße, Schiene, Leitungen).

- Liniennetze

Den Kanten eines Liniennetzes können Sachdaten zugeordnet werden. Diese beziehen sich auf die Kante selbst oder aber auf die Flächen rechts und links der Kante. So benutzt z. B. die Strassendatenbank ein netzförmiges Raumbezugssystem. Die Linienführung der einzelnen Straßen ist generalisiert und auf die Wiedergabe einzelner Stützpunkte beschränkt, deren Lagegenauigkeit jedoch dem Maßstab entsprechend hoch ist. Dagegen haben Kommunikationsnetze wie z.B. das Netz der Richtfunkstrecken nur lagetreue Knoten.

- Wiedergabe von Verkehrstrassen

Bereits durch Planung festgelegte Linienführungen (= Trassen) von Verkehrswegen (Straße, Schiene, Leitungen etc.) werden durch lagetreue, linienförmige Raumbezugssysteme festgelegt.

Flächenförmige Raumbezugsdaten

Modellfigur ist hier die Fläche, die durch ein Grenzpolygon beschrieben wird, dessen Eckpunkte durch ihre Koordinaten gegeben sind. Ein Flächenkennzeichen, das in der Regel als Zeiger verwendet wird, verweist auf die zugehörigen Sachdaten. Sich berührende Grenzpolygone werden geometrisch zusammengefaßt, um die Redundanz in der Datenhaltung zu verringern. Es entsteht auf diese Weise ein netzförmiges Raumbezugssystem, bei dem die von den Kanten umgebenen Flächen (= Maschen) die Systemeinheiten darstellen. Im Gegensatz zu den unter Abschn. Linienförmige Raumbezugsdaten genannten Netzen darf keine dieser Maschen offen sein. Grenzpolygone ohne Netzeigenschaften können Flächen mit besonderen Eigenschaften beschreiben. Bekannt sind folgende Verwendungen:

- Netzförmige Raumbezugssysteme

Das System der Verwaltungsgrenzen (Gemeinde, Kreis, Reg.-Bezirke, Land) bildet ein hierarchisches Netzwerk mit statischem Charakter. Es kann als Bezugssystem für zahlreiche Sachdateien benutzt werden. Auf kommunaler Ebene werden netzartige Gliederungssysteme verwendet, deren Flächeneinheiten die statistischen und Verwaltungsbezirke sowie die Baublöcke bilden.

- Gebunden an die Sachinformation ist das Netz der Flächennutzungen, Bodenarten, Bodentypen, Geologie etc.

- Eine Sonderstellung nehmen die abstrakten Netze eine, die aus den Gitterlinien des Gauß-Krüger-Koordinatensystems gebildet werden können. Im Regelfall sind sie als Quadrate ausgebildet mit einer Seitenlänge von 100 m oder 1 km. Man bezeichnet sie als Raster.

- Grenzpolygon ohne Netzeigenschaft

Flächen mit besonderen Nutzungen oder besonderen Eigenschaften innerhalb eines Gemeindegebietes sowie Flächen, für die Schutz- und/oder Sicherungsbestimmungen gelten (Wasserschutzgebiete, Naturschutzgebiete, Lärmschutzzonen, militärische Schutzzonen o.ä.) und Flächen mit besonderen planerischen Festlegungen wie Vorranggebiete oder Gebiete mit besonderer Bedeutung weisen eine enge Verbindung zwischen ihrer räumlichen Ausdehnung und ihrer Zweckbestimmung auf.

2.4.2.2 Sachdaten

Es ist üblich, Sachdaten nach ihrer Herkunft aufzuschlüsseln; danach unterscheidet man folgende Datenquellen:

- Daten der amtlichen Statistik,
- Daten des Verwaltungsvollzuges,
- Daten aus Sondererhebungen.

Damit scheint zunächst nur der Bereich der Planungsgrundlagekarten berührt zu sein. Das ist sicherlich uneingeschränkt richtig für die statistischen Daten. Planungsstellen legen bei ihrer Arbeit in begrenztem Umfang aber auch eigene Datenbestände an, insbesondere dann, wenn die EDV in irgendeiner Weise eingesetzt wird - z.B. beim Einsatz der GDV zur Herstellung von Beteiligungskarten. Solche Datenbestände kann man am ehesten in die Kategorie der Sondererhebungen einordnen; von außen betrachtet könnte man sie genauso auch als Daten des Verwaltungsvollzuges ansehen.

Daten der amtlichen Statistik

Die Daten der amtlichen Statistik werden von den statistischen Landesämtern gesammelt und vorgehalten. Umfangreiche Datenkataloge beschreiben die Breite und Tiefe des verfügbaren Datenmaterials nach Inhalt, Raum und Zeit, die Speicherungsform (Dateien oder Datenbank), die Zugriffsmechanismen und ähnliches. Der Raumbezug kann nur mittelbar über die Verbindungsdaten hergestellt werden. Statistische Daten werden überwiegend für Planungsgrundlagekarten verwendet.

Eine Besonderheit wird das vom Statistischen Bundesamt beabsichtigte Informationssystem STABIS darstellen (Radermacher, 1987). Es wird ähnlich organisiert sein wie die heutigen Flächennutzungskartierungen (z.B. Kellersmann, 1987) und insbesondere für die Regionalplanung eine bedeutende Datenquelle darstellen.

Daten des Verwaltungsvollzuges

Bei dieser Kategorie können nahezu alle Fachplanungsbehörden genannt werden, die eigene Datenbestände führen, wie auch querschnittsorientierte Planungsstellen, sofern sie zur Erledigung ihrer aufgetragenen Aufgaben originäre Datenbestände erheben und verwalten. Ein typischer Datenlieferant des Verwaltungsvollzuges wäre das Liegenschaftskataster mit seinem Automatisierten Liegenschaftsbuch (ALB) und in absehbarer Zukunft mit der Automatisierten Liegenschaftskarte (ALK); aber die dort geführten Daten sind mehr für die Flächennutzungsplanung und weniger für die Regionalplanung von Bedeutung. Die schon genannte Landesstraßendatenbank ist eine originäre Datensammlung der Fachplanung. In eingeschränktem Umfang können die aufbereiteten statistischen Daten der BfLR in diese Rubrik eingereiht werden[2]).

Daten aus Sondererhebungen

Mit Sondererhebungen lassen sich alle die Datenbestände bezeichnen, die nicht in die beiden vorgenannten Gruppen eingeordnet werden können oder bei denen das Erhebungsgebiet begrenzt ist. Als klassisches Beispiel hierfür kann die Flächennutzungskartierung des Kommunalverbandes Ruhrgebiet (KVR) genannt werden (Kellersmann, 1987). Sondererhebungen haben in der Regel eine besondere Zweckbestimmung und lassen sich nicht allgemein beschreiben. Der Raumbezug wird entweder durch die Verbindungsdaten hergestellt oder ist durch die Daten selbst gegeben (z. B. Flächennutzungskartierung).

Zur Kategorie der Sondererhebungen können auch die Inhalte (= Daten) von digital aufbereiteten Beteiligungs- und Festlegungskarten gezählt werden. Auch hierfür kann der Raumbezug auf die genannte Weise hergestellt werden.

Als eine spezielle Form der Sondererhebungen können die in den letzten Jahren durchgeführten Pilotstudien zu Landnutzungskartierungen aus Landsat-Szenen angesehen werden. Als Besonderheit ist nicht nur die Datengewinnungsmethode anzusehen, sondern auch die Tatsache, daß sie zunächst nur als Bilddaten gespeichert sind. Der zugrundeliegende Maßstab von 1:200 000 und die noch fehlende Sicherheit der Ergebnisse lassen die so gewonnenen Daten für die Regionalplanung als noch nicht geeignet erscheinen[3]).

2.4.2.3 Verfügbarkeit von Daten

Neben die inhaltlichen Eigenschaften von Datenbeständen, die sie für die rechnergestützte Planungskartographie geeignet machen oder nicht, tritt das im wesentlichen formale Kriterium der Verfügbarkeit. Damit ist nicht nur die Bereitschaft eines gebenden Teils, Daten zur Verfügung zu stellen, sondern ein technisches Problem gemeint, nämlich die physikalische Übertragung von einem System zum anderen. Daten können in spezifische Systeme so eingebunden sein, daß sie ohne die gleiche Systemumgebung praktisch nicht benutzt und daher auch nicht genutzt werden können. Sind Datenbestände nicht systemneutral organisiert, ist eine Übertragung zumindest stark erschwert. In aller Regel sind dann auf beiden Seiten, auf der Geber- wie auf der Empfängerseite, spezielle Konvertierungsprogramme zu schreiben, um die Datenübertragung überhaupt möglich zu machen. Dieses Hemmnis tritt in erster Linie bei den Daten des Verwaltungsvollzuges und bei Sondererhebungen zutage, da hier oft maßgeschneiderte Systembedingungen realisiert werden. Vereinfacht werden die Verhältnisse bei kommerziellen Systemen mit weiter Verbreitung, bei denen zahlreiche Datenschnittstellen zu anderen Systemen zum Lieferumfang gehören.

Die geringsten Probleme der Verfügbarkeit bestehen bei den Datenbeständen der statistischen Landesämter, da sie Datenbestände routinemäßig abgeben. Üblich ist die Abgabe der Daten in Form sequentieller Dateien auf Magnetband mit einer Beschreibung der formalen und inhaltlichen Satzstruktur. Mit zunehmender Vernetzung werden die Daten auch auf dem Wege der Fernübertragung abgegeben werden können.

Ähnliches gilt für geometrische Daten, wenn sie mit der Absicht der Weitergabe vorgehalten werden; etwa die Datenbestände des Institutes für angewandte Geodäsie (Franfurt a.M.) für die Verwaltungsgrenzen, die geographischen Namen oder die kleinmaßstäbigen geographischen Daten der EURODB für die Internationale Weltkarte.

Das gleiche gilt im übrigen auch, wenn eine definierte Datenschnittstelle für den Datenaustausch verwendet wird. So haben sich beispielsweise die Vermessungsverwaltungen der Länder geeinigt, für die Daten des Liegenschaftskatasters und für ATKIS die EDBS als Austauschformat zu verwenden (EDBS, 1986).

Auch wenn die technische Übertragung bei geometrischen Daten gelöst ist, treten weitere Probleme auf, wenn Daten unterschiedlicher Herkunft zusammenzuführen sind. Es sind dies im wesentlichen der Zeitbezug, die Kartenprojektion und damit das verwendete Koordinatensystem, der Maßstab der Digitalisierungsvorlage und das Generalisierungsniveau.

Ist die Datenvorlage zeitlichen Veränderungen unterworfen, spielt der zeitliche Bezug naturgemäß eine große Rolle. Damit ist der Zeitpunkt gemeint, den die Digitalisierungsvorlage wiedergibt und nicht der Zeitpunkt der Digitalisierung. Sollen nämlich zeitabhängige Daten aus verschiedenen Datenquellen mit voneinander abweichenden zeitlichen Bezügen miteinander verbunden werden, können dabei störende Inkompatibilitäten auftreten oder sogar verfälschende Aussagen hervorgerufen werden. Sie müssen durch Berechnungen angeglichen werden.

Üblich ist in der Bundesrepublik Deutschland die Kartenprojektion nach Gauß-Krüger; jedoch werden vor allem im kleinmaßstäbigen Bereich auch andere Projektionen wie die Lambertsche Kegelprojektion oder das UTM-System eingesetzt. Seltener sind lokale Koordinatensysteme. Aber auch bei den Gauß-Krüger-Koordinaten treten Probleme auf, wenn Daten sich auf verschiedene Meridianstreifen beziehen. Daten aus verschiedenen Kartenprojektionen oder Meridianstreifensystemen können nicht ohne Transformation zusammengeführt werden. Seltener ist heute der Fall, daß ein übergeordnetes Koordinatensystem nicht benutzt wird oder nicht bekannt ist; dann ist eine Verbindung mit anderen Daten ausgeschlossen.

Erhebliche Probleme bringen unterschiedliche Ausgangsmaßstäbe der Digitalisierungsvorlagen und der jeweilige Grad der Generalisierung mit sich. Da die Generalisierung maßstabsgebunden erfolgt und zudem abhängig von der Person dessen ist, der sie durchführt, treten bei der Kombination geometrischer Daten sehr leicht Passerprobleme auf. Gleiche geometrische Elemente sind nicht gleich (d.h. identisch). Auch bei gleichartigen Vorlagen können sich bei der Digitalisierung mit unterschiedlichen Punktdichten Generalisierungen oder Erfassungsungenauigkeiten ergeben.

Alle diese einzelnen Faktoren können im Einzelfalle derart ungünstig zusammenwirken, daß geometrische Datenbestände nicht miteinander kombiniert werden können[4]).

2.4.3   Datenversorgung für Karten im Planungsprozeß und Darstellungsformen

Im Planungsprozeß erfüllen Karten Aufgaben als Planungsgrundlagekarten, -beteiligungskarten und -festlegungskarten (s. Moll, 1.1). Aus der Sicht der Kartentechnik unterscheiden sich diese nicht, denn sie können alle als thematische Karten mit besonderer Zweckbestimmung eingeordnet werden. Dabei treten die in der thematischen Kartographie üblichen Darstellungsformen auf (s. Hake, 3.1).

Digitale Datenbestände (Geometriedaten und Sachdaten) beschreiben in der Regel sektorale Bereiche, die für die Regionalplanung wichtig sind und das Ausgangsmaterial für eigene Analysen und Arbeitsverfahren darstellen (s. Rase, 2.3). Daher sollen hier einzelne Kombinationsmöglichkeiten modellhaft aufgezeigt werden.

Bei Planungsgrundlagekarten ist eine Standardaufgabe in der räumlichen Analyse mit Hilfe statistischer Daten zu sehen, die mit Hilfe eines Raumbezugssystems von Gemeindegrenzen zu thematischen Karten verarbeitet werden. Flächenhafte Datenbestände wie die der Flächennutzung, Bodenarten oder mit beschränkenden Eigenschaften sowie Liniendaten des Verkehrs oder Punktdaten von/für Standorte werden erst dann aussagekräftig, wenn sie zusammengeführt werden, d.h. geometrisch überlagert werden. Erst dann können Verträglichkeiten oder Nutzungskonflikte deutlich gemacht werden[4]).

Planungsbeteiligungskarten dienen der Vorbereitung des legalen Planes und sollen helfen, Einzelprobleme zu lösen wie z.B. die Harmonisierung von heterogenen Nutzungsansprüchen. Die kartographische Bearbeitung mit Hilfe der GDV wird also regelmäßig die Kombination von unterschiedlichen digitalen Datenbeständen der sektoralen Planungen mit eigenen Daten bedeuten und die Verdeutlichung der sich daraus ergebenden Probleme. Das bedeutet nicht nur die Addition der Einzeldatenbestände und deren datentechnische Harmonisierung, sondern auch die analytische Überlagerung, um die gegenseitige Beeinflussung zu verdeutlichen.

Für Planungsfestlegungskarten können die Daten feststehender sektoraler Planungen wie z.B. Straßentrassen, die auch im Planaufstellungsverfahren nicht verändert werden, direkt in den Plan übernommen werden. Eine Konvertierung in die Datenstruktur für den Regionalplan ist erforderlich. Ähnliches gilt auch für die Daten der tatsächlichen Flächennutzung, Gebiete mit besonderen Eigenschaften wie Natur- und Landschaftsschutzgebiete u.ä.

Systemtechnisch gesehen erscheinen Beteiligungs- und Festlegungskarten einander sehr ähnlich, wenn auch einzelne Beteiligungskarten - vor allem, wenn sie flankierende Begründungen liefern sollen - sicher in die Nähe von Planungsgrundlagekarten geraten.

Die Datenelemente können verhältnismäßig einfach gebildet werden. Sie enthalten den geometrischen Bezug, ein oder mehrere Merkmale und ggf. Verweise. Merkmale und Verweise sind als Zahlen verschlüsselt. Damit lassen sich unter Anwendung von Zuordnungstabellen (auch alternative) rechnergestützte Kartierverfahren einsetzen.

Beispielhaft kann hier das System des Umlandverbandes Frankfurt genannt werden, auch wenn es für die Flächennutzungsplanung eingesetzt wird. Das zugrundeliegende Prinzip könnte auch in der Regionalplanung eingesetzt werden.

2.4.4   Planungsdatenbank und Planungsinformationssystem

Die konsequente Verfolgung des Gedankens, digitale Datenbestände für die Planungskartographie nutzbar zu machen, führt zu einem zweckorientierten, einheitlichen System von Sachdateien. Die Daten werden mit Standardleseprogrammen gelesen, mit Daten anderer Dateien kombiniert, gemeinsam aufbereitet und schließlich unter Anwendung alternativer Darstellungsverfahren auf einem wählbaren Endgerät als thematische Karte ausgegeben.

Die Bezeichnung "Planungsdatenbank" ist für ein solches System dann zulässig, wenn die Speicherung der Daten in der Form einer "Datenbank" erfolgt, d.h., daß sich der Benutzer über die physikalische Speicherungs- und Zugriffsform keinerlei Gedanken zu machen braucht, sondern sich auf die logische Ordnung der Datenelemente beschränken kann. Von einem "Informationssystem" kann man dann sprechen, wenn ein methodischer Überbau vorhanden ist, der Anfragen an das System zuläßt, die mit Hilfe der gespeicherten Daten beantwortet werden. Dabei sollen diese Fragen nicht nur in standardisierter Form (nach Art und Inhalt) mit Hilfe von Standardprogrammen der Statistik oder anderer Auswerteverfahren möglich sein, sondern auch spontane Auswertungen formuliert werden können. Z.Z. befinden sich solche Systeme in der Regionalplanung aber noch nicht im Einsatz.

3. Entstehung von Planungskarten
Konzeption, Gestaltung und Technik

3.0 Einführung

Unter dem Thema "Entstehung von Planungskarten" befassen sich die Aufsätze des Kapitels 3 mit solchen Sachverhalten und ihren Problemen, die sich inhaltlich den im Untertitel genannten Bereichen "Konzeption", "Gestaltung" und "Technik" zuordnen lassen. So naheliegend und übersichtlich es daher zunächst erscheinen mag, das gesamte Kapitel nach diesen Bereichen in drei voneinander getrennte Abschnitte weiter zu untergliedern, so schwierig oder gar unmöglich wäre dann aber eine eindeutige Zuordnung der Aufsätze zu einem einzigen dieser Bereiche: Nahezu jeder Aufsatz bezieht sich nämlich neben seinem spezifischen Schwerpunkt auch mehr oder weniger auf benachbarte Bereiche. Dieser Umstand deckt damit zugleich ein typisches Merkmal moderner kartographischer Methoden auf: Die Bereiche stehen in der Praxis in zunehmender Wechselwirkung miteinander, und insbesondere werden Konzeption und Gestaltung einerseits stärker als bisher durch technische Prozesse andererseits beeinflußt.

Gerade in der rechnergestützten Kartographie beginnt Technik nicht erst bei der Originalisierung und der Reproduktion der graphischen Darstellungen, sondern schon in der ersten Entwurfsphase. Darüber hinaus stehen die Inhalte dieses Kapitels in enger Verknüpfung mit anwendungsorientierten Erfordernissen, wie sie in den Aufsätzen des Kapitels 4 an Beispielen deutlich werden.

Insgesamt gelten die Aufsätze des Kapitels 3 dem Bemühen, die Planungskarten in ihren Aussagen wirkungsvoller zu machen und damit zugleich den verschiedenen Benutzern das Lesen solcher Karten zu erleichtern. Auch möchten sie auf die Möglichkeiten und Chancen neuerer Technologien hinweisen und die dabei gewonnenen ersten Erfahrungen und Erkenntnisse vermitteln.

Der erste Aufsatz von G. Hake "Zur Systematik der Kartengraphik bei Planungskarten" (3.1) setzt mit der kartographischen Methodenlehre an. Er beschreibt die kartographischen Gestaltungsmittel und deren graphische Variationen, schildert ihre Ausdrucksmöglichkeiten sowie ihre Assoziationen und logischen Strukturen, aber auch ihre Grenzen, und er belegt dies mit Anwendungen aus der Planungskartographie. Der folgende Aufsatz von H. Junius "Zur Gestaltung der planerischen Aussagen von Festlegungskarten" (3.2) geht dagegen aus von der Funktion eines regionalen Raumordnungsplans und den dazu definierten Planelementen. Auf die Erörterung von Fragen des Kartenmaßstabes und der topographischen Kartengrundlage folgen Empfehlungen zur inhaltlichen Gestaltung, bei denen es vor allem um Klassenbildung, gegenseitige Bezüge der Planelemente und Signaturen geht. Es versteht sich, daß trotz verschiedener Ausgangspositionen die Aussagen beider Aufsätze sich im einzelnen an verschiedenen Stellen treffen, ein Umstand, der aber den Wert solcher Erkenntnisse nur erhöhen kann.

P. Tainz untersucht im nächsten Aufsatz die "Wahrnehmung von Flächenzeichen in Planungskarten" (3.3) auf der Grundlage einer empirischen Untersuchung. Dabei geht es um Versuche, die sich sowohl auf einschichtige als auch auf mehrschichtige Karten erstrecken. Die dabei gewonnenen Erkenntnisse zur visuellen Unterscheidbarkeit führen zur Erörterung weiterer Modifikationen der Zeichen.

Liegt der Schwerpunkt der Betrachtungen bei den bisherigen Aufsätzen im Bereich von Konzeption und Gestaltung, so beziehen sich die weiteren Untersuchungen mehr auf technische und anwendungsbezogene Fragen. Dabei stellt zunächst G. Hake unter dem Titel "Kartentechnische Ausstattung" (3.4) die Ergebnisse einer Umfrage vor, die durch die Akademie für Raumforschung und Landesplanung im Sommer 1986 unter anderem zur "Ausstattung in der konventionellen Kartographie einschließlich Reprographie und Druck" vorgenommen wurde. Die summarisch zusammengefaßten Zahlenwerte beziehen sich auf Personal und Geräte, auf Außenaufträge und auf vorgesehene Beschaffungen von ADV-Geräten sowie auf eine Zusammenstellung nach bestimmten Merkmalen. Im nachfolgenden Aufsatz von G. Hake geht es um "Kartentechnische Möglichkeiten bei der Originalisierung und Vervielfältigung von Planungskarten" (3.5). Wegen der zunehmenden Bedeutung der Computertechnik werden dabei nicht nur die klassische analoge, d.h. die graphische Darstellung in materieller Form behandelt, sondern auch weitere Erscheinungsformen wie Bildschirmkarten, digitale Speicherungen usw. Nach der Beschreibung der analogen und digitalen Originalisierungs-Möglichkeiten werden die Vervielfältigungs-Verfahren aufgeführt und tabellarisch mit ihren Merkmalen gegenübergestellt.

Der nächste Aufsatz von W.-D. Rase "Der Einfluß der graphischen Datenverarbeitung auf Entwurf und Originalisierung von Planungskarten" (3.6) setzt zunächst an bei Aspekten der Wirtschaftlichkeit der Computertechnik und beschreibt sodann die Erscheinungsbilder bei den graphischen Ausgaben, ihre Besonderheiten, Chancen und Schwierigkeiten. Auch in der Herstellung von Originalen wird auf die besonderen Aspekte der Computertechnik Bezug genommen.

3.1   Zur Systematik der Kartengraphik bei Planungskarten

3.1.1   Vorbemerkungen

Der Begriff "Planungskarte" bezieht sich im folgenden nur auf kartographische Darstellungen raumbezogener Planungen. Eine solche "Planungskarte im engeren Sinne" ist damit in zweifacher Hinsicht abgegrenzt:

- *Inhaltlich* beschränkt sie sich auf die Wiedergabe von Planungszielen, nicht aber auf solche Darstellungen, die als sog. Planungsgrundlagenkarten in Form verschiedenster thematischer Karten die notwendigen Vorab-Informationen für eine sachgerechte Planung bereitstellen.

- *Formal* ist damit ausschließlich eine nach kartographischen Regeln gestaltete graphische Präsentation gemeint. Diese Aussage ist notwendig, weil in Zukunft immer mehr auch kartographische Daten in nicht sichtbarer, digitaler Form auf einem Speichermedium existieren werden.

Innerhalb der somit vorgenommenen Abgrenzungen kommen als Planungskarten andererseits alle Darstellungen in Betracht, die im Laufe der einzelnen Planungsphasen vom ersten Entwurf einer Planungsidee bis zur verbindlichen Festlegung der Planungsziele entstehen.

Ferner sollen folgende Einschränkungen gelten:

- Die Betrachtungen beziehen sich in erster Linie auf die allgemeine flächendeckende Planung und weniger auf die Besonderheiten der verschiedenen Fachplanungen.

- Die Karten werden als Darstellungsmittel aufgefaßt, die vorwiegend der Information, Erörterung und Verwirklichung dienen. Forschungskarten, aus denen sich solche Darstellungen ergeben können, liegen in einer vorangehenden Phase und werden hier nicht weiter behandelt.

- Die Kartenmaßstäbe liegen etwa zwischen 1:25 000 und 1:50 000. Karten größerer Maßstäbe (z.B. Bauleitpläne der Ortsplanung) bleiben außer Betracht; gleiches gilt für Karten kleinerer Maßstäbe (z.B. Unterlagen für raumpolitische Diskussionen).

- In kartographischer Hinsicht geht es ausschließlich um die allgemeinen theoretischen Grundzüge einer systematischen kartographischen Aussage. Unberücksichtigt bleiben daher alle Überlegungen zur kartentechnischen Realisierung durch manuelle, mechanische, reproduktionstechnische und elektronische Verarbeitung der Daten. Die Betrachtungen dazu finden sich in mehreren anderen Aufsätzen.

Die nachstehenden Ausführungen befassen sich aber nicht nur mit den Grundzügen kartographischer Methodik, sondern erstrecken sich im Zusammenhang damit auch auf die besonderen Aspekte der Planungskartographie, ihre Bedingungen und Zwänge, ihre Defizite und Chancen. Ohne eine solche kritische Würdigung wäre sonst jede fachliche Aussage in Gefahr, die Planungswirklichkeit zu übersehen.

3.1.2 Die Bedeutung der kartographischen Methodenlehre

Diese Methodenlehre ist erst in den letzten Jahrzehnten zu einem systematischen Lehrgebäude geworden. Sie ist zwar noch nicht als abgeschlossen zu betrachten, verfestigt sich jedoch immer mehr - auch im internationalen Bereich -, und sie wird auch die Ausbildung im Bereich der Kartographie immer mehr prägen.

Was die Zukunft dieser Lehre angeht, so dürfte sie aber auch dann noch Gültigkeit besitzen, wenn die graphische Entwurfsgestaltung sowie die nachfolgende Originalisierung und Vervielfältigung nicht mehr ausschließlich oder überwiegend das wichtigste Aufgabengebiet der Kartographie bilden, weil das zunehmende Eindringen computergestützter Verfahren andere Akzente setzt. Die Karte als graphische Darstellung ist dann nämlich nicht mehr das allein anzustrebende Ergebnis, sondern nur noch die graphische Zwischen- oder Endausgabe einer digitalen Datenverarbeitung, auf deren sachgerechte und dauerhafte Speicherung vor allem Wert zu legen ist. Zweifellos wird dabei auch die Graphik von neuen technischen Möglichkeiten beeinflußt, aber dies in erster Linie in Gestalt erweiterter und schnellerer Verfahren.

3.1.3 Die gegenwärtige Situation bei Planungskarten (Ist-Zustand)

3.1.3.1 Zur Anwendung der kartographischen Methodenlehre

Daß die Methodenlehre im Bereich der Planungskartographie bisher noch nicht im notwendigen Ausmaß Anwendung gefunden hat, beruht vor allem auf folgenden Gründen :

1. Im Gegensatz zu den Herstellern amtlicher topographischer Kartenwerke oder von Atlanten steht bei den Institutionen der raumbezogenen Planung nicht die Karte im Mittelpunkt, sondern die Planung selbst. Die Karte ist demnach nicht das für eine unbegrenzte Öffentlichkeit bestimmte, möglichst vielseitig verwendbare Medium, sondern das für einen Einzelfall und für einen begrenzten Benutzerkreis konzipierte Arbeitsmittel. Sie besitzt ferner nur einen vorübergehenden Gebrauchswert, der durch die konkrete Verwirklichung der Planung oder durch eine formale Gültigkeitsdauer zeitlich begrenzt ist.

2. Ihre Zeichenschlüssel beruhen entweder auf administrativen Festlegungen oder auf freier Gestaltung (siehe 3.1.3.2), und ihre Konzeption ergibt sich meist ohne die intensiven Erfahrungs- und Erprobungsvorgänge bei klassischen Karten sowie in nicht unbedeutendem Maße durch fachfremde Einflüsse.

3. Ihre Herstellung vollzieht sich häufig unter starkem Zeit- und Kostendruck.

3.1.3.2 Die Zeichenschlüssel von Planungskarten

Allgemein gilt für den graphischen Duktus dieser Zeichenschlüssel, daß die Ansprüche an die geometrische und graphische Exaktheit - zumindest bei der eigentlichen thematischen Darstellung - in vielen Fällen geringer sind als z.B. bei anderen Kartenarten des gleichen Maßstabsbereichs. Ausnahmen liegen nur bei den Karten vor, in denen es um eindeutige und verbindliche Abgrenzung von Nutzungen usw. geht.

Soweit die Zeichenschlüssel auf administrativen Vorschriften oder Empfehlungen beruhen, kommt in ihnen nicht selten das Festhalten an liebgewordenen Gewohnheiten zum Ausdruck. Dabei wird ein solches Beharrungsvermögen oft noch verstärkt durch die Schwerfälligkeit von Änderungsprozeduren. Liegt dagegen ein frei gewählter Zeichenschlüssel vor, so ist er mitunter der Ausdruck für stärkere subjektive Auffassungen oder gar Eitelkeiten sowie für eine Eignung, die ganz oder überwiegend auf den jeweiligen Einzelfall beschränkt bleibt.

In beiden Fällen entstehen die Zeichenschlüssel meist durch Fachleute der Planung für Fachleute der Planung. Das wird vor allem dort deutlich, wo bestimmte fachliche Sachverhalte in einer Weise kartographisch codiert werden, die für Dritte oft nur mit Mühe und nicht immer eindeutig lesbar ist. Häufig räumt die Zeichenerklärung im Kartenrand diese Schwierigkeiten auch nicht völlig aus. Es ist allerdings zu bedenken, daß mitunter bestimmte formale Vorgaben aus gesetzlichen Vorschriften usw. graphisch nur schwierig umzusetzen sind; dennoch könnte eine stärkere Einschaltung erfahrener Kartographen, evtl. auch eine Testphase mit unvoreingenommenen Nicht-Fachleuten, manche Darstellungsmängel beseitigen oder wenigstens abschwächen.

3.1.4 Ansätze zu einer systematischen Graphik bei Planungskarten (Soll-Konzept)

Solche Ansätze können sich nur auf allgemeine Kriterien der Kartengraphik beschränken. In der Planungskartographie gibt es für diese Einschränkung vor allem folgende Gründe :

- Verschiedene Kompetenzen und hierarchische Stufen in der Planung sowie die aus der föderalistischen Struktur sich ergebenden zahlreichen Besonderheiten im Inhaltlichen und im Begrifflich-Formalen,
- Wandel in den gesetzlichen Vorgaben,
- Wandel der Bedeutungs- und Bewertungsskala von Planungsinhalten,
- Wandel im fachlichen und politischen Stellenwert der Planung allgemein sowie speziell in den graphischen und technischen Möglichkeiten zur Planungskarte.

Eine bis ins Detail gehende Systematisierung, vielleicht sogar mit dem Wunschbild einer allumfassenden Universal-Legende, ist daher im Bereich der Planungskarten nicht praktikabel und im Hinblick auf künftige Entwicklungen auch nicht erwünscht.

3.1.4.1 Repertoire der Gestaltungsmittel und ihrer Variation

Die Kartengraphik ergibt sich allgemein aus der Anwendung von sieben charakteristischen Gestaltungsmitteln und ihren spezifischen graphischen Variationen.

Gestaltungsmittel sind

- Punkt - Linie - Fläche -

als die drei allgemeinen graphischen Grundelemente sowie

- Signatur - Schrift - Halbton - Diagramm -

als bestimmte Zeichenstrukturen, die aus den graphischen Elementen abgeleitet sind.

Die *graphische Variation* dieser sieben Gestaltungsmittel ist nach folgenden Merkmalen möglich :
- Größe - Form - Füllung - Tonwert - Orientierung - Farbe -

Mit den beiden so beschriebenen graphischen Parametern ''Struktur'' und ''Variation'' ist damit für die Wiedergabe der einzelnen Objekte der Merkmalsbereich jeder Kartengestaltung beschrieben.

Bei Planungskarten ergeben sich nun für die Gestaltungsmittel nach dem Ausmaß ihrer Anwendung typische Vereinfachungen und Einschränkungen : Punkte, Halbtöne und Diagramme treten kaum auf, so daß die graphischen Gefüge vor allem durch Linien, Flächen, Signaturen und Schriften geprägt sind. Dabei erzwingt die ausgeprägte Mehrschichtigkeit solcher Karten in besonderem Maße eine differenzierte graphische Variation dieser vier Gestaltungsmittel, um ihre Lesbarkeit zu gewährleisten. Der Schwerpunkt dieser graphischen Variation liegt in erster Linie im Wechsel von Größe, Form und Farbe (letztere im Wechsel von Farbwert, Farbsättigung und Farbhelligkeit). Hierfür lassen sich nachfolgend einige Grundsätze aufzeigen.

3.1.4.2 Grundsätze zur Darstellung sachlicher Trennungen

Graphische Trennung zwischen Kartengrund und Planinhalt

Eine besonders deutliche und völlig zweifelsfreie Trennung ist in allen Fällen zwischen dem topographischen Kartengrund und der thematischen Darstellung des eigentlichen Planinhalts erforderlich. Hier gilt die allgemeine Regel, daß der Kartengrund graphisch stets im Hintergrund zu bleiben hat. Das bedeutet, daß

- die Linien nicht zu breit ausfallen,
- die Flächen in der Farbgebung zart bleiben müssen und
- die Signaturen und Schriften nicht zu groß sein dürfen.

Es ist jedoch keineswegs erforderlich, daß der Kartengrund insgesamt nur in einer einzigen und zugleich hellen Farbe (z.B. in Grau) zu erscheinen hat; farbliche Differenzierungen sind im Gegenteil wegen einer besseren Lesbarkeit oft sogar erwünscht, und helle Bestandsflächen unterscheiden sich noch ausreichend von kräftigen Farbflächen der Planungsgegenstände. Die Tendenz zu den helleren Farbtönen findet allerdings ihre Grenze dort, wo z.B. die Strichfarben schmaler Linien (u.a. in Gewässernetzen topographischer Karten) in ihrer Erkennbarkeit gefährdet sind.

Ob die angeführten Gesichtspunkte leicht zu verwirklichen sind, hängt stark von der Art des vorgesehenen topographischen Kartengrundes ab.

1. Am günstigsten liegen die Verhältnisse, wenn ein *spezieller Kartengrund* vorgesehen ist, der damit für die jeweilige Planungsdarstellung optimiert werden kann. So ermöglicht z.B. das Verbreitern von Strichen das Beibehalten heller und dennoch lesbarer Farben, und durch maßvolle Auswahl-Generalisierung läßt sich erreichen, daß die graphische Dichte des Kartengrundes nicht zu groß wird. Leider ist nicht zu übersehen, daß dieser Fall gewöhnlich der aufwendigere der beiden Fälle ist.

2. Verwendet man *amtliche topographische Karten als Kartengrund*, so lassen sich die genannten Schwierigkeiten wie folgt beheben oder wenigstens mindern :

- Da die Kartenoriginale heute gewöhnlich aus einem Satz von Farbfolien bestehen, könnte man u.U. auf einzelne Folien ganz verzichten, z.B. auf die Höhenlinien-Darstellung, wenn die Planungsdarstellung ohne Geländeinformation auskommt.
- Vergrößerungen topographischer Karten kleinerer Maßstäbe lassen sich anwenden, wenn der Planungsinhalt nicht eine topographisch gebundene exakte Festlegung erfordert. Der relativ grobe Duktus solcher Vergrößerungen führt dazu, daß sie einerseits ziemlich hell gehalten werden können, andererseits aber auch nicht zu ''übersehen'' sind.

Weitere Betrachtungen zum topographischen Kartengrund bei Regionalplänen siehe Junius, 3.2.

Graphische Trennungen innerhalb der Planinhalte

Innerhalb der eigentlichen thematischen Darstellung ist eine deutliche sachliche Trennung vor allem bei komplexen und mehrschichtigen Aussagen zu beachten. Ohne daß damit sogleich eine direkte Gewichtung stattfindet (siehe hierzu am Ende von 3.1.4.3), könnten als allgemeine graphische Regeln gelten :

- Die Farbtöne von Flächen sind in ihrer Helligkeit so zu wählen, daß sie sich einerseits von den helleren Bestandsflächen und andererseits von Planungs-Signaturen unterscheiden.
- Den Farbtönen überlagerte Flächensignaturen mit einer weiteren flächenbezogenen Aussage sollten in kräftigerer Farbe, aber relativ kleinen Dimensionen und genügend lichtem Abstand erscheinen.
- Lineare Netze (z.B. bei der Verkehrs-Darstellung) müßten sich deutlich herausheben in Farbe sowie Strich- bzw. Bandbreite.
- Lokale Signaturen erscheinen wesentlich größer als die Flächensignaturen und in kräftigen Farben.

Eine eingehendere Betrachtung über die Wahrnehmung von Flächenzeichen in Festlegungskarten siehe (Tainz, 3.3).

Besonders zu erwähnen ist noch ein Sachverhalt, der sowohl die sachlich deutliche Trennung als auch die in 3.1.4.3 noch anzusprechende graphische Lesbarkeit betrifft, der aber nicht immer ausreichend beachtet wird : Es geht um spezielle "Freistellungen", die nötig sind, wenn Überschneidungen auftreten (z.B. farbiges Band oder farbige Signaturenfüllung über andersfarbiger Fläche): Findet diese Freistellung nicht statt, so können sich im Überdeckungsgebiet unerwünschte Farbmischungen einstellen und damit u.U. falsche Interpretationen ergeben.

In einigen Bereichen zeichnet sich die Tendenz ab, die Karte häufiger im Wege des Farbauszugsverfahrens, also nach einer bereits graphisch exakten und mehrfarbigen Vorlage herzustellen. Hier gelten die beschriebenen Grundsätze sinngemäß, doch erfordern sie bereits im Stadium der Vorlagenherstellung eingehende technische Überlegungen und Maßnahmen. Mit Rücksicht auf die Eigenarten der Planungsabläufe, bei denen es nicht selten zu Änderungen und Varianten des Planungsinhalts kommt, liegt der Gedanke nahe, zumindest den Kartengrund und den Planungsinhalt jeweils nach Zeichenträgern getrennt zu führen. Das erfordert jedoch den Einsatz mindestens eines transparenten Zeichenträgers als Deckfolie (Overlay) sowie spezieller Darstellungstechniken (z.B. transparenter und farbiger Schneidfolien), um eine einwandfreie Gesamtvorlage zu gewährleisten. Bei einigen dieser Techniken sind allerdings vom Material-Angebot her die Variationsmöglichkeiten noch relativ gering.

3.1.4.3 Grundsätze der Einzeldarstellungen

Diese Grundsätze beziehen sich auf

- die graphische Lesbarkeit (Nr.1),
- die Zeichenbedeutung (Nr.2) und
- die Wirkung (als Handlungs-Aufforderung, Nr.3)

der kartographischen Darstellung. Diese drei Kriterien lassen sich als Stufen einer Betrachtungsweise auffassen, bei denen die folgende Stufe von der jeweils vorangehenden Stufe abhängt.

1. Zur graphischen Lesbarkeit der Darstellung

Die Fragen der *graphischen Lesbarkeit* betreffen Aspekte wie die der erforderlichen Minimalgröße von Kartenzeichen, des zulässigen Ausmaßes der graphischen Dichte, der notwendigen Kontraststufen usw. oder allgemein gesagt: Es geht um die Zeichen selbst und ihre Beziehungen untereinander. Solche Aspekte beziehen sich demnach auf die rein visuelle Wahrnehmung der graphischen Struktur als solche, also auf die sog. Syntax im Sinne der Zeichentheorie (Semiotik). Da sie ein allgemeines Problem der Kartengraphik sind, fallen sie in die Zuständigkeit des Kartographen und sollen daher hier nicht weiter vertieft werden. Es genügt an dieser Stelle der Hinweis, daß die bereits in 3.1.4.2 aufgezeigten Grundsätze diesen Aspekt ganz wesentlich betreffen und daß es hierzu im Bereich der Planungskartographie viele ''Sündenfälle'' gibt.

2. Zum Bedeutungsinhalt der graphischen Darstellung

Die *Zeichenbedeutung* bezieht sich darüber hinaus auf die Beziehung der Zeichen zu den Objekten, die sie darstellen, d.h. auf das, was die Zeichentheorie als Semantik bezeichnet. In diesem Bereich ist neben dem Kartographen auch der Fachautor gefordert. Für die Planungskartographie geht es daher innerhalb dieser Betrachtungsstufe im Hinblick auf den dabei spezifischen Benutzerkreis vor allem um die folgenden Aspekte :

a. Assoziative Wirkung der Darstellung,
b. Zeichenerklärung,
c. Einordnung im Kontext aller Darstellungen,
d. spezielle Gesichtspunkte der Planung.

a. Der assoziative Charakter einer Darstellung ist stark durch allgemeine empirische und instinktive Vorprägungen bedingt. So sind kartographisch beim Gebrauch der graphischen Variablen folgende Zuordnungen üblich und werden als sinnvolle Assoziationen aufgefaßt :

- Ein Wechsel des Farbtons weist auf verschiedene Objektarten (=qualitäten) hin, wobei häufig die Nähe der tatsächlichen Objektfarben angestrebt wird : Wald, Park und Wiese erscheinen meist in Grüntönen.
- Ein Wechsel der Farbhelligkeit bringt dagegen unterschiedliche Objektmengen (=quantitäten), Wertunterschiede, Zeitstufen usw. zum Ausdruck.
- Die Form-Variation eines Gestaltungsmittels bedeutet gewöhnlich verschiedene Qualitäten der Standorte, Netzlinien, Grenzen usw.
- Die Größen-Variation zeigt dagegen unterschiedliche Quantitäten auf.

Darstellungen, die solchen assoziativen Regeln zuwiderlaufen, können das sonst mehr oder weniger spontane Erkennen der Zeichenbedeutung erschweren oder gar verfälschen, z.B. Farbton- oder Form-Variationen für die Darstellung unterschiedlicher Zahlenwerte. Oft führt dann nur der alleinige Weg über die Zeichenerklärung zur richtigen Bedeutung.

b. Die Zeichenerklärung verknüpft die kartographische Einzeldarstellung mit der verbalen Beschreibung der Objektmerkmale. Sie sollte in ihrem Textteil so beschaffen sein, daß sie für durchschnittlich gebildete Laien und nicht nur für Fachleute der Planung verständlich ist. Das gilt vor allem für komplexe Sachverhalte. Neben dieser allgemeinen Forderung ergibt sich dazu für die Graphik noch folgendes :

- Die Flächen für Farb-Erläuterungen müssen so ausgedehnt und die Helligkeitsabstufungen so groß sein, daß eine eindeutige Zuordnung solcher Stufen zu den Farbdarstellungen im Kartenfeld möglich ist. Dabei sind auch die Wirkungen des sog. Simultankontrastes zu beachten, durch den derartige Zuordnungen subjektiv verfälscht werden können: Bekanntlich wirkt ein bestimmter Helligkeitswert scheinbar dunkler bei hellerer Umgebung (Passepartout) und heller bei dunklerem Passepartout.
- Auch die Unterscheidbarkeit gestufter Linienbreiten, verschieden großer Signaturen und wechselnder Schriftarten muß einwandfrei gewährleistet sein.

c. Die Einordnung im Kontext aller Darstellungen sollte auch die begriffliche und logische Struktur von Objektzusammenhängen erkennbar machen. Hierfür könnte z.B. gelten :

- Erkennbarkeit einer hierarchischen Ordnung durch Stufen der Farbhelligkeit oder -sättigung (z.B. bei einem Verkehrsnetz) oder durch Stufen von Signaturfüllungen (z.B. für die Funktion von Zentren),
- Erkennbarkeit von Ober- und Unterbegriffen (z.B. Nutzungsdifferenzierungen als Unterbegriffe innerhalb des Oberbegriffs Ackerbau) durch Wahl entsprechender Farbton-Varianten innerhalb eines bestimmten Grundfarbtons oder durch Kombination von Flächenfarben mit Flächensignaturen.
- Stabilität in der Unterscheidbarkeit zwischen verschiedenen Objektqualitäten. Dazu gehört auch, daß bestimmte Farben, Signaturen usw. aus Gründen der Merkfähigkeit, der Gewöhnung, der Assoziation und der Verständigung nur einer Objektgruppe eindeutig zugeordnet bleiben und nicht noch bei einer anderen Gruppe in gleicher oder ähnlicher Weise wieder auftreten.

d. Bei den Planungskarten gibt es darüber hinaus noch weitere Besonderheiten: So sollten die Überlegungen zur Wahl der Kartenelemente auch Gewicht, Bedeutung, Stellenwert, Quantitäten usw. eines Objekts berücksichtigen. Ferner sollten zwischen den Objekten die Angaben zur Priorität (z.B. durch Hervorheben von Vorranggebieten), zur zeitlichen Abwicklung von Planungsinhalten (z.B. als Stufen der Verwirklichung) und zu den verschiedenen Graden in der Exaktheit der thematischen Fixierungen (z.B. durch unterschiedliche Feinheit der graphischen Darstellung) erkennbar sein. Erstreckt sich die Plandarstellung auf mehr als eine Karte, so sollte im Nebeneinander mehrerer Karten wenigstens gewährleistet sein, daß die genannten Grundsätze durch eine Harmonisierung der Zeichenschlüssel gewahrt bleiben, daß dabei vor allem die Zeichenbedeutung konstant ist und daß bei gleichem Kartenmaßstab das Aufeinander-Beziehen der Inhalte nicht unnötig erschwert wird.

3. Zur Wirkung der graphischen Darstellung

Bei der *Wirkung* der kartographischen Darstellung geht es um die Beziehung zwischen dem Karteninhalt und dem wahrnehmenden Subjekt mit seiner der Wahrnehmung entspringenden

Reaktion. Dieser Bereich der sog. *Pragmatik* in der Zeichentheorie erstreckt sich demnach auf alle Handlungs-Aufforderungen, die sich für einen Kartenbenutzer aus der Wahrnehmung der Planungs-Darstellung ergeben. Mit der Wahl einer bestimmten kartographischen Darstellung ist daher zugleich auch sicherzustellen, daß sich im Kreis der Kartenleser die richtigen und erwünschten Folgerungen einstellen. Das ist nur dann zu erwarten, wenn das Niveau der Kartenaussage auf das Repertoire an Wissen, Intelligenz und Erfahrung der Kartenbenutzer Rücksicht nimmt. Dieser Grundsatz stößt allerdings gerade im Zuge öffentlicher Kenntnisnahme von Planungskarten auf nicht geringe Schwierigkeiten : Der heterogene Benutzerkreis verfügt über ein sehr unterschiedliches Kartenverständnis und geht an die Planungskarten mit individuellen Vorprägungen und Erwartungen sowie als jeweils mehr oder weniger Betroffener auch mit bestimmten Emotionen heran.

Insgesamt bilden die in 3.1.4.3 vorgestellten Grundsätze einen Teil allgemeingültiger kartographischer Gesetzmäßigkeiten, für die im Bereich der Planungskarten lediglich Besonderheiten und Bedeutungen angefügt werden. Die Grundsätze gehen dabei von den graphischen Strukturen aus und stellen dazu fest, welche Aussagen mit diesen Strukturen über die Objekte möglich sind. Dagegen geht (H. Junius, 3.2) von vornherein stärker von den Objekten der Regionalplanung aus und zählt dazu die graphischen Aussagemöglichkeiten auf. Beide Aufsätze treffen sich damit zwangsläufig in vielen gemeinsamen Erkenntnissen.

3.1.5 Gegenwärtige Erschwernisse, künftige Entwicklungen

Die Herstellung von Planungskarten steht meist unter erheblichem Zeit- und Kostendruck. Da die Tagesgeschäfte es gewöhnlich nicht gestatten, mittel- oder gar langfristig eine durchdachte Kartengraphik für neue Anforderungen zu entwickeln, zu erproben und bereitzustellen, werden die kartographischen Mängel in vielen ''Ad-hoc''-Karten sehr deutlich. Im Sinne der oben genannten Pragmatik ergibt sich dann der folgende Effekt: Karten, in denen die graphische Struktur überfrachtet ist und die Angaben zur Zeichenbedeutung sich im reinen Fachjargon erschöpfen, werden nicht verstanden, und Primitivkarten werden nicht ernstgenommen. Pläne, bei denen der Textteil in hervorragendem Layout auf blütenweißem Papier erscheint, die Kartenbeilagen aber kaum mehr als lustlose Skizzen sind, zeugen von wenig Kommunikationsbereitschaft des Planers gegenüber allen von den Planinhalten Betroffenen. Bedauerlich ist mitunter auch eine spezielle Art der kartographischen Fremdbestimmung, die darin besteht, daß zur Durchsetzung oder zur Vermeidung politischer Ziele im Planungsprozeß bestimmte graphische Vorgaben mit der Absicht von Betonung oder Verschleierung einzuhalten sind.

Die Möglichkeiten der Computertechnik versprechen zahlreiche Vorteile. Diese sollten aber nicht nur im rein Technologischen liegen, sondern auch in der Simulation von Intelligenz.

- Im *Technologischen* könnte sich die Phase der Kartengestaltung über längere Strecken am Bildschirm vollziehen. Damit ergäbe sich eine sehr flexible Anpassung an die Änderung von Planungsinhalten im Zuge von Beteiligungsverfahren und Konfliktlösungen. Die jeweilige Fixierung des vorläufig letzten Standes durch Hardkopie (Hardcopy) setzt weitere Überlegungen zu einer modifizierten Kartengraphik voraus. Bunte Vorlagen für Farbauszugsverfahren durch elektronische Rasterung wären (z.B. durch Farbcodierungen) so aufzubereiten, daß jeweils bestimmte Farbfolien für die Vervielfältigung zur Verfügung stehen.

- Die *Simulation* von Intelligenz berührt vor allem die vorangehende Phase der Datenaufbereitung. Dabei geht es aber nicht allein um die Chancen der Aggregation, Vereinigung, Trennung usw. von Daten, sondern vor allem um eine eindeutige und logische begriffliche Beschreibung der einzelnen Planungsinhalte, denn erst dann wäre eine systematische Codierung und eine die Objekte klar ansprechende graphische Ausgabe gewährleistet.

Über den Einfluß der graphischen Datenverarbeitung auf Entwurf und Originalisierung von Planungskarten siehe Näheres in Rase, 3.6.

Die Betrachtungen über künftige Entwicklungen sollten sich hinsichtlich der Kartengraphik aber nicht nur beschränken auf Fragen der Systematik, der Technologie und der Information sowie der insgesamt damit verbundenen Verbesserungen. Ebenso wichtig erscheint auch die Bereitschaft, sich rechtzeitig auf solche neuen planerischen Erfordernisse einzustellen, die zur kartographischen Wiedergabe neuer Inhalte führen. So könnte sich z.B. die Notwendigkeit ergeben, Sachverhalte wie Umweltverträglichkeiten oder prognostische Angaben auch kartographisch darzustellen, um damit Planungsziele noch einsichtiger zu machen.

3.2 Zur Gestaltung der planerischen Aussage von Festlegungskarten

3.2.1 Aufgabe von Planungsfestlegungskarten

Ein regionaler Raumordnungsplan besteht aus der textlichen Beschreibung der Planungsziele und der Planungsfestlegungskarte. Beide zusammen bilden eine logische Einheit. Während der Text die inhaltliche Ausgestaltung der Planelemente behandelt, gibt die Karte die räumliche Konkretisierung wieder, d.h. Standorte, Linienführungen und Flächenausdehnungen. Die Karte stellt die Verflechtung der unterschiedlichen Nutzungsansprüche dar und grenzt die einzelnen Nutzungen gegeneinander ab. Wegen des komplexen Wirkungsgefüges und der vielen sektoralen Nutzungsansprüche bleibt es nicht aus, daß mehrere Nutzungsansprüche auf dieselbe Fläche zugreifen. Eine vordringliche Aufgabe der Regionalplanung besteht in der Abstimmung dieser Nutzungsansprüche, die auch in der Karte zum Ausdruck kommen soll. Insbesondere gilt dies für die Verträglichkeit verschiedener Nutzungen oder auch den Vorrang einzelner Nutzungen vor anderen.

Wenn man die möglichen Planaussagen generalisierend gruppiert, so ergibt sich für den möglichen Planinhalt folgendes:

- Übernahme von strukturellen Aussagen der Landesplanung
- Übernahme und Koordinierung von Fachplanungen
- Regelung konkurrierender Nutzungsansprüche
- Zielvorgaben für nachgeordnete Planungen.

3.2.2 Definition des Planelementes

Für die Konkretisierung der Planaussagen und deren Darstellung ist es hilfreich, den komplexen Planinhalt in Planelemente aufzuteilen. Ein *Planelement* besteht aus einem geeigneten, einheitlichen Begriff und einer zugeordneten Zielsetzung[1]). Als Planelement gelten die charakteristischen, räumlich bestimmten Festlegungen der Regionalpläne wie z.B. regionale Entwicklungsachsen, zentrale Orte, Schwerpunktraum für Industrie, Landwirtschaftliche Fläche, Naturschutzgebiet, Kraftwerk, Erholungsschwerpunkt etc.(s. Junius, 1.4). In der Definition wird deutlich, daß Text und Karte nur zusammen gesehen werden können.

3.2.2.1 Raumbezug des Planelementes

Für die kartographische Betrachtung der Planelemente ist insbesondere der Raumbezug (s. Junius, 2.4) von Bedeutung. Darunter wird nicht nur verstanden, ob eine punkt-, linien- oder flächenförmige Ausdehnung gegeben ist und damit entsprechende Darstellungselemente nach sich zieht, sondern auch die logische und graphische Abgrenzung (s. Junius, 1.5).

3.2.2.2 Sachbezug des Planelementes

Der Sachbezug eines Planelementes kann zur Systematisierung herangezogen werden. In ihm werden die Zielsetzung und die Zugehörigkeit zu übergeordneten Themenbereichen deutlich. Aufgrund des sachlichen Zusammenhanges können *Klassen* gebildet werden, deren Gemeinsamkeiten durch graphische Darstellungselemente unterstrichen werden können.

3.2.2.3 Beziehung zu anderen Planelementen

Planelemente stehen nicht isoliert im Raum, sondern in der Regel in einer Beziehung zueinander, die nicht nur dann gegeben ist, wenn sich Nutzungsansprüche flächenmäßig überlagern oder Nutzungen unmittelbar aneinandergrenzen. Alle Emissionen haben Ausstrahlungen, die sehr weit reichen können[2]). Bei den Beziehungen der Planelemente kann unterschieden werden zwischen den inhaltlichen Beziehungen, die sich auch aus dem Text ergeben, und den nur graphisch zum Ausdruck kommenden Beziehungen.

3.2.3 Formale Ausgestaltung von Planungsfestlegungskarten

Unter der formalen Ausgestaltung werden die Kartengrundlage, der Maßstab, die Anzahl der Kartenblätter, das äußere Erscheinungsbild und ähnliches verstanden. Die Ergebnisse resultieren aus der Auswertung einer großen Zahl von Regionalplänen (Junius, 1987).

3.2.3.1 Anzahl der Karten

Unter Anzahl der Karten wird verstanden, wieviele Karten den Regionalplan im Rechtssinne bilden. Unbeachtet bleibt, ob im Rahmen des textlichen Teils oder im ggf. beigefügten Anhang (= Textteil) weitere erläuternde Karten verwendet werden. In einzelnen Bundesländern werden dem rechtsverbindlichen Plan auch Karten der Raumstruktur mit den Abgrenzungen der Raumkategorien, Darstellungen der zentralen Orte und den Entwicklungsachsen beigefügt. Diese

Karten haben Maßstäbe zwischen 1:200 000 und 1:500 000 und entlasten den eigentlichen Regionalplan. Die Auffassungen sind in den Bundesländern geteilt, ob zur Vermeidung einer zu großen Inhaltsdichte der Planinhalt des Regionalplanes auf mehrere Teilblätter verteilt werden soll (= sachliche Teilabschnitte). Die leichtere Lesbarkeit spricht sicherlich für diese Maßnahme. Gerade aber in den Fällen, in denen Nutzungskonflikte oder ein Zusammenwirken verschiedener Nutzungen auf engstem Raum deutlich gemacht werden sollen, versagt diese Art der Darstellung weitgehend und läßt die Eindeutigkeit vermissen. Außerdem erschwert das Nebeneinander mehrerer Kartenblätter die Interpretationsarbeit in nicht unerheblichem Maße (s. Reiners, 1.2).

Daher sollten alle Plandarstellungen des Regionalplanes in einem Kartenblatt untergebracht werden. Bei einer hohen Inhaltsdichte ist aber die Darstellung der Raumstrukturelemente (Raumkategorien, zentrale Orte, Entwicklungsachsen) in einer gesonderten Karte empfehlenswert, zumal sie sich relativ leicht in kleinerem Maßstab herstellen lassen.

3.2.3.2 Kartenmaßstab

Als Kartenmaßstäbe für den Regionalplan werden 1:50 000 bis 1:100 000 verwendet. Es lassen sich keine Empfehlungen für die Verwendung des einen oder anderen Maßstabes geben, wenn auch 1:100 000 häufiger vertreten ist als andere Maßstabsverhältnisse. Letztlich kann man die Wahl des Maßstabes von zwei Parametern abhängig machen:

- Größe des Plangebietes
- Inhaltsdichte.

Das gesamte Plangebiet sollte auf einer einzigen Karte abgebildet sein. Die Aufteilung auf zwei oder mehrere Teilblätter muß als unglücklich bezeichnet werden. Die Außenmaße dieser einen Karte sollten so gehalten sein, daß bei der Herstellung die üblichen Druckformate (z.B. DIN A0) ausreichen (und eine bequeme Handhabung auf einem normalen Arbeitstisch möglich ist). Damit läßt sich der größtmögliche Maßstab relativ leicht festlegen. Während die anzustrebende Handlichkeit der Karte als ein im wesentlichen pragmatisches Kriterium anzusehen ist, beeinflußt die Inhaltsdichte des Planes das Aussehen und die Lesbarkeit in ganz entscheidendem Maße. So kann es geschehen, daß im kleinen Maßstab bei großer Inhaltsdichte und trotz eines gut abgestimmten Zeichensystems in Teilbereichen die Lesbarkeit erschwert ist und daß bei einem verhältnismäßig großen Maßstab und geringer Inhaltsdichte die wenigen Plandarstellungen auf der großen Fläche verloren scheinen. In letzterem Falle wäre ein kleinerer Maßstab sicher angemessener gewesen, im ersteren Falle dagegen bei einer größeren zur Verfügung stehenden Kartenfläche die Lesbarkeit erleichtert. Als Regelmaßstab für einen Regionalplan kann man 1:100 000 empfehlen.

3.2.3.3 Kartengrundlage

Alle Regionalpläne verwenden als Kartengrundlage eine amtliche, topographische Karte mit den Maßstäben 1:50 000 und 1:100 000, teilweise durch Verkleinerung von 1:50 000 auf 1:100 000. Der Inhalt der Kartengrundlage ist nicht einheitlich; übereinstimmend werden mindestens die Situation und die Schrift im Graudruck wiedergegeben. Je nach den topographischen Erfordernissen sind die Höhenlinien hinzugefügt, und zwar im Regelfall als Bestandteil des Graudruckes. Die Ergänzung durch eine blaue Gewässerplatte stellt sich als hilfreich für die Orientierung heraus, während die farbige Wiedergabe der Waldflächen Einschränkungen bei den Planelementen bringt. Eine Hervorhebung des bestehenden Straßennetzes durch eine Farbfüllung der Straßensignaturen kann leicht zu einer Verwechselung mit entsprechenden Plandarstellungen führen.

In einzelnen Fällen ist die topographische Kartengrundlage um den Faktor zwei verkleinert worden. Die Verkleinerung wirkt sich immer negativ auf die Lesbarkeit aus. Die Feinheit der topographischen Kartengrundlage steht dann im Widerspruch zu den oft nur grob abgegrenzten flächenhaften Plandarstellungen. Die Orientierung wird durch die immer nur sehr schwer zu entziffernden und im Graudruck fast verschwindenden Kartennamen zusätzlich erschwert. Daher findet man in nahezu allen derart gestalteten Plänen zusätzliche Kennzeichnungen durch schwarz nachgedruckte Ortsnamen.

Zusammenfassend kann festgestellt werden:

Die topographische Kartengrundlage eines Regionalplanes kann entweder die Topographische Karte 1:50 000 oder 1:100 000 sein. Sie sollte nach Möglichkeit ohne Maßstabsänderung benutzt werden. Dabei sprechen deutliche Vorteile für den kleineren Maßstab. Die Darstellung ist klar und übersichtlich und auf Grund der fortgeschrittenen Generalisierung mit nicht mehr so vielen Details belastet, die für die Orientierung ohnehin nicht notwendig sind. Die TK 50 sollte nur dann benutzt werden, wenn das Plangebiet klein und/oder die Zahl der vorgesehenen Planelemente so groß ist, daß die Lesbarkeit im kleineren Maßstab leidet.

Liegt die TK 100 für das Plangebiet nicht vor, sollte die Landesvermessungsbehörde auf deren Fertigstellung bzw. Aktualisierung gedrängt werden. Von einer Verkleinerung der TK 50 auf diesen Maßstab muß abgeraten werden. Vertretbar ist allenfalls eine mäßige Verkleinerung auf den Maßstab 1:75 000[3]). In jedem Falle darf die Schriftplatte nicht übernommen werden, da deren Lesbarkeit durch die Verkleinerung so stark eingeschränkt wird, daß sie das Kartenbild eher belastet als ergänzt. Die Ergänzung durch eine eigene Schriftplatte ist daher in diesem Falle vorzusehen. Eher ist zu prüfen, ob nicht eine Vergrößerung aus dem Maßstab 1:200 000 verwendet werden kann, auch wenn die Kartenelemente dabei stark vergrößert werden. Der gegenüber einer Verkleinerung gewonnene Weißanteil der Kartengrundlage spricht für dieses Verfahren.

Mindestinhalt der topographischen Kartengrundlage ist die Situation und mit den o.g. Einschränkungen die Kartenschrift. Bei entsprechender Topographie können die Höhenlinien und/oder das Gewässernetz hinzugefügt werden. Es empfiehlt sich, auf die Originalfarbe, also braun resp. blau, zurückzugreifen, weil anderenfalls Verschmierungseffekte zu befürchten sind. Nur bei sehr großer Inhaltsdichte des Regionalplanes sollte allerdings auf diese Kartenelemente verzichtet werden.

Bei der Kartenschrift der topographischen Kartengrundlage können die Namen im Graudruck oft wenig hervorstehen oder aufgrund der Plandarstellungen ''falsch'' plaziert sein. In beiden Fällen wird eine neue oder zusätzliche Namensplazierung zweckmäßig, wobei der Name aus der ursprünglichen Schriftplatte entfernt werden sollte. Im Zweifelsfalle sollte überlegt werden, ob die Schriftplatte der topographischen Karte überhaupt übernommen wird oder eine eigene, weniger detailreiche Beschriftung für die Orientierung des Kartenlesers ausreichend ist.

3.2.3.4 Verhältnis zum Raum außerhalb des Plangebietes

Der Regionalplan enthält verbindliche Darstellungen nur für das Plangebiet; darüber hinaus sind Darstellungen, zumal dann, wenn die Gebietsgrenze gleichzeitig Landesgrenze ist, nicht zulässig. Dennoch sind Beeinflussungen des Plangebietes von außen und nach außen festzustellen, beispielsweise bei überregionalen Verkehrsachsen, Großprojekten wie Flughäfen, Kraftwerken und großindustriellen Anlagen, aber auch bei zusammenhängenden, unter Schutz stehenden Landschaftsteilen. Eine nachrichtliche Übernahme erhöht den Informationsgehalt des Regionalplanes und das Verständnis für grenznahe Planungen, zumal diese ja auch aufeinander abgestimmt sein sollten.

3.2.4   Empfehlungen für die Ausgestaltung von Planinhalten

3.2.4.1 Klassenbildung

Mit der Erarbeitung von Themenbereichen ist es möglich, den Planinhalt eines Regionalplanes im Sinne einer Klassifizierung zu gliedern. Diese Klasseneinteilung der Planelemente sollte sich auch bei den Darstellungselementen wiederfinden lassen. Neben den Klassen der Themenbereiche lassen sich auch Klassen bilden, die sich über mehrere Themenbereiche erstrecken, z.B. Vorranggebiete, Versorgungseinrichtungen.

Kartographisch kann die Zugehörigkeit zu einer Klasse (Themenbereich) durch ein graphisches Leitelement zum Ausdruck kommen; ist beispielsweise die Farbe das Leitelement, so können alle Punkt-, Linien- oder Flächensignaturen in dieser Farbe dargestellt werden. Eine Variation kann und muß dann durch die anderen Darstellungsparameter erfolgen (Hake, 1982, und Hake, 3.1). Es sind dies Größe, Form, Orientierung, Füllung, Tonwert und Farbe. Es eignen sich für die Wiedergabe von Qualitätsunterschieden insbesondere Form, Orientierung, Farbe und eingeschränkt Füllung und Tonwert. Bei Punkt- und Liniensignaturen können zusätzliche Qualitätsunterschiede durch Schriftzusätze erzielt werden. Damit ergeben sich folgende Variationsmöglichkeiten:

Punktsignatur	Liniensignatur	Flächensignatur
Farbe	Farbe	Farbe
(Tonwert)	(Tonwert	(Tonwert)
Füllung	Füllung	Füllung
Schriftzusatz	Schriftzusatz	
Orientierung		

Die meisten Variationsmöglichkeiten sind demnach bei Punktsignaturen möglich, während bei der Fläche nur die Farbe, die Füllung und der Tonwert zur Verdeutlichung von Qualitätsunterschieden herangezogen werden können. Da die Füllung bei Punkt- und Liniensignaturen in aller Regel anderen Bildungsmechanismen unterliegt, ist als übergreifendes Element aller drei Signaturengruppen nur die Farbe geeignet. Mit Einschränkung ist hier allenfalls noch der Tonwert zu nennen. Nur wenn signifikante Unterschiede erzielt werden, kann der Tonwert einer Farbe als

Leitelement benutzt werden. Alle anderen Parameter haben keine die Signaturengruppen übergreifende Eigenschaft und können somit nur innerhalb einer Signaturengruppe zur Klassendarstellung oder Differenzierung verwendet werden. Lediglich der Schriftzusatz kann davon ausgenommen werden.

Bei Punktsignaturen sind Form und Orientierung die stärksten Variationsparameter, mit denen Unterschiede deutlich werden, während die Füllung und auch der Schriftzusatz nur schwache Differenzierungsmöglichkeiten bieten.

Bei Liniensignaturen sind Größe (= Linienbreite) und Füllung (= Struktur, Unterbrechungen) als gleichwertige Variationsparameter anzusehen, wenn man die Farbe nicht mehr variieren kann.

3.2.4.2 Zusammenwirken der Planelemente

Abgrenzung

Die Art der Nutzung bestimmt die Abgrenzung der Signaturen (s. Moll, 1.1 und Junius, 1.5):

- parzellennah / standortgenau:
die Abgrenzung eines Planelementes bzw. der genaue Standort sind räumlich exakt nachzuvollziehen, dasselbe gilt für Nutzungen, die gesetzlichen Bestimmungen unterworfen sind - z.B. Wasser- und Naturschutzgebiete;

- schematisiert:
die Abgrenzung des Planelementes ist nur ungefähr nachvollziehbar; eine exakte Grenzziehung ist nicht nötig oder nicht möglich - z.B. Erholungsgebiete, Landwirtschaft, Forstwirtschaft;

- schematisch / raumtreu:
die Abgrenzung des Planelementes bzw. der genaue Standort sind räumlich nicht mit bestimmbaren Orten verbunden, sondern bezeichnen Raumcharakteristika - z.B. Lärmschutzbereiche an Flughäfen, Immissionsschutzgebiete, Entwicklungsachsen, zentrale Orte.

Graphische Differenzierung

Alle Planelemente sind untereinander ausreichend graphisch zu differenzieren, z. B. in Form, Farbe, Flächenfüllung usw.; das gilt auch innerhalb einzelner Klassen. Hierdurch werden Verwechselungen zweier oder mehrerer Planelemente miteinander ausgeschlossen. Insbesondere ist bei Schraffuren auf eine ausreichende Differenzierung der Schraffenabstände, Strichstärken und Orientierungen zu achten. Bei großen Schraffenabständen (vorzugsweise bei größeren Gebietseinheiten) muß die Strichstärke zur Gewährleistung der Erkennbarkeit variiert werden.

Dichte

Die Art der Signatur (Flächen-, Linien-, Punktsignatur usw.) und deren Farbgebung sind so zu wählen, daß die Lesbarkeit selbst bei einer hohen Inhaltsdichte und bei Überlagerungen sichergestellt ist.

Farbkontrast

Die Darstellung verschiedener Nutzungsarten sollte sich entsprechend ihrer geringen oder hohen Konfliktpotentiale in einem entsprechend geringen oder hohen Farbkontrast widerspiegeln (z.B. Flächen für Forstwirtschaft sollten einen geringen Farbkontrast zu Flächen der Landwirtschaft haben).

Farbassoziation / Farbkonvention

Die Farbwahl für ein Planelement soll sich an allgemein anerkannten Farbkonventionen orientieren; soweit es die Art der Nutzung sinnvoll erscheinen läßt, sollten assoziierende Farben verwendet werden (z.B. Farbassoziation Wasserverkehr - blau, Farbkonvention Straßenverkehr - rot).

Optische Täuschungen und visuelle Trennbarkeit

Die Farbwahl soll so getroffen werden, daß Planelemente, die sich überlagern oder aneinandergrenzen, getrennt wahrgenommen werden. Besonders häufig sind Schwierigkeiten der getrennten Wahrnehmung oder Täuschungen bei gemeinsamem Auftreten der Farben grün und blau. Auch treten Wahrnehmungsprobleme dann auf, wenn für mehrere flächenhafte Darstellungen ein(e) Grenzlinie/-band verwendet und zur Unterscheidung untereinander lediglich eine zusätzliche Punktsignatur oder ein Schriftzusatz innerhalb der Fläche herangezogen werden. Bei Überlagerungen ist dann eine eindeutige räumliche Zuordnung nicht immer möglich; in diesen Fällen sind verschiedene Grenzlinien/-bänder zu verwenden.

3.2.4.3 Signaturen

Punktsignatur

Die Lesbarkeit von Punktsignaturen ist abhängig von deren Größe, Farbe und inneren Struktur; darüber hinaus sind sie möglichst freizustellen. Die Zugehörigkeit zu einer bestimmten Klasse ist durch gleiche Farbe bzw. Form und innere Struktur deutlich zu machen. Real vorhandene Größenunterschiede sind durch eine entsprechende Hierarchie der Signaturen darzustellen (z.B. zentrale Orte). Bei hoher Inhaltsdichte eines Planes ist zu empfehlen, insbesondere ortsgenaue Punktsignaturen nur in eingeschränktem Maße zu verwenden und z. B. die Lage von Infrastruktureinrichtungen auch im Textteil festzulegen. Bei zu starker Differenzierung innerhalb einer Klasse (z. B. Abfallbeseitigung) ist zu überlegen, ob es nicht zweckmäßiger ist, die Signaturen zu generalisieren (z.B. nur eine Signatur für Abfallbeseitigungsanlage) und eine detaillierte Bezeichnung und Beschreibung einer Anlage im Textteil vorzunehmen. Eine Unterscheidung zwischen Bestand und Planung kann dann auch leichter erzielt werden. Signaturen in Piktogrammform werden leichter erkannt als abstrakte Formen (Wenner, 1987).

Liniensignatur

Die Lesbarkeit von Liniensignaturen ist von den Parametern Strichstärke und Farbe abhängig. Hierbei sind graphische Mindestgrößen einzuhalten, um die Erkennbarkeit zu gewährleisten. Gleichzeitig ist auf eine ausreichende Differenzierung zu achten, um Verwechselungen aufgrund von Farbe und Strichstärke und zwischen Grenzbändern und Grenzlinien vorzubeugen. Real vorhandene Unterschiede in Größe und Bedeutung können durch eine entsprechende Differenzierung der Strichstärke dargestellt werden (z.B. Straßenverkehr). Bestand und Planung können durch Linienunterbrechungen oder andersartige Linienfüllungen unterschieden werden.

Die Lesbarkeit von Grenzlinien und Grenzbändern ist abhängig von Strichstärke und Ausformung. Wichtig ist bei der Kennzeichnung nur des Flächenrandes die deutliche Unterscheidung von innen und außen. Bei hoher Inhaltsdichte des Planes wirken sich Grenzbänder mit zusätzlicher Orientierung - z.B. durch eine asymmetrische Gestaltung ihres Querschnittes - günstiger aus als Grenzlinien. Die Verwendung einer Grenzlinie oder eines Grenzbandes unter Verwendung von Schriftzusätzen für mehrere Planelemente sollte aus Gründen der Zuordnung vermieden werden. Bestand und Planung können durch eine Unterbrechung der Grenzlinie oder des Grenzbandes unterschieden werden.

Flächensignatur

Zur Gewährleistung der Lesbarkeit sind unterschiedliche Flächenfarben nicht zu überlagern. Bei Rastern und Schraffuren muß auf eine ausreichende Differenzierung in Strichstärke, Schraffenabstand und Orientierung geachtet werden; bei größeren Gebietseinheiten ist ein größerer Schraffenabstand mit entsprechend variierter Strichstärke zu wählen. Punkt- und Strukturraster lassen nur wenige Überlagerungen zu, darüber hinaus ist eine Unterscheidung in Bestand und Planung nicht sinnvoll. Eine Überlagerung zweier oder mehrerer Linienschraffuren ist nur bei unterschiedlicher Orientierung oder kontrastierenden Farben möglich. Planelemente, die Flächennutzungskategorien (Wohnbauflächen, gewerbliche Bauflächen, Sonderbauflächen, land- und forstwirtschaftliche Flächen) bezeichnen, sind demnach als Flächenfarben darzustellen, da i.d.R. keine Überlagerungen zu anderen Flächennutzungen auftreten. Größere Gebietseinheiten (Vorranggebiete, Schwerpunkträume) können als Schraffur bzw. Raster in einem für den Themenbereich verwendeten Farbton überlagert werden (s. Tainz, 3.3).

3.2.5 Bedeutung von Sonderkarten

Wie oben bereits betont wurde, sollte ein Raumordnungsplan alle Planungsziele in einer Planungsfestlegungskarte vereinen, auch wenn damit die kartographische Darstellung schwierig wird. Dabei wird in einzelnen Fällen, in denen die Regelungsdichte sehr groß wird, auf detaillierte Darstellungen verzichtet werden müssen. Dieser Verzicht wirkt sich natürlich auf die Darstellungen des gesamten Raumes aus. Daher erscheint es zweckmäßig, Sonderkarten zu entwickeln, die in räumlichen oder sachlichen Teilaspekten die Regelungsvielfalt u. U. unter Benutzung eines größeren, in Einzelfällen auch kleineren Kartenmaßstabes weiter ausbreiten. Dies ist sicher eine Hilfe für die Diskussion mit den betroffenen Gemeinden oder den Trägern sektoraler Planungen.

3.3 Wahrnehmung von Flächenzeichen in Planungskarten

Vorbemerkungen

Auf der Grundlage einer empirischen Untersuchung wird im vorliegenden Beitrag versucht, sowohl konkrete Hinweise zur Gestaltung von Flächen in Planungskarten zu geben als auch einen Organisationsrahmen zur Weiterentwicklung von Gestaltungsvorgängen in Planungskarten zu skizzieren. Dabei wird davon ausgegangen, daß heutige Planungskarten infolge der Menge darzustellender Inhalte häufig nicht mehr lesbar sind. Ihre graphische Komplexität schränkt die Wahrnehmung planerischer Inhalte und mit ihnen verknüpfter Sichtweisen ein.

Voraussetzung für die Lesbarkeit von Planungskarten ist die strukturierte Darstellung planerischer Inhalte. Sie wird einerseits durch Formalisierung der darzustellenden Inhalte möglich und andererseits durch Wahrnehmungseigenschaften der darstellenden Zeichen gestört. Zeichen, die formalisierten Inhalten zugeordnet wurden, müssen daher bei der Kartengestaltung auf der Grundlage von Ergebnissen empirischer Untersuchungen modifiziert werden.

3.3.1 Merkmale und Beziehungen von Objekten in Planungskarten

In Planungskarten werden Objekte der aktuellen, potentiellen und anzustrebenden Nutzung von Räumen dargestellt. Dieses sind beispielsweise eine Waldfläche, ein ökologischer Schwerpunktraum oder ein forstwirtschaftliches Vorranggebiet[1]). Als raumbezogene Objekte haben sie Merkmale mit geometrischer Ausprägung wie Lage, Größe, Form und Merkmale mit substantieller Ausprägung wie z.B. Nutzungsart, Bodenbeschaffenheit, und sie haben Beziehungen zueinander.

Objekte der realen Nutzung werden in der Regel topographischen Karten entnommen und durch zusätzliche planungsrelevante Merkmale differenziert (z.B. forstwirtschaftliche Nutzungsfläche mit Betonung der Holzproduktion). Sie sind geometrisch und substantiell eindeutig definiert und flächendeckend. Ihre Beziehungen sind qualitativ.

Objekte der potentiellen Nutzung werden aus der Analyse von Objekten der realen Nutzung abgeleitet. Sie sind substantiell eindeutig und geometrisch unterschiedlich scharf definiert und nicht ausschließlich flächendeckend. Regionale Grünzüge und ökologische Schwerpunkträume beispielsweise sind weder durch reale Nutzungsgrenzen noch durch andere Grenzen definiert. Die Objekte unterscheiden sich in der Ausprägung ihrer substantiellen Merkmale, d.h. ihre Beziehungen sind qualitativ oder geordnet, bei wertmäßiger Ausprägung substantieller Merkmale quantitativ.

Objekte der anzustrebenden Nutzung (geplante Nutzung) werden aufgrund lang-, mittel- und kurzfristiger Zielvorstellungen gebildet sowie aus der Analyse von Objekten der realen Nutzung und Objekten der potentiellen Nutzung abgeleitet. Sie sind geometrisch und substantiell unscharf definiert und sind nicht flächendeckend (z.B. Vorranggebiet für Erholung). Die Beziehungen dieser Objekte sind in der Regel nicht quantitativ, sondern qualitativ oder geordnet.

Objekte der realen Nutzung, der potentiellen Nutzung und der anzustrebenden Nutzung bilden jeweils aufgrund gleicher Merkmale Objektklassen. Sie liegen unterschiedlich scharf abgegrenzt

Abb. 27: Zusammenhang von Objektklassen, Informationsschichten und Objektbeziehungen in Karten der Regionalplanung

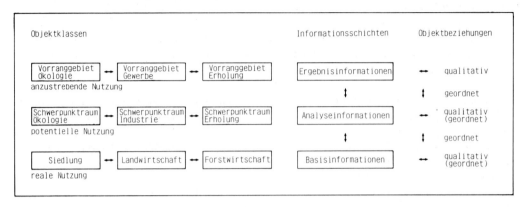

Abb. 28: Stichprobenprofil aus dem LEPl Umwelt des Saarlandes

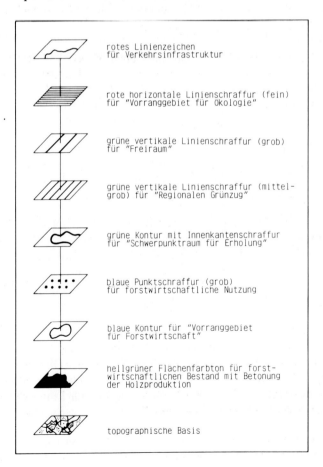

und unterschiedlich flächendeckend im selben Raum. Sämtliche Klassen können als vertikal gegliederte Reihe der Basisinformationen, Analyseinformationen und Ergebnisinformationen (Informationsschichten) beschrieben werden. Die Klasse der Ergebnisinformationen, die die Objekte der anzustrebenden bzw. geplanten Nutzung zusammenfaßt, stellt dabei die wichtigste Informationsschicht gegenüber den darunterliegenden Schichten der Basis- und Analyseinformationen dar. Die Beziehungen zwischen sämtlichen Klassen können daher als geordnet bezeichnet werden (Abb. 27).

Diese auf formallogischen Kriterien basierende Gliederung von Planungsinformationen hat die Funktion, graphische Kriterien zur Darstellung von Planungsinformationen beschreiben, anwenden und untersuchen bzw. weiterentwickeln zu können (Bollmann 1989). Sie stellt den Ansatz für ein Instrumentarium dar, das die variable Gliederung und Darstellung von Planungsinformationen durch den Planer ermöglicht (Freitag, 1991).

3.3.2 Zeichenreihen und Zeichenmuster in Planungskarten

Zeichen, durch die Objekte in Planungskarten dargestellt werden, sind in der Regel in Planzeichenverordnungen oder Planzeichenverzeichnissen definiert. Flächenbezogenen Objekten werden meist flächenförmige Zeichen zugeordnet[2].

Zeichenreihen, die Beziehungen von Objekten einer Klasse und Beziehungen zwischen Objektklassen (Informationsschichten) darstellen, sind nicht definiert. In Planungskarten entspricht die Variation von Zeichen daher häufig nicht den Merkmalen und Beziehungen der darzustellenden Objekte. In Planungskarten werden einzelne Objekte isoliert wahrgenommen, können aber nicht einer gemeinsamen Informationsschicht zugeordnet werden (Abb. 28 und Abb. 29).

Zeichen und Zeichenreihen werden bei der Kartengestaltung geometrisch und substantiell definierten räumlichen Objekten zugeordnet. Es entstehen Zeichenmuster. Dabei werden flächenförmige Zeichen durch die geometrischen Merkmale konkreter Flächen (Eigenschaften des Zeichenmusters) variiert und in ihrer Wahrnehmbarkeit beeinflußt. Beispielsweise kann die Fläche eines Schwerpunktraumes, die durch eine dünne Kontur (Flächenrand) dargestellt ist, von einer bestimmten Größe an nur noch unsicher als Fläche wahrgenommen werden (Abb. 30).

Für durch grobe Linienschraffuren dargestellte Vorranggebiete verringert sich die Wahrnehmbarkeit mit kleiner werdender Fläche (Abb. 31).

Die Zeichen für Schwerpunkträume und Vorranggebiete lassen sich also im Variationsbereich "grob" und "dünn" bei bestimmten Formen und Größen von Objekten geringer als andere Zeichen vom Kartenuntergrund und von anderen Zeichen unterscheiden. Diese Eigenschaften von Zeichen und Zeichenmuster erschweren zusätzlich die eindeutige Zuordnung von Objekten zu Informationsschichten (Abb. 32). Sie verändern dadurch Zeichenbeziehungen, die auf der Grundlage von Objektbeziehungen definiert wurden.

Abb. 29: Hierarchische Struktur regionalplanerischer Informationsschichten (links) und Struktur der Informationen des Stichprobenprofils (s. Abb. 28)

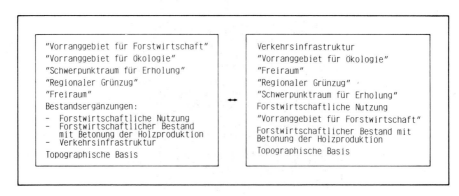

Abb. 30: Definiertes Rand-Zeichen (Kontur) in Zeichenschlüssel und Karte

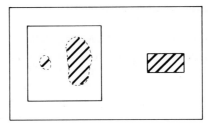

Abb. 31: Definierte Linienschraffur (grob) in Zeichenschlüssel und Karte

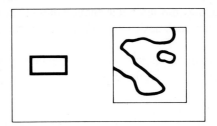

Abb. 32: Zeichenmuster in Planungskarten (ohne Basiskarte)

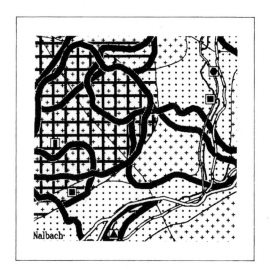

Abb. 33: Flächen in drei Ausrichtungs- und Gestaltungsvarianten

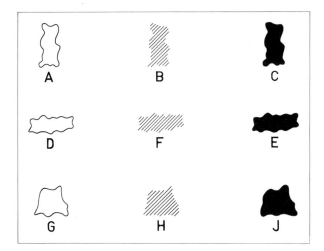

3.3.3 Versuche zur Wahrnehmung flächenförmiger Zeichen

Voraussetzung für die Zuordnung von Objekten zu hierarchisch strukturierten Informationsschichten ist die Unterscheidung von Zeichen in einer graphischen Schicht und zwischen mehreren graphischen Schichten. Auf Grundlage der beschriebenen Bedingungen und Eigenschaften flächenförmiger Zeichen(-reihen) und Zeichenmuster in Planungskarten wurden drei Versuche zur Wahrnehmung von Flächen entwickelt und durchgeführt[3]).

3.3.3.1 Geometrische Merkmale von Objekten in Planungskarten

Bei der Zuordnung flächenförmiger Zeichen und Zeichenreihen zu definierten Objekten eines Kartenausschnittes variieren Zeichen aufgrund der Ausprägung geometrischer Objektmerkmale (Form, Größe, Unter- bzw. Überlagerung). In dem nachfolgend beschriebenen Versuch wurden geometrische Objektmerkmale in jeweils typischen Ausprägungen im Hinblick auf ihren Einfluß auf die Wahrnehmung von Flächen untersucht:

a) vertikal ausgerichtete, horizontal ausgerichtete und kompakte Flächenformen,
b) sehr kleine Flächen,
c) Flächen mit schneidenden Linien im Unterschied zu Flächen ohne unter- bzw. überlagernde Zeichen.

Entsprechend gestaltete Flächen wurden insgesamt 17 Versuchspersonen in Form tachistoskopisch gesteuerter Diaprojektion[4]) kurzzeitig dargeboten. Aufgabe der Versuchspersonen war

- die Identifikation bestimmter Flächenformen (a) anhand einer Vergleichsvorlage (Abb. 33),
- die Angabe der Lage einer jeweils unterschiedlich gestalteten, sehr kleinen Fläche (b) in Netzen größerer Flächen (Abb. 34),
- die Bestimmung der Flächenzahl in Flächennetzen mit und ohne schneidende Linie (c) (Abb. 35).

Kriterium der Auswertung war die zur Lösung der jeweiligen Aufgabe benötigte Anzahl der Kurzdarbietungen. Die Ergebnisse verdeutlichen einen Einfluß der o.a. geometrischen Merkmalsausprägungen von Flächen auf die Wahrnehmung flächenförmiger Zeichen. Flächen werden in ihrer Wahrnehmbarkeit durch

- starke Formenunterschiede,
- starke Größenunterschiede,
- Unterschiede des Grades der Überlagerung durch Linien

beeinträchtigt. Diese Einschränkung der Wahrnehmbarkeit von Flächen durch Eigenschaften des Zeichenmusters sollte bei der Gestaltung von Karten besonders berücksichtigt werden. Das gilt vor allem für Planungskarten, in denen eine große Menge von Planungsinformationen häufig durch Zeichen in extremen Variationsbereichen (z.B. dünne Konturen, grobe Schraffuren) dargestellt wird. Weitere Versuche zur Wahrnehmung von Flächen konnten daher auch nur unter Berücksichtigung dieser Bedingungen durchgeführt werden.

Abb. 34: Flächennetze mit unterschiedlich gestalteter **kleiner Fläche**

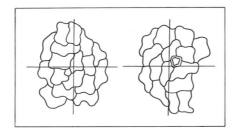

Abb. 35: Flächennetze mit und ohne schneidende Linie

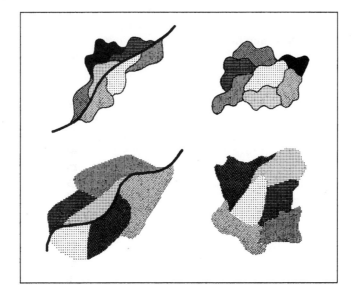

3.3.3.2 Zeichenunterscheidung in einer graphischen Schicht

Voraussetzung für die Unterscheidung flächenförmiger Zeichen in einer graphischen Schicht ist die Wahrnehmung der Flächenförmigkeit eines Zeichens in der konkreten Karte. Sie ist abhängig von den verwendeten Zeichen und deren Variationsbereich.

Gegenstand eines weiteren Versuchs war die Wahrnehmung von Zeichentypen und Variationsbereichen, wie sie in Karten der Regionalplanung verwendet werden (Abb. 29 und 32):

a) helle Flächenfarben
b) grobe Linienschraffuren
c) dünne Konturen.

Auf Grundlage der Ergebnisse des ersten Versuchs (Kap. 3.3.3.1) wurden hierzu Kartenvorlagen erstellt. Jeweils drei Vorlagen unterschieden sich

- in der Helligkeit von Flächenfarben (Abb. 36 und 37),
- in der Feinheit von Linienschraffuren (Abb. 38 und 39),
- in der Strichstärke von Konturen (Abb. 40 und 41).

Innerhalb einer Kartenvorlage unterschieden sich die Flächen durch vier Farben. Zusätzlich waren Buchstaben in den Karten verteilt.

Aufgabe der insgesamt 50 Versuchspersonen war die zahlenmäßige Zuordnung der Buchstaben zu den Farben in einer vorgegebenen Zeit. Die Versuchspersonen hatten dazu ihr Zählergebnis für jede Kartenvorlage in einer Legende einzutragen.

Kriterium der Auswertung war im wesentlichen das Verhältnis wahrgenommener zu angebotenen Zeichen (Fehlerwerte). Es wird hier als Unterscheidungssicherheit bezeichnet.

Ergebnis des Versuchs sind deutliche Abweichungen in der Unterscheidbarkeit von Zeichen, wie sie in Planungskarten Verwendung finden (Abb. 44).

Aufgrund dieser Ergebnisse werden Flächenfarben in sämtlichen Helligkeitsstufen sicherer unterschieden als Linienschraffuren. Linienschraffuren werden im gesamten Variationsbereich sicherer unterschieden als Konturen.

Planungsinformationen, die der wichtigsten Informationsschicht zuzuordnen sind und sicher und schnell wahrgenommen werden müssen (Objekte der anzustrebenden Nutzung), sollten daher durch Flächenfarben dargestellt werden. Um die Wahrnehmbarkeit darunterliegender Informationsschichten zu gewährleisten, müßten der obersten Schicht Flächenfarben angenäherte, sehr feine Punkt- oder Linienschraffuren zugeordnet werden.

Ein Vergleich der Fehlerwerte sämtlicher Schraffurenvorlagen zeigt abnehmende Unterscheidungssicherheit mit gröber werdender Schraffur. Abnehmende Unterscheidungssicherheit kann zur Strukturierung von Informationsschichten eingesetzt werden. Die hierarchische Ordnung zwischen Informationsschichten in Planungskarten sollte daher als graphischer Vorder- und Hintergrund durch jeweils gröbere Schraffuren im Hintergrund umgesetzt werden. Sehr grobe Schraffuren (Abb. 39) sind jedoch besonders für die Gestaltung kleiner Flächen nicht geeignet.

Konturen kennzeichnen Flächen ausschließlich am Rand. Sie lassen sich mit der geringsten Sicherheit unterscheiden und sind daher besonders zur Gestaltung großer Flächen mit stark wechselnder Richtung des Umrißverlaufes nicht geeignet.

Andererseits grenzen Konturen Flächen scharf ab. Mit breiter Strichstärke können Flächennetze mit nicht zu großen und etwa gleichgroßen Flächen in untenliegenden Informationsschichten dargestellt werden.

3.3.3.3 Zeichenunterscheidung in zwei und mehreren graphischen Schichten

Voraussetzung für die Darstellung von Beziehungen zwischen Informationsschichten ist die Unterscheidung von Zeichen im graphischen Vordergrund und Zeichen im graphischen Hintergrund.

Gegenstand eines weiteren Versuchs waren daher auch Variationsbereiche von Zeichen, die in mehrschichtigen Planungskarten verwendet werden:

a) helle und dunkle Flächenfarben,
b) feine und grobe Linienschraffuren,
c) dünne und dicke Konturen.

Insgesamt 50 Versuchspersonen wurden die Testkarten des zweiten Versuchs (Kap. 3.3.3.2) sowie mehrschichtige Kombinationen hiervon (Abb. 42 und 43) vorgelegt. Sie hatten die Vorlagen einzeln anhand eines semantischen Differentials (Abb. 45) zu beurteilen.

In dem semantischen Differential war eine Reihe begrifflicher Kontinua jeweils als Gegensatzpaar definiert. Die Gegensatzpaare wurden in einem Vortest bestimmt, in dem Versuchspersonen ihre Assoziationen zum graphischen Vorder- und Hintergrund beschreiben sollten. Aufgabe der Versuchspersonen im Haupttest war, die Position jeder Kartenvorlage im vorgegebenen semantischen Raum durch Ankreuzen in einer Skala zu bestimmen.

Kriterium der Auswertung waren die Einschätzungen der Versuchspersonen in Form von Mittelwertprofilen (Polaritätsprofile). Die Profile beschreiben Übereinstimmungen und Unterschiede der Einschätzung der in den Kartenvorlagen dargestellten Zeichen und Variationsbereiche von Zeichen. Durch Strukturieren des semantischen Differentials in Begriffe bzw. Eigenschaften des Vordergrunds einerseits und Begriffe bzw. Eigenschaften des Hintergrunds andererseits konnten Ergebnisse zur Zeichenunterscheidung in zwei graphischen Schichten abgeleitet werden.

Abb. 46 zeigt die mittlere Einschätzung der untersuchten Zeichen und Variationsbereiche von Zeichen für die Vorder- und Hintergrunddarstellung.

164

Abb. 36: Testvorlage A1

Abb. 37: Testvorlage A3

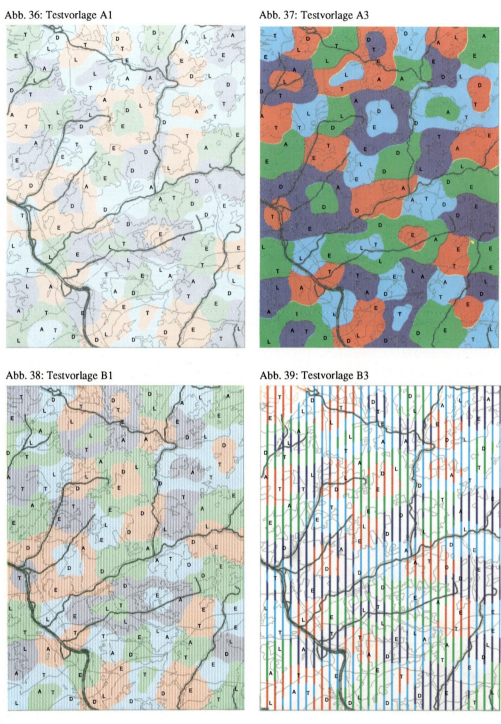

Abb. 38: Testvorlage B1

Abb. 39: Testvorlage B3

(Abbildungen stark verkleinert)

Abb. 40: Testvorlage C1

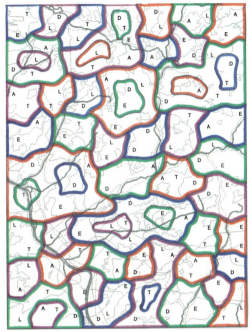

Abb. 41: Testvorlage C3

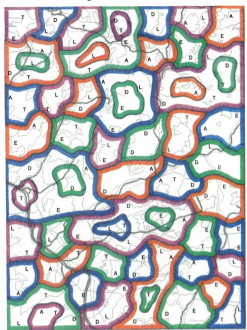

Abb. 42: Testvorlage D1

Abb. 43: Testvorlage D3

(Abbildungen stark verkleinert)

tergrund durch jeweils gröbere Schraffuren im Hintergrund umgesetzt werden. Sehr grobe Schraffuren (Abb. 39) sind jedoch besonders für die Gestaltung kleiner Flächen nicht geeignet.

Konturen kennzeichnen Flächen ausschließlich am Rand. Sie lassen sich mit der geringsten Sicherheit unterscheiden und sind daher besonders zur Gestaltung großer Flächen mit stark wechselnder Richtung des Umrißverlaufes nicht geeignet.

Andererseits grenzen Konturen Flächen scharf ab. Mit breiter Strichstärke können Flächennetze mit nicht zu großen und etwa gleichgroßen Flächen in untenliegenden Informationsschichten dargestellt werden.

3.3.3.3 Zeichenunterscheidung in zwei und mehreren graphischen Schichten

Voraussetzung für die Darstellung von Beziehungen zwischen Informationsschichten ist die Unterscheidung von Zeichen im graphischen Vordergrund und Zeichen im graphischen Hintergrund.

Gegenstand eines weiteren Versuchs waren daher auch Variationsbereiche von Zeichen, die in mehrschichtigen Planungskarten verwendet werden:

a) helle und dunkle Flächenfarben,
b) feine und grobe Linienschraffuren,
c) dünne und dicke Konturen.

Insgesamt 50 Versuchspersonen wurden die Testkarten des zweiten Versuchs (Kap. 3.3.3.2) sowie mehrschichtige Kombinationen hiervon (Abb. 42 und 43) vorgelegt. Sie hatten die Vorlagen einzeln anhand eines semantischen Differentials (Abb. 45) zu beurteilen.

In dem semantischen Differential war eine Reihe begrifflicher Kontinua jeweils als Gegensatzpaar definiert. Die Gegensatzpaare wurden in einem Vortest bestimmt, in dem Versuchspersonen ihre Assoziationen zum graphischen Vorder- und Hintergrund beschreiben sollten. Aufgabe der Versuchspersonen im Haupttest war, die Position jeder Kartenvorlage im vorgegebenen semantischen Raum durch Ankreuzen in einer Skala zu bestimmen.

Kriterium der Auswertung waren die Einschätzungen der Versuchspersonen in Form von Mittelwertprofilen (Polaritätsprofile). Die Profile beschreiben Übereinstimmungen und Unterschiede der Einschätzung der in den Kartenvorlagen dargestellten Zeichen und Variationsbereiche von Zeichen. Durch Strukturieren des semantischen Differentials in Begriffe bzw. Eigenschaften des Vordergrunds einerseits und Begriffe bzw. Eigenschaften des Hintergrunds andererseits konnten Ergebnisse zur Zeichenunterscheidung in zwei graphischen Schichten abgeleitet werden.

Abb. 46 zeigt die mittlere Einschätzung der untersuchten Zeichen und Variationsbereiche von Zeichen für die Vorder- und Hintergrunddarstellung.

Abb. 44: Mittlere Fehlerwerte je Kartenvorlage in Prozent

Abb. 46: Vergleich der Profilmittel-
werte der Testvorlagen
(vgl. Abb. 36 bis 43)

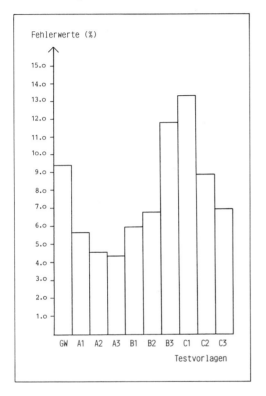

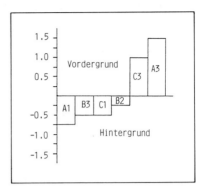

Abb. 45: Semantisches Differential

	sehr	etwas	mittel	etwas	sehr	
kräftig	o—————o—————o—————o—————o					zart
auffallend	o—————o—————o—————o—————o					dezent
betont	o—————o—————o—————o—————o					unbetont
intensiv	o—————o—————o—————o—————o					neutral
unbedeutend	o—————o—————o—————o—————o					bedeutend
unauffällig	o—————o—————o—————o—————o					auffällig
dominant	o—————o—————o—————o—————o					hintergründig
durchsichtig	o—————o—————o—————o—————o					undurchsichtig
wichtig	o—————o—————o—————o—————o					unwichtig
kontrastreich	o—————o—————o—————o—————o					kontrastschwach
leicht	o—————o—————o—————o—————o					schwer
stark	o—————o—————o—————o—————o					schwach
undeutlich	o—————o—————o—————o—————o					deutlich
hochrangig	o—————o—————o—————o—————o					niederrangig
verbindend	o—————o—————o—————o—————o					trennend
ordnend	o—————o—————o—————o—————o					auflösend

reihe entsprechend der Anzahl darzustellender Informationsschichten und entsprechend der Menge darzustellender Objekte in einer Informationsschicht.

Bei der Zuordnung dieser Zeichenreihen zur konkreten Karte müssen sowohl Restriktionen innerhalb einer graphischen Schicht als auch Restriktionen durch Unter- bzw. Überlagerung von Zeichen berücksichtigt werden. Flächen im graphischen Hintergrund, die durch grobe Schraffuren oder dünne Konturen dargestellt sind, werden beispielsweise durch Überlagerung von Linien besonders stark verändert bzw. können weniger sicher von anderen Zeichen unterschieden werden.

Für die Gestaltung von Planungskarten ergibt sich daraus, daß Zeichenreihen, die aufgrund von Objektbeziehungen in einer Informationsschicht und aufgrund von Beziehungen zwischen Informationsschichten abgeleitet werden, im Hinblick auf ihre Wahrnehmbarkeit in der konkreten Karte überprüft und gegebenenfalls modifiziert werden müssen.

Im Bereich der manuellen Herstellung von Planungskarten sind Überprüfungs- und Modifikationsvorgänge für Zeichen einer graphischen Schicht möglich und sollten auf der Grundlage vorliegender empirischer Untersuchungen durchgeführt und weiterentwickelt werden.

Für Zeichenreihen mehrerer graphischer Schichten sind umfassendere und vielschichtigere Überprüfungen und Modifikationen nötig. Sie könnten mit Unterstützung zu entwickelnder planungskartographischer Gestaltungssysteme realisiert werden und würden die Möglichkeit der automatischen Ableitung von modifizierten Zeichenreihen für typische Zeichenmuster in Planungskarten einschließen.

3.4 Kartentechnische Ausstattung
Zusammenfassung der Ergebnisse einer Umfrage

3.4.1 Vorbemerkungen

Der Arbeitskreis "Nutzung neuer Technologien für die Tätigkeit der Landesplanung" der Akademie für Raumforschung und Landesplanung erarbeitete im Jahre 1986 einen Fragebogen, mit dessen Beantwortung ein Überblick über den derzeitigen Einsatz der automatisierten Datenverarbeitung (ADV) entstehen sollte. Zu diesem Fragebogen A steuerte der Arbeitskreis "Planungskartographie" einen weiteren Fragebogen B bei, der sich auf die "Ausstattung in der konventionellen Kartographie einschließlich Reprographie und Druck" erstreckte.

Die Akademie für Raumforschung und Landesplanung verschickte beide Fragebögen mit Schreiben vom 24.7.1986 an insgesamt 52 Institutionen der Landes- und Regionalplanung (Ministerien, Bezirksregierungen, Planungsverbände). Es kamen 49 beantwortete Fragebögen zurück, was einer Beantwortungsrate von rund 95 % entspricht.

Der Arbeitskreis "Planungskartographie" legt nachstehend die Ergebnisse der Auswertung des Fragebogens B vor, und zwar in summarischer Zusammenfassung mit dem Stand vom Sommer 1986.

3.4.2   Zusammenfassung der Antworten

Ausstattung in der konventionellen Kartographie einschl. Reprographie und Druck

3.4.2.1 Gesamtzahl der Geräte aller Institutionen

Tab. 1: Summarische Angabe der Geräte aller Institutionen

Art der Geräte	Anzahl
Reproduktionskameras für große Formate	20
Kontaktkopiergeräte	31
Vorrichtungen zur Anfertigung von Prüfkopien	11
Phototechnische Entwicklungsmaschinen	13
Lichtpausmaschinen	33
Kopiertechn. Geräte (Schleudern, Leuchten, Entwickeln)	15
Reproscanner	1
Druckmaschinen	15
Schriftsatzgeräte	15

In einigen Fällen fanden Hinweise darauf statt, daß die Geräte teilweise auch für andere Zwecke eingesetzt sind.

3.4.2.2 Gesamtzahl der kartographisch Tätigen aller Institutionen

Tab. 2: Summarische Personenanzahl in der Planungskartographie

Art der Ausbildung	Anzahl	
Wissenschaftliche Kartographen	4	Insgesamt
Kartographie-Ingenieure	30	222 Personen,
Kartographen	33	d.h. im Mittel
Andere Lehrberufe der Zeichentechnik	98	4 bis 5 Personen
Andere Lehrberufe der Reprotechnik	28	je Institution
Angelernte Kräfte	23	
Sonstige	6	

In einigen Fällen ergaben sich Hinweise, daß das Personal nicht ausschließlich in diesem Bereich tätig ist, und zwar

- durch Angabe von Bruchteilen der Personalstellen oder
- durch erklärende Fußnoten.

3.4.2.3 Institutionen mit Vergabe kartographischer Arbeiten

Herstellung von Planungskarten allgemein   34 Institutionen
Herstellung von Planungskarten auf ADV-Basis   8 Institutionen

3.4.2.4 Institutionen mit Beschaffungsabsichten

ADV-Geräte vorgesehen   10 Institutionen
Frage hierzu nicht beantwortet   12 Institutionen

3.4.3 Auswertung nach bestimmten Merkmalen

3.4.3.1 Art der Geräteausstattung (außer Reproscanner)

Die Umfrage bezog sich auf (siehe auch 3.4.2.1)

Reproduktionskamera	Kontaktkopiergerät	Prüfkopiergerät
Phot. Entwicklungsgerät	Lichtpausmaschine	Druckmaschine
Schleuder, Entwickler	Schriftsatzgerät	Reproscanner

Tab. 3: Geräteausstattung in der Planungskartographie

Bestand an Geräten	Anzahl der Institutionen
Alle erfragten Geräte vorhanden	4
Nicht alle Geräte vorhanden, jedoch mindestens	
Kontaktkopie, Lichtpausmaschine, Druckmaschine	4
Kontaktkopie, Lichtpausmaschine	16
Kontaktkopie, Druckmaschine	3
Kontaktkopie	3
Lichtpausmaschine	4
Andere Kombinationen	7
Keine Geräte vorhanden	8

3.4.3 Art der personellen Ausstattung

Tab. 4: Personelle Ausstattung in der Planungskartographie

Merkmal	Anzahl der Institutionen
Mehr als 10 Personen	3
6 - 10 Personen	14
3 - 5 Personen	10
1 - 2 Personen	15
0 Personen	7

3.4.3.3 Verhältnis Geräteausstattung zu personeller Ausstattung

Tab. 5: Geräte/Personal in der Planungskartographie

Anzahl der Geräte	Anzahl der Personen	Anzahl der Institutionen
5 und mehr	4 und mehr	15
4	2 - 9	6
3	2 - 6	3
2	1 - 7	6
1	0 - 5	9
0	0 - 3	10

Bei einigen Institutionen fällt auf, daß einer geringeren Geräteausstattung ein höherer Qualifizierungsgrad des Personals gegenübersteht. Vermutlich liegt in diesen Fällen eine nach Umfang und Schwierigkeitsgrad erhebliche Auftragsvergabe vor.

3.4.4 Schlußbemerkungen

Hinsichtlich der geographischen Verteilung ist eine stärkere Ausstattung nach Geräten und Personal im Süden der Bundesrepublik zu erkennen. Die Angaben reichen jedoch nicht aus, um unter Bezug auf Gebietsflächen bzw. auf Dichtewerte der Bevölkerung hierzu weitere Aussagen vornehmen zu können. Auch ist es nicht möglich, typische Ausstattungs-Merkmale bestimmter Instanzen oder Organisationsformen anzugeben, da die gesetzlich festgelegten Kompetenzen und Strukturen zu unterschiedlich sind.

Da diese Veröffentlichung mehr als vier Jahre nach durchgeführter Umfrage erscheint, ist davon auszugehen, daß insbesondere bei den Geräten die derzeitige Ausstattung in ihren Zahlenwerten mehr oder weniger über den angegebenen Daten liegen wird. Insgesamt dürfte sich aber der Zuwachs in der konventionellen Kartographie in Grenzen halten, während im ADV-Bereich mit höheren Zahlen zu rechnen ist.

3.5 Kartentechnische Möglichkeiten bei der Originalisierung und Vervielfältigung von Planungskarten

3.5.1 Vorbemerkungen

3.5.1.1 Thematische Einschränkungen

Die nachfolgenden Betrachtungen gelten in erster Linie für Planungskarten im engeren Sinne, wie sie im Aufsatz von Hake (3.1) beschrieben sind. Das bedeutet die stoffliche Beschränkung auf

- Karten, die Ziele raumbezogener Planungen vorstellen bzw. festlegen (also keine Planungsgrundlagen-Karten) und
- deren Maßstabsbereich zwischen 1 : 25 000 und 1 : 500 000 liegt.

Die modernen kartentechnischen Abläufe lassen eine Fülle technischer Varianten und eine Vielfalt von Kombinationsmöglichkeiten zu. Daher müssen sich die methodischen Angaben auf allgemeine Aussagen beschränken. Auch sind knappe Zusammenfassungen in Gestalt einfacher technischer Regeln und Verfahrens-Empfehlungen kaum möglich. Darüber hinaus würden die gegenwärtigen raschen Entwicklungen, vor allem in der graphischen Datenverarbeitung, die meisten Detailangaben bald veralten lassen. Die Beschränkung auf einen allgemeinen Überblick sichert dagegen eine gewisse zeitliche Gültigkeit der Aussagen.

3.5.1.2 Besonderheiten bei Planungskarten

Die Merkmale dieser Besonderheiten lassen sich wie folgt beschreiben :

- *Stellenwert der Planungskarte*

Im Gegensatz zu den Herstellern amtlicher topographischer Kartenwerke oder von Atlanten steht bei den Institutionen der raumbezogenen Planung nicht die Karte im Mittelpunkt, sondern die Planung selbst. Die Planungskarte ist demnach nicht das für eine unbegrenzte Öffentlichkeit bestimmte, möglichst vielseitig verwendbare Medium, sondern das für einen Einzelfall und für einen begrenzten Benutzerkreis bestimmte sowie evtl. mit rechtlichen Festlegungen verbundene Arbeitsmittel. Sie besitzt ferner nur einen zeitlich - oft durch formale Festsetzung - eingeschränkten Gebrauchswert.

- *Zeitliche Zwänge bei der Herstellung*

Pläne bestehen in der Regel aus Texten und Karten. Für die endgültige Fassung verbaler Aussagen in Texten ist der Zeitbedarf gewöhnlich wesentlich geringer als für die Zeitspanne bis hin zur vervielfältigten Karte. Wird diesem Umstand bei der Abschätzung des zeitlichen Verfahrensablaufs nicht genügend Rechnung getragen, so ist das Ergebnis häufig eine Präsentation von Texten mit werbewirksamem Layout einerseits und graphisch mangelhaften und schwer verständlichen Karten andererseits. Ähnliches gilt, wenn im Planungsverfahren rasche Änderungen in der Kartendarstellung gefordert werden.

- *Personelle und technische Ausstattung*

Planungsstellen verfügen meist nicht über einen größeren Stab kartographisch qualifizierter Personen und auch nicht über eine entsprechende technische Ausrüstung (siehe hierzu auch das Ergebnis einer Umfrage in Hake, 3.4). Selbst wenn die Entwürfe noch im eigenen Bereich entstehen, so ist die Situation bei der Originalisierung sehr unterschiedlich. Vielfach kommt es zur Vergabe von Teilarbeiten, wenn reproduktionstechnische Verfahren notwendig sind; spätestens aber bei der Vervielfältigung liegen die Tätigkeiten außerhalb der Planungsstelle.

Als Grundsatz sollte aber gelten, daß bei den Planungsstellen mindestens die redaktionelle und technische Oberaufsicht über die Kartengestaltung und die Kartentechnik gewährleistet ist und daß damit keine völlige Vergabe derartiger Arbeiten nach außerhalb ohne zwischenzeitliche Eingriffsmöglichkeiten stattfindet. Diese Forderung ergibt sich neben der eigentlichen fachlichen Notwendigkeit auch aus Gründen der beruflichen Aus- und Weiterbildung sowie aus der zunehmenden Bedeutung von Datenbanken und Informationssystemen, denn digitale Verarbeitung und graphische Ausgabe zwingen innerhalb und außerhalb der Institution zu einem stärkeren Verbund. Dieser Grundsatz schließt auch die rechtzeitige und sorgfältige Abschätzung des Zeitbedarfs ein, der für die Kartenherstellung mindestens notwendig ist.

3.5.2   Zum gegenwärtigen Stand der Kartentechnik

3.5.2.1 Aufgabe und Produkt der Kartentechnik

Mit Hilfe kartentechnischer Vorgänge sollen die gedanklichen Ansätze und die graphischen Vorstellungen zu einer Karte - die sog. Kartenidee - ihre konkrete Verwirklichung finden. Kartentechnik im herkömmlichen Sinne ist insoweit die Gesamtheit aller technischen Verfahren, die der Herstellung von Originalen und Vervielfältigungen dienen. Solche Verfahren sind nach der Art des Vorgehens

- manuell (z.B. Zeichnen von Hand),
- mechanisch (z.B. Kartieren mittels Koordinatograph),
- photographisch (z.B. Reproduzieren durch Silbersalzphotographie, Lichtpause),
- drucktechnisch (z.B. Vervielfältigen durch Offsetdruck) oder
- rechnergestützt (z.B. Zeichnen mittels Plotter).

Spätestens mit dem Aufkommen der graphischen Datenverarbeitung (GDV) erfährt jedoch der Begriff der Kartentechnik eine erhebliche Erweiterung seines Bedeutungsinhalts. Durch den Einsatz der Computertechnik wird nämlich bereits die Phase des Kartenentwurfs in starkem Maße durch technische Vorgänge bestimmt (z.B. als Selektion oder Aggregation digitaler Daten oder durch Erprobung von Kartenvarianten am Bildschirm). Gedankliche Gestaltung und technische Realisierung sind daher in ihrem Ablauf eng miteinander verzahnt und daher nicht mehr als isolierte Teilprozesse anzusehen.

Das klassische Endprodukt der Kartentechnik war und ist eine graphische Darstellung auf einem materiellen Träger. Neben dieser graphischen, d.h. analogen und zugleich realen Präsentation (als sog. ''real map'') sind durch den Einsatz der GDV nunmehr auch noch andere Arten der Darbietung möglich :

- In *analoger* Darstellung, jedoch in immaterieller Weise als Zwischen- oder Endprodukt auf einem Bildschirm (papierlose Kartographie oder sog. ''virtual map''),
- in *digitaler* Darstellung (digitales Modell), und zwar auf einem Speichermedium der Datenverarbeitung (als sozusagen latente Karte, z.B. auf Magnetband)
  oder
  auf einem alphanumerischen Ausdruck davon (z.B. als Koordinatenverzeichnis aller Kartenpunkte).

Immaterielle Bilder lassen sich durch eine spezielle Hardware in reale Bilder umwandeln (Hardcopy); digitale Darstellungen kann man mit den Systemen der GDV durch Digital-Analog-Wandlung in analoge Darstellungen transformieren.

Einen zusammenfassenden Überblick über die End- bzw. Zwischenprodukte der Kartentechnik gibt die Tabelle 1. Für die weiteren Betrachtungen gilt das Hauptinteresse dem auch in der Praxis nach wie vor wichtigsten Fall der klassischen Karte als Endprodukt (siehe das besonders umrahmte Feld der Tabelle 1). Andererseits ist aber festzuhalten, daß die digitale Speicherung von Fachdaten eine ständig zunehmende Bedeutung erlangt (siehe das mit unterbrochenem Strich umrahmte Feld der Tabelle 1) und daß damit zugleich die analoge Karte mehr und mehr den Status eines Endproduktes verliert und zum jederzeit erzeugbaren Zwischenprodukt wird.

Tab. 1: Möglichkeiten der End- und Zwischenprodukte in der Kartographie nach
Erscheinungsform und Datenart

Erscheinungsform der Karte	präsent (wahrnehmbar)		latent (nicht wahrnehmbar)
Art der Daten	materiell	immateriell	
analog	klassische Karte	Dia-Projektion Bildschirmkarte	noch nicht entwickelte photographische Karte
digital	alphanumerischer Listendruck	Bildschirm	Daten im Speichermedium

3.5.2.2 Begriffliche Erläuterungen

Für den notwendigen fachterminologischen Konsens zwischen Planern und Kartographen ist es zweckmäßig, einige der häufig benutzten Grundbegriffe näher zu erläutern :

Als Ausdrucksformen *analoger* Daten gelten in der Kartographie die üblichen graphischen Darstellungen in Form punktförmiger, linearer oder flächenhafter Strukturen. *Digitale* Daten sind dagegen codierte Darstellungen von Zeichen durch eine Menge von Ziffern als abzählbare Größen der Rechentechnik.

Für die reine Analogdarstellung gilt folgendes :

- Der *Entwurf* ist der graphische Ausdruck für die Vorstellungen des Fachautors, des Kartographen und evtl. des Herausgebers. Er kann im Anfang sowohl die Merkmale einer mehr skizzenhaften Darstellung (z.B. erste Planentwicklung auf einer topographischen Karte) als auch einer präzisen Kartierung (z.B. nach Maßvorgaben) aufweisen; am Ende muß er aber als Vorlage für die Herstellung des Originals unmittelbar geeignet sein. Das bedeutet, daß alle eindeutig darstellbaren Lageangaben (z.B. Verwaltungsgrenzen) graphisch die *geometrische* Exaktheit besitzen, die sie ihrer Natur nach und auf den jeweiligen Maßstab bezogen von vornherein besitzen (Prinzip der Lagetreue). Dagegen ist die rein *graphische* Exaktheit, z.B. in der Konstanz der Strichbreite, vielfach noch nicht vollständig erforderlich. Im einzelnen bezieht sich der Autorenentwurf mehr auf die fachliche Aussage, während der anschließende Entwurf des Kartographen, der eigentliche Kartenentwurf, mehr die graphische Umsetzung der thematischen Aussage zum Gegenstand hat.

- Das *Original (Kartenoriginal)* ist im weiten Sinne die geometrisch und graphisch exakte, im vorgesehenen Zeichenschlüssel gehaltene und reproduktionsfähige Vorlage für die Vervielfältigung der Karte. Zu einer einzigen Karte können dabei mehrere solcher Vorlagen als ein Satz von Folien *(Farbfolien)* gehören, wenn dies aus Gründen der Vervielfältigung (z.B. beim Mehrfarbendruck), der Gestaltungsvariation, der Bearbeitungsorganisation usw. notwendig oder zweckmäßig ist.

Bei der digitalen Verfahrensweise gilt dagegen :

Die technischen Prozesse der *graphischen Datenverarbeitung (GDV)* vollziehen sich in der Kartographie gewöhnlich in zwei Abschnitten:

- Während das Analogverfahren die Ausgangsdaten (Koordinaten, Feldmaße, Kartenvorlagen, Luftbilder) sofort in eine Kartengraphik (als Entwurf oder Original) umsetzt, entsteht im digitalen Verfahren zunächst lediglich eine digitale Beschreibung der Geometrie und der Merkmale (Attribute) der Objekte als sog. *digitales Objektmodell (DOM)*, auch als Datenmodell bezeichnet.

- Aus einem solchen Modell läßt sich dann in einem zweiten Schritt eine beliebige Anzahl sog. *digitaler kartographischer Modelle (DKM)* ableiten, auch Darstellungsmodelle genannt, in denen die jeweils gewünschte graphische Struktur der Objekte in verschlüsselter Form zum Ausdruck kommt.

Im übrigen ist bei der GDV nach der technischen Vorgehensweise noch wie folgt zu unterscheiden :

- Bei Daten in *Vektorform (Vektordaten, Vektorgraphik)* ist die elementare Information der GDV ein kleines gerades Linienelement als zweidimensionaler Vektor zwischen zwei durch Koordinaten digital beschriebenen Punkten. Als graphische Struktur ergibt sich ein Einzelpunkt als Nullvektor, eine Linie als Folge aneinandergesetzter Vektoren und eine Fläche aus ihrer Umschreibung durch einen geschlossenen Vektorzug.

- Daten in *Rasterform (Rasterdaten, Rastergraphik)* setzen sich zusammen aus kleinen quadratischen Flächenelementen (sog. Pixeln), deren Lage sich digital beschreiben läßt durch das Abzählen von Zeilen und Spalten in einem quadratischen Netz. Einzelpunkte ergeben sich aus einem Pixel als Kern, Linien als Pixelfolge (Skelett) und Flächen als totale Füllung mit Pixeln.

Die genannten Datenformen besitzen jeweils spezifische Vor- und Nachteile. Mit gegenseitigen Transformationen im Zuge der GDV ist es möglich, die Vorzüge auszunutzen und die Nachteile zu reduzieren. Der Aufsatz "Der Einfluß der graphischen Datenverarbeitung auf Entwurf und Originalisierung von Planungskarten" (s. Rase, 3.6) beschreibt weitere Einzelheiten.

3.5.3 Möglichkeiten der Originalisierung

3.5.3.1 Grundsätze und tabellarischer Überblick

Für die Originalherstellung bei den in der Regel mehrfarbigen Karten gilt folgender Grundsatz: Es sind soviele Folien als Farbfolien herzustellen, wie Farbmittel bei der Vervielfältigung (z.B. Druckfarben) vorgesehen sind. Dieser Grundsatz der Farbtrennung - und damit auch der entsprechenden Datenorganisation - ist die methodische Leitlinie durch alle kartentechnischen Einzelprozesse hindurch.

Klassische Analogverfahren

- Entstehen die Kartenoriginale durch *zeichnerische Farbtrennung* nach einem graphischen Entwurf, so kann statt der Mindestzahl der Farbfolien zunächst eine noch größere Anzahl von Farbfolien entstehen, wenn damit technische Bearbeitungsvorteile verbunden sind. So lassen sich z.B. Schrift und bestimmte Grundrißelemente auf zwei Folien darstellen, obwohl sie später in einer Farbe erscheinen sollen. Ferner ergibt sich ein gestalterischer Vorteil, wenn durch die Verteilung auf viele Folien zahlreiche Kombinationen nach Inhalt und Farbwahl möglich sind. Dieser Sachverhalt gilt als sog. *analoges Folienprinzip.* Die für die spätere Vervielfältigung benötigten endgültigen Farbfolien sind dann aber noch in einem besonderen Schritt durch reproduktionstechnisches Zusammentragen aller Folien einer Druckfarbe als sog. Kopieroriginale herzustellen.

- Ergeben sich die Kartenoriginale durch photographische *Farbtrennung (Farbauszugsverfahren),* so sind diese zugleich die Farbfolien für die spätere Vervielfältigung in der normierten, sog. kurzen Skala (Cyanblau, Magentarot, Gelb und Schwarz). Das bedeutet zugleich, daß der Entwurf als die Vorlage für den Farbauszug in diesem Falle nicht nur geometrisch, sondern auch graphisch den Ansprüchen genügen muß, die an ein Original zu stellen sind. Der Entwurf nimmt damit quasi das Ergebnis vorweg und läßt sich daher auch als farbvereintes (Erst)-Original kennzeichnen.

Graphische Datenverarbeitung

Beim Einsatz digitaler Verfahren ist die Herstellung der Farbfolien wesentlich flexibler. Das bedeutet aber auch, daß sich der Begriff des Originals (der Farbfolie) immer nur auf den jeweiligen Einzelfall bezieht, da sich in jedem weiteren Fall durch entsprechende Datenverarbeitung die Daten einer Objektgruppe in geänderter Form ausgeben, beliebig mit denen anderer Gruppen auf einer Folie zusammentragen oder von diesen getrennt auf einer besonderen Folie darstellen lassen. Diese Sachverhalte gelten als sog. *digitales Folienprinzip.* Darüber hinaus läßt sich durch Zugriff auf externe Datenbestände der Datenvorrat gegenüber dem Bestand der ursprünglichen Karte erweitern. In bestimmten Fällen entfällt sogar die Herstellung von Farbfolien völlig, wenn die einzelnen Vervielfältigungsexemplare direkt, also ohne Zwischenschaltung einer Druckform, nach digitalen Daten entstehen, z.B. beim Einsatz schneller Farbprinter; Originale im herkömmlichen Sinne sind dann völlig entbehrlich.

Die Tabelle 2 gibt einen Überblick über die vier charakteristischen Fälle der Originalherstellung. Auf der Grundlage dieser Übersicht werden anschließend diese vier Fälle näher beschrieben. Die hierbei notwendige systematische Abfolge der Erläuterungen schließt selbstverständlich nicht aus, daß es in der Praxis vorteilhaft sein kann, bei der Fertigung einer Karte mehrere dieser Fälle miteinander zu kombinieren.

Tab. 2: Originalherstellung in Abhängigkeit vom Verfahren der Farbtrennung
und der Art der Daten

Verfahren der Farbtrennung / Art der Daten	zeichnerisch	photographisch oder elektronisch (Farbauszugsverfahren)
analog: graphische Kartierung von Daten oder Generalisierung graphischer Vorlagen	Klassische Methode: Entwurf auf einem oder auf mehreren Blättern | manuelle oder mechanische Ableitung der Farbfolien	Photographische Methode: graphisch exakte Vorlage | photographischer Auszug der Farbfolien (kurze Skala)
digital: digital gespeicherte Daten oder Digitalisierung von Vorlagen	Datenverarbeitung in Vektorform | graph. Ausgabe zum Entwurf (Plotter, Bildschirm) und weitere Datenverarbeitung | graphische Ausgabe der Farbfolien (Plotter)	Datenverarbeitung in Rasterform | graphische Ausgabe zum Entwurf (Bildschirm) und weitere Datenverarbeitung | graphische Ausgabe der Farbfolien (Reproscanner)

3.5.3.2 Zeichnerische Farbtrennung nach analogen Daten (Klassische Methode)

Diese Methode war lange Zeit das nahezu einzige Verfahren zur Herstellung von Originalen. Sie entstanden bei mehrfarbigen Karten durch Hochzeichnen vom Entwurf auf verschiedene Folien, evtl. auch durch Zeichnung auf einer vom Entwurf abgeleiteten, photographisch nicht wirksamen Kopie (sog. Anhaltskopie). Die vorherrschende manuelle Tätigkeit führt zu einem erheblichen Zeitbedarf.

Die heutige Konkurrenzfähigkeit des Verfahrens hängt davon ab, in welchem Ausmaß es möglich ist, durch mechanische und photographische Teilprozesse Zeit einzusparen, graphische Qualität auch mit weniger geübtem Personal zu erzielen und bestimmte graphische Strukturen (z.B. Flächenfüllung durch Raster) überhaupt erst anwendbar zu machen. Gerade bei Planungskarten bietet vor allem die eigentliche thematische Darstellung - die Planung selbst - gute Voraussetzungen hierzu.

So lassen sich farbige Flächen in der Farbfolie durch transparente, aber lichtundurchlässige Schneidfolien oder mit Hilfe der bereits erzeugten Strichdarstellung im sog. Strip-Mask-Verfahren darstellen. Vollflächen kann man in nachfolgenden Kopiervorgängen auch noch in einem gewünschten Tonwert aufrastern. Für Flächensignaturen und für Raster geringerer Feinheit gibt es auch sog. Abreibfolien; diese existieren ferner auch für Linien, lineare und lokale Signaturen sowie für Schriften. Für gekrümmt verlaufende Linien kann man auch auf Klebebänder zurückgreifen. Bei höheren Ansprüchen an die Schrift wählt man den Lichtsatz auf photographischen Schichten.

Mit Kopierrastern ist es möglich, eine Druckfarbe in der Helligkeit zu stufen und darüber hinaus mit zwei (oder noch mehr) Druckfarben eine ganze Skala von Mischfarben zu erzeugen. Das führt zu einer Reduktion der Druckvorgänge bis hin zur Anwendung der normierten kurzen Skala. Im letzteren Falle ist es jedoch vorab nötig, Farbtafeln zu verwenden, aus denen das endgültige farbliche Ergebnis vorweg festlegbar ist und zugleich das Zusammenspiel von Farbtönen und Farbhelligkeiten und der damit verbundene technisch notwendige Weg erkennbar wird. Das gleichzeitige Herstellen zahlreicher Folien durch Verteilen auf mehrere Bearbeiter kann weitere Zeitersparnisse bewirken, erfordert aber meist einen größeren Aufwand in der Reprotechnik für das Zusammenkopieren, Umkopieren, Seitenvertauschen usw.; hier wirkt sich allerdings immer vorteilhafter die Tatsache aus, daß die Phototechnik durch neue Materialien immer mehr ohne Dunkelraumbetrieb arbeiten kann. Auch ist zu erkennen, daß die Umweltverträglichkeit von Photo- und Kopierchemikalien deutlich zunimmt.

3.5.3.3 Photographische Farbtrennung nach analogen Daten (Klassisches Farbauszugsverfahren)

Das Verfahren erfordert eine einzige farbvereinte Entwurfs-Vorlage, deren graphische Qualität der für das Endprodukt gewünschten Qualität entsprechen muß. Das bedeutet z.B. konturenscharfe Linien von jeweils konstanter Breite, Flächenfarben mit jeweils unveränderlichem Merkmal in Ton, Sättigung und Helligkeit, saubere Schrift usw. Die klassische Analogmethode benutzt hierzu Reproduktionskameras oder Kopiergeräte, mit deren Hilfe die Vorlage viermal nacheinander unter jeweils verschiedenen Filtern photographisch aufgenommen und vollständig gerastert wird. Die so entstandenen, meist noch zu retuschierenden Schwarz-Weiß-Filme führen dann zu den Farbfolien als Kopieroriginale für den Druck mit den Normfarben Cyanblau - Magentarot - Gelb und der Tiefenfarbe Schwarz (kurze Skala).

Gegenüber der zeichnerischen Farbtrennung läßt sich die Zeit zwischen Entwurfsvorlage und Kopieroriginal verringern, doch sind reprophotographische Qualifikation des Personals sowie höherer Aufwand an Geräten und Materialien zu beachten. Die in 3.5.3.2 genannten Möglichkeiten lassen sich teilweise auch hier anwenden, z.B. farbige Schneid- und Klebfolien sowie Abreibverfahren bei der Herstellung der Vorlage. Eine Variante ist die getrennte Anfertigung einer oder mehrerer Schriftfolien, die später mit den jeweiligen Farbfolien zusammenkopiert werden und damit die Schriftdarstellung ungerastert erscheinen lassen.

Insgesamt verliert das Verfahren insoweit an Bedeutung, als statt der Kamera mehr und mehr der Reproscanner eingesetzt wird (3.5.3.5).

3.5.3.4 Farbtrennung nach digitalen Daten in Vektorform

Die aus Datenträgern (z.B. für Verwaltungsgrenzen) entnommenen oder durch eine spezielle Digitalisierung (z.B. von Karten, Luftbildern, einzelnen Farbfolien) gewonnenen Vektordaten werden einer Datenverarbeitung unterzogen, die in den analogen Verfahren etwa der Entwurfsphase entspricht (z.B. Generalisierung). Solange noch nicht viele Datenquellen in digitaler Form zur Verfügung stehen, ist das daher noch notwendige Verfahren der Digitalisierung analoger Daten meist recht aufwendig und daher zunächst noch ein starkes Hemmnis für eine breitere Anwendung der GDV. Vielfach sind solche Digitalisierungen auch nur für den jeweiligen Spezialzweck konzipiert und liefern damit keinen Beitrag für den Aufbau einer möglichst vielseitig einsetzbaren Datenbank.

Stehen aber digitale Daten ohne großen Aufwand unmittelbar zur Verfügung, so ergeben sich erhebliche Vorteile, wenn zugleich auch leistungsfähige Verarbeitungsprogramme bereits existieren. Statt eines einzigen manuellen Entwurfs bei den klassischen analogen Verfahren lassen sich beliebig oft analoge Zwischenausgaben mit ausreichender geometrischer und graphischer Genauigkeit erzeugen. Dazu dienen schnelle Plotter oder interaktive Bildschirme; letztere besitzen den Vorzug, daß Änderungen der Kartengraphik unmittelbar im Anblick der graphischen Darstellung durch entsprechende Datenmanipulation möglich sind. Die Zwischendarstellung selbst kann sich auf die einzelne Farbfolie beschränken, aber auch in einer Zusammenfassung aller Farbfolien bestehen. Wird in der Folge der Eingriffe die Art der letzten Darstellung uneingeschränkt akzeptiert, so können die Farbfolien als Kopieroriginale mit einer Präzisions-Zeichenanlage entstehen, falls eine Vervielfältigung durch Druck in hoher graphischer Qualität erwünscht ist. In anderen Fällen kann man sich auch auf einfachere Ausgaben, z.B. mit kleineren Hardcopy-Geräten, beschränken. Aus Gründen der Gerätetechnik, der Verarbeitungsprogramme, der Speicherplätze usw. kann es vorteilhaft oder notwendig sein, zwischenzeitlich die Vektordaten in Rasterdaten (und umgekehrt) zu verwandeln; auf Einzelheiten kann hier jedoch nicht näher eingegangen werden.

Verfahrenskombinationen sind denkbar, wenn z.B. die Digitaltechnik sich auf den Planungsinhalt beschränkt und der topographische Kartengrund im klassischen Analogverfahren unverändert aus den Farbfolien vorhandener topographischer Karten abgeleitet wird.

3.5.3.5 Farbtrennung nach digitalen Daten in Rasterform

Wie in 3.5.3.4 ist auch hier der Eintritt in die Rasterdatenverarbeitung auf zwei Wegen möglich: Entweder stehen bereits geeignete Rasterdaten auf einem Datenträger zur Verfügung (z.B. für Nutzungsflächen) oder es wird eine geeignete Vorlage digitalisiert. Im Gegensatz zur Digitalisierung nach 3.5.3.4 ist dieser Vorgang hier relativ unproblematisch, solange es ausschließlich um die Erzeugung von Farbfolien geht: Es kommt zum Einsatz des Reproscanners, der die Vorlage in seiner Leseeinheit automatisch in kurzer Zeit abtastet.

Diese Methode ist damit die digitale Entsprechung zu der in 3.5.3.3 beschriebenen Prozedur des analogen Farbauszugsverfahrens, d.h. die Schreibeinheit als graphische Ausgabe liefert gerasterte Farbfolien für die bunten Normfarben Cyanblau, Magentarot und Gelb sowie für Schwarz. Die zwischen Leseeinheit (Scanner) und Schreibeinheit zwischengeschaltete Datenverarbeitung gestattet Eingriffe zur Maßstabsveränderung, Seitenvertauschung, Positiv-Negativ-Wandlung usw. sowie mittels interaktivem Bildschirm auch Änderungen der Kartengraphik (z.B. beim Helligkeitswert als eine sozusagen elektronische Maskierung oder digitale Retusche).

Das Verfahren erfordert einen hohen Geräteaufwand, ist aber im Vergleich zu den in 3.5.3.2 bis 3.5.3.4 beschriebenen Methoden der schnellste Weg der Farbtrennung. Ein besonderer Vorteil ergibt sich ferner gerade bei Planungskarten, wenn der Inhalt der ersten Vorlage gespeichert bleibt, so daß Änderungen des Plans keine neue Vorlage erfordern, sondern sofort am Bildschirm vorgenommen werden können.

3.5.4 Möglichkeiten der Vervielfältigung

3.5.4.1 Vorbemerkungen

Unter dem Begriff der *Vervielfältigung* versteht man im graphischen Bereich allgemein die Ableitung einer größeren Anzahl von in Form und Inhalt gleichen Exemplaren nach einer graphischen Vorlage oder nach digitalen Daten. Diese begriffliche Aussage ist jedoch weder historisch noch methodisch eindeutig abgrenzbar: So war die vor Jahrhunderten übliche manuelle Abzeichnung und Kolorierung nach einer Karte in ihrer Zweckbestimmung eine Vervielfältigung; heute gibt es dafür die ausschließlich der Vervielfältigung dienenden Druckverfahren und die vorwiegend für diesen Zweck konzipierte Elektrophotographie. Andere Verfahren (z.B. Lichtpause, Thermographie) dienen dagegen in erster Linie der Herstellung einer oder nur weniger Ausfertigungen, für die dann gewöhnlich die Bezeichnung als *Kopie* üblich ist.

Eine eindeutige Zuordnung der einzelnen technischen Verfahren zu den Bereichen von Kopie und Vervielfältigung ist jedoch nicht möglich. Sie hängt nämlich stark ab von den Kosten und den technischen Einschränkungen (z.B. im Format). Da diese sich aber ständig ändern, können z.B. die heutigen Kopierverfahren die Vervielfältigungsverfahren von morgen sein.

Die übliche Art der Vervielfältigung ist auch heute noch die graphische Ausgabe nach einer als Original bezeichneten graphischen Vorlage. Dabei bleibt es in diesem Zusammenhang unerheblich, ob dieses Original nach analogen Daten entstanden ist (z.B. nach einem manuellen Entwurf) oder ob es sich aus der graphischen Ausgabe nach digitalen Daten ergeben hat (z.B. durch Plotter-Zeichnung). In beiden Fällen ist die aus dem Original abgeleitete Vervielfältigung ihrem Wesen nach die Umsetzung einer Analogdarstellung in eine andere Analogdarstellung. Eine andere Situation liegt aber vor, wenn durch die graphische Datenverarbeitung die Vervielfältigung unmittelbar - also ohne ein besonderes Original (siehe auch 3.5.3.1) - aus digitalen Daten entsteht, was einer sog. Digital-Analog-Wandlung entspricht. Diese Möglichkeit dürfte als Vervielfältigungsmethode wachsende Bedeutung gewinnen. Dabei kann allerdings der herkömmliche Begriff der Vervielfältigung in Frage gestellt sein, weil es nunmehr grundsätzlich möglich ist, jede einzelne graphische Ausfertigung gegenüber dem vorangegangenen Exemplar in Form und Inhalt zu verändern.

Planungskarten liegen nach ihrer Auflagenhöhe häufig im Bereich zwischen Vervielfältigung und Kopie. Daher beziehen sich die nachfolgenden Betrachtungen auch auf solche Verfahren, die primär für Kopierzwecke gedacht sind, in Ausnahmefällen aber auch für eine Vervielfältigung in sehr kleinen Auflagen in Betracht kommen können.

3.5.4.2 Vervielfältigung nach analogen (graphischen) Originalen (Analog-Analog-Übertragung)

In der Kartographie ist das wichtigste Vervielfältigungsverfahren nach wie vor der Kartendruck. Die daneben ausnahmsweise in Betracht kommenden Methoden sind unter dem Sammelbegriff der reprographischen Verfahren bekannt. Dabei versteht man unter Reprographie alle Verfahren, die vorwiegend der Bürokommunikation, der Dokumentation, der technischen Konstruktion usw. dienen.

Tabellarische Übersicht

Die Tabelle 3 enthält für die einzelnen Verfahren eine Reihe von Merkmalen und die damit verbundenen Bewertungskriterien. Soweit es dabei zu Vergleichen kommt, sind die Angaben nur als Relativwerte aufzufassen.

Verfahren des Kartendrucks

Die Vervielfältigung durch ein Druckverfahren ist auch bei Planungskarten heute noch am häufigsten. Dabei entstehen die Druckformen durch reproduktionstechnische Übertragung der in 3.5.3 beschriebenen Farbfolien, und zwar in der Regel mittels großformatiger Kopiergeräte, in denen durch die transparente Farbfolie hindurch auf die unmittelbar darunter im Kontakt liegende lichtempfindliche Druckform belichtet wird.

Eine andere Möglichkeit, die Druckform zu erzeugen, befindet sich zur Zeit noch in Entwicklung und Erprobung. Sie läßt sich wie folgt skizzieren:

- Voraussetzung sind digitale Daten oder die Digitalisierung einer geeigneten Vorlage.
- Diese Daten werden unmittelbar in eine Analogdarstellung auf der Druckform umgesetzt, z.B. mittels Laserstrahl.
- Die Herstellung von Farbfolien ist damit entbehrlich.

a. Offsetdruck

Dieser ist das bei weitem vorherrschende Verfahren beim Kartendruck. Da es - auch bei Planungskarten - in der Regel um mehrfarbige und großformatige Karten geht, kommen als Druckformen die dünnen, feingekörnten und für die Belichtung vorbeschichteten Aluminiumfolien in Betracht. Lediglich bei kleinen Formaten, einfarbigen Darstellungen und geringen Auflagen wird man ausnahmsweise auch nach Papierfolien im sog. Kleinoffset drucken können.

Der Offsetdruck ist für die tägliche Praxis unbestritten das in der Qualität der graphischen Wiedergabe beste Verfahren der Kartenvervielfältigung. Da bei Planungskarten die Anzahl der Vervielfältigungen - die Auflagenhöhe - meist nicht sehr hoch ist, hängt die Wirtschaftlichkeit des Verfahrens vor allem von folgenden Umständen ab:

- Die reproduktionstechnischen Zwischenprozesse bis zur Herstellung der Druckplatten sollten
  - besonders bei der zeichnerischen Farbtrennung (Nr. 3.5.3.2) - möglichst wenig Zeit erfordern.
  Darum wäre alle Möglichkeiten moderner Technologien, z.B. Reproduktionsphotographie im
  Hellraumbetrieb, Lichtpausfolien usw. in Anspruch zu nehmen. Da Planungsstellen im allgemeinen über keine eigene Technik-Ausstattung verfügen, ist beim Auftragnehmer auf einen
  modernen Gerätepark, qualifizierte Mitarbeiter und standardisierte Methoden zu achten. Ein
  Gewinn an Zeit wäre dazu höher zu veranschlagen als eine Ersparnis an Kosten.

Tab. 3: Merkmale und Bewertungskriterien der Verfahren zur Vervielfältigung von Karten nach
graphischen (analogen) Vorlagen

Verfahren / Merkmale	Kartendruck		Reprographische Verfahren				
	Offset-druck	Sieb-druck	Farb-prüf-verf.	Farb-photo-graphie	Licht-pause	Thermo-graphie	Elektro-photo-graphie
Art der Vorlage	SF	SF	SF	BV	ZF	ZF	ZF[1]
Transparenz der Vorlage	t	t	o	o[2]	t	o	o
Vorgang der Vervielfältigung	i1	i2	d	d	d	d	i3
Buntheit beim graph. Ergebnis	m1	m1	m1	m2	e[3]	e	e[4]
Trägermaterial beim Ergebnis	P	P	K	K	P	P	P
Eignung in bezug auf							
- Auflagenhöhe (Vervielf.-geschwindigkeit)	++	o	-	-	o	o	+
- größeres Format	++	++	+	-	++	--	+
- Bezeichenbarkeit der Vervielfältigung	+	+	o	-	+	+	+
Aufwand bei							
- Geräten (Investition)	--	-	o	-	o	+	o
- Personal (Qualifikation)	--	-	o	o	+	+	+
- Vor- u. Nachbereitung (Rüstzeit)	--	-	o	o	+	++	++

Erläuterungen zur Tabelle 3

Abkürzungen

SF Satz von mehreren Farbfolien
BV eine einzige Buntvorlage
ZF Zusammenkopie der Farbfolien

d   direkt
i1 indirekt über Druckplatte
i2 indirekt über Siebschablone
i3 indirekt über Photo-Halbleiter

m1 mehrfarbig entsprechend den Druck-(Kopier-)farben
m2 mehrfarbig auf photographischer Grundlage
e   einfarbig

t   transparent
o   opak (nicht transparent)
P   Papier
K   Kunststoff

Anmerkungen

1) zunehmend auch BV
2) in selteneren Fällen auch kleinerformatiges Diapositiv
3) in selteneren Fällen auch zweifarbig
4) zunehmend auch m2

Bewertungsskala

++ sehr günstig
+   günstig
o   mäßig
-   ungünstig
-- sehr ungünstig

- Bei der zeichnerischen Farbtrennung (Nr. 3.5.3.2) kann eine komplexe Darstellung wegen der zahlreichen Druckfarben mehrfach zu einem aufwendigen Andruck mit anschließenden umfangreichen Korrekturen führen. Daher zahlt es sich aus, wenn die Originalisierung mit besonderer Sorgfalt geschieht, die Farbfolien häufig miteinander in Bezug gesetzt werden (z.B. durch Übereinanderlegen) und zunächst ein Farbprüfverfahren (siehe dort) zum Zuge kommt, mit dessen Hilfe die Graphik nach Vollständigkeit, Richtigkeit und Exaktheit geprüft werden kann. Evtl. ist danach sogar ein Andruck entbehrlich, oder er beschränkt sich nur auf die Farbgebung selbst.

- Bei der photographischen und mehr noch bei der elektronischen Farbtrennung (3.5.3.3 bzw. 3.5.3.5) ist die Situation günstiger, da die beschriebene Prüfung weitgehend entbehrlich ist und bei sachgerechter Maskierung u.U. der Auflagedruck unmittelbar möglich ist.

- Die Entscheidung, ob Ein-, Zwei- oder Mehrfarben-Druckmaschinen eingesetzt werden, sowie der Einfluß der damit verbundenen Einrichtezeit und der anfallenden Makulatur-Menge sind sehr betriebsspezifische Kriterien, die eine allgemeine Bewertung kaum zulassen. Die Abschätzung ist daher für den jeweiligen Einzelfall vorzunehmen.

- In den Fällen, in denen noch mit Änderungen des Karteninhalts zu rechnen ist (z.B. im Zuge der Planungsbeteiligung), kann es vorteilhaft sein, vorab bereits eine größere Auflage zu drucken, die lediglich den topographischen Kartengrund und solche Plandarstellungen enthält, die unverändert bleiben. Nach einer Planungsänderung brauchen dann nur noch die geänderten Darstellungen in die bereits gedruckten Exemplare eingedruckt zu werden.

b. Siebdruck

Gegenüber dem Offsetdruck findet der Siebdruck an billigeren und leichter zu bedienenden Geräten statt. Die Einrichtezeit bis zum ersten Auflagedruck ist ferner wesentlich kürzer, doch ergibt sich andererseits eine geringere Druckgeschwindigkeit. Das Verfahren bietet sich daher in den Fällen an, in denen große Formate mit vielen Farben in geringer Auflage zu drucken sind; diese Voraussetzungen treffen aber gerade bei Planungskarten häufig zu.

Die Eigenarten des Siebdrucks zwingen jedoch, beim Kartendruck folgendes zu beachten :

- Die Wiedergabe bunter und unbunter Flächen gelingt problemlos, wenn sie in den Farbfolien als Vollflächen dargestellt sind und dann mit der entsprechend gewählten Druckfarbe jeweils zum Ausdruck gelangen, bei unbunten Flächen also mit bestimmten Grautönen. Es gibt zwar positive Versuche, auch gerasterte Flächen zu drucken, doch erfordert dies eine sorgfältige Abstimmung zwischen der Rasterweite in der Flächendarstellung einerseits und der Maschenweite des benutzten Siebes andererseits. Aus diesem Grunde sind durch Farbauszug entstandene und damit durch und durch gerasterte Farbfolien (3.5.3.3, 3.5.3.5) wenig geeignet.

- Die Wiedergabe linearer Elemente (bei Linien, Schriften und bestimmten Signaturen) ist nur dann einwandfrei, wenn sie nicht zu fein sind, da sie sonst durch das Netz der Siebmaschensägezahn-, treppen- oder rasterförmig aufgelöst werden können.

Verfahren der Reprographie

Diese Verfahren bieten sich anstelle der Druckverfahren an,

- wenn nur wenige Exemplare gewünscht werden oder
- wenn eine einfarbige Wiedergabe ausreicht.

a. Farbprüfverfahren (color proofing)

Es gibt eine Reihe von Verfahren, bei denen die Inhalte der einzelnen Farbfolien nacheinander auf einem Trägermaterial so zusammenkopiert werden, daß die Darstellung jeder Farbfolie in einer Kopierfarbe erscheint, die möglichst der bei einem Druck vorgesehenen Druckfarbe entspricht.

Eine weitestgehende Übereinstimmung zwischen Kopierfarbe und Druckfarbe läßt sich erzielen, wenn die Farbfolien für den Druck mit den Normfarben der kurzen Skala ausgelegt sind, da auch entsprechende Kopierfarben zur Verfügung stehen. Damit ist eine Beurteilung der Farbwirkungen in der Karte und eine darauf bezogene Korrektur in den Farbfolien bereits vor der Anfertigung der Druckplatten möglich. Existieren dagegen zahlreiche Farbfolien, nach denen später mit speziellen Farben gedruckt werden soll, so ist zu beachten, daß vergleichbare Kopierfarben bei den einzelnen Verfahren nicht immer verfügbar sind.

In allen Fällen bieten aber die Prüfverfahren die Chance, die Farbfolien auf fehlende, entbehrliche, graphisch unsaubere oder nicht paßgerechte Darstellungen zu kontrollieren. Nach entsprechender Korrektur können die anschließend kopierten Druckplatten vielfach sofort zum Auflagedruck eingesetzt werden, was den Prüfverfahren auch die Bezeichnung als ''Andruck-Ersatz-Verfahren'' eingebracht hat.

Die einzelnen Verfahren erfordern einen Aufwand, der sich im Vergleich zum Druck etwa wie folgt beschreiben läßt: Die Gerätekosten sind geringer, die Materialkosten dagegen - auf das einzelne Exemplar bezogen - höher. Nahezu alle Verfahren lassen mindestens mittlere Formate von $50 \times 60 \, m^2$ zu. Als Trägermaterial kommen in erster Linie Kunststoffolien, seltener Papiere in Betracht.

Es liegt der Gedanke nahe, solche Verfahren auch einzusetzen, um damit auf direktem Wege, also ohne Druck, mehrfarbige Karten in nur wenigen Exemplaren herzustellen. Für ein einzelnes Exemplar in vier Farben kann man etwa eine Bearbeitungsdauer von 30 bis 60 m zugrunde legen. Gegenüber dem Druck ist die Vervielfältigungs-Geschwindigkeit damit erheblich geringer, doch fallen dagegen die Zeiten für die Druckmaschinen-Einrichtung, teilweise auch für die Druckplattenkopie fort.

b. Klassische Farbphotographie

Solche Verfahren kommen für eine Kartenvervielfältigung aus folgenden Gründen nur sehr bedingt in Betracht:

- Sie erfordern eine bunte Vorlage wie beim Farbauszugsverfahren (3.5.3.3 bzw. 3.5.3.5).
- Für die meist großformatigen Planungskarten sind die erforderlichen Photomaterialien nicht immer sofort, sondern erst über Sonderbestellungen verfügbar, und sie erzwingen auch großformatige Reproduktionsgeräte. Teilaufnahmen mit anschließender Montage wären dagegen als Ausweichmöglichkeit nur ein Behelf.
- Die Trägermaterialien eignen sich schlecht zur Falzung und sind an ihrer Oberfläche mit herkömmlichen Mitteln kaum zu bezeichnen.

Liegt die Schwierigkeit ausschließlich beim Format, so können für allgemeine Erörterungen oder Schnellinformationen auch Verkleinerungen der Vorlage hilfreich sein. Die eingehende Behandlung von Detailproblemen des Planungsinhalts kann jedoch eingeschränkt sein, wenn die Grenze der Lesbarkeit erreicht ist.

c. Lichtpausverfahren

Dieses schnelle und kostengünstige Verfahren läßt sich mit folgenden Einschränkungen anwenden:

- Die Farbfolien müssen durch zeichnerische Farbtrennung (3.2) entstanden sein; Farbfolien aus Farbauszugsverfahren sind ungeeignet.
- Der Regelfall ist die einfarbige Wiedergabe. Mehrere Farbfolien lassen sich durch Übereinanderlegen in einer Farbe kopieren (Sammelkopie); dies erfordert jedoch möglichst dünne Trägerfolien, da sonst erhebliche Unterstrahlungen die Wiedergabe verschlechtern können. Mit speziellen Techniken lassen sich in der Sammelkopie sog. Zweitonpausen erzeugen: Die Farbfolie, deren Inhalt heller erscheinen soll, wird vorher gerastert oder halbdurchlässig gehalten, oder es wird nach ihrer Entfernung nachbelichtet. Spezielle Zweifarben-Lichtpauspapier konnten sich bisher wenig durchsetzen.

Da gerade Planungskarten meist deutliche farbliche Differenzierungen aufweisen, ist damit die Anwendung der Lichtpaustechnik stark eingeschränkt. Eine Behelfslösung im Einzelfall könnte es sein, wenn das Ergebnis der einfarbigen Sammelkopie nachträglich in den wichtigsten Darstellungen von Hand koloriert wird.

d. Thermographische Verfahren

Diese Technologie arbeitet mit Geräten, die kaum über das Format DIN A3 hinausgehen und nur eine einfarbige Wiedergabe ermöglichen. Sie kommt daher nur ausnahmsweise bei der Herstellung von Kartenausschnitten für eine kurzfristige Verwendung in Frage.

e. Elektrophotographische Verfahren

Diese in der heutigen Bürotechnik vorherrschenden Verfahren kommen für die Vervielfältigung ganzer Planungskarten - d.h. nicht nur von begrenzten Formaten wie bei der Thermographie - nur unter folgenden Voraussetzungen in Betracht:

- Es müssen großformatige Spezialgeräte verfügbar sein.

- Es geht in erster Linie um einfarbige Darstellungen. In zunehmendem Maße kommen allerdings Geräte auf den Markt, die auch eine bunte Wiedergabe ermöglichen. Dafür eignen sich aber nur solche bunten Vorlagen, wie sie für das Farbauszugsverfahren (3.5.3.3 bzw. 3.5.3.5) konzipiert sind. Zeichnerisch getrennt erzeugte Farbfolien (3.5.3.2) sind dagegen ungeeignet. Die Geräte zur Verarbeitung bunter Vorlagen sind noch relativ teuer, lassen aber bereits Formate bis zu DIN AO zu. Sollte dieses Verfahren eine breite Annahme auf dem Markt finden, so ergäbe sich auch für die Kartographie eine neue technische Chance.

3.5.4.3 Vervielfältigung nach digitalen Daten (Digital-Analog-Wandlung)

Vorbemerkungen

Diese Möglichkeiten unterscheiden sich von den bisher geschilderten Verfahren durch einen sehr wesentlichen Gesichtspunkt: Sie sind nicht primär für die Zwecke der Vervielfältigung konzipiert, sondern sie liefern zuallererst Zwischen- oder Endstufen der graphischen Datenverarbeitung (GDV). Solche graphischen Ergebnisse können sich jedoch im Einzelfall als Vervielfältigungen von Planungsdarstellungen oder Ausschnitten davon eignen, z.B. als Zwischenergebnisse oder Varianten.

Im Bereich der raumbezogenen Planung wird der Aufbau von Informationssystemen nur dann wirtschaftlich und sinnvoll sein, wenn dadurch allen Bereichen und Maßnahmen der Planung - nicht nur den Planungskarten allein - gedient ist. Umgekehrt ist daher mit dem Einsatz solcher Verfahren zur Vervielfältigung von Planungskarten in der Regel nur dann zu rechnen, wenn solche Informationssysteme bereits existieren.

Entsprechend den beiden Möglichkeiten der Farbtrennung nach digitalen Daten (3.5.3.4 und 3.5.3.5) kann man auch bei der graphischen Ausgabe zum Zwecke der Vervielfältigung zwischen Vektorgraphik und Rastergraphik unterscheiden. Dabei bleiben Bildschirmdarstellungen soweit außer Betracht, als sie unmittelbar nicht als materielle Vervielfältigungen gelten können; es lassen sich jedoch von ihnen wiederum materialisierte graphische Darstellungen ableiten (Tabelle 1). Auch alphanumerische Zeilendrucker zur Simulation von Rastergraphik werden hier nicht weiter berücksichtigt, da sie hierfür inzwischen weitgehend an Bedeutung verloren haben.

Die Verfahren von Vektorgraphik und Rastergraphik sind nicht zwei völlig voneinander getrennte Alternativen der GDV. Es kann vielmehr aus Gründen der Geräte und Programme sogar vorteilhaft sein, Vektordaten in Rasterdaten und umgekehrt im Zuge eines Verfahrens - evtl. sogar mehrfach - umzuwandeln (Transformation).

Verfahren der Vektorgraphik

Zu den Geräten der Vektorgraphik gehören die Tischzeichner (flatbed plotter), die Trommelzeichner (drum plotter) und die Mikrofilmzeichner (COM-plotter). Ihre Zeichenwerkzeuge arbeiten mechanisch (Tuscheröhrchen, Filzstifte, Kugelschreiberminen, Gravierstichel oder

Schneidemesser) oder optisch (Licht-, Kathoden- oder Laserstrahl). Sie erzeugen Strichdarstellungen, während Flächendarstellungen sich nur simulieren lassen, und zwar als grobe Linienraster (Schraffuren) oder durch regelmäßig verteilte Flächensignaturen.

Für Zwecke der Vervielfältigung in wenigen Exemplaren kommen nur in Betracht:

- Unter den Geräten die schnellen Tischzeichner und die Trommelplotter. Tischzeichner vom Typ der Präzisionszeichenmaschine sind dafür zu langsam und zu teuer, Mikrofilmzeichner sind nur bedingt geeignet, da sie anschließend noch den Vorgang der photographischen Rückvergrößerung (auf Silbersalz-, Lichtpaus- oder elektrophotographische Schichten) erfordern.

- Unter den Zeichenwerkzeugen die mechanischen Mittel in Form der Tuscheröhrchen, der Filzstifte und der Kugelschreiberminen. In der Regel sind die Werkzeuge austauschbar, so daß verschiedene Strichbreiten und auch mehrfarbige Darstellungen zeitlich nacheinander möglich sind. Gravur- und Schneidetechniken sind ungeeignet, da das unmittelbare Ergebnis eine Negativdarstellung ist und das relativ teure Trägermaterial sich nicht für Eintragungen usw. eignet.

Verfahren der Rastergraphik

Zu den Geräten der Rastergraphik gehören:

- Die Ausgabeeinheiten der Reproscanner (Zeichnung durch Lichtstrahl),
- die elektrophotographischen Zeichner (Zeichnung durch Erzeugen und Sichtbarmachen elektrostatischer Ladungspunkte),
- die Tintenstrahlzeichner (ink jet plotter; Zeichnung mittels Farbdüsen),
- die Matrixdrucker (Zeichnung durch Nadeldruck und Einfärben).

In allen Fällen entstehen Einzelpunkte in regelmäßiger, d.h. rasterförmiger Anordnung, mit deren Hilfe es möglich ist, Strichdarstellungen (Linien, Signaturen, Schriften) und Flächendarstellungen zu simulieren.

Für Zwecke der Vervielfältigung in wenigen Exemplaren kommen die Ausgabeeinheiten der Reproscanner kaum in Betracht. Sie sind in erster Linie für die Herstellung von Farbfolien konzipiert (3.5.3.5) und wären für eine Vervielfältigung sehr kostenaufwendig; auch können sie unmittelbar nur einfarbige Darstellungen liefern. Dagegen bieten die anderen Geräte günstige Möglichkeiten: Sie arbeiten relativ schnell, können auch mehrfarbige Darstellungen erzeugen und befinden sich in ständiger Verbesserung in bezug auf die Rasterfeinheit, auf das Kosten-Nutzen-Verhältnis und auf die Einschränkungen im Format.

3.6 Der Einfluß der graphischen Datenverarbeitung auf Entwurf und Originalisierung von Planungskarten

3.6.1 Wirtschaftlichkeitsfaktoren beim Einsatz der EDV

Die Elektronische Datenverarbeitung (EDV)[1]) ist ein Rationalisierungsinstrument, das die Kosten der Herstellung eines Produkts oder einer Dienstleistung senken soll. Wie in der industriellen Fertigung wird der Personalkosten-Anteil durch kapitalintensive Anwendung von Maschinen verringert. Für den erfolgreichen, das heißt, wirtschaftlichen Einsatz der EDV müssen folgende Voraussetzungen erfüllt sein:

- häufig wiederkehrende, fast gleiche Arbeitsvorgänge;
- hoher Rechenaufwand;
- häufiger Zugriff auf eine große Menge von Informationen.

Häufig wiederkehrende Arbeitsvorgänge findet man bei der rechnerunterstützten Zeichnung von Planungskarten auf mehreren sachlichen und zeitlichen Ebenen:

- auf einem Kartenblatt: das Ausfüllen von Bezugseinheiten mit einer Signatur ist ein Vorgang, der mit einer anderen geometrischen Form und einer anderen Farbe oder Schraffur viele Male wiederholt wird. Das gleiche gilt für Proportionalsymbole und die meisten anderen Darstellungsformen, ebenso für die Beschriftung.

- in einer Kartenreihe: die demographischen und ökonomischen Grundinformationen der Planung werden in einer Folge von Karten dargestellt. Die geometrischen Bezüge und das Lay-out des einzelnen Kartenblatts bleiben gleich.

- in einem thematischen Atlas: der gleiche regionale Bezug wird unter dem gleichen Sachaspekt mit unterschiedlichen Informationen und verschiedenen kartographischen Darstellungsformen visualisiert.

- im zeitlichen Ablauf des Planungsprozesses: der gleiche Sachverhalt wird im Abstimmungs- und Beteiligungsverfahren - geringfügig abgeändert - wieder gezeichnet.

Der Rechenaufwand für die Kartenzeichnung reicht von einfachen arithmetischen Operationen, zum Beispiel die Berechnung von Anteilen, über analytische und geometrische Rechenvorgänge, etwa die Schraffierung von Flächen oder projektive Transformationen, bis zu komplizierten Algorithmen, wie die Auslöschung verdeckter Flächen oder der geometrische Verschnitt von Netzwerken. Für die rechnergestützte Zeichnung von Planungskarten wird häufig auf gespeicherte Informationen zurückgegriffen, sowohl auf die geometrischen Grundlagen, wie Flächennetzwerke, als auch auf die Sachinformationen.

Die gegenüber der handwerklichen Kartenzeichnung veränderten Wirtschaftlichkeitsfaktoren der rechnergestützten Zeichnung von Planungskarten wirken sich auf das äußere Erscheinungsbild (Duktus) und auf den Herstellungsprozeß aus.

3.6.2 Erscheinungsbild

3.6.2.1 Computer-Atlanten

Ein kurzer Blick zurück: als die ersten Programme zur rechnerunterstützten Kartenzeichnung allgemein verfügbar waren, gab es eine Schwemme von "Computer-Atlanten"[2]). Meistens wurde als Ausgabegerät ein Zeilendrucker verwendet, dessen Auflösung zu grob war, um den Qualitätsmaßstäben der Kartographie zu genügen, selbst bei einer nachfolgenden Verkleinerung. Der Name "Computeratlas" war als Schutzschild gegen die nicht unbegründete Kritik gedacht, die sich an der Lesbarkeit, am Erscheinungsbild und an der Auswahl der Darstellungsformen entzündete. Mit den heute verfügbaren Geräten besteht keine Notwendigkeit mehr, das etwas ambivalente Image der EDV als Entschuldigung für die schlechte graphische Qualität zu benutzen.

Die Computeratlanten haben zum ersten Mal ein Problem ins Bewußtsein gerückt, das bis heute nicht gelöst ist. Mit Hilfe der Computergraphik können viel leichter als früher auch Karten produziert werden, die nicht den allgemein anerkannten kartographischen Regeln und Standards entsprechen. Dafür kann man nicht die Technik verantwortlich machen, sondern allein die Menschen, die sie fehlerhaft anwenden (s. Rase, 2.3).

3.6.2.2 Alternativenauswahl

Die Kosten der rechnergestützten Kartenherstellung sind hauptsächlich Investitionskosten für EDV-Geräte und Computerprogramme (Rase, 1987). Der Personalkostenanteil bei der Zeichnung einer einzelnen Karte ist verhältnismäßig gering. Ohne erheblichen Kostenzuwachs können deshalb von einem Thema mehrere Versionen hergestellt werden, etwa

- Choroplethenkarten mit unterschiedlichen Klasseneinteilungen, Flächensignaturen und -farben,
- Variation in den Größenfaktoren bei Proportionalsymbolen,
- unterschiedliche Darstellungsformen für den gleichen Sachverhalt,
- verändertes Layout, andere Kartentexte.

Der Kartenentwerfer kann dann aus den vielen Alternativen die für den beabsichtigten Zweck und die Zielgruppe optimale Karte aussuchen.

Die tatsächliche Nutzung dieser Option in der Praxis hängt von mehreren Faktoren ab, etwa davon, ob die technischen Möglichkeiten nahe genug am Arbeitsplatz des Planers (örtlich, zeitlich und personell) verfügbar sind, ob die notwendigen Computerprogramme für alternative Darstellungsformen vorhanden sind, aber auch vom graphischen und kartographischen Sachverstand und Einfühlungsvermögen.

3.6.2.3 "Schwierige" Darstellungsformen

In den kartographischen Lehrbüchern findet man eine Reihe von Darstellungsformen, die einen Zustand oder Vorgang sehr gut graphisch übersetzen, aber dennoch sehr selten angewendet werden. In der Regel sind es Techniken, die einen hohen zeichnerischen Aufwand erfordern, meistens in Verbindung mit ausführlichen Rechenvorgängen. Da Planungskarten vergleichsweise kurzlebig sind, verzichtet man auf die gute, aber teure Darstellung zugunsten einer preiswerten Lösung und nimmt dabei in Kauf, daß das Anliegen nur unvollkommen vermittelt wird. In einigen Bereichen verbessert die Computergraphik die Wirtschaftlichkeit so, daß nun auch die vorher zu teuren Techniken angewendet werden können. Dazu einige Beispiele.

Proportionalsymbole

Kreise sind das beliebteste Proportionalsymbol, weil sie einfach zu zeichnen und für die meisten Menschen ästhetisch ansprechender sind als etwa Quadrate. Für manche Themen und Zielgruppen ist ein sprechendes Symbol besser geeignet, etwa eine menschliche Figur für die Visualisierung der absoluten Bevölkerungszahl. Die manuelle Zeichnung von flächenproportionalen Symbolen mit unregelmäßiger Form ist ein fast untragbarer Aufwand. Mit EDV-Hilfe sind die Herstellungskosten für die Zeichnung der Figuren nicht wesentlich höher als für einfachere Formen (Abb. 47). Diese Zeichnung wäre aus wirtschaftlichen Gründen ohne Rechnerunterstützung kaum möglich gewesen.

Multivariate Karten

Die Abbildung von mehreren Variablen auf einem Kartenblatt ist nichts Ungewöhnliches: topographische Karten sind ein geläufiges Beispiel. Auch bei thematischen Karten ist die Darstellung von verschiedenen Sachverhalten in mehreren Schichten üblich. Lindert (siehe 4.1) zeigt, wie mit Hilfe rechnergestützter Techniken auch Festlegungskarten mit vielen Informationen besser lesbar gemacht werden können. Das Erfassen und Verstehen der Karte ist leichter, wenn die geometrischen Bezüge unterschiedlich sind. Bei mehreren Variablen, die sich auf die gleiche Bezugseinheit beziehen, treten Perzeptionsprobleme auf.

Eine Lösungsmöglichkeit ist die Nutzung unterschiedlicher graphischer Variablen zur Transkription der Sachverhalte. In Abb. 47 repräsentieren zum Beispiel Größe und Füllung der Figuren zwei verschiedene Variablen. Die Anzahl der Einwohner wird durch die Größe der Figur, die Veränderungsrate durch die Helligkeit und die Zu- und Abnahme durch die Farbe ausgedrückt. Die graphische Kodierung von noch mehr Variablen ist zwar technisch möglich, etwa durch unterschiedliche Form, Textur oder Orientierung der graphischen Zeichen. Doch mit zunehmender Komplexität wird es schwieriger, die einzelnen Informationen visuell voneinander zu trennen.

Auch in Choroplethenkarten lassen sich mehrere Variablen unterbringen, etwa durch Übereinanderzeichnen unterschiedlicher Schraffuren (Bollmann, 1984). Am wirkungsvollsten ist die Mischung der Grundfarben (subtraktiv auf Papier, additiv auf dem Bildschirm). Korrelationen zwischen zwei Variablen werden sehr gut sichtbar, insbesondere, wenn die Karte durch ein Streudiagramm mit den Regressionslinien ergänzt wird (Abb. 48). Mit den drei Grundfarben sind drei Variablen darstellbar. Allerdings gibt es Probleme mit der Legende, wenn sich die Zahlen nicht zu 100 Prozent ergänzen. Das bekannte Dreiecksdiagramm kann dann nicht mehr benutzt werden.

Auf der anderen Seite sind multivariate Karten mit zuviel Variablen ein Beispiel dafür, daß nicht alles, was technisch und wirtschaftlich möglich ist, auch zur Verbesserung der Kommunikation beiträgt. Drei Variablen sind wohl das Maximum des Zumutbaren, zumal, wenn man berücksichtigt, daß die hauptsächlichen Zielgruppen für Planungkarten ungeübt im Kartenlesen sind. Der Kartenentwerfer wandert in diesem Fall auf einem schmalen Grat zwischen den technischen Möglichkeiten der EDV und den tatsächlichen Bedürfnissen der Informationsvermittlung. Die Erfahrung zeigt, daß man im Zweifelsfall gut beraten ist, dem Spieltrieb nicht nachzugeben.

Kartenverwandte Darstellungen

Perspektivische Zeichnungen

Die Darstellung von dreidimensionalen Körpern in den zwei Dimensionen des Zeichnungsträgers in beliebiger Perspektive ist bisher in der Planung selten angewendet worden, obwohl solche Zeichnungen am ehesten der normalen menschlichen Sehweise entsprechen. Die projektive Umsetzung erfordert einen hochqualifizierten Fachmann oder einen hohen Rechenaufwand. Hier kann die Datenverarbeitung ihre ganzen Vorteile ausspielen. Die Verfahren zur Transformation, zur Auslöschung von verdeckten Linien und Flächen, zur Farbgebung und Schattierung der Oberflächen in Abhängigkeit von imaginären Lichtquellen sind bekannt und auch als Computerprogramme verfügbar.

Die Anwendungsfälle in der Planung sind unter anderem

- Oberflächen-Darstellungen und Blockbilder, zum Beispiel zur Verdeutlichung von vorhandenen und geplanten Straßentrassen;

- dreidimensionale Säulendiagramme und Choroplethenkarten von soziodemographischen Informationen;

- perspektivische Ansichten von Landschafts- und Flächennutzungsplänen;

- Darstellung von städtebaulichen Maßnahmen, etwa ein Neubaugebiet oder eine Straßenflucht aus unterschiedlichen Blickwinkeln.

Die perspektivischen Darstellungen können bis zum bewegten Film ausgebaut werden, um entweder einen zeitlichen Verlauf zu visualisieren oder die Bewegung des Betrachters in der dargestellten Umgebung zu simulieren[3]).

Ein Hindernis bei der Anwendung sind die hohen Kosten für die Erstaufnahme der geometrischen Daten, die das dreidimensionale Bild definieren. Allein für die Darstellung lohnt sich dieser Aufwand im Regelfall nicht. Wenn aber die geometrischen Informationen bereits vorliegen oder für andere Zwecke mitbenutzt werden können, sind perspektivische Zeichnungen mit tragbaren Kosten herzustellen.

Kartographische Karikaturen

Auch die Dimensionen des Kartenblatts können als graphische Variablen verwendet werden. Der durch den Ausbruch aus dem Gewohnten hervorgerufene berraschungseffekt macht sehr nachdrücklich auf besondere Umstände und Vorgänge aufmerksam. Die Botschaft der Abbildung 49 wird intuitiv verstanden, ohne daß ausführliche Erklärungen notwendig sind. Diese Karte ist natürlich ein Spaß. Sowohl das Konzept als auch das Verfahren basieren aber auf durchaus seriösen Grundlagen. Der Begriff ''Karikatur'' wird dabei in der ursprünglichen Bedeutung (''Verzerrung'') verstanden, wie sie etwa im Englischen gebräuchlich ist. Diese Darstellungsform eignet sich gut zur Demonstration von entfernungsabhängigen Phänomenen oder für die proportionale Verzerrung von flächenhaften Bezugseinheiten unter weitgehender Beibehaltung der Form. Die Abbildung 50 zeigt ein Beispiel mit Zahlen der Bundesrepublik Deutschland (vor dem 3. Oktober 1990). Die Flächen der Kreise sind proportional zu der absoluten Bevölkerung verändert, die Flächenfüllungen repräsentieren die Veränderungsraten (Algorithmus von Dougenik, Chrisman und Niemeyer, 1985).

Rechnerische Verknüpfung von geometrischen Daten

Durch die Fortschritte in der algorithmischen Geometrie (''computational geometry'' im englischen Sprachgebrauch) wurden in letzter Zeit einige neue Perspektiven eröffnet, die auch für die Planungskartographie von Bedeutung sind. Bisher war es schwierig, quantitativ faßbare Beziehungen zwischen räumlichen Bezügen mit unterschiedlichen geometrischen Ausprägungen herzustellen. Antworten auf Fragen wie ''Wieviel km klassifizierte Straßen liegen in einer Planungseinheit?'' oder ''Wie groß ist der Anteil der naturnahen Flächen in einer Planungsregion, die nicht von Straßen durchschnitten werden und deren Lärmbelastungswerte unter einer bestimmten Schwelle liegen?'' waren nur mit erheblichem Aufwand zu erhalten.

Mit den Verfahren der algorithmischen Geometrie kann man Schnitt-, Vereinigungs- und Differenzmengen der geometrischen Ausgangsdaten bilden (siehe Rase, 2.3). Da die Ergebnismengen als Koordinaten vorliegen, steht der Weiterverarbeitung mit EDV nichts im Wege, etwa für die Erstellung von Flächenstatistiken, Umsetzung in Karten oder weitere Mengenoperationen. Hier ergeben sich neue Ansätze für die Aufdeckung und Darstellung von Nutzungskonflikten und die Bewertung von Nutzungsalternativen.

3.6.3   Herstellung der Kartenoriginale

3.6.3.1 Papierlose Kartographie?

In Analogie zum ''papierlosen Büro'', das mit Hilfe der Kommunikations- und Datentechnik auf die konventionellen Akten und ihre Ablage verzichten kann, spricht man auch von der papierlosen Kartographie. Jeder Planer hat über ein Sichtgerät Zugriff auf die zentrale Datenbasis und kann sich neben Tabellen und Diagrammen auch die räumliche Verteilung der ihn interessierenden Variablen in Form einer Karte auf den Bildschirm holen. Eine auf Papier gezeichnete oder sogar in hoher Auflage gedruckte Karte ist nicht mehr notwendig. Dieses Szenario, auf der anderen Seite des Atlantiks aufgebaut und gepflegt, erscheint für europäische Verhältnisse utopisch, ist aber nur eine Extrapolation der gegenwärtigen Praxis in manchen Planungsinstitutionen. Für die tägliche Arbeit wird die gewohnte Form der Karte, ein bedrucktes Blatt Papier, mehr und mehr durch ein temporäres Bild auf einem Sichtgerät oder ein Unikat aus einem graphischen Ausgabegerät ersetzt. Diese "Arbeitskarten" treten nach außen kaum in Erscheinung und werden deshalb meistens in Umfang und Bedeutung unterschätzt.

Dennoch bleibt ein gewisser Prozentsatz von Karten, die mit unterschiedlicher Lebenserwartung, Auflagenhöhe und Qualitätsanspruch vervielfältigt werden müssen. Um die Wirtschaftlichkeitsvorteile der rechnergestützten Kartenherstellung zu erhalten, muß ein durchgehender Pfad der Rechnerunterstützung vom flüchtigen Bildschirminhalt bis zur gedruckten Karte in hoher Qualität vorhanden sein. Dabei sind kostenintensive manuelle Arbeitsschritte so weit wie möglich zu vermeiden. Dazu einige Erfahrungen aus der Praxis.

3.6.3.2 Computerunterstützte Herstellung der Druckvorlagen

Direkte Ausgabe von kleinen Auflagen

Für Expertisen, Abstimmungsgespräche oder Erörterungstermine werden oft Karten in kleiner Auflage benötigt. Eine Vervielfältigung mit den gewohnten drucktechnischen Verfahren wäre viel zu kostspielig. Die modernen graphischen Ausgabegeräte (Zeichengeräte in Tintenstrahl- oder Thermotransfer-Technik, farbige Elektrostaten) erlauben die direkte Ausgabe von farbigen Karten zu einem Stückpreis, der unter den Kosten einer fotografischen Kopie oder eines anderen Verfahrens liegt. Die farbige Karte ist gerade für die in diesen Veranstaltungen typischen Zielgruppen eine absolute Notwendigkeit. Wenn die farbigen Laserdrucker, jetzt noch in der Entwicklung, Marktreife erlangt haben, werden die Kosten pro Kartenblatt noch weiter fallen, zumindest für Vorlagen bis zum Format DIN A4.

Farbtrennung und Farbdecker

Da bei höheren Auflagen die Vervielfältigung durch den Druck die kostengünstigste Lösung ist, müssen die üblichen repro-technischen Wege eingeschlagen werden. Mit Hilfe der EDV sind einige Abkürzungen möglich, mit denen fehleranfällige und teure Arbeitsvorgänge vermieden werden. Die Lösungen sind unterschiedlich je nach Aufgabe, Verarbeitungsprogramm, Art und Auflösung des Ausgabegerätes.

Vektororientierte Geräte

Für den Vollfarbdruck werden die einzelnen Farben der Karte vor der Auszeichnung per Programm getrennt und auf verschiedene Blätter gezeichnet. Die notwendige Maßhaltigkeit wird in der Regel durch Gravur mit einem tangential geführten Werkzeug auf Schichtfolie erreicht. Sowohl Positiv- als auch Negativ-Gravur ist in Gebrauch. Seitenverkehrte (gespiegelte) Auszeichnung der Farbplatten zur Vermeidung von Kopiergängen ist problemlos zu realisieren.

Die Farbdecker-Herstellung über Folienschnitt ("Strip-Mask-Verfahren", "cut-and-peel-Folie") hat sich bei der rechnergestützten Herstellung von Planungskarten mit vielen Bezugsflächen nicht bewährt. Die in den Film geschnittenen Flächen müssen manuell entfernt werden, ein aufwendiger und fehleranfälliger Arbeitsvorgang. Die Alternative, das vollständige Ausfüllen der Flächen durch Gravur, kann allerdings bei vielen kleinen Bezugseinheiten zu langen Zeichenzeiten führen, weil sehr schmale Werkzeuge benutzt und nur kurze Wege zurückgelegt werden. Hier sind die vektororientierten mechanischen Zeichengeräte an ihren Grenzen angelangt, einer der Gründe, warum der Ausgabe über Rastergeräte die Zukunft gehört.

Raster-Ausgabe

An erster Stelle, sowohl in der Ausgabequalität als auch im Preis, stehen die großformatigen Filmbelichter, manchmal auch fälschlich Scanner genannt. Sie liefern ohne Kopier-Zwischenschritte gerasterte, farbgetrennte Filme für den Offsetdruck. Aufgrund der hohen Beschaffungs- und Betriebskosten sind sie allerdings großen Behörden oder Firmen mit den entsprechenden Mengen an Durchsatz vorbehalten.

Etwas weniger kostspielig sind die Satzbelichter. Der Name drückt schon ihren primären Verwendungszweck aus, nämlich das Festhalten von Schriftsatz auf Film oder Druckfolie. Die Hersteller der Belichter gehen aber in zunehmendem Maße dazu über, die Geräte um Optionen zur Ausgabe von Graphik zu ergänzen. Damit werden sie auch für kartographische Anwendungen und nicht nur für den Schriftsatz einsetzbar. Die Formate bewegen sich zwischen DIN A4 und DIN A1, mit höheren Anschaffungspreisen für die größeren Formate. Die Auflösung ist je nach Verwendungszweck wählbar und liegt zwischen 150 und 1000 Punkten pro Zentimeter. Die Verarbeitung und Ausgabe von Graphik ist langsamer als bei den spezialisierten Belichtern, aber immer noch um Größenordnungen schneller als bei den mechanischen Zeichengeräten.

Für Anwendungen mit geringeren Qualitätsansprüchen und Formaten größer als DIN A3 sind elektrostatische Zeichengeräte weit verbreitet. Die im Vergleich mit den Filmbelichtern weit geringere Auflösung (200 - 500 Punkte/Zoll) kann durch photographische Verkleinerung der Vorlagen im Verhältnis 1 : 2 oder 1 : 3 wieder wettgemacht werden. Es entstehen gerasterte Filme für den Offsetdruck (Bollmann, 1982). Der direkte Weg - Ausgabe von Farbdeckern auf transparenten Film anstatt auf Papier - ist wegen der ungenügenden Schwärzung des Films nur ein Notbehelf. Die farbigen Elektrostaten sind eine preiswerte Lösung, wenn farbige Karten in geringer Auflage hergestellt werden müssen und ein Mehrfarbdruck zu teuer wäre. Thermotransfer-Drucker liefern die beste Farbqualität bei etwas geringerer Auflösung als die Elektrostaten, sind aber im Format auf DIN A3/A4 beschränkt. Die Tintenstrahl-Zeichengeräte sind zwar die preiswertesten Ausgabegeräte mit Farbe, aber wegen der geringen Auflösung (100 - 180 Punkte/Zoll) und der kleinen Formate nur bedingt für kartographische Anwendungen geeignet.

Am unteren Ende der Preisskala stehen die monochromen Laserdrucker mit graphischen Fähigkeiten. Ihre Auflösung, meistens 300 Punkte pro Zoll = 118 Punkte pro Zentimeter, reicht nicht aus für die direkte Ausgabe von gerasterten Filmen. Das Format geht bei den meisten Druckern nur bis DIN A4 und ist damit nur für ein enges Band im Spektrum der kartographischen Ausgabe ausreichend. Auch läßt die Maßhaltigkeit aufgrund der notwendigen Erwärmung des Zeichnungsträgers für die Fixierung der Zeichnung zu wünschen übrig.

Selbst für reinen Schriftsatz ist die Auflösung der meisten Laserdrucker nicht ausreichend, wenn die gewohnten Maßstäbe der Typographie angelegt werden. Neuerdings sind Geräte mit

Abb. 47: Darstellung der absoluten Bevölkerungszahlen durch sprechende Proportionalsymbole,
der Veränderungen durch Flächenfüllungen
Wohnbevölkerung 1988 und Veränderungsrate 1980 - 1988

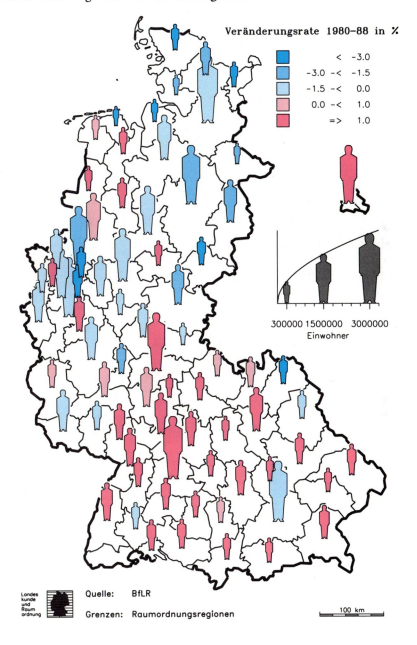

Veränderungsrate 1980–88 in %

	< -3.0
	-3.0 -< -1.5
	-1.5 -< 0.0
	0.0 -< 1.0
	=> 1.0

300000 1500000 3000000
Einwohner

Landes
kunde
und
Raum
ordnung

Quelle: BfLR

Grenzen: Raumordnungsregionen

100 km

Abb. 48: Bivariate Choroplethenkarte
Familienwanderung und Wohnungsbauintensität 1981/82

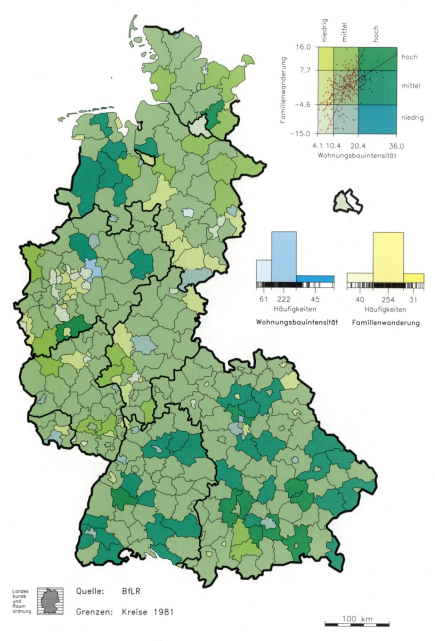

Quelle: BfLR

Grenzen: Kreise 1981

100 km

Abb. 49: Kartographische Karikatur
Verschiedene Ansichten der Bundesrepublik Deutschland

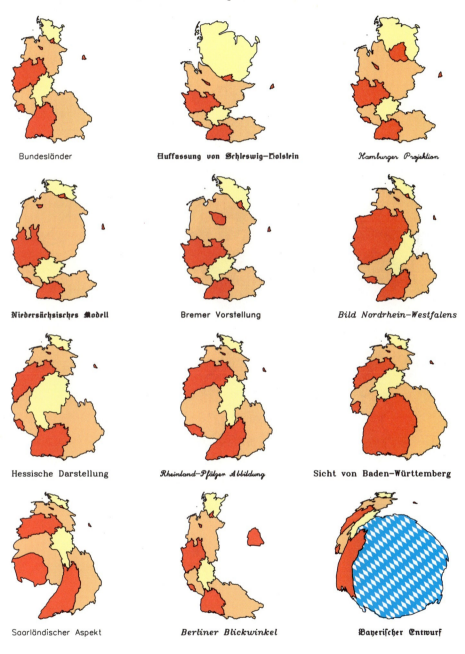

Abb. 50: Kartographische Anamorphose
Wohnbevölkerung 1988

Flächen der Kreise proportional zur Wohnbevölkerung

Restfehler 2.79 %

Veränderung der
Bevölkerung 1980–88

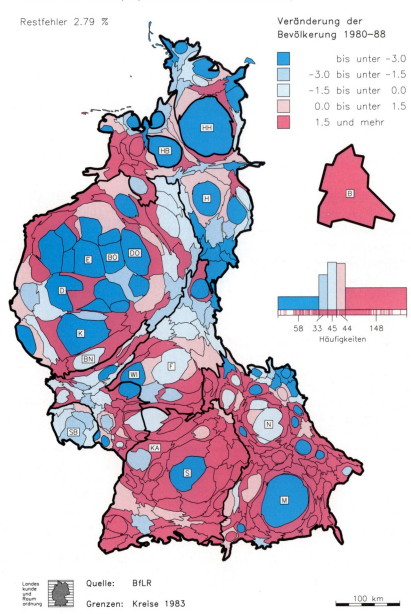

bis unter –3.0
–3.0 bis unter –1.5
–1.5 bis unter 0.0
0.0 bis unter 1.5
1.5 und mehr

58 33 45 44   148

Häufigkeiten

Landes
kunde
und
Raum
ordnung

Quelle: BfLR

Grenzen: Kreise 1983

100 km

Auflösungen bis zu 600 Punkte pro Zoll und größeren Formaten auf den Markt gekommen. Dem Vernehmen nach wird mit großem Aufwand an Laserdruckern mit farbiger Ausgabe gearbeitet.

Beschriftung

Für die Zeichnung auf den vektororientierten Geräten bestehen die Textzeichen aus einer Folge von Linien, die wiederum als orthogonale Koordinaten abgespeichert sind. Die heute verwendeten Schriften, meistens mehrfach mutierte Versionen der "Hershey-Fonts" (Wolcott und Hilsenrath, 1976), sind zwar nicht mehr mit der typischen Computerschrift früherer Jahre vergleichbar, sie genügen aber immer noch nicht den Ansprüchen, die wir an die Typographie zu stellen gewohnt sind. Für Karten mit längerer Lebensdauer wird man in der Regel die Beschriftung auf einem Fotosatz-Gerät erzeugen und auf dem gewohnten Weg in die Karte einmontieren. Damit fallen wieder zusätzliche manuelle und reprotechnische Arbeitsgänge und damit höhere Kosten an.

Die rechnerunterstützte Verknüpfung von Graphik und Schriftsatz und die Ausgabe auf dem gleichen Dokument sind wirtschaftlich gelöst, seitdem Sichtgeräte mit eigener Intelligenz, ausreichender Bildschirmauflösung und hoher Arbeitsgeschwindigkeit (Workstations) einerseits und Raster-Ausgabegeräte andererseits zur Verfügung stehen. Das Stichwort "Desktop Publishing", abgekürzt DTP, kennzeichnet die Arbeitsweise. Auf einem Arbeitsplatzcomputer mit integriertem Graphik-Bildschirm und entsprechender Software werden die Satzvorlagen einschließlich Graphik hergestellt. Der Bediener kann sich auf dem Bildschirm das fertige Seitenlayout ansehen, wie es nachher auf dem Papier ausgegeben wird (WYSIWYG = what you see is what you get). Wenn das Dokument zur Zufriedenheit des Anwenders ausgefallen ist, wird es mit einem Laserdrucker auf Papier oder Folie festgehalten.

Dieses relativ preisgünstige Verfahren für Schriftsatz und Seitenlayout eignet sich nur bedingt zur Erweiterung auf "DTM" (Desktop Mapping). Einmal sind die Fähigkeiten der meisten DTP-Programme für Arbeitsplatzcomputer zur Verarbeitung von digitalen Bildern auf bestimmte Arten von Graphiken beschränkt. Zum zweiten können die schon erwähnten technischen Grenzen der Laserdrucker in bezug auf Format, Auflösung und Maßhaltigkeit nicht überschritten werden. Für die Erzielung der gewohnten graphischen Qualität ist etwas mehr Aufwand notwendig, sowohl in der Leistungsfähigkeit der Software als auch der Ausgabegeräte.

Die Sprache PostScript (Adobe, 1988) entwickelt sich in diesem Bereich zum Standard für die Ausgabe von Schrift und Graphik auf Rastergeräten. Mit PostScript lassen sich sowohl hochwertiger Schriftsatz erzeugen als auch mehrere Arten von Graphik (Halbton- und Strichvorlagen, letztere in Vektor- oder Rasterformat) ausgeben. Die Karte (Graphik und Schrift) wird mit einem Programmsystem erstellt. Ein Software-Modul erzeugt eine Beschreibung des Dokuments als Satz von Post-Script-Anweisungen (eine Kurzbeschreibung des PostScript-Sprachumfangs findet man bei Zerbe, 1988). Die Postscript-Datei (übrigens Klartext und damit editierbar) wird an das Ausgabegerät geschickt. Im Gerät wandelt ein Interpreter die PostScript-Anweisungen in Schrift, Linien, Flächen und letztlich in Bildpunkte um. Die Punkte werden dann auf den Zeichnungsträger (Papier, Film) aufgebracht und fixiert.

Der gleiche Satz von PostScript-Befehlen kann sowohl einen Laserdrucker mit geringer Auflösung als auch einen Satzbelichter mit hoher Auflösung steuern. Der Laserdrucker wird zum

Beispiel für den Ausdruck der Korrekturfahnen benutzt. Erst wenn das Dokument in seine endgültige Form gebracht ist, wird auf dem Satzbelichter der Offsetfilm für die Druckvorlagen belichtet. Der Satzbelichter muß nicht unbedingt in der gleichen Institution vorhanden sein. Die standardisierte Schnittstelle der PostScript-Sprache erlaubt die gemeinsame Nutzung an einer zentralen Stelle, auch im Lohnauftrag. Damit wird auch kleinen Planungsbehörden und Firmen die Herstellung von hochwertigen Planungskarten erleichtert und verbilligt.

4.   Entstehung von Planungskarten - Beispiele

4.0   Einführung

Dieses Kapitel setzt sich mit dem im Arbeitskreis als Festlegungskarten bezeichneten Karten-typ auseinander. Gegenwärtig können zwei unterschiedliche Wege bei ihrer Herstellung gesehen werden.

Zum einen kann die Umsetzung eines herkömmlichen und rechtskräftigen Plans im nachhinein in eine mit Rechner gestützte Graphik, hier am Beispiel eines Ausschnittes des Saarländischen Landesentwicklungsplans Umwelt (Maßstab 1:100 000), durchgeführt werden. Im Beitrag Lindert (4.1) wird gezeigt, daß es möglich ist, einen solchen Plan, hier mit Hilfe von THEMAK 2, in rechnergestützte Graphik umzusetzen. Deutlich werden dabei Probleme, die sich aus der Komplexität der Planinhalte ergeben. Wenn Lesbarkeit, Ziel und Funktionalität eines Plans ge-wahrt werden sollen, so sind Fragen des logischen Aufbaus der Inhalte, die Hierarchie der Zeichen, die Datenerfassung, die Art der Umsetzung und der Planausgabe, die Druckherstellung u.a. zu analysieren und zu klären.

Den Gesichtspunkt der Wahrnehmung von Inhalten in Plänen behandelt ein zweiter Beitrag Tainz/Johann (4.2), der die Vorteile von Trennbarkeit und Veränderbarkeit von Inhalten durch die rechnergestützte Kartenherstellung ausnutzt, ebenfalls an einem Ausschnitt mit vereinfach-tem Inhalt des o.g. Planes. Die verschiedenen graphischen Eigenschaften und Beziehungen von Kartenschichten werden beispielhaft untersucht, und nach Prüfung der Lesbarkeit werden Lö-sungsvorschläge gemacht.

Zum anderen kann der Herstellungsweg einer Karte einschließlich ihrer Vorstufen, hier am Beispiel des Regionalen Raumordnungsplans Westpfalz (Maßstab 1:50 000), von Anbeginn auf rechnergestützte Art und Weise erfolgen (Weick 4.3). Dabei wird auf die wesentlichen Schritte der Beschaffung, Organisation, Verarbeitung und Ausgabe der Daten sowie den möglichen Verbund mit rechnergestützten Informations- und Planungssystemen eingegangen. In diesem speziellen Fall wurde eine Arbeitsteilung zwischen Planungsinstitution und einem externen Büro vorgenommen. Die besonderen Vorteile der digitalen Verfahrensweise werden herausgearbeitet.

Die Möglichkeiten der neuen Technik, wie sie aus den Beiträgen erkennbar werden, können vom Planer im Hinblick auf die auf Informationen ausgerichtete analytische Arbeit verstärkt genutzt werden. So kommt der (statischen) Festlegungskarte mit ihren abgestimmten und rechtskräftigen Inhalten neben dem Aufzeigen der Ziele der Landesplanung auch in ihrer digitalen Form zugleich eine Informationsaufgabe als raumbezogenes Kommunikationsmittel zu. Doch können damit die Inhalte eines Planes zugleich analytisch verwendet und zu zahlreichen Aufgabenstellungen herangezogen werden, wie z.B.

- für die graphische Umsetzung nach Kriterien der Wahrnehmung entsprechend den gegebenen Informationsschichten des Plans,
- zur Ergänzungs- und Verknüpfungsmöglichkeit mit neuen zugeführten Informationen sowie

für verbesserte Fortschreibbarkeit,
- zur interaktiven Bearbeitung mit erweiterten Entscheidungsspielräumen (Variationen).

Der Arbeitskreis ist sich klar darüber, daß die hier vorgestellten Planbeispiele, die z.T. in Farbwiedergaben im Band enthalten sind, nur einen kleinen Ausschnitt der gegenwärtigen Praxis abgeben und zum anderen auch nicht den jeweils einzigen Weg darstellen. Ihm lag daran, auch konkrete Beispiele aus der Planungskartographie vorzustellen und ferner deutlich zu machen, daß der interaktive graphische Betrieb im Gegensatz zur analogen Karte für den Planer zukünftig ein dynamisches Werkzeug und Arbeitsmittel sein kann. Mit einer interaktiven Arbeitsweise kann der Planer Probleme direkter und vielseitiger analysieren, gestellte Aufgaben unter vielschichtigen Aspekten betrachten und durch diesen methodischen Schritt differenziertere Lösungen anbieten.

4.1   Einsatz der Graphischen Datenverarbeitung bei Planungskarten
Das Beispiel des saarländischen Landesentwicklungsplans "Umwelt"

4.1.1   Vorbemerkungen

Planungskarten sind gekennzeichnet durch eine hohe Komplexität ihres Darstellungsinhaltes. Diese Komplexität liegt zum einen begründet in der Zahl der Themenbereiche, die z.B. in Regionalplankarten zum Ausdruck gebracht werden müssen, zum anderen in der Unterscheidung der zwei Ebenen bestehender und geplanter Nutzung.

Aus den vielfachen Überlagerungen ergibt sich in der Regel eine Beeinträchtigung der Lesbarkeit und der Funktionalität als Arbeitsmittel und Informationsmedium. Der Planer braucht jedoch die Möglichkeit, seine regelmäßig aktualisierten Daten sofort graphisch in eine Karte umsetzen zu können, um daraus ableitbare Folgerungen für sein Planungsvorhaben analysieren zu können. Ferner braucht er ein Instrumentarium, daß es ihm ermöglicht, schichtenspezifische Auswertungen vorzunehmen, also fachressortspezifische Auswertungen zunächst unabhängig, dann ressortübergreifend bearbeiten und darstellen zu können und dabei auch Darstellungsalternativen durchspielen zu können.

Mit der Anwendung der graphischen Datenverarbeitung (GDV) können nach der Erfassung aller relevanten Daten schnell und variabel Karten generiert werden, die auf individuelle Ansprüche abgestimmt werden können. Im Bereich der Planungskartographie werden die vielfältigen Verarbeitungsformen der Karte von der Arbeitsunterlage bis zur Druckvorlage benötigt, so daß hier die entstehenden Variationsmöglichkeiten durch die graphische Datenverarbeitung (GDV) in bezug auf Daten, Graphik, Maßstab, Ausschnitt, Farbtrennung gezeigt werden können.

In einem Forschungsauftrag der Akademie für Raumforschung und Landesplanung sind diese Möglichkeiten von der Datenerfassung bis hin zur Druckvorlagenherstellung am Beispiel eines Kartenausschnittes aus dem Landesentwicklungsplan "Umwelt" des Saarlandes von 1979 erarbeitet worden. Die Ergebnisse sollen hier anhand der einzelnen Arbeitsschritte zusammenfassend dargestellt werden.

Abb. 51: Saarländischer Landesentwicklungsplan "Umwelt"

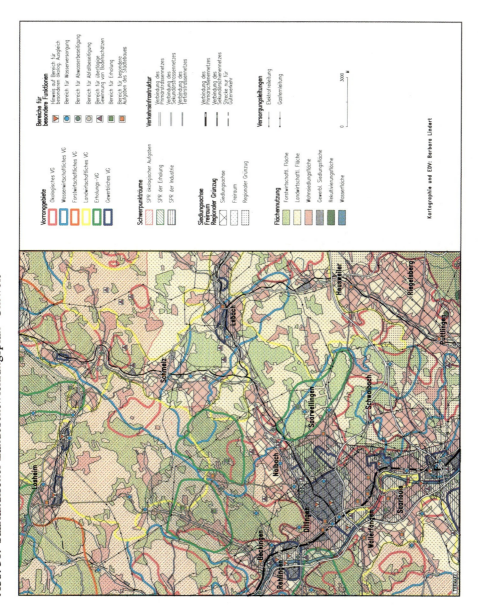

4.1.2 Technische Voraussetzungen

Bei der Durchführung ist mit dem an der Freien Universität Berlin entwickelten kartographischen Konstruktions- und Gestaltungssystem THEMAK2 gearbeitet worden. Es basiert auf dem international genormten graphischen Kernsystem GKS und kann daher rechnerunabhängig implementiert werden. Für die Datenorganisation müssen die raumbezogenen Informationen als Objekte mit thematischen und geometrischen Attributen strukturiert und mit einem Schlüssel versehen werden. Über den Schlüssel werden Objekte selektiert, Polygone generiert und thematische Attribute zugeordnet. Im Kartenkonstruktionsbereich werden über Module die einzelnen Kartentypen (z.B. Choroplethen, Diagramm-, Quadratraster-, Isolinienkarten) erzeugt.

Da das Programmsystem noch nicht auf einer Datenbank aufsetzt, mußte die Digitalisierung sehr aufwendig erfolgen, da z.B. alle späteren Schnittflächen in die Struktur der Segmente einbezogen werden mußten. Aufbauend auf dieser Struktur können über ein Zusatzprogramm Flächenberechnungen durchgeführt werden, deren Ergebnisse als Werte in der Karte dargestellt werden können. Der Aufwand für Digitalisierung und Codierung ist hierbei sehr groß. Ein Verfahren der geometrischen Verschneidung von Bezugseinheiten ohne vorherige Festlegung aller Ergebnismengen bei der Digitalisierung zeigt (Rase, 2.3) anhand eines Beispiels.

Die Datenerfassung (Digitalisierung) ist an einem interaktiven Arbeitsplatz Aristograph 2000 durchgeführt worden und steht auf Magnetband zur weiteren Verarbeitung zur Verfügung. (Die erfaßten Daten sind von einem angeschlossenen Wechselplattenspeicher auf Magnetband überspielt worden, um sie für den Großrechner am Zentralinstitut für Datenverarbeitung CD 170-835 unter NOS/BE sowie für einen Cadmus 9900/4 unter Unix nutzbar zu machen.)

Als Ausgabegeräte standen zur Verfügung:

- Farbrasterbildschirme zur Kartenkonstruktion und -gestaltung;
- Farb-Hard-Copy-Geräte (Farbdüsenplotter, Laserdrucker) für Bildschirmabzüge und einfarbige Ausgaben bis DIN A 4 und den Ausdruck von Dateien und Metafiles;
- elektrostatischer Plotter zur Herstellung von Schwarzweiß-Karten und farbgetrennten Druckvorlagen;
- ein Nadeldrucker für den Druck von sequenziellen Dateien, Metafiles etc.

4.1.3 Formulierung der Zielvorgaben

Zur Formulierung der Zielvorgaben für die aufzubauende Datenbasis ist eine Analyse des Datenmaterials durchgeführt worden. Aus ihr sind Datenmodelle abgeleitet worden, die die Anforderungen an die Operationalität der Datenbasis formalisieren.

In der bearbeiteten Karte (Landesentwicklungsplan "Umwelt") sind die Planelemente hinsichtlich ihrer geometrischen, substantiellen und graphischen Eigenschaften untersucht worden, so daß logisch-hierarchische Beziehungen thematischer Art, aber auch topologische Beziehungen herausgearbeitet werden konnten.

Aufgrund dieser Analyse sind Anforderungen formuliert worden, die bei der Datenorganisation berücksichtigt worden sind.

4.1.4 Aufbau logischer Datenmodelle

Die aufgrund der durchgeführten Analyse abgeleiteten Anforderungen sind in Datenmodelle umgesetzt worden, die eine strukturelle Einordnung aller Planelemente und ihrer Beziehungen erlauben.

Aus der Struktur der Modelle soll die Operationalisierbarkeit der späteren Datenbasis ablesbar sein. Für die Systematik der Datenmodelle werden die Modellbegriffe

- Objektklasse
- Objekt und
- Attribut

verwendet, denen alle Informationselemente zugeordnet werden können. Jede Ebene des Modells bedeutet eine Zusammenfassung von bestimmten Elementen und hat damit für die jeweils unterhalb liegende Ebene einen übergeordneten Bedeutungsgehalt.

Abb. 52: Hierarchie der Ordnungsbegriffe Objektklasse (OK), Objekt (O), Attribut (A), Attributausprägung (AAP) sowie deren horizontale und vertikale Beziehungen

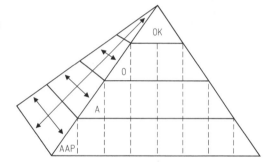

4.1.5 Berücksichtigung von geometrischen und thematisch-inhaltlichen Beziehungen bei der Datenerfassung

Die topologischen Verhältnisse werden durch die Bezugssysteme der Objektklassen definiert (Punkt, Linie, Fläche). Durch die Erfassung der Objektkoordinaten werden die Lageverhältnisse innerhalb jeder Objektklasse in die digitale Form übertragen. Die geometrischen Beziehungen müssen als Konstruktionsmerkmale erkannt und auf die Datenstruktur übertragen werden.

Die substantiellen Objektinformationen müssen so organisiert werden, daß Attributausprägung und Objekt einander zugeordnet werden können (''Fläche x ist ein Vorranggebiet für Ökologie''). Nur in Relationen organisierte Attributausprägungen können statistischen Klassifizierungsverfahren zugänglich gemacht werden, deren Ergebnisklassen kartographischen Zeichen zugeordnet werden können.

Bei der Datenorganisation werden alle substantiellen Merkmale eines Objektes den geometrischen Merkmalen zugeordnet, so daß sich die Organisation der Digitalisierungsvorlagen auf die geometrischen Informationen beschränken läßt.

4.1.6   Erstellung der Digitalisierungsvorlagen

Die Aufbereitung der Digitalisierungsvorlagen ist durch eine segmentweise Digitalisierung im Vektorformat bestimmt worden.

Die Erfassung der Flächengrenzen erfordert eine Zerlegung der Flächengrenzen in Segmente. Im Gegensatz zur polygonweisen Digitalisierung bedeutet die segmentweise Digitalisierung eine erhebliche Speicherplatzersparnis, da jedes Segment nur einmal erfaßt wird, unabhängig von der Zugehörigkeit zu mehreren Objekten. Die resultierenden Segmente sind durch Mehrdeutigkeit gekennzeichnet, die codiert werden muß.

Die Segmente werden aufgebaut durch Stütz- und Knotenpunkte. Stützpunkte sind erfaßte Koordinatenwerte, die die Linienführung eines Segmentes bestimmen. Knotenpunkte erfüllen weitere Funktionen. Sie markieren als End- bzw. Anfangspunkte der Segmente gleichzeitig die Trennstelle zwischen den Segmenten.

4.1.7   Codierung substantieller Informationen

Die erfaßten und gespeicherten Segmente sind aufgrund einer vergebenen alphanumerischen Kombination im einzelnen adressierbar. Da jedes Segment aufgrund seiner substantiellen Merkmale (ist Grenze von Gewerbefläche, gehört zur Primären Verkehrsverbindung etc.) selektiert wird, muß diese Information im Objektschlüssel codiert sein.

Grundlage für die Strukturierung der Schlüssel ist die Systematik der logischen Datenmodelle, da aus ihnen alle Informationselemente hierarchisch gegliedert abgeleitet werden können. So wird gewährleistet, daß ein Segment für alle Modellebenen zur Verfügung gestellt werden kann (also z.B. Segment ist Teil von Vorranggebiet für Ökologie 'xy', damit gleichzeitig Teil von allen Vorranggebieten für Ökologie und allen Gewerblichen Vorranggebieten).

In THEMAK2 werden Segment- und Polygondateien verarbeitet. Der Segmentschlüssel kennzeichnet eine Folge von Koordinatenwerten mit den zugehörigen substantiellen Informationen. Der Polygonschlüssel kennzeichnet eine Folge von Segmentschlüsseln mit den zugehörigen substantiellen Informationen einer Fläche.

Bei der Bearbeitung der Karte hat sich der unterschiedliche Organisationsaufwand für disjunkte (sich ausschließende) und nicht-disjunkte (sich überlagernde) Flächenstrukturen gezeigt. Die Codierung der Polygone ist bei disjunkten Flächenstrukturen problemlos, da jede Fläche nur eine Bedeutung (z.B. Gewerbliche Siedlungsfläche) aufweist.

Die Polygonverschlüsselung der nicht-disjunkten Flächenstrukturen ist komplexer. Aus den vielfachen Überschneidungen ergeben sich auch komplexe Schlüsselstrukturen (vgl. Abb. 53). Die Polygone werden auf kleinster Schnittflächenebene definiert, d.h. die Schnittflächen gehören auf verschiedenen Ebenen zu mehreren Objektmengen. Da gerade Schnittmengen geeignet sind, auf mögliche Konflikträume hinzuweisen, wird gefordert, jeden potentiellen Konfliktbereich selektiv bearbeiten und darstellen zu können.

Aufgrund der logischen Datenmodelle ergibt sich für die Schlüsselorganisation der Polygone die Anforderung nach Selektion

- einer Objektklasse (z.B. Vorranggebiete)
- einer Teilklasse (z.B. Vorranggebiet für Ökologie)
- eines Objektes (z.B. Vorranggebiet für Ökologie mit dem Namen 'X')
- einer Merkmalskombination (Schnitt-, Vereinigungs-, Restflächen; z.B. Gebietsanteil eines Vorranggebietes für Ökologie im Schwerpunktraum der Industrie).

In bezug auf die Vorranggebiete können also über den Schlüsselparameter 'V' alle in einem gewünschten Ausschnitt befindlichen Vorranggebiete generiert werden (entspricht Objektklasse). Wird dagegen auf das 'Ö' an der 5. Stelle des Schlüssels Bezug genommen, werden nur alle Vorranggebiete für Ökologie generiert, z.B. die Vorranggebiete für Ökologie zwischen Schmelz und Wadern (vgl. Zeichnerische Festlegungen des Landesentwicklungsplans "Umwelt" 1979), was einer Teilklassendefinition entspricht. Mit Hilfe des Laufindex werden die Flächen gleicher Bedeutung (hier Vorranggebiete für Ökologie) 'durchgezählt', so daß sie auch einzeln generierbar sind.

Abb. 53: Aufbau des Polygonschlüssels der nicht-disjunkten flächenhaften Planelemente

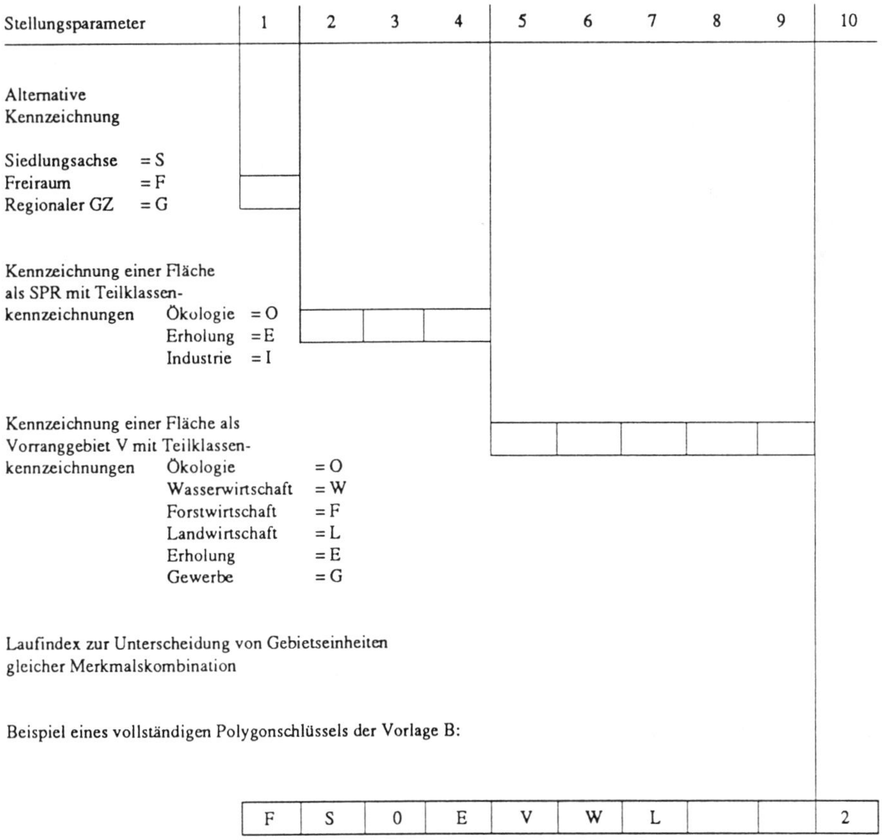

Da jede Fläche mehrere Bedeutungen haben kann, können aufgrund dieser Mehrfachbedeutungen Konfliktbereiche dargestellt werden.

Am Beispiel des Schwerpunktraum esfür Erholung Haustadter Tal (östlich von Merzig) können folgende Flächengenerierungen (entspricht Selektionsmöglichkeiten) vorgenommen werden:

- die im abgegrenzten Schwerpunktraum für Erholung gelegenen Vorranggebiete für Erholung,
- die im Schwerpunktraum für Erholung gelegenen drei Teilflächen von Vorranggebieten für Ökologie,
- die im Schwerpunktraum für Erholung gelegenen Schnittflächen Vorranggebiete für Ökologie/ für Erholung.
- die Restflächen der Vorranggebiete für Erholung und/oder Vorranggebiete für Ökologie nach Abzug der Schnittflächen sowie
- alle Vorranggebiete unabhängig von ihrer Bedeutung als Vorranggebiete für Erholung oder Vorranggebiete für Ökologie.

4.1.8 Interaktive graphische Konstruktion und Gestaltung des bearbeiteten Kartenausschnittes aus dem Landesentwicklungsplan "Umwelt" Der Kartenherstellungsprozeß mit THEMAK2

Der Kartenherstellungsprozeß gliedert sich in Stadien mit unterschiedlichen Ansprüchen an die interaktiven Bearbeitungsmöglichkeiten. In der Phase des Kartenentwurfs werden Möglichkeiten der Kartenbearbeitung benötigt, d.h. sowohl Konstruktion der Kartentypen als auch graphische Gestaltung sollen nach jedem Konstruktionsschritt veränderbar und überprüfbar sein. Lösungsalternativen sollen erarbeitet und als Zwischenergebnis festgehalten werden können.

Gleichzeitig sind Verarbeitungsformen erforderlich, die eine schnelle Kartengenerierung ermöglichen, nachdem alle Konstruktions- und Gestaltungsparameter festgelegt sind und keine Veränderungen mehr vorgenommen werden sollen.

Um diesen Ansprüchen gerecht zu werden, werden in THEMAK2 vier Programmbetriebsformen unterschieden:

Stapelbetrieb:
Eine festgelegte Struktur wird im Hintergrund den Speicherplatzkapazitäten entsprechend abgearbeitet.

Interaktiver Programmaufrufbetrieb:
Die Abarbeitung der Kommandos kann am Bildschirm mitverfolgt werden, so daß die Syntax überprüft werden kann.

Interaktiver Kommandobetrieb:
Kommandoeingabe und graphische Ausgabe erfolgen parallel. Die Auswirkungen jedes Kommandos auf die Graphik sind unmittelbar zu beurteilen und zu korrigieren. Eine Arbeitssitzung kann unterbrochen, dokumentiert und zu einem späteren Zeitpunkt fortgeführt werden.

Interaktiver graphischer Betrieb:
Im Bereich der Gestaltung ermöglicht der graphische Editor (THEMAK2-EDITOR) eine benutzerfreundliche, menügesteuerte Arbeitsweise. Die Grundfunktionen beziehen sich auf die Bearbeitung der Objektgeometrie (erzeugen, löschen, verschieben, drehen) und ihre Gestaltung (Form, Größe, Farbe, Muster).

4.1.8.1 Selektionen und Variationen

Die Kartenkonstruktion soll abgestimmt werden auf Frage- und Problemstellungen; daraus ergibt sich die Forderung nach entsprechenden Selektionsmöglichkeiten für den digitalen Datenbestand.

In Themak bestehen diese Möglichkeiten in den Bereichen der inhaltlichen und räumlichen Selektion sowie der maßstäblichen Variation.

Die Möglichkeiten der inhaltlichen und räumlichen Selektion werden durch die Struktur der Objektschlüssel bestimmt. Sowohl individuell objektbezogene als auch mengenbezogene Selektionen sind über Schlüsselbereichsangaben definierbar. Aus der gezielten Abfrage von Merkmalskombinationen können auch Verschneidungs-, Vereinigungs- und Restflächen abgeleitet werden.

Ein räumlicher Ausschnitt, innerhalb dessen der zuvor inhaltlich selektierte Objektbereich dargestellt werden soll, erfolgt durch die Definition von zwei Eckpunkten. Der erfaßte Koordinatenbereich wird in der Geometrie-Datei vordefiniert und beim Aufruf zur Verfügung gestellt. Eine Veränderung dieser Festlegung erfolgt durch die Definition eines ''Windows'' (Fenster), wodurch eine Begrenzung des vorbesetzten Koordinatenbereiches erreicht wird. Räumliche Selektionen ermöglichen Kombinationen von Haupt- und Nebenkarten, die beliebig plaziert werden können.

Die Möglichkeit räumlicher Ausschnitte steht im Zusammenhang mit Maßstabsveränderungen. In THEMAK2 wird zwischen Karten- und Arbeitsmaßstab unterschieden. Der Kartenmaßstab bestimmt das Format der graphischen Ausgabe in Abhängigkeit vom Ausgabegerät. Der Arbeitsmaßstab steuert die Anpassung zwischen Legende und Karte.

4.1.8.2 Legendenkonstruktion

Die Legende hat die Funktion, die Vorstellung der Realität des Kartenbearbeiters dem Kartenbenutzer verständlich zu machen. Neben der Objekt-Bedeutungs-Zuordnung müssen auch die Objekt-Objekt- bzw. Objekt-Objektklasse-Beziehungen deutlich werden. Diese Anforderungen müssen bei der Wahl der kartographischen Zeichen berücksichtigt werden.

THEMAK2 unterstützt die Legendengestaltung durch Konstruktionsmodule, aufgrund derer

- ein Legendenkasten innerhalb des definierten Koordinatenbebereiches plaziert,
- alle graphischen Parameter und Klassenwerte aus der Kartenkonstruktion für die Legende nutzbar gemacht und

- die Plazierung der Beschriftung von Legendenteilen (Titel, Kästchen) automatisch zugeordnet werden.

Die Legendenteile werden im Anschluß an die Konstruktion der Kartenzeichen erzeugt, intern gespeichert und nach Festlegung seitens des Bearbeiters generiert.

4.1.8.3 Kartenkonstruktion auf der Grundlage von Metafiles

Jeder Programmablauf bewirkt im Hintergrund die Erstellung einer Protokolldatei, die alle ausgeführten Kommandos enthält. Somit besteht für alle Arbeitsschritte einer interaktiven Sitzung eine vollständige Referenz aller Konstruktionsschritte. Dieser Metafile kann als Kommandofile für einen neuen Programmlauf verwendet werden, so daß die vollständige Rekonstruktion der protokollierten Kartenkonstruktionen erstellt und ausgebaut werden kann. Eine Sammlung solcher Protokolldateien entspricht damit einer Bibliothek fertiger Karten, die jederzeit am Bildschirm generiert (dargestellt) werden können, sofern die benötigten Dateien zur Verfügung stehen.

4.1.8.4 Kartenreproduktion

Die Plotterkarten können als Druckvorlagen verwendet werden. Dazu wird die Mehrfarbenkarte in ihre Farbanteile zerlegt, d.h. es werden vier Farbauszüge für Gelb, Magenta, Cyan und Schwarz erzeugt, wobei die Farbanteile durch Rasterstufen reproduzierbar gemacht werden. Ein auf diese Weise hergestelltes Beispiel findet sich im Anschluß an den Beitrag.

Die Ausgabe z.B. über einen elektrostatischen Rasterplotter wird dagegen i. d. Regel im Stapelbetrieb verarbeitet. Jede Karte oder jeder Kartenausschnitt kann bis zur maximalen Papiergröße reproduziert werden.

Die schnellste Möglichkeit der Kartengenerierung ist die Ausgabe am Bildschirm, die parallel zur Eingabe von Konstruktions- und Gestaltungsparametern erfolgen kann, so daß eine unmittelbare Überprüfung möglich ist. Die Resultate können mit einem Hard-Copy-Gerät auf Papier kopiert und somit als Arbeitsunterlagen sofort zur Verfügung gestellt werden.

4.1.9 Kartenbeispiele

Arbeitskarte 1

Flächennutzung (FN): Forstwirtschaftliche Fläche, Landwirtliche Fläche, Wohnsiedlungsfläche, Gewerbliche Siedlungsfläche, Rekultivierungsfläche, Wasserfläche als Basisschicht. Darüber Flächen, die aus Verschneidungsoperationen verschiedener Vorranggebiete resultieren. Dargestellt werden Gebietsanteile der Vorranggebiete für Ökologie, die gleichzeitig als Vorranggebiet für Erholung, Landwirtschaft oder Wasserwirtschaft ausgewiesen sind. Die sich ergebende Kreuzstruktur läßt auf Bereiche mehrfacher Überschneidung schließen.

Abb. 54: Modell Arbeitskarte 1

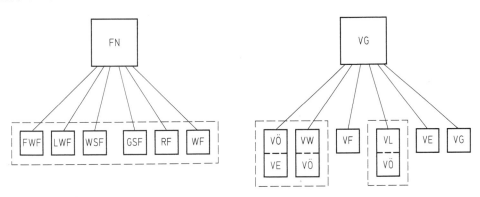

Arbeitskarte 2

Die sich aus Arbeitskarte 1 ergebenden Kreuzstrukturen stellen Flächenanteile dar, die neben der Bedeutung als Vorranggebiet für Ökologie auch als Vorranggebiet für Erholung und Vorranggebiet für Landwirtschaft, Vorranggebiet für Erholung und Vorranggebiet für Wasserwirtschaft bzw. Vorranggebiet für Wasserwirtschaft und Vorranggebiet für Landwirtschaft ausgewiesen sind und damit als mögliche Konfliktbereiche besonderes Gewicht erhalten.

Abb. 55: Modell Arbeitskarte 2

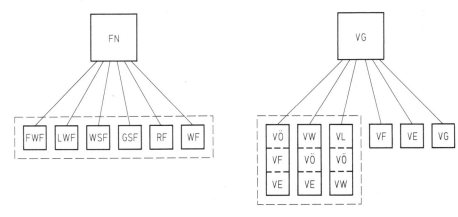

Abb. 56: Arbeitskarte 1 - Saarländischer Landesentwicklungsplan "Umwelt"
Flächennutzung (Ausschnitt)

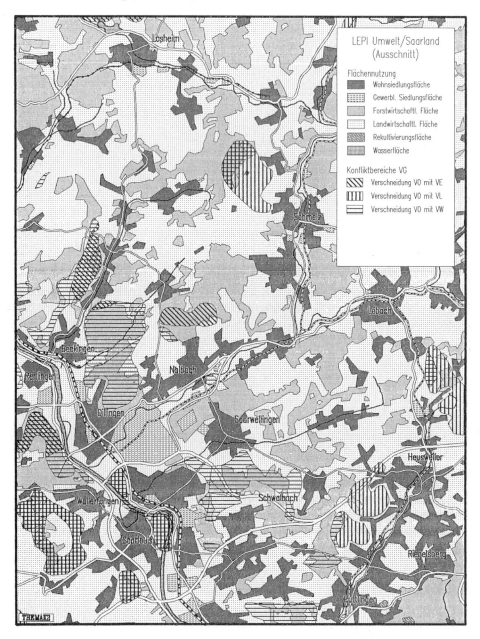

Abb. 57: Arbeitskarte 2 - Saarländischer Landesentwicklungsplan "Umwelt"
          Flächennutzung (Ausschnitt)

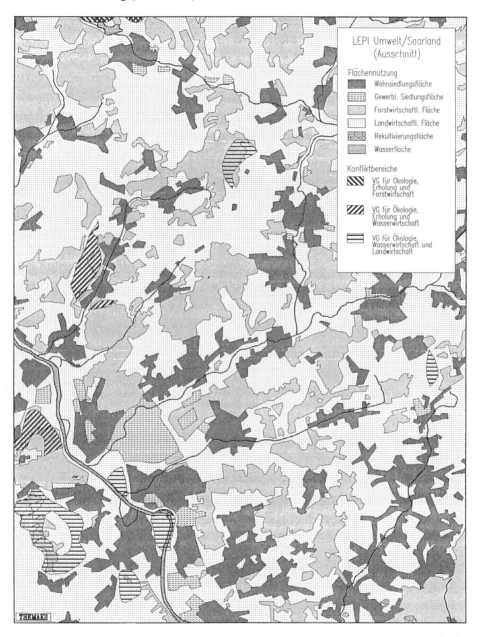

4.1.10 Ergebnis

Die Vorteile der graphischen Datenverarbeitung zeigen sich für die Planung hauptsächlich in der Möglichkeit, kurzfristig Variationen einer Darstellung mit unmittelbarer Kontrollmöglichkeit am Arbeitsplatz durchführen zu können.

Diese Möglichkeiten bestehen in bezug auf

- die Festlegung von Ausschnitt und Maßstab;
- die Objektselektion, d.h. die Festlegung der Thematik;
- die Optimierung der Darstellung durch Veränderungen der graphischen Variablen Muster, Form, Größe, Farbe und Helligkeit;
- die Variation des Kartentyps;
- die Veränderung von Attributewerten in der Datei mit sofortiger Übertragungsmöglichkeit auf die Darstellung.

Für die Planung bedeutet dies die Möglichkeit der Herstellung problembezogener Karten für unterschiedliche Benutzergruppen (Planer / Öffentlichkeit) innerhalb kurzer Zeiträume. Durch Maßstabs- und Ausschnittswahl können Karten auf verschiedenen Ebenen der Planungshierarchie eingesetzt werden. Die Landesplanungsbehörde kann z.B. Regionalen Planungsverbänden Ausschnittskarten anbieten.

Die Möglichkeit unterschiedlicher Ausgabemedien erlaubt ein zweckgerichtetes kostensparendes Vorgehen bei Kartenentwurf, -beurteilung, -herstellung und Vorbereitung für den Auflagendruck.

Kartenentwürfe, Planungskonzeptionen etc. können als digitale Karten gespeichert und bei Bedarf jederzeit generiert werden.

Daten anderer Behörden, Institutionen etc. können verarbeitet und aktualisiert werden, entweder direkt durch Rechnerverbund oder indirekt z.B. über die Nutzung von Magnetbändern.

Der Planer kann seine Arbeit auf die Bearbeitung der ihn interessierenden Daten beschränken, d.h. er entscheidet über Ausschnitt, Maßstab, Kartentyp und Objektselektion. Mit Hilfe von Prozeduren können dann die vorgegebenen Farben und Darstellungsparameter automatisch zugewiesen werden.

Der Einsatz der GDV in der Landes- und Regionalplanung ist nur dann sinnvoll, wenn die dadurch entstehenden Möglichkeiten bei der Kartenerzeugung ausgenutzt werden. Dabei erscheint die Verbindung des Programmsystems mit einem Datenbanksystem eine sinnvolle Voraussetzung, weil hierdurch z.B. auf Berechnungsoperationen basierende Analysen des Datenmaterials ermöglicht werden. Die sich hieraus ergebenden Auswertungsmöglichkeiten verbunden mit den Selektionen in bezug auf die Thematik, den Ausschnitt, den Maßstab und die Grafik können dann besonders sinnvoll angewendet werden, wenn das Ziel nicht nur die Erzeugung einer komplexen Karte ist, sondern Wert auf problem- und anwenderbezogene Kartenvarianten gelegt wird.

4.2 Der saarländische Landesentwicklungsplan "Umwelt"
Versuche zur graphischen Verknüpfung von Kartenschichten

Vorbemerkungen

Im folgenden Beitrag wird mit fünf Kartenbeispielen gezeigt, wie und innerhalb welcher Grenzen Informationsschichten in Planungskarten graphisch strukturiert und damit lesbarer gestaltet werden können. Die Kriterien hierzu wurden mit Hilfe von rechnergestützten Verfahren der Zeichenkonstruktion und Kartenherstellung entwickelt.

Grundlage für die Konzeption der Kartenbeispiele waren Ergebnisse einer empirischen Untersuchung zur Wahrnehmung von Flächenzeichen in Planungskarten (Tainz 1989a). Für die Herstellung der Karten standen digital gespeicherte Daten eines Ausschnitts des Landesentwicklungsplans "Umwelt" des Saarlandes zur Verfügung (Lindert 1989). Die Konstruktion, Gestaltung und Ausgabe der Druckvorlagen erfolgte mit Hilfe des kartographischen Programmsystems THEMAK2 (Grugelke, 1987, Graphische Systeme GmbH (GraS), 1989).

Für die strukturierte kartographische Darstellung von Planungsinformationen wurden bei der Konzeption und Herstellung der Kartenbeispiele Kriterien entwickelt, nach denen Zeichen ausgewählt werden können, die eine sichere Wahrnehmung der komplexen Beziehungen zwischen Informationen und Informationsschichten in Planungskarten gewährleisten. Die Auswahl der Zeichen zur Verknüpfung der Kartenschichten im Landesentwicklungsplan "Umwelt" wurde auf den Variationsbereich der graphischen Variablen "Korn" beschränkt, da für diesen Bereich erste Erkenntnisse zur Wahrnehmbarkeit vorliegen. In den Kartenbeispielen wurden Menge und Struktur der Informationen des Landesentwicklungsplans "Umwelt" variiert, um einerseits Ergebnisse der Anwendung der entwickelten Kriterien zu demonstrieren sowie andererseits graphische und wahrnehmungsbezogene Grenzen der Verknüpfung von Kartenschichten durch diese Kriterien aufzuzeigen.

4.2.1 Verknüpfung von Kartenschichten durch die graphische Variable "Korn"

In Planungskarten werden Informationen aus unterschiedlichen Planungsbereichen bzw. -ebenen dargestellt. Aufgrund rechtlich abgestufter Zuständigkeiten der einzelnen Planungsebenen sowie der verschiedenen Anpassungs-, Beachtungs- und Abwägungspflichten (Reiners, 1.2) ergeben sich für Planungskarten und deren Nutzer Informationen mit unterschiedlicher rechtlicher Verbindlichkeit, also unterschiedlichem Stellenwert. Für die Darstellung in Planungskarten lassen sich diese Informationen als Objekte definieren und zu Klassen zusammenfassen (Uthe, 1988, Bollmann, 1991) und entsprechend ihres Stellenwertes hierarchisch in Kartenschichten verknüpfen. Voraussetzung hierfür ist eine differenzierte, auf dieses Ziel ausgerichtete Beschreibung kartographischer Zeichen.

Für die kartographische Darstellung von Objekten der Planung werden Zeichen geometrisch als Punkte, Linien oder Flächen und graphisch in ihrem Umriß und ihrer Ausdehnung, in der Textur, dem Farbton, dem Tonwert und dem Tonwertverlauf definiert und darauf basierend durch graphische Variablen variiert (Bollmann, 1991).

Für die Variation von Zeichen, deren Beziehungen hierarchische bzw. geordnete Beziehungen von Objekten der Planung darstellen sollen, steht erstens die graphische Variable ''Helligkeit'' zur Verfügung. Mit der Helligkeit wird der Abstand von Texturelementen oder der Tonwert bzw. Tonwertverlauf variiert. Texturelemente sind beispielsweise Linien einer Linienschraffur. Zweitens können mit der graphischen Variablen ''Korn'' die Größe und der Abstand von Texturelementen, also die Auflösung einer Textur bei konstanter Helligkeit, variiert werden (Abb. 58) (Bertin, 1974, Spiess, 1974).

Abb. 58: Graphische Variablen "Helligkeit" und "Korn"

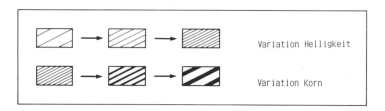

Zeichen, durch deren graphische Eigenschaften und Beziehungen Kartenschichten hierarchisch verknüpft werden sollen, müssen eine sichere und gleichmäßige Unterscheidung bzw. Trennung der Kartenschichten gewährleisten. Bei Kartenschichten, die überwiegend aus Flächenzeichen bestehen, ist dies mit der graphischen Variablen Helligkeit nur eingeschränkt möglich. Kartenschichten, die aufgrund ihres hohen planerischen Stellenwerts im graphischen Vordergrund (''obenliegend'') definiert sind, wie beispielsweise ''Vorranggebiete'', müßten heller dargestellt werden als Kartenschichten, die aufgrund eines geringeren Stellenwerts im graphischen Hintergrund definiert sind. Helle Zeichen werden gegenüber dunklen Zeichen jedoch mit einem geringeren Stellenwert verbunden und zudem unsicherer wahrgenommen (Tainz, 1989a). Umgekehrt würden dunkel dargestellte Kartenschichten, die obenliegend definiert sind, durch unzureichende Durchsichtigkeit darunterliegende Kartenschichten in ihrer Wahrnehmbarkeit beeinträchtigen.

Im Unterschied zur graphischen Variablen Helligkeit kann die graphische Variable Korn als neutraler in ihrer Eigenschaft als ordnende Variable beschrieben werden. Während die Zunahme des Helligkeitswerts mit der Zunahme (bzw. Konstanz) der Anzahl von Texturelementen verbunden ist, steht bei der Variation des Korns einer Zunahme der Größe und des Abstands von Texturelementen eine gleichzeitige Abnahme der Anzahl von Texturelementen gegenüber. Kartenschichten, die durch unterschiedliches Korn dargestellt sind, können durch diese Gegenläufigkeit voneinander getrennt werden, ohne dabei durch geringe Helligkeit oder eingeschränkte Durchsichtigkeit weniger sicher wahrnehmbar zu sein (Abb. 59).

Grundlage der hierarchischen Verknüpfung von Kartenschichten durch die graphische Variable Korn ist die ordnende Eigenschaft des Korns. Unabhängig von den graphischen Variablen, die der Unterscheidung von Objekten innerhalb einer Kartenschicht dienen, wird sämtlichen (Flächen-) Zeichen einer Kartenschicht ein bestimmtes Korn zugeordnet.

Die Definition des Korns einer Kartenschicht steht dabei im Zusammenhang mit der Definition des feinsten und des gröbsten Korns, das jeweils die untere und obere Grenze des Ausschnitts aus der graphischen Variablen (Variablenausschnitt) zur Verknüpfung sämtlicher Kartenschichten

Abb. 59: Unterscheidung von Kartenschichten durch die graphische Variable "Korn"

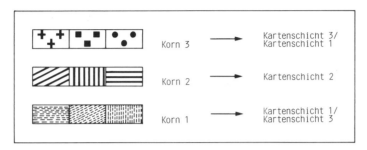

einer Karte bildet. Diese Definition ist abhängig von der Anzahl zu verknüpfender Kartenschichten und von der geometrischen Definition der in einer Kartenschicht überwiegend darzustellenden Objekte (Punkte, Linien oder Flächen). Weiterhin muß bei der Definition des Variablenausschnitts festgelegt werden, ob das feinste bzw. gröbste Korn der obenliegenden oder der untenliegenden Kartenschicht zugeordnet wird.

Grenzen für die Definition des Variablenausschnitts und damit für die Definition des Korns einer Kartenschicht (Variablenelement) ergeben sich aus den Eigenschaften der graphischen Variablen selbst. Die untere Grenze der graphischen Variablen Korn wird durch die feinste sichtbare Korngröße gebildet, obere Grenze ist diejenige Korngröße, durch die noch Flächenwirkung erzielt werden kann. Darüber hinaus zeichnen sich Korngrößen im oberen Grenzbereich (grobes Korn) durch geringere Wahrnehmungssicherheit aus als Korngrößen im unteren und mittleren Variablenbereich (Tainz, 3.3).

Unter Berücksichtigung dieser Grenzen muß der Variablenausschnitt daher so definiert werden, daß jeder Kartenschicht das Korn zugeordnet werden kann, das sie eindeutig von anderen Kartenschichten unterscheidet. Durch Vergrößerung des Kontrastes zwischen Variablenelementen des definierten Variablenausschnitts kann die Verknüpfung der Kartenschichten verstärkt, durch Verringerung dagegen abgeschwächt werden (Abb. 60).

Abb. 60: Verknüpfung von Kartenschichten durch Definition von Ausschnitt und Elementen der graphischen Variablen "Korn"

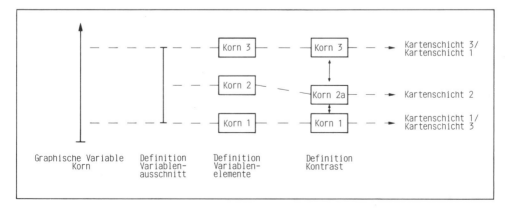

Bei der Verortung definierter Zeichen in der konkreten Karte ergeben sich graphische Restriktionen. Beispielsweise können kleinste Flächen durch das gröbste Korn des Variablenausschnitts dargestellt sein und infolgedessen nur ein Texturelement einer Schraffur enthalten. Auch können sich Objekte innerhalb einer Kartenschicht überschneiden, wie einige Vorranggebiete des Landesentwicklungsplans "Umwelt". Sie erzeugen so Mehrfachüberlagerungen von Zeichen, die bei der Definition von Zeichen für eine Kartenschicht und für die Verknüpfung mehrerer Kartenschichten nicht berücksichtigt werden konnten und die Unterscheidung und Verknüpfung von Kartenschichten beeinträchtigen.

Diese Abweichungen zwischen Kartenkonzeption und konkret erzeugter Karte müssen bei der Kartenherstellung unter Einbeziehung reproduktionstechnischer Bedingungen durch Wiederholung von Überprüfungs- und Optimierungsvorgängen nivelliert werden (Tainz, 1989b, Bollmann, 1991).

4.2.2 Varianten der Verknüpfung von Kartenschichten

Auf der Basis eines Ausschnitts aus dem Landesentwicklungsplan "Umwelt" wurden fünf Karten hergestellt. Sie unterscheiden sich einerseits hinsichtlich der Anzahl sich überlagernder Kartenschichten und sich überschneidender Objekte in einer Kartenschicht sowie andererseits hinsichtlich der Definition des Ausschnitts aus der graphischen Variablen Korn zur Verknüpfung der Kartenschichten (graphische Varianten 1A, 1B, 2A, 2B und 3). Für die Entwicklung der Kriterien zur Verknüpfung der Kartenschichten wurde die Anzahl der Objekte und Kartenschichten im Verhältnis zum offiziellen Landesentwicklungsplan "Umwelt" verringert, um so die Ergebnisse der Anwendung dieser Kriterien besser verdeutlichen zu können.

Die Varianten 1A und 1B sind auf der Grundlage einer Basiskarte gestaltet, deren Flächentexturen als Halbton definiert sind und durch die graphische Variable ''Farbe'' variiert werden. Beide Kartenvarianten enthalten zwei weitere Kartenschichten mit Flächenzeichen und eine Kartenschicht mit Punktzeichen. Die Kartenschichten mit flächenhaft definierten Schwerpunkträumen und Vorranggebieten werden durch Texturen unterschiedlichen Korns so dargestellt, daß die aufgrund ihres planerischen Stellenwertes dem graphischen Vordergrund zugeordneten Vorranggebiete das gröbere Korn und die dem graphischen Hintergrund zugeordneten Schwerpunkträume das feinere Korn erhalten. Schwerpunkträume werden damit auf der Basis der Flächennutzung und Vorranggebiete auf der Basis der Schwerpunkträume durch gröber werdendes Korn verknüpft.

Hinsichtlich der Überlagerung von Objekten der Kartenschichten ''Vorranggebiete'' und ''Schwerpunkträume'' unterscheiden sich beide Varianten. In Variante 1A ist die Anzahl der Schwerpunkträume und Vorranggebiete so weit reduziert, daß sich keine Überschneidungen innerhalb dieser Kartenschichten und auch keine Überlagerungen von Objekten zwischen diesen Kartenschichten ergeben. Aufgrund dieser Bedingungen konnten den Kartenschichten Zeichen zugeordnet werden, die qualitative Objektbeziehungen innerhalb der Kartenschichten durch Farb- und Formvariation und hierarchische Objektbeziehungen zwischen den Kartenschichten durch Kornvariation optimal widerspiegeln. Vereinigungsklassen als Zusammenfassung von Objekten unterschiedlicher Klassen mit einem identischen Merkmal (Uthe, 1987), wie beispielsweise Schwerpunkträume für Ökologie und Vorranggebiete für Ökologie, werden dabei durch identische Formen dargestellt.

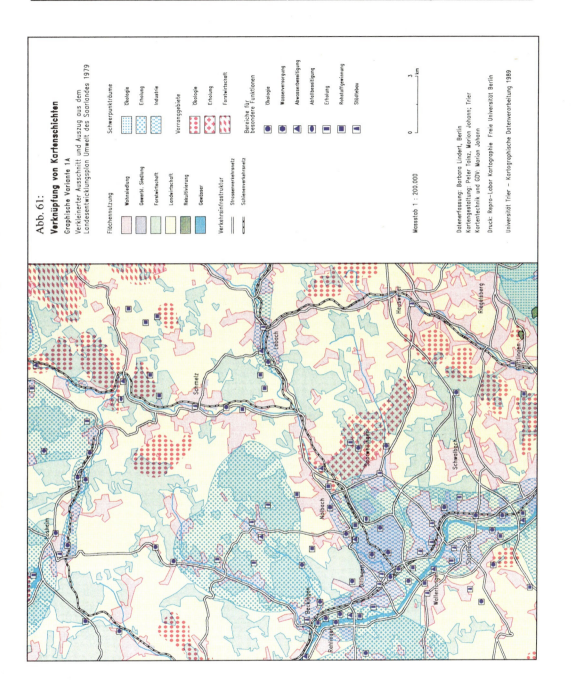

Abb. 61:
Verknüpfung von Kartenschichten

Graphische Variante 1A

Verkleinerter Ausschnitt und Auszug aus dem
Landesentwicklungsplan Umwelt des Saarlandes 1979

Flächennutzung

- Wohnsiedlung
- Gewerbl. Siedlung
- Forstwirtschaft
- Landwirtschaft
- Rekultivierung
- Gewässer

Verkehrsinfrastruktur

- Strassenverkehrsnetz
- Schienenverkehrsnetz

Schwerpunkträume

- Ökologie
- Erholung
- Industrie

Vorranggebiete

- Ökologie
- Erholung
- Forstwirtschaft

Bereiche für
besondere Funktionen

- Ökologie
- Wasserversorgung
- Abwasserbeseitigung
- Abfallbeseitigung
- Erholung
- Rohstoffgewinnung
- Städtebau

Massstab 1 : 200.000

0   3
                    km

Datenerfassung: Barbara Lindert, Berlin
Kartengestaltung: Peter Toinz, Marion Johann; Trier
Kartentechnik und GDV: Marion Johann

Druck: Repro-Labor Kartographie Freie Universität Berlin

Universität Trier - Kartographische Datenverarbeitung 1989

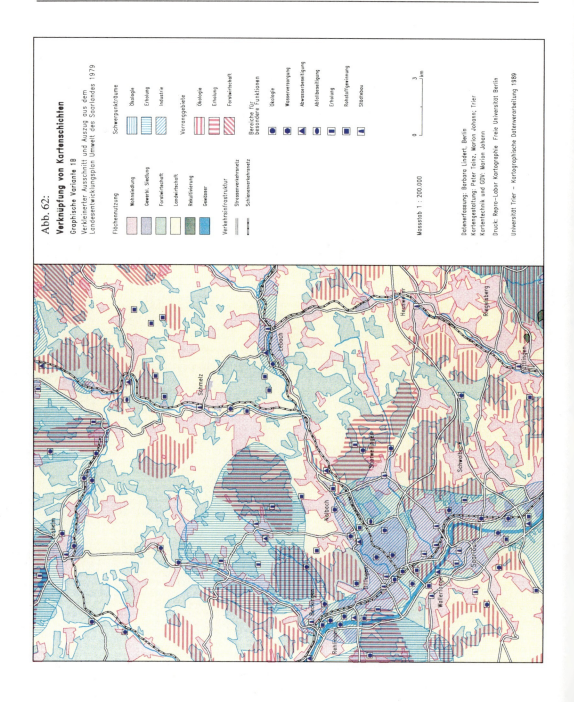

Abb. 62:
Verknüpfung von Kartenschichten

Graphische Variante 1B
Verkleinerter Ausschnitt und Auszug aus dem
Landesentwicklungsplan Umwelt des Saarlandes 1979

Flächennutzung
Wohnsiedlung
Gewerbl. Siedlung
Forstwirtschaft
Landwirtschaft
Rekultivierung
Gewässer

Verkehrsinfrastruktur
Strassenverkehrsnetz
Schienenverkehrsnetz

Schwerpunkträume
Ökologie
Erholung
Industrie

Vorranggebiete
Ökologie
Erholung
Forstwirtschaft

Bereiche für besondere Funktionen
Ökologie
Wasserversorgung
Abwasserbeseitigung
Abfallbeseitigung
Erholung
Rohstoffgewinnung
Städtebau

Massstab 1 : 200.000

0   3
km

Datenerfassung: Barbara Lindert, Berlin
Kartengestaltung: Peter Tainz, Marion Johann; Trier
Kartentechnik und GDV: Marion Johann
Druck: Repro-Labor Kartographie Freie Universität Berlin

Universität Trier – Kartographische Datenverarbeitung 1989

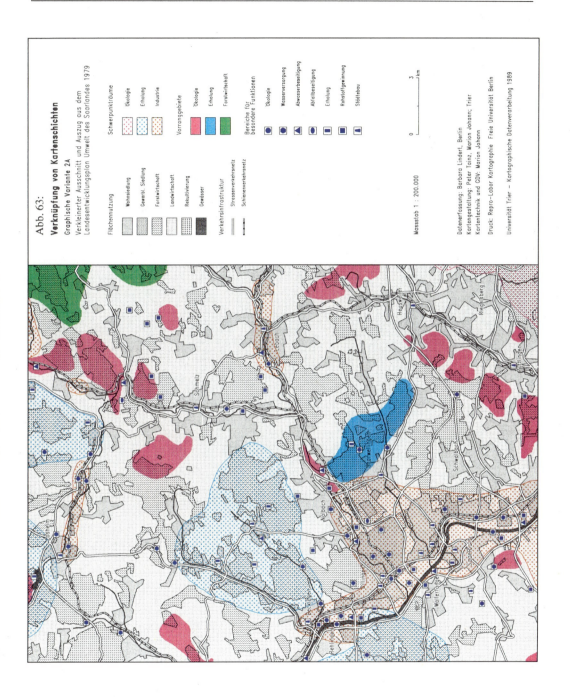

Abb. 63:

Verknüpfung von Kartenschichten

Graphische Variante 2A

Verkleinerter Ausschnitt und Auszug aus dem
Landesentwicklungsplan Umwelt des Saarlandes 1979

Flächennutzung

- Wohnsiedlung
- Gewerbl. Siedlung
- Forstwirtschaft
- Landwirtschaft
- Rekultivierung
- Gewässer

Verkehrsinfrastruktur

- Strassenverkehrsnetz
- Schienenverkehrsnetz

Schwerpunkträume

- Ökologie
- Erholung
- Industrie

Vorranggebiete

- Ökologie
- Erholung
- Forstwirtschaft

Bereiche für
besondere Funktionen

- Ökologie
- Wasserversorgung
- Abwasserbeseitigung
- Abfallbeseitigung
- Erholung
- Rohstoffgewinnung
- Städtebau

Massstab 1 : 200.000

0   3
|——————————| km

Datenerfassung: Barbara Lindert, Berlin

Kartengestaltung: Peter Tainz, Marion Johann; Trier

Kartentechnik und GDV: Marion Johann

Druck: Repro-Labor Kartographie Freie Universität Berlin

Universität Trier – Kartographische Datenverarbeitung 1989

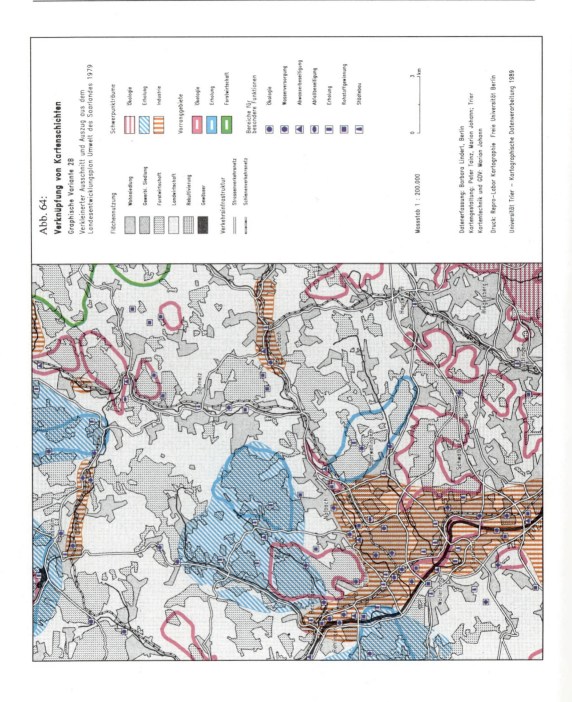

Abb. 64:
Verknüpfung von Kartenschichten

Graphische Variante 2B
Verkleinerter Ausschnitt und Auszug aus dem
Landesentwicklungsplan Umwelt des Saarlandes 1979

Flächennutzung

Wohnsiedlung
Gewerbl. Siedlung
Forstwirtschaft
Landwirtschaft
Reaktivierung
Gewässer

Verkehrsinfrastruktur

Strassenverkehrsnetz
Schienenverkehrsnetz

Schwerpunkträume

Ökologie
Erholung
Industrie

Vorranggebiete

Ökologie
Erholung
Forstwirtschaft

**Bereiche für
besondere Funktionen**

Ökologie
Wasserversorgung
Abwasserbeseitigung
Abfallbeseitigung
Erholung
Rohstoffgewinnung
Städtebau

Massstab 1 : 200.000

0   3
⊢——————⊢ km

Datenerfassung: Barbara Lindert, Berlin

Kartengestaltung: Peter Tainz, Marion Johann; Trier
Kartentechnik und GDV: Marion Johann

Druck: Repro-Labor Kartographie Freie Universität Berlin

Universität Trier – Kartographische Datenverarbeitung 1989

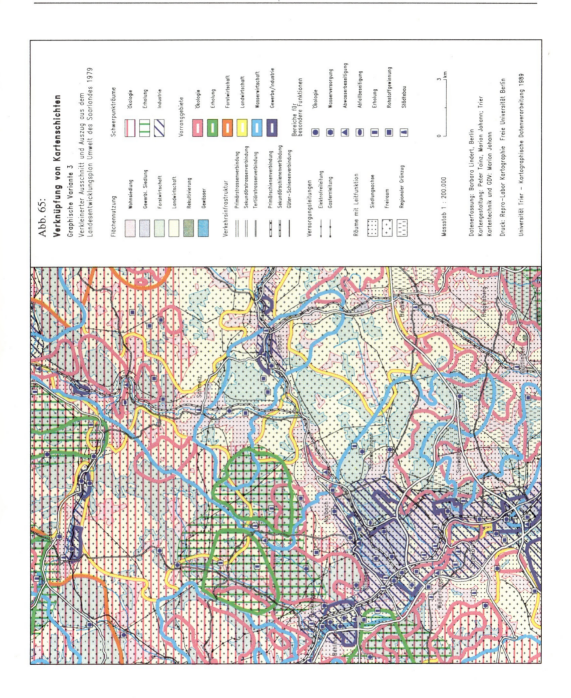

Abb. 65:

Verknüpfung von Kartenschichten

Graphische Variante 3

Verkleinerter Ausschnitt und Auszug aus dem
Landesentwicklungsplan Umwelt des Saarlandes 1979

Flächennutzung

- Wohnsiedlung
- Gewerbl. Siedlung
- Forstwirtschaft
- Landwirtschaft
- Rekultivierung
- Gewässer

Verkehrsinfrastruktur

- Primärstrassenverbindung
- Sekundärstrassenverbindung
- Tertiärstrassenverbindung
- Primärschienenverbindung
- Sekundärschienenverbindung
- Güter-Schienenverbindung

Versorgungsleitungen

- Elektrofreileitung
- Gasfernleitung

Räume mit Leitfunktion

- Siedlungsachse
- Freiraum
- Regionaler Grünzug

Schwerpunkträume

- Ökologie
- Erholung
- Industrie

Vorranggebiete

- Ökologie
- Erholung
- Forstwirtschaft
- Landwirtschaft
- Wasserwirtschaft
- Gewerbe/Industrie

**Bereiche für
besondere Funktionen**

- Ökologie
- Wasserversorgung
- Abwasserbeseitigung
- Abfallbeseitigung
- Erholung
- Rohstoffgewinnung
- Städtebau

Massstab 1 : 200.000

0 _____ 3
km

Datenerfassung: Barbara Lindert, Berlin
Kartengestaltung: Peter Tainz, Marion Johann; Trier
Kartentechnik und GDV: Marion Johann

Druck: Repro-Labor Kartographie Freie Universität Berlin

Universität Trier – Kartographische Datenverarbeitung 1989

"Bereiche für besondere Funktionen" sind planerisch nur unscharf als Punkte und als ergänzende Informationen graphisch obenliegend definiert. Als Kartenschicht, die ausschließlich Punktzeichen enthält, schränken diese Objekte die Verknüpfung der übrigen Kartenschichten des Landesentwicklungsplans, die Flächenzeichen enthalten, nicht ein und werden daher in sämtlichen Varianten konstant durch Zeichen dargestellt, die in gesättigtem Farbton definiert sind und entsprechend der qualitativen Objektbeziehungen in der Form variieren. Abweichend von der Verknüpfung von Kartenschichten (mit Flächenzeichen) durch die graphische Variable Korn wird diese Kartenschicht damit durch einen dunkleren Helligkeitswert von anderen Kartenschichten unterschieden und durch die ordnende Eigenschaft der graphischen Variablen Helligkeit mit darunterliegenden Kartenschichten verknüpft.

Im Unterschied zur Variante 1A überlagern sich in Variante 1B (Abb. 62) Objekte der Kartenschicht "Vorranggebiete" mit Objekten der Kartenschicht "Schwerpunkträume". Überschneidungen von Objekten innerhalb einer Kartenschicht werden im Unterschied zum vollständigen Landesentwicklungsplan "Umwelt" auch hier vorläufig ausgeschlossen. Aufgrund der durch Überlagerung von Objekten erschwerten Bedingungen sind Schwerpunkträume und Vorranggebiete durch Zeichen dargestellt, die erstens eine zweifache Überlagerung von Zeichen ohne Einschränkung der Verknüpfung durch geringe Durchsichtigkeit und zweitens weiterhin die Darstellung von Vereinigungsklassen erlauben. Einmal mußten Linienschraffuren hierfür automationstechnisch so konstruiert werden, daß sie bei gleicher Richtung und unterschiedlichem Korn keine Abdeckung von Texturelementen erzeugen können. Zum anderen wurden die so modifizierten Zeichen für Vorranggebiete aufgerastert, um annähernd konstante Helligkeit für den definierten Variablenbereich des Korns zur Verknüpfung der Kartenschichten zu erhalten. Vereinigungsklassen werden dabei durch gleiche Richtung der Zeichen dargestellt.

Die Varianten 2A (Abb. 63) und 2B (Abb. 64) sind auf der Grundlage einer Basiskarte gestaltet, deren Flächenzeichen in ihrer Textur als feine Punktschraffur definiert sind und durch die graphische Variable "Form" variiert werden. Beide Kartenvarianten enthalten inhaltlich die gleichen Kartenschichten wie die Varianten 1A und 1B.

In Variante 2A sind Überschneidungen von Objekten innerhalb der Kartenschichten "Vorranggebiete" und "Schwerpunkträume" sowie Überlagerungen von Objekten zwischen diesen Kartenschichten erneut ausgeschlossen. Auf dieser Grundlage wurden den Schwerpunkträumen gröbere Texturen zugeordnet als der Basiskarte. Die qualitativen Objektbeziehungen innerhalb dieser Kartenschicht werden dabei durch Variation des (gesättigten) Farbtons dargestellt. Abweichend vom Verknüpfungskonzept der Varianten 1A und 1B werden die Vorranggebiete in dieser Variante durch einen 40%igen Tonwert dargestellt. Vorranggebiete werden dadurch mit Schwerpunkträumen durch das feinstmögliche und damit am sichersten wahrnehmbare Korn verknüpft. Schwerpunkträume werden dagegen mit der Basiskarte durch gröberes Korn verknüpft. Bei annähernd gleichem Helligkeitswert gegenüber den Texturen der Basiskarte und der Kartenschicht "Schwerpunkträume" werden qualitative Objektbeziehungen zwischen Vorranggebieten durch Variation der Farbe und Vereinigungsklassen durch identische Farben dargestellt.

In Variante 2B wurden Überlagerungen zwischen Vorranggebieten und Schwerpunkträumen erhalten. Aufgrund der so erschwerten Bedingungen gegenüber Variante 2A würden durch Farbtöne dargestellte Vorranggebiete die Durchsicht auf darunterliegende Kartenschichten einschränken. Im Unterschied zur Variante 2A wird die Kartenschicht "Vorranggebiete" daher wieder durch das gröbste Korn der gesamten Karte mit anderen Kartenschichten verknüpft. Konturen, die die Vorranggebiete in dieser Kartenvariante darstellen, unterscheiden sich von anderen Zeichen zwar nicht durch einen Kornkontrast im Sinne der Definition der graphischen Variablen Korn (Bertin , 1974), sie sind für die Wahrnehmung aber die grobkörnigsten Zeichen zur Darstellung von Flächen. Um konstante Helligkeit zwischen sämtlichen Kartenschichten zu gewährleisten, wurden die Flächenränder reproduktionstechnisch aufgerastert. Die qualitativen Beziehungen zwischen Vorranggebieten werden in dieser Variante durch Variation der Farbe, die Vereinigungsklassen durch identische Farben dargestellt.

Variante 3 (Abb. 65) stellt die vollständige Menge Vorranggebiete und Schwerpunkträume sowie weitere Planelemente des Ausschnitts aus dem Landesentwicklungsplan "Umwelt" dar und enthält damit insgesamt vier Kartenschichten, die aus Flächenzeichen bestehen. Innerhalb der Kartenschichten ''Vorranggebiete'' und ''Schwerpunkträume'' ergeben sich bis zu vierfache Überlagerungen von Objekten.

Die Gestaltung der Kartenvariante wurde aufgrund dieser für Planungskarten typischen Verknüpfungsbedingungen aus der Gestaltung der anderen Kartenvarianten abgeleitet. Ausgehend von der farbigen Basiskarte der Varianten 1A und 1B wurde auf jeder entsprechend des planerischen Stellenwertes folgenden Kartenschicht das Korn der Zeichen vergröbert. Im Unterschied zu den Varianten 1A und 1B mußte dabei zusätzlich der Kornkontrast zwischen den Kartenschichten erhöht werden, um ausreichende Durchsichtigkeit der einzelnen Kartenschichten gewährleisten zu können.

Vorranggebiete als im graphischen Vordergrund definierte Objekte mußten aufgrund der bis zu vierfachen Überlagerungen in dieser Kartenschicht erneut durch aufgerasterte Konturen dargestellt werden. Da sich Konturen gegenüber anderen Flächenzeichen durch die geringste Wahrnehmungssicherheit auszeichnen (Tainz, 3.3), wurden sie so breit wie möglich dargestellt und unterscheiden sich dadurch auch ausreichend von den Linienzeichen der Karte.

4.2.3 Folgerungen

Mit diesem Beitrag wurde versucht, planerische Anforderungen an die Gestaltung von Planungskarten in einen Zusammenhang objektbezogener und graphischer Bedingungen zu stellen und daraus einige Kriterien zur hierarchischen Verknüpfung von Kartenschichten abzuleiten.

Für die hierarchische Verknüpfung von Kartenschichten lassen sich im Objektbereich folgende Bedingungen zusammenfassen:

- geometrische Ausprägung von Objekten,
- Eigenschaften der Beziehungen zwischen Objekten (Skalenniveaus),
- Anzahl und Stellenwert der als Kartenschicht definierten Objektklassen.

Aufgrund dieser Bedingungen lassen sich Objekten in Planungskarten Zeichen zuordnen, die

- geometrisch als Punkt, Linie oder Fläche definiert sind,

- graphisch durch graphische Variablen variiert werden und
- durch Kornkontrast Kartenschichten unterscheiden und hierarchisch verknüpfen.

Bei der Verortung von Zeichen in der konkreten Karte ergeben sich Restriktionen durch

- unterschiedliche Flächengrößen,
- Überschneidung von Objekten innerhalb einer Kartenschicht,
- Überlagerung von Objekten unterschiedlicher Kartenschichten.

Diese Abweichungen zwischen Kartenkonzeption und konkreter Karte müssen auf der Basis

- definierter Objektbeziehungen,
- wahrnehmungsbezogener Eigenschaften von Zeichen und
- ermittelter Restriktionsgrößen

durch erneute geometrische und graphische Variation von Zeichen nivelliert werden.

Mit den Kartenbeispielen wird deutlich, daß die Unterscheidung und Verknüpfung der Kartenschichten des Landesentwicklungsplans Umwelt des Saarlands aufgrund der gewonnenen Kriterien zwar experimentell verbessert werden konnte, für die Entwicklung von Verfahren hierzu aber weitere Bedingungen differenziert werden müssen. Dabei sollten objektbezogene und zeichenbezogene Untersuchungsansätze unterschieden werden. Objektbezogene Ansätze müßten Beziehungen zwischen Informationsschichten mit höherrangig skalierten Planungsinformationen, also beispielsweise numerischen Planungsdaten, sowie Beziehungen zwischen Informationsschichten mit unterschiedlichem Skalenniveau untersuchen. Darüber hinaus müßten Beziehungen zwischen Informationsschichten mit punkt- und linienhaften Objekten sowie Beziehungen zwischen Informationsschichten mit geometrisch unterschiedlich definierten Objekten einbezogen werden. Weiterhin lassen sich funktionale Beziehungen zwischen Planungsinformationen ableiten. Sie könnten objektbezogene Kriterien für die Verbindung, Ergänzung oder Trennung von Informationsschichten bilden (Uthe, 1985).

Zeichenbezogene Untersuchungsansätze sollten stärker von einer Trennung zwischen logischer Zeichen-Objekt-Zuordnung und konkreter Verortung von Zeichen in der Karte ausgehen. Einerseits müßten weitere graphische Kriterien zur Verknüpfung von Kartenschichten, wie beispielsweise Farbkontraste, untersucht werden. Andererseits sollten Restriktionen durch Zeichenüberlagerung differenziert und in ihrem Einfluß auf logisch abgeleitete Zeichenbeziehungen näher bestimmt werden.

4.3 Der Regionale Raumordnungsplan Westpfalz
Erfahrungen mit der digitalen Erstellung der Karte

4.3.1 Vorbemerkungen

Die Aufstellung und Fortschreibung des Regionalen Raumordnungsplans ist gleichzeitig Hauptaufgabe der regionalen Planung und Grundlage für die Wahrnehmung weiterer planerischer Aufgaben im Kontext der räumlichen Ordnung und Entwicklung der Region[1].

Die Fortschreibung des (ersten) Regionalen Raumordnungsplans für die Region Westpfalz (ROP Westpfalz) aus dem Jahre 1973 erfolgte in den Jahren 1981 bis 1987. Eine erste (Gesamt)-Karte (M 1 : 50 000) wurde für die Anhörungs- und Beteiligungsrunde 1986 erstellt, eine zweite nach der Beschlußfassung des ROP durch die Regionalvertretung - dem "Regionalparlament" der Region - nach der Einarbeitung der sich aus der Beteiligung ergebenden Änderungen 1987; nach erfolgter Genehmigung wird schlußendlich eine dritte Auflage erstellt (werden)[2].

Das den Planungsarbeiten zugrundeliegende Planungsselbstverständnis kann stichwortartig wie folgt charakterisiert werden: Gesamträumliche Planung auf der Ebene der Region ist von ihrer Ausgestaltung her in erster Linie Koordinationsaufgabe. Der Koordinationsauftrag Regionaler Planung vermittelt sich jedoch im Kern tendenziell über die informationelle Gestaltung des Planungsprozesses: Koordination durch Information. Die Information ist somit integraler Bestandteil des Planungsprozesses. Planung ist von daher zu verstehen als Informations- und Kommunikationsprozeß.

Wesentliches Hilfsmittel zur Unterstützung und Moderation dieses Informationsprozesses ist die Karte

- als Instrument zur geometrischen und inhaltlich-materiellen Abgleichung der Information,
- als Planungsgrundlage zur Entscheidungsvorbereitung,
- als Instrument der Konfliktoffenlegung zur Abwägung divergierender Interessen bzw. konfligierender Nutzungen sowie zur Beteiligung,
- als Ergebnisdarstellung bzw. Rechtsnormfestsetzung.

4.3.2 Ausgangsbedingung

Aufgrund der hohen Bedeutung und des hohen Stellenwertes, der der Karte im gesamträumlichen Planungsprozeß beizumessen ist, war es nur konsequent, eine Karte auf hohem qualitativem Niveau einzufordern. Dies auch deshalb, da die Karte schließlich - im Gegensatz zum Textteil des ROP - das augenfälligere Ergebnis des langjährigen Erarbeitungsprozesses ist und meist häufiger zur Lösung danach zu bearbeitender "Tagesprobleme" eingesetzt wird. Letztendlich muß unter dem Gesichtspunkt der Planumsetzung ebenfalls auf "Ergebnistransparenz" der Karte geachtet werden. Eine Herstellung der Gesamtkarte des ROP unter Zeit- und Kostendruck und ohne Testphase - hier verstanden als Möglichkeit zu größeren Veränderungen in der Kartengraphik im Übergang von der ersten zur zweiten Auflage - sollte also ausscheiden.

Darüber hinaus sollten die Vorteile der digitalen Verarbeitung von Planungsinformationen genutzt und somit auch dem prozessualen Charakter der Planung entsprochen werden:

- schnelles rechnergestütztes Nachvoliziehen von Entwurfsänderungen während des Planerarbeitungsprozesses,
- rechnergestütztes Kartieren und Bereitstellen von Druckvorlagen für den Druck der ROP-Karte,
- thematisches bzw. problemspezifisches Kartieren, je nach Aufgabenstellung und Erfordernis.

Entscheidend für die Umsetzung dieser Anforderungen waren dabei folgende Überlegungen:

1. Aufgrund personeller und gerätetechnischer Engpässe war auszuschließen, daß eine Karte in der geforderten und begründeten Qualität im Hause selbst gefertigt werden konnte. Auch eine Kartenherstellung in traditioneller Kartographie hätte eine Vergabe nach außen erfordert und entsprechende (Mehr-)Kosten verursacht. Der Druck der Karte hätte ohnehin vergeben werden müssen.

2. Es war definitiv vorgesehen,

- im Hause das graphische Datenverarbeitungssystem MINIKAT einzuführen und auf dieser Basis
- ein Raumordnungs- und Raumplanungskataster aufzubauen[3]).

So würde es möglich, bereits erzeugte digitale Datenbestände bei Vorliegen der Datenkompatibilität zu verwenden; d.h. gerade durch eine Vergabe der digitalen Erstellung der ROP-Karte nach außen hätte man auch das zeitlich nicht zu unterschätzende Problem der Erstdigitalisierung bei dem o.g. personellen Engpaß gelöst und hätte bereits verwendbares digitales Datenmaterial zur Aufgabenerfüllung in der täglichen Planungspraxis im Rahmen des Aufbaues des Raumordnungs- und Raumplanungskatasters vorliegen gehabt.

Die zuständigen politischen Gremien entschieden sich aufgrund der vor allem mittel- bis längerfristig im Rahmen eines rechnergestützten Informationssystems wirksam werdenden Vorteile für das digitale Verfahren. Infolge des Pilotcharakters der Vorgehensweise für das Land Rheinland-Pfalz wurden die Mehraufwendungen - im wesentlichen bestimmt durch den Erstdigitalisierungsaufwand vor allem auch im Hinblick auf den Aufbau des Raumordnungs- und Raumplanungskatasters - teilweise über Zuschüsse der Staatskanzlei - Oberste Landesplanungsbehörde - abgedeckt.

4.3.3   Kartenherstellung

4.3.3.1 Karteninhalt

Die Karte des ROP Westpfalz enthält - unabhängig vom gewählten Verfahren und im wesentlichen vergleichbar mit den üblicherweise vorgenommenen Darstellungen anderer Raumordnungspläne - Aussagen zu den Bereichen Siedlung, Freiraumnutzung, Verkehr sowie Ver- und Entsorgung; darüber hinaus sind Ortsnamen und Grenzen dargestellt. Innerhalb dieser Bereiche wird differenziert zwischen:

- natürlichen Potentialen,
- Realnutzung,
- bauplanungsrechtlich zulässiger Nutzung,
- fachplanerischen Schutz- und Vorrangausweisungen,
- den eigentlichen Zielen der Raumordnung und Landesplanung sowie
- der nicht-flächigen Band- und Punktinfrastruktur.

Eine vereinfachte Differenzierung wurde über kartographische Gestaltungsmittel vorgenommen (vgl. 4.3.3.4).

4.3.3.2 Datengrundlagen

Zur Vorbereitung der digitalen Erfassung des Karteninhaltes wurden verschiedene Datenquellen herangezogen. Teilweise konnte auf amtliche Datenquellen zurückgegriffen werden, teilweise wurden die Datenquellen von der Geschäftsstelle der Planungsgemeinschaft Westpfalz (PGW) selbst erarbeitet.

Bei den Datenquellen, die zur Erfassung der flächennutzungsbezogenen Inhalte herangezogen wurden, war die Maßstabsfrage von großer Bedeutung. Die kartographischen Datenquellen, die für die im Maßstab 1 : 50 000 zu erstellende ROP-Karte benötigt wurden, lagen in unterschiedlichen Maßstäben vor.

Die Angleichung der Maßstäbe ist in der computergestützten Kartographie technisch gesehen kein Problem, es muß jedoch beachtet werden, daß in der Kartographie im allgemeinen ein direkter Zusammenhang zwischen Maßstab und Informationsdichte besteht, d.h. im Maßstab 1 : 50 000 erfolgt die Darstellung sehr viel stärker generalisiert als z.B. im Maßstab 1 : 10 000. Mit der computergestützten Veränderung bzw. Angleichung des Maßstabs sind weder eine automatische kartographische Generalisierung noch eine Verfeinerung der Plandarstellung verbunden und können auch vom Computer nicht - jedenfalls nur mit Einschränkungen - sinnvoll geleistet werden[4]). Daher wurden zur Digitalisierung flächennutzungsbezogener Inhalte nur Karten in den Maßstäben 1 : 50 000 und 1 : 25 000 herangezogen.

Die Realnutzung, die bauplanungsrechtlich zulässige Nutzung sowie die natürlichen Potentiale wurden folgenden Datenquellen entnommen:

- Waldflächen: aus den aktuellen Blättern der Topographischen Karte 1 : 25 000 (TK 25);
- landwirtschaftliche Nutzflächen: in Abstimmung mit der Landwirtschaftskammer Rheinland-Pfalz differenziert in drei Bodengüteklassen aus der ROP-Karte 1 : 50 000 von 1973;
- für Qualitätsweinbau geeignete landwirtschaftliche Nutzflächen: - ebenfalls in Abstimmung mit der Landwirtschaftskammer - aus der ROP-Karte 1 : 50 000 von 1973;
- Siedlungsflächen: aus einer von der PGW angefertigten Kartierung auf der Grundlage der TK 50, durch Auswertung vorhandener Flächennutzungspläne und Luftbilder.

Die fachplanerischen Aussagen wurden folgenden Datenquellen entnommen:

- Natur- und Landschaftsschutzgebiete: aus der Plankartei 1 : 25 000 der Oberen Landesplanungsbehörde;
- Wasserschutzgebiete: aus einer Kartierung 1 : 50 000 der PGW, die auf der Grundlage von Angaben der Wasserwirtschaftsämter Neustadt und Kaiserslautern angefertigt wurde.

Die regionalplanerischen Aussagen wurden aus folgenden Datenquellen abgeleitet:

- Vorrangflächen für Landwirtschaft: Dazu wurde in Zusammenarbeit mit der Landwirtschaftskammer Rheinland-Pfalz eine Kartierung 1 : 50 000 erarbeitet;
- Vorrangflächen für Biotopschutz und Flächen, die für den Landschaftsschutz bedeutsam sind: aus der Biotopkartierung des Landesamtes für Umweltschutz und Gewerbeaufsicht Rheinland-Pfalz 1 : 25 000 und der Karte zum Entwurf des Landschaftsrahmenplans Westpfalz der Oberen Landespflegebehörde 1 : 50 000;

- Vorrangflächen für Trinkwasserschutz und Wasserflächen: aus einer im Auftrag der Planungsgemeinschaft durchgeführten, mit dem Geologischen Landesamt, Mainz, und dem Landesamt für Wasserwirtschaft, Mainz, abgestimmten Studie sowie Angaben der Wasserwirtschaftsämter Kaiserslautern und Neustadt 1 : 50 000;
- Vorrangflächen für die Gewinnung oberflächennaher Bodenschätze und weitere Flächen, die langfristig für die Gewinnung oberflächennaher Bodenschätze bedeutsam werden können: aus einem im Auftrag des Ministeriums für Wirtschaft und Verkehr erstellten Gutachten und einer darauf aufbauenden Konfliktkartierung der PGW 1 : 25 000 bzw. 1 : 50 000;
- von Bebauung freizuhaltende Flächen bzw. Regionale Grünzüge: aus einer von der PGW erarbeiteten Kartierung 1 : 50 000;
- Angaben zur nicht-flächigen Punkt- und Bandinfrastruktur wurden den entsprechenden fachplanerischen Grundlagen entnommen.

Schließlich wurde eine Arbeitskarte erstellt (auf der Folie der TK 50), für die nach bestimmten Entscheidungsregeln (Überlagerung, Priorisierung, wechselseitige Abhängigkeiten) alle vorliegenden (Teil-)Ergebnisse der bisherigen Planungsarbeit - mit Ausnahme der Realnutzung - zusammengetragen wurden. Diese Arbeitskarte war gleichzeitig Digitalisierungsgrundlage.

4.3.3.3 Datenerfassung

Die Datenerfassung bedarf einer guten Vorbereitung und Organisation, um den Arbeitsaufwand möglichst gering zu halten. Zu beachten sind insbesondere:

- die Qualität der Erfassungsgrundlagen (Vollständigkeit, Eindeutigkeit, Lesbarkeit und Maßhaltigkeit der Vorlagen),
- die Anzahl der Erfassungsgrundlagen, die Nutzungen enthalten, die sowohl geometrisch identische Strukturen aufweisen als sich auch inhaltlich-materiell gegenseitig bedingen, also auf einander abgestimmt werden müssen,
- die Festlegung der Reihenfolge der zu digitalisierenden Nutzungskategorien bzw. Nutzungen.

Im vorliegenden Falle wurde die Datenerfassung jedoch weitgehend davon bestimmt, welche Grundlage digitalisierungsfähig vorlag. Unstimmigkeiten, die aufgrund dieser pragmatischen Vorgehensweise und der unterschiedlichen Qualität der Grundlagen auftraten, insbesondere geometrische Unstimmigkeiten zwischen Flächennutzungen, wurden interaktiv am Graphik-Bildschirm bereinigt, was allerdings zu einem zeitlichen und finanziellen Mehraufwand führte. Als Konsequenz aus dieser Erkenntnis ist grundsätzlich eine inhaltlich-geometrisch abgestimmte Digitalisierungsgrundlage zu fordern; sie ist nach unseren Erfahrungen unabdingbare Voraussetzung für eine optimale Datenerfassung. Da es in der jeweils geforderten Differenzierung und Aktualität der Flächennutzung und Flächenbeanspruchung keine einheitlichen und flächendekkenden Angaben gibt (Fischer, 1989), gilt dies generell und insbesondere bei einer Erstdigitalisierung.

Die bisher aufgezeigten Arbeitsschritte fallen unabhängig vom gewählten Datenverarbeitungsverfahren an - ob digital, ob analog. Und wenn keine aktuelle oder fortgeführte Realnutzungskartierung als einheitliche Datenausgangslage vorliegt, wird es - ebenfalls unabhängig vom Verfahren - immer Abstimmungsprobleme zwischen den Nutzungskategorien geben. Jedoch führt das digitale Datenverarbeitungsverfahren zu einem veränderten Aufgabenverständnis: Man erzeugt nicht mehr ''nur'' eine Karte als nicht mehr weiterzuverarbeitendes Endprodukt, man betreibt Datenveredelung im Rahmen des Aufbaues eines Raumordnungs- und Raumplanungskatasters. Und dieses veränderte Aufgabenverständnis läßt vermuten, daß eine Laufendhaltung einer einmal erarbeiteten einheitlichen Grundlage als originäres Raumordnungs- und Raumplanungskataster problemloser, weil synoptisch und im Gegensatz zu den unterschiedlichen fremdgeführten Katastern eigenverantwortlich, durchzuführen ist.

Die Digitalisierungsarbeiten erfolgten ausschließlich durch das beauftragte Ingenieurbüro, nachdem zuvor in enger Zusammenarbeit zwischen der PGW und dem Büro insbesondere die Frage der Organisation des Datenbestandes vor allem im Hinblick auf die anschließende Übertragung in das System MINIKAT geklärt worden war. Die logische Struktur des Datenbestandes folgt dem Prinzip der Trennung in verschneidungsfreie Inhalte.

4.3.3.4 Kartengraphik

Ein Regionaler Raumordnungsplan bzw. dessen Karte enthält eine Vielzahl von Informationen. Dabei ist oft nicht zu unterscheiden, welche Information wichtig oder weniger wichtig ist, welche Aussage fachplanerischer Natur ist, einen Tatbestand wiedergibt oder tatsächlich ein Ziel der Raumordnung und Landesplanung darstellt. Nicht zuletzt wegen dieser - teilweise kartographischen, teilweise aber auch inhaltlichen - Unschärfe der Karte wird der Regionalplanung mangelnde Steuerungseffizienz in der Beeinflussung der räumlichen Entwicklung vorgehalten.

Deshalb wurde bei der Karte des ROP Westpfalz versucht, die Aussagen zu differenzieren:

- zum einen dadurch, daß die Kartenlegende ganz klar aufzeigt, was Ziele der Raumordnung und Landesplanung sind und was den weiteren Planinhalten zuzurechnen ist;

- zum anderen durch eine optische Differenzierung über den gezielten Einsatz der kartographischen Gestaltungsmittel. So wurden

  - die Realnutzungen, die bauplanungsrechtlich zulässigen Nutzungen sowie die natürlichen Potentiale als (Farb-)Flächen dargestellt,
  - die fachplanerischen Aussagen wie Naturschutzgebiete, Wasserschutzgebiete durch Bänder bzw. Bandstrukturen gekennzeichnet,
  - die eigentlichen regionalplanerischen Zielsetzungen als die die beiden anderen Kategorien (teilweise) überlagernden Nutzungs- und Funktionszuweisungen durch flächenfüllende Signaturen herausgehoben.

Sicherlich ist die Frage der kartographischen Gestaltung bzw. des Einsatzes der kartographischen Gestaltungsmittel nicht verfahrensspezifisch (analog, digital). Durch das - bereits oben angesprochene - veränderte Aufgabenverständnis und den veränderten Aufgabenvollzug durch die Einführung der digitalen Datenverarbeitung wurde jedoch diese Fragestellung wesentlich intensiver diskutiert. Insbesondere durch die Diskussion der Organisation des Datenbestandes wurde deutlich, daß mehr als bisher vorgesehen und geschehen in der o.g. Weise zu differenzieren war. Auslöser dieser erkenntnisfördernden verstärkten Überlegungen war letztendlich die Frage

der Weiterverarbeitung der digitalen Datenbestände im Rahmen einer problem- und aufgabenspezifischen Analyse und Kartierung, welche sich bei der traditionellen analogen Kartographie
so nicht gestellt hätte: Verfahrensinnovation führte zur Produktinnovation.

Sicherlich ist dieses Verhältnis von Verfahrens- und Produktentwicklung noch vertieft zu
diskutieren. Eines - und dies sei als These formuliert - erscheint jedoch sicher: Die Karte in der
digitalen Form wird aktiver Teil einer sich wechselseitig beeinflussenden Entwicklung von Form
und Inhalt, d.h. die Karte als graphischer Querschnitt eines digitalen Datenbestandes ist nicht
mehr nur Endprodukt des Planungsprozesses, Ergebnisdarstellung also; die Karte fördert als
analytische Einheit den Erkenntnisprozeß, erzeugt selbst Ergebnisse und trägt damit zu ihrer
eigenen Aus- und Umgestaltung bei (vgl. auch 4.3.5 und Freitag, 1.3, sowie Rase, 2.3).

4.3.3.5 Herstellung der Druckvorlage und Druck

Zu der Herstellung der Druckvorlage für die erste Auflage (Entwurf zur Anhörung und
Beteiligung) wurden die in Vektorform vorliegenden Daten farbwertspezifisch klassifiziert, d.h.
Flächen gleicher Farbwerte gebildet und in Rasterform überführt. Danach konnte jedem Raster
bzw. Pixel automatisch ein Farbwert nach einem zuvor erstellten Farbwertkatalog zugeordnet
werden. Mit einem Rasterplotter wurden daran anschließend über die Belichtung von Filmen die
Druckvorlagen erzeugt.

Während diese Arbeiten auch wieder ausschließlich durch das beauftragte Büro ausgeführt
wurden, wurde parallel dazu im Hause die sog. Schriftplatte erstellt. Das Landesvermessungsamt
in Koblenz fertigte eine Montage der TK 50 zur Übernahme der Topographie. Aus dem
Zusammendruck der Druckvorlagen, der Schriftplatte und der TK 50 entstand die ROP-Karte im
Maßstab 1 : 50 000[5]).

Bei der Einarbeitung der Änderungen in die Karte bzw. in den digitalen Datenbestand und der
sich daran anschließenden Konversion der Vektordaten in Rasterdaten zeigte sich allerdings eine
Schwäche dieses Verfahrens. Unabhängig von der Qualität und strukturellen Intensität der
Änderungen mußte der Vorgang zur Erzeugung der Druckvorlagen in Gänze wiederholt werden;
also auch bei nur kleinsten Änderungen war der gesamte Vorgang der Farbwertzuweisung und
Belichtung zu wiederholen. Dies erschien aus mehreren Gründen als unwirtschaftlich (Rechner-
zeiten, Filmmaterialverbrauch und Kopierkosten (Gesamtformat von 180 cm x 140 cm!)).

Deshalb wurde bei der Herstellung der zweiten Auflage (Vorlage zur Genehmigung) in
Absprache mit dem beauftragten Büro ein anderer Weg beschritten. Zur Erzeugung der Druckvorlagen waren bereits zu einem früheren Verfahrenszeitpunkt die digitalen Daten in analoge
Form gebracht worden. Direkt aus den Vektordaten wurden Gravurfolien auf einem Präzisions-
flachbett-Plotter erstellt, aus denen im traditionellen Verfahren die Druckvorlagen erzeugt
wurden. Änderungen können hierbei verhältnismäßig einfach durch manuelle Korrektur einge-
arbeitet werden. Um die inhaltliche Übereinstimmung zu gewährleisten, muß dann allerdings die
digitale Datenbank nachgeführt werden.

Hierzu wird es sicherlich unterschiedliche Auffassungen geben - je nach der vorherrschenden
datenverarbeitungstechnischen ''Philosophie''. Die elegantere Lösung ist zweifellos die raster-

plottererzeugte Herstellung der Druckvorlage (wie bei der ersten Auflage der ROP-Karte). Doch muß hier abgewogen werden zwischen sog. "reinen Lösungen" (nur digital, nur analog) und der Praktikabilität und Wirtschaftlichkeit kombinierter Verfahren. Und die Vorzüge der digitalen Datenverarbeitung bleiben ja erhalten. Tendenziell läßt sich für die Praxis vermuten, daß der Rasterplotter-Einsatz dort zu rechtfertigen ist, wo es sich um die Herstellung nicht mehr zu verändernder bzw. von in der Gesamtheit einer steten Veränderung unterworfener Erzeugnisse handelt. Bei der Bearbeitung sich partiell ändernder Produkte - wie eben einer Planungskarte - haben vektorielle Verfahren Vorzüge. Zu experimentellen Versuchen und Forschungsprojekten, beispielsweise im DIN-A4-Format, ist damit nichts ausgesagt.

4.3.4 Kartennutzung

Wesentlicher Gesichtspunkt bei der Erstellung der ROP-Karte in digitaler Form war die Erzeugung eines Raumordnungs- und Raumplanungskatasters im Rahmen des Aufbaues eines Informations- und Planungssystems (vgl. Abb. 66). Ebenso war auch die Erzeugung einer Planungskarte mit planungsprozeßadäquater Qualität von erheblicher Bedeutung. Das veränderte Aufgabenverständnis sowie die neue Produktqualität als verfahrensinnovativer Ausfluß wurden bereits angesprochen (vgl. 4.3.3.3 bzw. 4.3.3.4).

Aber auch im Planerarbeitungsverfahren, insbesondere im Rahmen der Anhörung und Beteiligung und der Einarbeitung und Dokumentation der Änderungen gelangten die Vorzüge des digitalen Verfahrens zur Anwendung.

So konnten für das Anhör- und Erörterungsverfahren problem- und adressatenspezifische Kartenausschnitte in unterschiedlichen Maßstäben, vor allem hinsichtlich der Auflösung sich mehrfach überlagernder Inhalte und Aussagen, hergestellt werden, welche eine intensive Auseinandersetzung mit den Planinhalten ermöglichten (vgl. Abb. 67 bis 70). Allerdings - und dies muß hier einschränkend festgestellt werden - wurde von dieser Möglichkeit nur begrenzt Gebrauch gemacht, wie das bei Einführung neuer Techniken oftmals zu beobachten ist.

Der zweite wesentliche Vorteil des digitalen Verfahrens im Planerarbeitungsprozeß bestand in der Möglichkeit des schnellen Nachvollziehens von Änderungen und der Änderungsdokumentation[6]. So wurden auf thematisch getrennten Korrekturplots die Änderungen eingetragen, die sich nach Auswertung der Beteiligungsrunde und Beratung in den zuständigen politischen Gremien ergaben. Nach der Digitalisierung der Änderungen wurden dann diese Änderungen in der Weise auf Folie geplottet, daß jede Veränderung - aber eben nur diese - mit zugehöriger Nutzungsziffer (nach Nutzungsschlüssel) dargestellt war. Diese nicht-farbigen, somit leicht reproduzierbaren Folien konnten nun auf den ROP-Kartenentwurf aufgelegt werden, so daß man in übersichtlicher Form sowohl Entwurf, Änderung und neuen Planungsstand vorliegen hatte. Gleichzeitig dienten die Änderungsplotts zur Prüfung der eingearbeiteten Änderungen.

Weitere Vorteile i.S. von Erleichterungen bei der Änderung der Kartengraphik ergeben sich aus dem digitalen Verfahren dadurch, daß bei feststehender Datengeometrie durch Variation beispielsweise der Stift- oder Stichelbreite oder des Schraffenabstandes bei der graphischen Ausgabe eine Änderung der Darstellung (beispielsweise der fachplanerischen Schutzgebiete oder der Vorrangflächenausweisung) erreicht werden kann. Der Aufwand hierfür ist bei der traditionellen Kartographie höher.

Abb. 66: Die digitale Erstellung der Karte des Raumordnungsplans Westpfalz im Rahmen des Aufbaues eines Raumordnungs- und Raumplanungskatasters als Teil eines rechnergestützten Informations- und Planungssystems

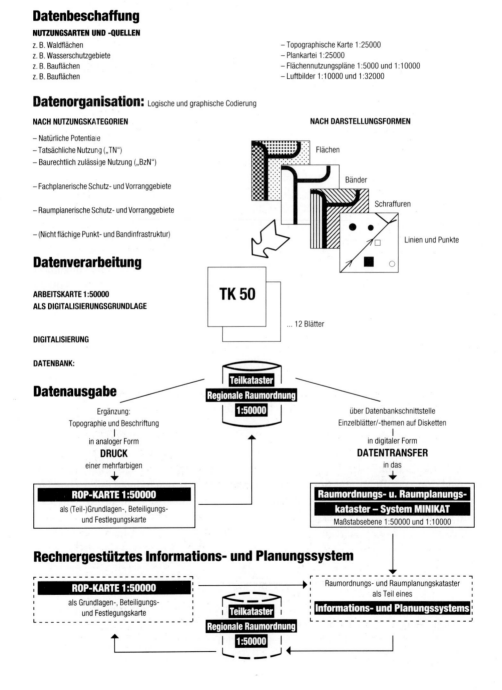

Entwurf: Th. Weick; Graphik: R. Leuschner

Abb. 67: Regionaler Raumordnungsplan Westpfalz (Ausschnitt)
Geometrie des Gesamtinhalts

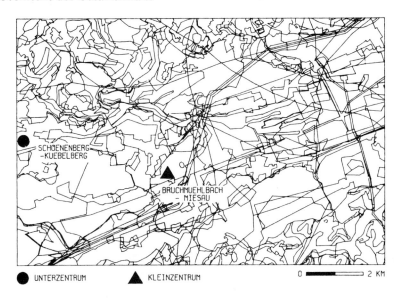

● UNTERZENTRUM   ▲ KLEINZENTRUM   0 ▬▬ 2 KM

Abb. 68: Regionaler Raumordnungsplan Westpfalz(Ausschnitt)
Realnutzung und bauplanungsrechtlich zulässige Nutzung

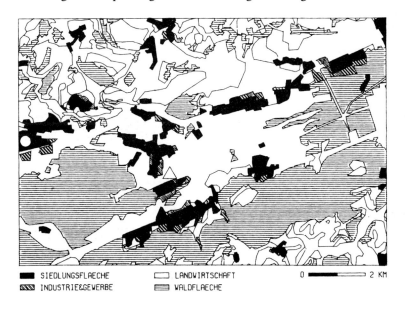

■ SIEDLUNGSFLAECHE   ▢ LANDWIRTSCHAFT   0 ▬▬ 2 KM
▨ INDUSTRIE&GEWERBE   ▤ WALDFLAECHE

Abb. 69: Regionaler Raumordnungsplan Westpfalz (Ausschnitt)
Fachplanerische Schutz- und Vorrangausweisungen, Verkehrsinfrastruktur

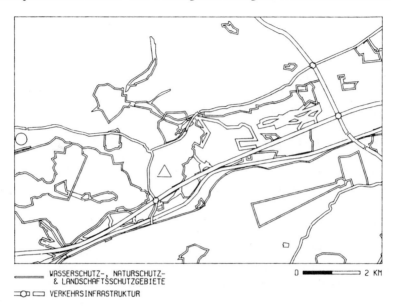

Abb. 70: Regionaler Raumordnungsplan Westpfalz (Ausschnitt)
Raumplanerische Schutz- und Vorrangausweisungen

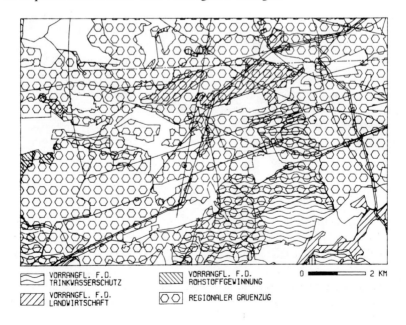

Dieser Vorteil kann bzw. konnte sowohl bei dem Übergang von der ersten zur zweiten Kartenauflage als auch hinsichtlich der Gestaltung der endgültigen ROP-Karte genutzt werden.

4.3.5 Zusammenfassende Wertung

Soll das digitale Verfahren ausschließlich zur einmaligen Erzeugung einer Karte genutzt werden, dann sind Kosten und Aufwand - trotz der Eleganz der Problemlösung - zu hoch, insbesondere aufgrund des erhöhten Aufwandes der Erstdigitalisierung und deren Vorbereitung.

Werden jedoch durch die digitale Kartenerstellung Datenbestände erzeugt, die ganz oder teilweise zum Aufbau eines Raumordnungs- und Raumplanungskatasters bzw. eines Planungs- und Informationssystems zur Problemverarbeitung und -lösung genutzt werden (können), dann ist der erhöhte Aufwand zu rechtfertigen[7]).

Auch die gewählte Arbeitsteilung - die Vergabe von (Teil-)Arbeiten an ein Büro - erscheint sinnvoll

- zum einen aufgrund der geringen Personalkapazitäten bei der Planungsinstitution selbst,
- zum anderen bietet sich eine Arbeitsteilung zwischen Planungsinstitution und freiem Büro immer dann besonders an, wenn entweder reine Routinearbeiten (Digitalisierung) ausgelagert werden können und/oder Spezialaufgaben (Plotten großer Formate als Druckvorlagen) zu vergeben sind,
- schließlich bietet sich eine solche Arbeitsteilung grundsätzlich immer dann an, wenn der bisherige Arbeitsablauf mit neuer Technologie durchsetzt werden soll, wenn also eine Verfahrensinnovation geboten erscheint bzw. ansteht.

Allerdings sollte aber das zu beauftragende Büro neben einer entsprechenden Hard- und Software auch eine problemadäquate ''Brainware'' aufweisen. Dabei wird ''Brainware'' verstanden als die Fähigkeit, die Hard- und Software i.S. der angestrebten Problemlösung unterstützend in den Problemlösungsprozeß einzubringen - im Gegensatz zu der Vorgehensweise, die Problemlösung als Standardangebot an der vorhandenen Hard- und Software auszurichten. Die Absicht, elektronische Datenverarbeitung einzusetzen, darf also nicht zu Problemlösungsansätzen führen, die nicht mehr der Problemstruktur entsprechen[8]).

Während des Planerarbeitungsprozesses konnte von den zwei wesentlichen Vorteilen der digitalen Karte,

- zum einen der Erzeugung problem- und adressatenspezifischer Kartenausschnitte in unterschiedlichen Maßstäben, insbesondere im Beteiligungsverfahren,
- zum anderen des schnellen Nachvollziehens von Änderungen samt Änderungsdokumentation,

letzterer verstärkt genutzt werden. Diese Feststellung entwertet nicht den aufgezeigten Vorzug der digitalen Karte; sie macht aber deutlich, daß die Karte im Erarbeitungsprozeß von den Adressaten letztendlich immer noch lediglich als Ergebnisdarstellung gesehen und weniger als Arbeitsmaterial verstanden wird. Dies mag auch die mangelnde Nachfrage bzw. Nutzung erklären.

Demgegenüber geriet die Anwendung des digitalen Verfahrens an sich zu einem Vorteil. Entgegen dem häufig beklagten Tatbestand der mangelnden Überlegung hinsichtlich der Gestaltung der Kartengraphik erforderte diesbezüglich die digitale Verfahrensweise verstärkte und vermehrte gedankliche Vorarbeit. Da die Karte nicht mehr nur Endprodukt ist, sondern lediglich kartographische Wiedergabe weiter zu verarbeitender und weiter zu nutzender Datenbestände, war der Organisation dieser Datenbestände und damit eben auch der Kartengraphik erhöhte Bedeutung beizumessen. Dies entspricht auch einer mehr prozeßorientierten Betrachtung von Planung: Nicht die (statische) Karte als Endprodukt der Planungstätigkeit steht hierbei im Vordergrund, sondern der Planungsprozeß als solcher. Die Karte ist dabei die graphisch räumlich-konkrete Wiedergabe und Abbildung des Planungsprozesses zu einem bestimmten Zeitpunkt unter Beachtung rechtsnormsetzender Kategorien. Indem die Funktion der Karte so dynamisiert wird, ist sie aktiver Teil im gesamträumlichen Planungsprozeß: Der Übergang von der analogen zur digitalen Informationsverarbeitung führt zu einer Auflösung der Karte in ein graphisches und ein informationelles Element im Planungsprozeß (als analytischer Kategorie); dabei stehen Karte als informationelles Element und Planungsprozeß in einer wechselseitigen Abhängigkeit, sie bedingen sich gegenseitig.

Die Erwartungs- und Anspruchshaltung an die Einführung neuer Techniken bzw. deren Ergebnisse ist oftmals viel zu hoch. So wurde auch im vorliegenden Falle die Herstellungszeit der Karte als zu lang kritisiert, insbesondere die Erzeugung der Karte zur Vorlage zur Genehmigung, also die Einarbeitung der Änderungen, die sich aus der Anhörungsrunde ergaben; aber: eine ''Knopfdruckkarte'' wird es auch digital nicht geben.

Auf jeden Fall bewirkt der Einsatz neuer, hier digitaler Verfahren auch Imageverbesserung: Regionale Planung ist bzw. bleibt innovationsfähig, und diese Wirkung ist - sowohl nach innen als auch nach außen - nicht zu unterschätzen.

4.3.6   Anhang: Datentechnische Aspekte

Im folgenden werden in komprimierter Form datentechnische Aspekte der digitalen Erarbeitung von Planungskarten sowie der Weiternutzung der digitalen Datenbestände im Prozeß räumlicher Planung - anhand des Beispielfalles Westpfalz - dargestellt. Demgemäß sind die gemachten Ausführungen nur zum Teil zu verallgemeinern und übertragbar - entsprechend den jeweiligen Voraussetzungen und Ausgangsbedingungen.

Die zu bearbeitenden Aufgaben

- Erfassung,
- Verarbeitung,
- Ausgabe

der Daten wurden an verschiedenen Anlagen durchgeführt.

Die Datenerfassung wurde an der IGOS-Workstation vorgenommen (IGOS - Interactive Grafic Operation System, für Vektor- & Rasterdatenverarbeitung). Die installierte Anlage besteht aus einem 20-Zoll-Doppelbildschirm, bei 1280 x 1024 Pixel Auflösung, mit Bildprozessor Motorola

M 68000, sowie einem eingebauten Rechner von DEC (Digital Equipment Corporation), 50 MB-Fest-/Wechselplattenkombination, 1,6 MB-Diskettenlaufwerk, einem DIN-A0-Präzisionsdigitalisierer und einem farbigen Hardcopyplotter. Der Rechner ist über eine Interfacekarte in das LAN (Local Area Network) im Hause eingebunden, d.h. mit den anderen Anlagen online verkabelt. Neben der Datenerfassung wurden auf der Anlage Korrekturen und Zuweisungen der nichtgrafischen Informationen, resp. der Aufbau der Datenbank erledigt.

Die Datenverarbeitung wurde am DEC-Multiusersystem vorgenommen (bei identischer Zentraleinheit zur IGOS-Workstation). Als echtes Mehrplatzsystem ist es mit Bildschirmen, Druckern und zwei Magnetbandstationen ausgestattet. Im Multiuser/Multitaskingbetrieb übernimmt der Rechner im Netz Standardaufgaben, wie Transformationen, Berechnungen, Ein- und Ausgaberoutinen, Reports und Listendrucken, sowie zeitaufwendige Operationen, wie z.B. Vektor-Rasterkonversion und die auch heute noch sinnvolle Datensicherung auf Magnetband.

Die Ausgabe erfolgte über eine als ADS (Automated Drafting-System) konzipierte XYNETICS/CONTRAVES-Anlage; diese Anlage ist mit einem HP 2105 MX (Hewlett-Packard) ausgerüstet, mit einem Bandgerät und dem großformatigen (160 x 120 cm) Flachbett-Vakuum-Plotter zur Herstellung der Druckvorlagen.

Mit dieser Bearbeitung wird das Konzept des distributed Processing verfolgt, d.h. der Aufgabenteilung auf verschiedene - auch selbständig lauffähige - Anlagen. Damit wird höherer Durchsatz, größere Betriebssicherheit, bessere Produktivität und Auslastung und somit insgesamt eine bessere Effizienz im Verbund auch über die Netzwerkeinbindung angestrebt.

Diese Konfiguration und die Art der Arbeitsteilung hat im wesentlichen zwei Gründe:

- Interaktive Arbeit am Doppelbildschirm, rechen- und mengenintensive Aufgaben wie Vektor-Rasterkonversion und die Ausgabe auf dem Großformatplotter über 16 Bit Parallelinterface nehmen einen Zentralrechner derart in Anspruch, daß der Datendurchsatz merklich sinkt und sich das Antwortzeitverhalten spürbar verschlechtert.

- Der zweite bedeutende Grund liegt in der Notwendigkeit zur Programmentwicklung im Hause. Sonderanwendungen wie die 6-Parameter-Transformation in das amtliche Landessystem oder wie die im vorliegenden Fall notwendige Übertragung der Gauß-Krüger-Koordinaten vom 2. in den 3. Meridianstreifen für ein Teilgebiet werden von den Herstellern nicht angeboten. Für derartige Aufgaben sollten - von der Produktion entlastete - Entwicklungsplätze verfügbar sein; dies gilt auch für Ausgleichsaufgaben wie Randanpassung benachbarter Blätter oder die Datenprüfung der logischen Segmente mittels Knotenanalyse.

Der Aufbau der Datenstruktur sieht im wesentlichen folgendermaßen aus: Alle Elemente mit direktem grafischen Bezug sind als logische Segmente nur einmal in der Datenbank vorhanden, haben aber beliebig viele Verknüpfungen (in der Regel 5 bis 7). Diese Verweise sind nach dem Schema ''Gruppe.Extension.Subextension'' (aber nicht hierarchisch) abgelegt worden. Im praktischen Beispiel bedeutet dies, es gibt eine Gruppe ''Siedlung'' mit den Extensions ''Wohnen'' und ''Industrie'' sowie die Subextensions ''bestehend'' und ''geplant''. Bezeichnung und Anzahl sind beliebig und durch den Benutzer frei zu definieren und auch später noch zu ändern. Ähnlich ist der Aufbau bei den Überlagerungen wie ''Vorrangflächen'' und den weiteren Planinhalten.

Beim Erstellen des logischen Aufbaues wurde wegen der erzielbaren höheren Flexibilität das relationale Datenbank-Managementsystem genutzt.

Bei gegebener 32-Bit-Auflösung konnten die Koordinaten als Landeskoordinaten abgelegt werden. Damit ist die Karte grundsätzlich blattschnittlos, jedoch werden z.T. die Bearbeitungseinheiten wegen der Arbeitsorganisation an der TK 50 orientiert. In anderen Fällen erstrecken sich die Bestände über die Fläche der gesamten Region, z.B. beim Layout für das Verkehrswegenetz sowie bei übergreifenden Inhalten wie Regionale Grünzüge und Richtfunkstrecken.

Zur Erarbeitung der digitalen Karte des ROP-Westpfalz wurden ca. 25 MB Vektordaten und (temporär) ca. 380 MB Rasterdaten erzeugt und auf ca. 400 Dateien verteilt.

Der Zeitaufwand kann für die Ersterstellung (Erfassung, Verarbeitung, Ausgabe) mit etwa einem halben Jahr veranschlagt werden. Diese Zeit ist als Bruttozeit zu verstehen, von den ersten Arbeitsbesprechungen bis zum Druck. Dabei ist der Aufwand für die Anpassung der unterschiedlichen Erfassungsgrundlagen, die gesamten Korrekturen und die Überarbeitung der Datenbank enthalten, einschließlich Kontrollplots und diverse thematische Auszüge.

Literatur und Anmerkungen

Abschnitt 1.1 "Funktion der Karte - Grundlagen-, Beteiligungs- und Festlegungskarten"

Literatur

Benedict, E.: Thesen zum aufgabenspezifischen Einsatz thematischer Karten in der Territorialplanung, Geogr. Berichte 118, Heft 1/1986, S. 23-30

Ogrissek, R.: Kartenklassifikation und analoge kartographische Terminologie in Theorie und Praxis, Peterm. Geogr. Mitt. 124, Heft 1/1980, S. 75-81

Anmerkungen

1) Siehe hierzu den Beitrag von H. Reiners "Stellung und Bedeutung landesplanerischer Pläne und ihrer Vorstufen im Planungsprozeß" (Nr. 1.2 in diesem Band).

2) Ackerknecht, D.: Zweck der raumplanerischen Darstellung ist es u.a., "Aufklärungs- und Orientierungsmittel" zu sein. In: Aspekte zur Vermittlung und Darstellung von Informationen in der Raumplanung, DISP Nr. 71, Zürich 1983, S. 39.

Abschnitt 1.2 "Stellung und Bedeutung landesplanerischer Pläne und ihrer Vorstufen im Planungsprozeß"

Literatur

Bielenberg/Erbguth/Söfker: Raumordnung und Landesplanung des Bundes und der Länder, Kommentar und Textsammlung, Bielefeld 1975 (Stand: 12. Lieferung, 1985)

BMBau (Hrsg.): Landesplanerische Begriffe und Instrumente, Bonn-Bad Godesberg 1984

Bundesverwaltungsgericht: Urteile vom 20.1.1984, C 70.79/AU und 4 C 43.81/AU

Erbguth, W.: Zur Rechtsnatur von Programmen und Plänen der Raumordnung und Landesplanung. In: DVBl, 1981

Erbguth, W.: Raumordnungs- und Landesplanungsrecht. In: Studienfach Wahlfach, Bd. 9, Köln u.a. 1983

Depenbrock, J. und H. Reiners: Landesplanungsgesetz Nordrhein-Westfalen (Kommentar), Köln u.a. 1985

Hoppe, W.: Das Recht der Raumordnung und Landesplanung in Bund und Ländern, Allgemeiner Teil (RuL), Köln u.a. 1986

Hoppe, W.: Das Recht der Raumordnung und Landesplanung in Nordrhein-Westfalen. In: Grimm/Papier, Nordrhein-Westfälisches Staats-und Verwaltungsrecht, Frankfurt/M. 1987

242

Klein, G.: Zur Rechtsnatur und Bindungswirkung der Ziele der Landesplanung. In: Beiträge zur Umwelt-, Raum- und Siedlungsforschung, Bd. 1, Münster 1972

Malchus, V. Frh. v.: Programme und Pläne im Planungssystem der Bundesländer der Bundesrepublik Deutschland. In: ARL-Daten zur Raumplanung, Teil B, Hannover 1983

Malchus, V. Frh. v.: Synopse der Regionalplanung in den Ländern der Bundesrepublik Deutschland. In: ARL-Daten zur Raumplanung, Teil B, Hannover, 1983BMBau (Hrsg.): Landesplanerische Begriffe und Instrumente, Bonn-Bad Godesberg 1984

Masuhr, J.: Raumordnungsprogramme und -pläne der Länder. In: ARL-Grundriß der Raumordnung, Hannover 1982

MKRO: Entschließung vom 1.1.1983 ''Bürgerbeteiligung in der Raumordnung und Landesplanung''. In: Schriftenreihe des BMBau (Hrsg.), Raumordnung, Bd. 06.49, Bonn 1983

Niemeier, H.-G.: Das Recht der Raumordnung und Landesplanung in der Bundesrepublik Deutschland. In: ARL-Abh., Bd. 75, Hannover 1976

Reiners H.: Landesplanerische Pläne in Nordrhein-Wstfalen.In: Untersuchungen zur thematischen Kartographie (Thematische Kartographie 2), ARL-FuS, Bd. 64, Hannover 1971

Reiners H.: Raumordnung und Landesplanung, Regionalplanung und Bauleitplanung. In: Kartographie der Gegenwart in der Bundesrepublik Deutschland, Bielefeld 1984

Reiners Herbert: Planungskartographie und rechnergestützte Kartographie. In: Ergebnisse des 17. Arbeitskurses Niederdollendorf der DGfK, 1989

Rödel, E.: Regionalplanung in Nordrhein-Westfalen. In: Beiträge zu Raumforschung, Raumordnung und Landesplanung, ILS-Schriftenreihe Landesentwicklung, Bd. 1.042, Dortmund 1985

Zinkhahn-Bielenberg: Raumordnungsgesetz des Bundes (Kommentar), Berlin 1965

Anmerkungen

1) Vgl. § 3 BauGB i.d.F. der Bekanntmachung vom 8.12.1986 (BGBl. I, S. 2253).

2) S. dazu Ministerpräsident des Landes Nordrhein-Westfalen (Hrsg.), Landesentwicklungsplan VI - Festlegung von Gebieten für flächenintensive Großvorhaben (einschließlich Standorte für die Energieerzeugung), die für die Wirtschaftsstruktur des Landes von besonderer Bedeutung sind - Sein Weg vom gesetzlichen Auftrag bis zur Aufstellung. In: Landesentwicklung, Schriftenreihe des Ministerpräsidenten NRW, Heft 41, Düsseldorf 1979, S. 9.

3) Dabei wird die Vorgehensweise im einzelnen mehr oder weniger detailliert vorgegeben, in einigen Ländern durch gesonderte Rechtsverordnungen festgelegt. Insoweit kann auf die Übersichten und Zusammenstellungen bei Erbguth 1983 und von Malchus 1983 verwiesen werden.

4) In den Landesplanungsgesetzen sind regelmäßig Vorschriften über die Fortschreibung bzw. Änderung und Ergänzung zur Anpassung an vollzogene oder künftige Entwicklungen vorgesehen. Dies gilt gleichermaßen für die Landes- wie die regionale Ebene. Dabei sind einerseits unterschiedliche zeitliche Festlegungen, andererseits die dauernde Pflicht zur Überprüfung der landesplanerischen Zielsetzungen üblich. Für die Regionalpläne wird auf die Übersicht bei von Malchus 1983 verwiesen.

243

5) Gesetz über die Gesamtplanung im Rheinischen Braunkohlengebiet vom 25.4.1950 (GS. NW. S. 450), zuletzt geändert durch Gesetz vom 8.4.1975 (GV. NW. S. 294), aufgehoben durch das Landesplanungsänderungsgesetz 1979.

6) Art. I Nr. 16 des Gesetzes zur Änderung des Landesplanungsgesetzes vom 20.11.1979 (GV. NW., S. 730).

7) Verordnung über die Abgrenzung des Kreises der Beteiligten und des Verfahrens der Beteiligung bei der Erarbeitung der Gebietsentwicklungspläne und der Braunkohlenpläne (2. DVO zum Landesplanungsgesetz) vom 5.2.1980 (GV. NW. 1980, S. 147).

8) Über die Situation in den einzelnen Bundesländern vgl. Bundesanstalt für Landeskunde und Raumforschung (Hrsg.), Raumordnungsverfahren. In: Informationen zur Raumentwicklung 1979; zur Aktualisierung ist hier anzumerken, daß eine Einführung des Raumordnungsverfahrens auch in NRW - im Zusammenhang mit den Überlegungen zur Umweltverträglichkeitsprüfung - angesichts der beabsichtigten Novellierung des Landesplanungsgesetzes in Erwägung gezogen wird, obwohl der vorliegende Gesetzesentwurf dies noch nicht vorsieht (Gesetz zur Änderung des Landesplanungsgesetzes / Entwurf - LT-Drucksache 10/2734 - vom 23.12.1987), weil die endgültige Regelung der UVP im Raumordnungsgesetz abgewartet werden soll.

9) Hier kann ebenfalls auf die vorliegende, im vorausgehenden bereits zitierte Fachliteratur verwiesen werden.

10) Richtlinie des Rates vom 27.6.1985 über die Umweltverträglichkeitsprüfung. In: Amtsbl. der Europäischen Gemeinschaften Nr. L 175 vom 5.7.1985, S. 40ff.; Bundesminister für Umwelt, Naturschutz und Reaktorsicherheit - Projektgruppe UVP - (Hrsg.), Referentenentwurf des Gesetzes zur Umsetzung der Richtlinie des Rates vom 27.6.1985 über die Umweltverträglichkeitsprüfung bei bestimmten öffentlichen und privaten Projekten (85/337/EWG) vom 28.3.1988; Cupei, Jürgen, Die Richtlinie des Rates über die Umweltverträglichkeitsprüfung (UVP) bei bestimmten öffentlichen und privaten Projekten. In: Natur + Recht 8/1985, S. 297ff.; Sporbeck, Otto, Methodische Probleme und Möglichkeiten bei der Durchführung von Umweltverträglichkeitsprüfungen nach der EG-Richtlinie. In: Landschaft + Stadt, 4/1987, S. 165ff.; Ritter, Ernst-Hasso, Umweltpolitik und Rechtsentwicklung. In: Neue Zeitschrift für Verwaltungsrecht 11/1987, S. 929; Mutius, Herbert von, Umweltverträglichkeitsprüfungen in Raumordnungsverfahren, insbesondere zu den verfassungsrechtlichen Fragen der Einführung einer Öffentlichkeitsbeteiligung. In: Bay. VerwBl. 1988, S. 641ff. und 678ff.

Abschnitt 1.3 "Theoretische Aspekte der Kommunikation mit Planungskarten"

Literatur

Bertin, J.: Sémiologie Graphique, Paris 1967 (deutsche Übersetzung: Graphische Semiologie, Berlin 1974)

Bitz, M.: Entscheidungstheorie, München 1981

Board, Ch. (Ed.): New insights in cartographic communication, Toronto 1984 (Cartographic Monograph 31)

Eco, U.: Einführung in die Semiotik, München 1972 (UTB 105)

Fehl, G.; M. Fester u. N. Kuhnert (Hrsg.): Planung und Information, Materialien zur Planungsforschung, Gütersloh 1972 (Bauwelt Fundamente 34)

Freitag, U.: Pragmatische Aspekte der Kartographie in Entwicklungsländern. In: Kartogr. Nachr. 27, 1977, S. 53-63

Fürst, D. u. J.J. Hesse: Landesplanung, Düsseldorf 1981 (Schriften zur Innenpolitik und Verwaltungswissenschaft, Bd. 1)

Gaefgen, G.: Theorie der wirtschaftlichen Entscheidung, 2. Aufl., Tübingen 1968

Hake, G.: Kartographie I, 6. Aufl., Berlin-New York 1982

Klüter, H.: Raum als Element sozialer Kommunikation, Gießen 1986 (Gießener Geographische Schriften, Heft 60)

Kolacny, A.: Kartographische Information - ein Grundbegriff und Grundterminus der modernen Kartographie. In: Int. Jb. Kart X, 1970, S. 186-193

Lau, Ch.: Theorien gesellschaftlicher Planung. Eine Einführung, Stuttgart 1975

Luhmann, N.: Systemtheoretische Argumentationen. In: Habermas, J. und N. Luhmann, Theorie der Gesellschaft oder Sozialtechnologie - Was leistet die Systemforschung?, Frankfurt a.M. 1971, S. 291-405

Luhmann, N.: Soziologische Aufklärung 3. Soziales System, Gesellschaft, Organisation, Opladen 1981

Matthiesen, U.: Das Dickicht der Lebenswelt und die Theorie des kommunikativen Handelns, München 1983

Reiners, H.: Raumordnung und Landesplanung, Regionalplanung und Bauleitplanung. In: Leibbrand, W. (Hrsg.), Kartographie der Gegenwart in der Bundesrepublik Deutschland '84, Bielefeld 1984, Bd. 1, S. 129-137

Steinmüller, U.: Kommunikationstheorie. Eine Einführung für Literatur- und Sprachwissenschaftler, Stuttgart 1977

Wagener, F.: Von der Raumplanung zur Entwicklungsplanung. In: Deutsches Verwaltungsblatt 3, 1970

Werbik, H.: Handlungstheorien, Stuttgart 1977

Werlen, B.: Gesellschaft, Handlung und Raum. Grundlagen handlungstheoretischer Sozialgeographie, Stuttgart 1987 (Erdkundliches Wissen, Heft 89)

Abschnitt 1.4 "Analyse und Systematisierung von Planinhalten"

Literatur

Arnberger, E.: Handbuch der thematischen Kartographie, Wien 1966

Hake, G.: Kartographie I, Berlin 1982

Junius e.al.: Erarbeitung eines kartographischen Modells für die Raumplanung - abgeleitet aus Festlegungskarten der Regionalplanung. Forschungsauftrag 15/85 der ARL. Dortmund 1987

Kistenmacher, H. e. al.: Überprüfung der Notwendigkeit einer Erweiterung und Harmonisierung von Planinhalten. Akademie für Raumforschung und Landesplanung, Beiträge Nr. 41, Hannover 1980

Wenner, A.: Zur Messung der Wahrnehmbarkeit von Regionalen Raumordnungsplänen mit Hilfe einer Augenbewegungskamera. Diplom-Arbeit. Universität Trier, Fachbereich Geographie, 1987.

Anmerkungen

1) Die Auflistung ist die Summe aller vorgefundenen Themenbereiche. Nicht jeder einzelne Plan enthält deswegen alle diese Themen.

2) Definition des Planelementesin (Junius, 3.2).

3) Eine Unterscheidung ist im Regelfall nur dann möglich, wenn die Zeichendichte eine solche Darstellung überhaupt zuläßt. Dies ist oft der Fall, wenn der Plan in zwei oder mehrere Teilabschnitte aufgeteilt ist. Wenn nur eine Karte benutzt wird, was zu empfehlen ist, kann dieser Unterschied nicht mehr gemacht werden; er wird im Regelfall dann aber durch die darunterliegende topographische Situationszeichnung hinreichend verdeutlicht.

4) In einer breit angelegten Diskussionsrunde wurden die vorgefundenen Ergebnisse im Hinblick auf ihre visuelle Wirkung subjektiv bewertet. Die Einbettung der Darstellungselemente in den jeweiligen Planzusammenhang wurde berücksichtigt und in umfangreichen Tabellen niedergelegt, da die Gedächtnisleistung der Diskussionsteilnehmer sonst überstrapaziert worden wäre.

5) Sofern diese nicht bereits unter (Junius, 3.2) allgemein formuliert wurden

6) Die Datenaufnahme, Datenaufbereitung und die Versuche zur kartographischen Darstellung sind mit dem Geoinformationssystem ARC/INFO am Fachbereich Raumplanung der Universität Dortmund durchgeführt worden.

Abschnitt 1.5 "Graphische Umsetzung von Planinhalten"

Anmerkungen

1) Vergleiche mit dem Begriff des ''unscharfen Objektes'' in Rase, 2.3.

2) Bezüglich der kartographischen Möglichkeit zu ihrer Umsetzung wird auf Anm. 1 verwiesen

Abschnitt 2.1 "Raumordnungskataster
##　　　　　　　　 Gegenwärtige Situation und künftige Entwicklung"

Literatur

Barwinski, K.: Bedeutung und Möglichkeiten von ''Landesinformationssystemen''. In: IBM-Seminar Bad Liebenzell 1984; Bundesforschungsanstalt für Landeskunde und Raumordnung (BfLR) (Hrsg.): Das Informationssystem für Raumordnung und Städtebau. In: Informationen zur Raumentwicklung 3/4, Bonn-Bad Godesberg 1984

Brüggemann, H.: Der Graphisch-Interaktive Arbeitsplatz (GIAP). Beispiel für ein offenes graphisches System. In: Zeitschrift für Vermessungswesen 3/1986, S. 93ff.; siehe dazu auch DIN 66 252: Graphisches Kernsystem (GKS), Berlin 1985 sowie DIN 66 292, Teil I: GKS-Fortran-Sprachschale, Berlin 1985

BStMLU (Hrsg.): Vereinheitlichung und Automatisierung des Raumordnungskatasters (ROK) - eine Bestandsaufnahme in Bayern, Bericht der Arbeitsgruppe Vereinheitlichung und Automatisierung des ROK, Stand: 7.5.1986 (= AG-Bericht) sowie Witzmann 1981, V.6.1 (2)

Depenbrock, J.; Reiners, H.: Landesplanungsgesetz Nordrhein-Westfalen, Köln-Berlin-Bonn-München 1985, Rd. Nr. 7.2 zu § 35 LPlG (1979)

Erbguth, W.: Raumordnung und Landesplanungsrecht, Studienreihe Wahlfach, Bd. 9, Köln-Berlin-Bonn-München 1983, Rd. Nr. 305, S. 188

Fischer, K.: Zum Aufbau eines Planungskatasters für Zwecke der Regional- und Flächennutzungsplanung. In: der Landkreis 1977, Heft 4, S. 129ff.

Fischer, K.: Flächennutzungskataster Unterer Neckar. Ein Pilotprojekt aus der Sicht des Anwenders. In: Raumordnungskataster und elektronische Datenerfassung, Schriftenreihe des Österreichischen Instituts für Raumplanung, Reihe B, Bd. 1 wie 1982

Fischer, K.: Grafische Datenverarbeitung in der planenden Verwaltung. In: Die öffentliche Verwaltung 2/1985, S. 78ff.

Fischer, K.: Das Raumordnungs- und Raumplanungskataster Rhein-Neckar. Ein Werkstattbericht über rechnergestützte Informationssysteme und Flächenkataster. In: Vermessungswesen und Raumordnung 2/1988, S. 89ff.

Hake, G.: Kartographie II, Berlin 1970, Sammlung Göschen (2. Aufl.), Bd. 2166, S. 110 und 113

Hirt, F.-H.: Raumordnungskataster. In: Die Karte als Planungsinstrument, Schriftenreihe des Siedlungsverbandes Ruhrkohlenbezirk 36/Essen 1970, S. 43ff.

Hoppe, W.; Menke, R.:Raumordnungs- und Landesplanungsrecht des Bundes und des Landes Rheinland-Pfalz, Köln-Berlin-Bonn-München 1986, Rd. Nr. 249f., 352 und 1325 (Plankartei)

Keil, H.J.: Lösungswege zu einem interaktiven Raumordnungskataster. In: IBM-Seminar Bad Liebenzell 1984

Keil, H.J.: Graphisches Raum-Informations- und Planungssystem (GRIPS), Referat und Bericht für den ARL-AK "Neue Technologien und ihre Anwendung in der Landes- und Regionalplanung", Detmold 1986 (Maschinen-Manuskript)

Kirchhof, R.; Gappel, J.: Modellprojekt Umweltkataster des Landkreistages Nordrhein-Westfalen. In: Der Landkreis 10/1987, S. 481ff.

Lehmann, A.: "Raumordnungskataster" (Stichwort). In: ARL-Handwörterbuch für Raumforschung und Raumordnung, Hannover 1966 (1. Aufl.), Sp. 1466ff., 1970 (2. Aufl.), Sp. 2491ff.

Loch, R.; Lück, W.; Fischer, K.: Aufbau und Anwendung von maschinenlesbaren Flächenkatastern in der räumlichen Planung. In: Natur und Landschaft 1978, Heft 5, S. 154ff.

Masuhr, J.: Grundlagen und Gliederung der Pläne und Programme, a.a.O., S. 348ff., insbesondere S. 350

Mittelstrass, G.: Der Graphisch-Interaktive Arbeitsplatz (ALK-GIAP). In: Nachrichten aus dem öffentlichen Vermessungsdienst (NÖV), 2-3/1987, S. 93ff.

Müller, G.: Freiheit und Planung in der Rechtsordnung des Grundeigentums und der Landesplanung. In: Raumforschung, 25 Jahre Raumforschung in Deutschland, Bremen 1960 (hrsg. ARL, Hannover), S. 149ff., insbesondere S. 159

Niemeier, H.-G. und Müller, G.: Raumplanung als Verwaltungsaufgabe, ARL-Abh., Bd. 43, Hannover 1964, S. 109ff.

Niemeier, H.-G.: Das Recht der Raumordnung und Landesplanung in der Bundesrepublik Deutschland, ARL-Abh.., Bd. 75, Hannover 1976, S. 82f.

Niemeier, H.-G.; Dahlke, W.; Lowinski, H..: Landesplanung in Nordrhein-Westfalen, Kommentar zum Landesplanungsgesetz und Landesentwicklungsprogramm, Essen 1977, Rd. Nr. 9f. zu § 26 LaPlaG (1975), S. 263

Rase, W.-D.: Wirtschaftliche und technische Grundlagen der rechnergestützten Herstellung von Planungskarten. In: Karten und Pläne im Planungsprozeß, ARL-Arbeitsmaterial Nr. 117, Hannover 1987, S. 53ff., insbesondere S. 55ff.

Reiners, H.: Raumordnung und Landesplanung, Regionalplanung und Bauleitplanung. In: Kartographie der Gegenwart in der Bundesrepublik Deutschland '84, Bielefeld 1984, Bd. I, Textteil, S. 129, Bd. II/III, Kartenteil, insbes. 720-1 und -2

Reiners, H.: Das Raumordnungskataster als landesplanerische und regionalplanerische Informationsgrundlage in Nordrhein-Westfalen von den Anfängen bis zur Gegenwart. In: Beiträge zu Raumforschung, Raumordnung und Landesplanung (= Gottfried Müller - Festschrift), Schriftenreihe Landesentwicklung des ILS, Bd. 1.042, Dortmund 1985, S. 130ff.

Reiners, H.: "Erstellung von Entscheidungsgrundlagen" (Kap. 1.4.1) sowie "Verfahrensbegleitende Dokumentation im förmlichen Planverfahren". In: Einsatz graphischer Datenverarbeitung in der Landes- und Regionalplanung, ARL-FuS, Bd. 183, Hannover 1990

Schmitz, G.: Planungskontrolle und Planfortschreibung, a.a.O., S. 381

SMG-Schwarz/Müller/Glock: INFODOK, ein Informations- und Erschließungssystem für Datenbestände, IDB 004.DOK, Stand Juli 1984 sowie Umlandverband Frankfurt/M. (UVF): Informations- und Planungssystem, Frankfurt/M. 1985

Witt, W.: Thematische Kartographie, ARL-Abh., Bd. 49, Hannover 1970, S. 667

Witt, W.: Lexikon der Kartographie, Wien 1979, S. 478ff.

Witzmann, K.: Raumordnungskataster. In: ARL-Daten zur Raumplanung, Teil A, Hannover 1981, V.6.1

248

Anmerkungen

1) § 19 LPlG BW, § 12 NROG, § 16 SLPG, § 18 LaplaG SH, § 21 Bay LPlG.

2) § 18 LPlG BW, Art. 20 BayLPlG, § 10 HLPlG, § 13 NROG, §§ 35 und 36 LPlG NRW, §§ 22 und 23 LPlG RhPf, § 15 SLPG, § 19 LaplaG SH.

3) Vgl. hierzu die Ausführungen in den einschlägigen Landesplanungsrechtskommentaren, für die anstehende Fragestellung zusammengefaßt bei Reiners 1985, S. 134, dort auch die zugehörige Literatur.

4) Der Datenausschuß der Ministerkonferenz für Raumordnung (Leitung: Ministerialdirigent Dr. Kroher/ BStMLU, München) hat eine Umfrage bei den Bundesländern über die derzeitige und künftige Führung des ROK und die dabei bestehende Problematik sowie über die Absicht, eine computergestützte Bearbeitung einzuführen, durchgeführt. Mit Zustimmung des Ausschußvorsitzenden konnten die entsprechenden vorläufigen Berichte (hier zitiert: MKRO-Berichte) der Länder für diese Darstellung ausgewertet werden. Der vom Datenausschuß in Aussicht genommenen Ausarbeitung einer Empfehlung über die künftige Führung des ROK wird damit nicht vorgegriffen.

5) Bei einem für Nordrhein-Westfalen demnächst zu erarbeitenden Erlaß über die Führung des ROK wird mit einiger Sicherheit von einer einheitlichen Kartengrundlage (TK 25) ausgegangen werden.

6) Vgl. die Ausführungen in Abschnitt 2.1.2, Fußnoten 2 und 3.

7) Die Auskunftsverpflichtung ist an die sonstigen Träger, d.h. an Private wie auch an Wirtschaftsunternehmen gerichtet (§ 18 Abs. 2 LPlG BW; Art. 20 Abs. 2 Bay LPlG; § 10 Abs. 1 Satz 2 HLPlG; § 13 Abs. 2 NROG; § 36 LPlG NW; § 22 Abs. 2 LPlG RhPf; § 15 Abs. 2 SLPG).

8) Verordnung über die Ausarbeitung der Bauleitpläne sowie über die Darstellung des Planinhalts (Planzeichenverordnung) vom 19.1.1965 (BGbl. I, S. 21); Deutscher Normenausschuß (Fachnormenausschuß Bauwesen), Planzeichenentwurf für Raumordnungs- und Entwicklungspläne, DIN 18001.

9) ROK-Erlaß NS Nr. 2.5; Plankartei-Erlaß RhPf Nr. 1 bis 3 und 5; Reiners 1985, S. 143.

10) Die Erhebung aus dem Jahre 1986 wird im Zuge der Berichterstattung des AK ''Einsatz graphischer Datenverarbeitung in der Landes- und Regionalplanung'' ausgewertet und im einzelnen dargestellt (vgl. den Beitrag von Kähmer, Herbert. In: ARL-FuS, Bd. 183).

11) Bei einigen Bezirksplanungsbehörden (früher ''-stellen''), insbesondere jene der ehemaligen Landesplanungsgemeinschaft Westfalen, ist zwar ein dem ROK vergleichbares Planungskartenwerk geführt worden, das aber zum Teil in Maßstab, Inhalt und Zeichengebung verschieden war (vgl. dazu Reiners, 1985, S. 154, auch Abschnitt 2.1.3.1 dieser Ausführungen). Daraus erklärt sich der notwendige ''Nachholbedarf'' für das ROK.

12) AG-Bericht, S. 10/12.

Abschitt 2.2 "Fachkataster
Ein Überblick über thematisch gebundene Nachweise"

Literatur

Ellenberg, H.: Wuchsklimakarte von Südwestdeutschland 1:200 000, Nördlicher und Südlicher Teil, Stuttgart 1956

Ellenberg, H. und C.: Wuchsklima-Gliederung von Hessen 1:200 000 auf pflanzenphänologischer Grundlage, Hess. Ministerium für Landwirtschaft und Umwelt (Hrsg.), Wiesbaden 1974

Hessischer Minister für Landwirtschaft und Umwelt: Lärmübersichtskarte, Erläuterungsheft 1974

Kommunalverband Ruhrgebiet, Abt. Planung: Regionales Freiraumsystem Ruhrgebiet, Teil I, Entwurf, Essen 1986

Kreis Unna (Umweltamt): Gewässergütekarte 1985, Umweltbericht 4, Unna 1986

Landesamt für Wasser und Abfall Nordrhein-Westfalen: Gewässergütebericht 1984, Düsseldorf 1985

Landesanstalt für Ökologie, Landschaftsentwicklung und Forstplanung Nordrhein-Westfalen: Biotopkartierung Nordrhein-Westfalen, Recklinghausen 1982

Lippeverband Dortmund: Gewässergütebericht 1984, Essen

Minister für Umwelt, Raumordnung und Landwirtschaft Nordrhein-Westfalen: Luftreinhalteplan Ruhrgebiet Ost, 1. Fortschreibung 1986-1990, Düsseldorf 1986

Minister für Umwelt, Raumordnung und Landwirtschaft Nordrhein-Westfalen: Luftreinhalteplan Ruhrgebiet West, 1. Fortschreibung 1984-1988, Düsseldorf 1985

Minister für Landesentwicklung, Umwelt, Landwirtschaft und Forsten Hessen: Die Luftqualität im Belastungsgebiet Wetzlar, Wiesbaden 1982

Minister für Landesentwicklung, Umwelt, Landwirtschaft und Forsten Hessen: Luftreinhalteplan Rhein-Main, Wiesbaden 1981

Minister für Umwelt, Raumordnung und Bauwesen des Saarlandes: Emissionskataster Industrie, Kraftfahrzeugverkehr, Hausbrand/Kleingewerbe, für die Räume Dillingen, Saarlouis, Völklingen, Saarbrücken, Neunkirchen 1978/1982

Minister für Umwelt, Raumordnung und Landwirtschaft Nordrhein-Westfalen: Gesamtkonzept zur Nordwanderung des Steinkohlenbergbaus an der Ruhr, Düsseldorf 1986

Minister für Ernährung, Landwirtschaft und Forsten Nordrhein-Westfalen: Erläuterungen zur Waldfunktionskarte Nordrhein-Westfalen, Düsseldorf 1975

Schreiber, K.-F.: Wuchsklimakarte des Ruhrgebietes, Arbeitsheft A 033, Kommunalverband Ruhrgebiet (Hrsg.), Essen 1985

Schulte, W. et. al.: Flächendeckende Biotopkartierung im besiedelten Bereich als Grundlage einer ökologisch bzw. am Naturschutz orientierten Planung. In: Natur und Landschaft, Heft 10, S. 371 ff., 1986

Stock, P.: Thermalkarte Ruhrgebiet, Arbeitsheft A 035, Kommunalverband Ruhrgebiet (Hrsg.), Essen 1987

Abschnitt 2.3 "Die Karte als analytisches Werkzeug in raumbezogenen Informationssystemen"

Literatur

AdV (Arbeitsgemeinschaft der Vermessungsverwaltungen der Länder der Bundesrepublik Deutschland, 1988): Amtliches Topographisch-Kartographisches Informationssystem (ATKIS). Das Vorhaben der Landesvermessungsverwaltungen zum Aufbau Digitaler Landschaftsmodelle und Digitaler Kartographischer Modelle. Landesvermessungsamt Nordrhein-Westfalen 1988

Becker, B.; Ottmann, Th.: Identitätsprüfung von Polygonzügen aus kartographischen Datenbasen. Proceedings Austrographics '88, A. Clauer, W. Purgathofer (Hrsg.). Informatik-Fachberichte 183, Berlin 1988

Deiters, J.: Nutzwertanalyse in der Raumplanung. Geographische Rundschau 38 (1986), H. 4

Hake, G.: Gedanken zu Form und Inhalt heutiger Karten. Kartographische Nachrichten, April 1988

Koeppel, H.W.: Die Karte als Forschungsmittel im Aufgabenbereich des Naturschutzes und der Landschaftspflege. Akademie für Raumforschung und Landesplanung, Arbeitsmaterial Nr. 117, Hannover 1987

Langran, G.: Accessing spatiotemporal data in a temporal GIS. Proceedings of Auto Carto 9, 9th International Symposium on computer-Assisted Cartography, Baltimore, MA, April 2-7, 1989

Nittinger, J.: Vermessungswesen in der Industriekultur. Allgemeine Vermessungsnachrichten 10/1987

Steinborn, W.; Fritsch, D.: Geleitwort. GIS-Geo-Informationssysteme, Jg. 1, Heft 1

Stöppler, H.W.: Die "Automatisierte Liegenschaftskarte" (ALK) - Überblick . Nachrichten aus dem öffentlichen Vermessungsdienst Nordrhein-Westfalen, 20. Jahrgang, Heft 2-3/1987

Strassert, G.: Bewertungs-Hokuspokus durch Nutzwertanalyse. In: Kritik der Nutzwertanalyse, Institut für Regionalwissenschaft der Universität Karlsruhe, Diskussionspapier Nr. 11, 1981

Anmerkungen

1) Bei der Hardware (Computer und Geräte) rechnet man mit Innovationszyklen von zwei bis fünf Jahren, bei der Software (Betriebs- und Anwendungsprogramme) von fünf bis zehn Jahren und beim Personal von zehn bis zwanzig Jahren. Das erklärt den überall zu beobachtenden Engpaß für qualifiziertes EDV-Personal auf allen Ebenen.

2) Bei aller Kritik an der Nutzwertanalyse (u. a. "Bewertungs-Hokuspokus", Strassert, 1981) hat das Verfahren den Vorteil, daß es rechnerisch einfach und leicht nachvollziehbar ist. Der eigentliche Nutzen der Nutzwertanalyse liegt meines Erachtens auch weniger in dem Zahlenwert des Ergebnisses als in der Festlegung der Nutzenfunktionen durch die Beteiligten. An dieser Stelle müssen die Interessengruppen Farbe bekennen und können sich nicht mehr auf unverbindliche qualitative Aussagen zurückziehen.

3) Es versteht sich von selbst, daß man in diesem einfachen Fall mit Planimeter und Millimeterpapier wahrscheinlich schneller zum gleichen Ergebnis kommt. In der Realität sind es aber in der Regel wesentlich mehr Einheiten mit komplizierteren Formen, so daß dieses Vorgehen nicht mehr möglich ist.

Abschnitt 2.4 "Zur Eignung digitaler Datenbestände für Zwecke der Planungskartographie"

Literatur

AdV: Amtliches Topographisch-Kartographisches Informationssystem (ATKIS). Das Vorhaben der Landesvermessungsverwaltungen zum Aufbau Digitaler Landschaftsmodelle und Digitaler Kartographischer Modelle, Bonn, 1988

Appelt, G.: Das AdV-Vorhaben "Amtliches Topographisch-kartographisches Informationssystem (ATKIS)" - Technische Konzeption. Nachrichten aus dem Karten- und Vermessungswesen, R. I, Heft 99, 15-22 (1987)

EDBS: Einheitliche Datenbankschnittstelle (EDBS). Nieders. Landesverwaltungsamt - Landesvermessung, Hannover 1986

Grünreich, D.: Topographisch-kartographisches Informationssystem - Konzeption und Stand der Beratungen in der AdV. Nachrichten aus dem Karten- und Vermessungswesen, Reihe I, Heft 97, 31-39 (1986)

Harbeck, R.: Das AdV-Vorhaben "Amtliches Topographisch-kartographisches Informationssystem (ATKIS)" - Inhaltliche Konzeption. Nachrichten aus dem Karten- und Vermessungswesen, R. I, Heft 99, 7-14 (1987)

Horn, K.: Integriertes System zur kartographischen Darstellung von Planungsinformationen. In: Thematische Kartographie und EDV. ARL, Forschungs- und Sitzungsberichte Bd. 115, Hannover, 1977

Kellersmann,H: Flächennutzungskartierung beim Kommunalverband Ruhrgebiet. In: Karten und Pläne im Planungsprozeß. Akademie für Raumforschung und Landesplanung, Arbeitsmaterial Band 117, Hannover 1987

v.Klitzing, F.: Digitale geometrische Daten - Dokumentation für Raumordnung, Städtebau, Umwelt- und Landschaftsschutz. Bundesforschungsanstalt für Landeskunde und Raumordnung, Arbeitspapiere Heft 22, (1986)

Molenaar, M.: Single Valued Vector Maps - A Concept in Geographic Information Systems. In: Geo-Informations-Systeme, Wichmann, Karlsruhe, 1989, 16-26

Radermacher,W: Pilotstudie Statistisches Informationssystem - Zielsetzung und Konzept. Heft 2 der Schriftenreihe "Ausgewählte Arbeitsunterlagen zur Bundesstatistik", Statistisches Bundesamt, Wiesbaden 1987

Schulz, S.: Farbprüfverfahren zur Herstellung von Karten in kleinen Stückzahlen. Kartographische Nachrichten (1987), 209-217

Anmerkungen

1) Obwohl gerade bei der praktischen Handhabung einer Datenübertragung im Regelfall viele Detailprobleme zu lösen sind, muß dieser Aspekt unberücksichtigt bleiben, da die auftretenden Fragen systemabhängig sind und sich einer allgemeinen Behandlung weitgehend entziehen; das gilt insbesondere dann, wenn beide Systeme von verschiedenen Herstellern stammen. Oftmals müssen zur Konvertierung der unterschiedlichen Datenformate spezielle Programme entwickelt werden. Der Übergang wird vereinfacht, wenn eine Normschnittstelle verwandt wird (z.B. EDBS bei ATKIS).

2) Im Prinzip müßten alle Fachverwaltungen aufgezählt werden, die räumliche Sachverhalte bearbeiten und eigene Datenbestände erheben oder verarbeiten. Die länderspezifischen Unterschiede sind beachtlich, vor allem auch der Einsatz rechnergestützter Verfahren, so daß ihre Behandlung den hier verfügbaren Raum sprengen würde, zumal die schnelle zeitliche Veränderung der Situation beachtet werden muß.

3) Diese Schlußfolgerungen können gezogen werden aufgrund eines Vortrages von Dr. U. Komp anläßlich der 13. Sitzung des AK "Planungskartographie", Goslar 1989

4) Fehlt beispielsweise ein Transformationsprogramm oder weicht das Generalisierungsniveau zweier Datenbestände weit voneinander ab, dann muß die Übernahme in Frage gestellt werden. Bei der Zusammenführung von geometrischen und Sachdaten können zudem Probleme auftreten, wenn keine identische Verbindungsdaten verwendet werden. Es muß dann auf eine Übernahme verzichtet werden, wenn sich nicht auf indirektem Wege - allerdings dann auch nur mit einigem Programmieraufwand - Verbindungen schaffen lassen.

Abschnitt 3.2 "Zur Gestaltung der planerischen Aussage von Festlegungskarten"

Literatur

Brüggemann, H.: Exchange Formats for Topographic-Cartographic Data, in GIS -Geo-Informations-Syteme, Jg. 3, H. 4, 1990

Junius, H. et al.: Erarbeitung eines kartographischen Modells für die Raumplanung - abgeleitet aus Festlegungskarten der Regionalplanung. Forschungsauftrag der ARL. Dortmund, 1987

Hake, G.: Kartographie I, Sammlung Göschen, Berlin 1982 und Beitrag 3.1 Hake: Zur Systematik der Kartengraphik bei Planungskarten

Wenner, A.: Zur Messung der Wahrnehmbarkeit von Regionalen Raumordnungsplänen mit Hilfe einer Augenbewegungskamera. Diplom-Arbeit. Universität Trier, Fachbereich Geographie, 1987

Anmerkungen

1) Obwohl gerade bei der praktischen Handhabung einer Datenübernahme im Regelfall viele Detailprobleme zu lösen sind, muß dieser Aspekt unberücksichtigt bleiben, da die auftretenden Fragen systemabhängig sind und sich einer allgemeinen Behandlung weitgehend entziehen; das gilt insbesondere dann, wenn beide Systeme von verschiedenenen Herstellern stammen. Oftmals müssen zur Konvertierung der unterschiedlichen Datenformate spezielle Prpgramme entwickelt werden. Der Übergang wird vereinfacht, wenn eine Normschnittstelle verwandt wird (z.B. EDBS bei ATKIS). Zu diesem Aspekt hat sich jüngst auch Brüggemann geäußert (1990).

2) Der emittierende Betrieb und das beeinflußte Planelement haben daher häufig genug keine unmittelbare räumliche Berührung; trotzdem ist ein gegenseitiger Bezug offensichtlich gegeben.

3) Ein gelungenes Beispiel hierfür ist ein alter Gebietsentwicklungsplan der ehemaligen Landesplanungsgemeinschaft Münster für den Bereich des Hochstiftes Paderborn.

Abschnitt 3.3 "Wahrnehmung von Flächenzeichen in Planungskarten"

Literatur

Ackerknecht, D.: Aspekte zur Vermittlung und Darstellung von Informationen in der Raumplanung. In: Dokumente und Informationen zur schweizerischen Orts-, Regional- und Landesplanung 71, 1983, S. 36-39

Bollmann, J.: Aspekte kartographischer Zeichenwahrnehmung. Eine empirische Untersuchung, Bonn-Bad Godesberg 1981

Bollmann, J.: Ansätze zur Automatisierung von kartographischen Konzeptions- und Gestaltungsprozessen. In: Wiener Schriften zur Geogr. u. Kartogr. 2, Wien 1989, S. 140-156

Brandes, P.: The Present State of Perceptual Research in Cartography. In: Cart. Journ. 13/2, 1976, S. 172-176

Dobson, M.W.: The Future of Perceptual Cartography. In: Cartographica 22/2, 1985, S. 27-43

Freitag, U.: Theoretische Aspekte der Kommunikation mit Planungskarten, (Beitrag 1.3 in diesem Band), 1991

Gilmartin, P.P.: Evaluation of Thematic Maps Using the Semantic Differential Test. In: Amer. Cart. 5/2, 1978, S. 133-139

Reiners, H.: Raumordnung und Landesplanung, Regionalplanung und Bauleitplanung. In: Kartographie der Gegenwart in der Bundesrepublik '84 (Hrsg. W. Leibbrand im Auftrag der DGfK), Bd. I, 1984, S. 129-137

Shortridge, B.G.; R.B. Welch: Are We Asking the Right Questions? Comments on Instructions in Cartographic Psychophysical Studies. In: Amer. Cart. 7/1, 1980, S. 19-23

Tainz, P.: Die Interpretation und Wahrnehmung von Flächensignaturen in Karten der Regionalplanung, Forschungsbericht EV 157, Akademie für Raumforschung und Landesplanung, Hannover 1989

Uthe, A.-D.: Mehrschichtenkarten in geowissenschaftlichen Arbeitsprozessen, unveröff. Diplomarbeit FU Berlin, 1985

Vanecek, E.: Experimentelle Beiträge zur Wahrnehmbarkeit kartographischer Signaturen (Forschungen zur theoretischen Kartographie, Bd. 6), Wien 1980

Witt, W.: Themakartographie: Technischer Fortschritt und theoretische Problematik. In: ZfV 107, 1982, S. 7-15

Anmerkungen

1) Als Planungskarten werden hier im engeren Sinne Karten der Regionalplanung verstanden.

2) Im Unterschied zu punkt- und linienförmigen Zeichen werden unter flächenförmigen Zeichen hier Zeichen verstanden, die in der Karte den Grundriß von Objekten annehmen.

3) Zur Konzeption der Versuche vgl. Brandes 1976, Gilmartin 1978, Vanecek 1980, Bollmann 1981, Dobson 1985.

4) Tachistoskope sind Geräte zur Steuerung von Vorlagendarbietungen im Hundertstel und Tausendstel Sekundenbereich.

Abschnitt 3.6 "Der Einfluß der graphischen Datenverarbeitung auf Entwurf und Originalisierung von Planungskarten"

Literatur

Adobe Systems: Postscript-Handbuch. Bonn 1988

Bollmann, J.: Erzeugung von Druckvorlagen für den Mehrfarbendruck mit Hilfe elektrostatisch arbeitendem Rasterplotter. Nachrichten aus dem Karten- und Vermessungswesen, Reihe II, Heft 89, 1982

Bollmann, J. (Hrsg.): Arbeitsmarkt-Atlas Bundesrepublik Deutschland. Arbeitslosigkeit, Ausbildung und Wirtschaft im regionalen Vergleich. Bonn 1984

Dougenik, J.; Chrisman, N.; Niemeyer, D.: An algorithm to construct continuous area cartograms. Professional Geographer 37(11), 1985

Rase, W.-D.: Wirtschaftliche und technische Grundlagen der rechnergestützten Herstellung von Planungskarten. Akademie für Raumforschung und Landesplanung, Arbeitsmaterial Nr. 117, Hannover 1987

Wolcott, Hilsenrath: A contribution to computer typesetting techniques: tables of coordinate for Hershey's repertory of occidental type fonts and graphic symbols. National Bureau of Standards, Washington, D. C., 1976

Zerbe, K.: PostScript, die Seitenbeschreibungssprache von Adobe. c't magazin für computertechnik, Juli 1988

Anmerkungen

1) Der Begriff "Elektronische Datenverarbeitung" (EDV) ist in den allgemeinen Sprachgebrauch eingegangen. In der Verwaltungsautomation ist auch der Ausdruck "Automatisierte" oder "Automatische Datenverarbeitung" (ADV) gebräuchlich. Dieser Begriff ist etwas problematisch, weil er Anlaß zu Mißverständnissen gibt, insbesondere in der letzteren Fassung. Die synonymen Begriffe "computerunterstützt" und "rechnergestützt" sollen ausdrücken, daß die Datenverarbeitung nur Hilfsmittel ist. "Computerkartographie" ist sprachlich ungenau; man müßte dann auch von "Stahlfederkartographie" oder "Gravierringkartographie" sprechen.

2) Nur zwei Beispiele, auf keinen Fall die schlechtesten: Taylor, D. R. F., Douglas, D. H., Computer Atlas of Ottawa-Hull. Ottawa 1970; Kilchenmann, Steiner, Matt, Gächter, Computer-Atlas der Schweiz. Bevölkerung/Wohnen/Erwerb/Landwirtschaft. Bern 1972

3) Einige Anwendungsbeispiele für perspektivische Zeichnungen in der Planung sind zu finden in Heft 9/86 der Zeitschrift "Garten und Landschaft".

Abschnitt 4.1 "Einsatz der Graphischen Datenverarbeitung bei Planungskarten Das Beispiel des saarländischen Landesentwicklungsplans "Umwelt""

Literatur

Bollmann, J.; G. Grugelke; E. Lux: Geowissenschaftliche Anforderungen an eine graphische Datenbank. In: NaKaVerm, Reihe I, Heft 95, 1985, S. 29-42

Bouille, F.: Architecture of a Geographic Structured Expert System. In: Proc. of the Int. Sym. on Spatial Data Handling, 1984, S. 520-543

Grugelke, G.: Benutzerhandbuch THEMAK2 Version 2.0. Berlin1986

Lindert, B.: Einsatz der Graphischen Datenverarbeitung in der Regionalplanung, Diplomarbeit am Fachbereich Geowissenschaften der Freien Universität Berlin, 1988

Lux, E.: Die Digitalisierung raumbezogener Informationen. Unveröffentlichte Diplomarbeit am Fachbereich Geowissenschaften der Freien Universität Berlin, 1984

Rase, W.-D.: Die Karte als analytisches Werkzeug in raumbezogenen Informationssystemen, Bonn 1989 (in diesem Band)

Abschnitt 4.2 "Der saarländische Landesentwicklungsplan "Umwelt" Versuche zur graphischen Verknüpfung von Kartenschichten"

Literatur

Bertin, J.: Graphische Semiologie (Übers. nach d. 2. franz. Aufl.), Berlin-New York 1974

Bollmann, J.: Ansätze zur Automatisierung von kartographischen Konzeptions- und Gestaltungsprozessen. In: Wiener Schriften zur Geogr. u. Kartogr. 2, Wien 1989, S. 140-156

Bollmann, J.: Rechnergestützte Kartenherstellungsprozesse in der Planung. In: Kartogr. Nachr., 1/41,1991

Freitag, U.: Do We Need a New Cartography? In: Nachr. aus d. Karten- und Verm.-wesen II, 46, 1987, S. 51-59

GraS: THEMAK2 - Kartographische Informationsverarbeitung (Produktinformation der Firma Graphische Systeme GmbH), Berlin 1989

Grugelke, G.: Benutzerhandbuch THEMAK2, FU Berlin, Berlin 1987

Lindert, B.: Einsatz der Graphischen Datenverarbeitung in der Regionalplanung, ARL, FuS Bd. 183, Hannover 1989

Ogrissek, R.: Theoretische Kartographie (Studienbücherei Kartogr., Bd. 1), Gotha 1987

Spiess, E.: Weiterbildungskurs "Thematische Kartographie" (Unveröffentl. Manuskripte), Schweiz. Gesellsch. f. Kartogr., Zürich 1974

Tainz, P. (a): Die Interpretation und Wahrnehmung von Flächensignaturen in Karten der Regionalplanung, Forschungsbericht EV 157, Akademie f. Raumforschung und Landesplanung, Hannover 1989

Tainz, P. (b): Perceptual Control of Rule and Symbol Variation for Automatic Design of Planning Maps. In: Abstracts 14th World Conf. of the Int. Cart. Association, Budapest 1989, S. 52-53

Uthe, A.-D.: Mehrschichtenkarten in geowissenschaftlichen Arbeitsprozessen, unveröffentl. Diplomarbeit, FU Berlin, Berlin 1985

Uthe, A.-D.: Konzeption einer graphischen Kommunikationsschnittstelle zur Organisation und Weiterverarbeitung geowissenschaftlicher Daten, Diss. FU Berlin, Berlin 1987

Uthe, A.-D.: User-Orientated Description and Classification of Geoscientific Data. In: Geol. Jahrb., 104, 1988, S. 63-74

Uthe, A.-D.: Interactive Cartographic-Oriented User Interface for Processing of Spatial Information. In: Abstracts 14th World Conf. of the Int. Cart. Association, Budapest 1989, S. 157-158

Abschnitt 4.3 "Der Regionale Raumordnungsplan Westpfalz Erfahrungen mit der digitalen Erstellung der Karte"

Anmerkungen

1) Regionale Planung ist nach der Definition des rheinland-pfälzischen Landesplanungsgesetzes die überörtliche, überfachliche und zusammenfassende Landesplanung für das Gebiet einer Region. Träger der Regionalplanung sind die aus den kreisfreien Städten und Landkreisen einer Region gebildeten Planungsgemeinschaften. Die Verwaltung bzw. die Geschäftsführung der Planungsgemeinschaft obliegt der örtlich zuständigen Bezirksregierung. In der Geschäftsstelle der Planungsgemeinschaft Westpfalz (PGW) arbeiten neben dem leitenden Planer ein Referent für Regionalplanung (als Vertreter des leitenden Planers), ein Referent für Umweltbelange in der Regionalplanung (alle höherer Dienst), eine Statistikerin (gehobener Dienst) und eine Schreibkraft. Auf Anforderung steht ein technischer Zeichner/Kartograph zur Verfügung.

2) Die digitale Karte des Raumordnungsplans Westpfalz einschließlich des Textbandes wird ab Frühjahr 1990 über die Geschäftsstelle des PGW bei der Bezirksregierung Rheinhessen-Pfalz in Neustadt/Wstr. gegen einen Unkostenbeitrag erhältlich sein.

3) Einen knappen, gut strukturierten und aktuellen Überblick über Notwendigkeit, Aufbau und Ausgestaltung eines Raumordnungs- und Raumplanungskatasters im allgemeinen und über das rechnergestützte Informationssystem auf MINIKAT-Basis im besonderen gibt Fischer, K.: Das Raumordnungs- und Raumplanungskataster Rhein-Neckar. Ein Werkstattbericht über rechnergestützte Informationssysteme und Flächenkataster. In: Vermessungswesen und Raumordnung, Heft 2, (März) 1988.

4) Hierbei ist auch zu beachten, daß der Begriff ''Generalisierung'' oftmals mit sehr unterschiedlichem Aussagegehalt gebraucht wird: im Sinne von geometrischer Generalisierung, Transformation von Planungskategorien, Generierung von Planaussagen und schließlich auch im Sinne von Abwägung.

5) Insofern müßte korrekterweise von einer teildigitalen Erstellung der ROP-Karte gesprochen werden. Zur volldigitalen Arbeitsweise kann dann übergegangen werden, wenn das im Rahmen der Arbeitsgemeinschaft der Vermessungsverwaltungen (AdV) erstellte sog. Sollkonzept ATKIS (Amtlich-Topographisches-Kartographisches-Informationssystem) flächendeckend vorliegt. Eine erste Stufe soll nach Angaben des Landesvermessungsamtes für das Land Rheinland-Pfalz in Form des Digitalen Landschaftsmodells 1 : 25 000 (DLM 1) bis ca. 1995 einsatzfähig sein.

6) Sicherlich sind diese Arbeiten auch in analoger Form durchzuführen; jedoch ist dies mit einem gegenüber dem digitalen Verfahren stark erhöhten Aufwand verbunden, so daß in der Praxis eine derartige Änderungsdokumentation im Regelfall unterbleibt. Insofern eröffnet das digitale Verfahren nicht primär die Möglichkeit hierzu an sich, sondern verleiht insbesondere der Möglichkeit zur Änderungsdokumentation praktische Relevanz über die Verbesserung der Anwendungsbedingungen.

7) Es ist evident, daß aus bereits digital vorliegenden Datenbeständen eine digitale Kartenherstellung angestrebt werden soll.

8) Dies wird gerade auch bei neueren Untersuchungen und Aussagen zum Verhältnis von Problemlösungen und computergestützten Hilfsmitteln zur Problemlösung deutlich hervorgehoben. Allerdings erfordert der Einsatz der ''Brainware'' für beide Beteiligten eine Orientierungsphase, in der ein Austausch erfolgt über mögliche Problemlösungen aufgrund vorhandener Hard- und Software einerseits und gegebener Aufbau- und Ablauforganisation einschließlich des zur Verfügung stehenden Instrumentariums andererseits. Ohne eine solche Orientierungsphase, ohne einen solchen Austausch entfaltet auch eine ''Brainware'' nur schwerlich ihre Wirkung.

Sachregister

Abbildungsverzeichnis

Abschnitt 1.4 "Analyse und Systematisierung von Planinhalten"

Abschnitt 3.6 ''Der Einfluß der graphischen Datenverarbeitung auf Entwurf und Originalisierung von Planungskarten''

Introduction

Presented in this volume are the results of deliberations held over several years by the Arbeitskreis "Planungskartographie" (study group *Planning Cartography*) at the Akademie für Raumforschung und Landesplanung. As the title suggests, the group's brief had been to study the problematics and methodologies of modern cartography in conjunction with spatial planning. The permanent members of the study group were professional planners and cartographers but non-members were also co-opted -- particularly those who had previously contributed to planning cartography discussions in the Netherlands, France, Switzerland and Austria. The subject matter was confined to dealing with themes of supra-local and comprehensive spatial planning i.e. land and regional planning. In other words, aspects of sectoral and zonal planning were not taken into account.

These essays, compiled into four chapters, should not be viewed as a textbook of planning cartography. They are intended to provide guidance on planning cartography problems which were specially selected for their very tendency to reoccur. Nevertheless, the volume as a whole may be seen as a *vade mecum* for those who wish to familiarise themselves with a new subject field.

The study group would consider their work well done if - influenced by the individual articles - the reader would continue to work on the themes covered. Special attention is to be paid to the following subject areas:

- computer-aided cartography
- the functions of maps in the various planning procedures
- general cartographical problems.

The last-named subject field may be characterised as follows:

- methods for the representation of stratified content
- how to represent the multi-superimposition of separate elements
- highlighting the shifts in accuracy within the spatial reference of map content
- cartographical differentiation after planning has been actually put into practice, is under preparation or still at the formulation stage (status, planning in the narrow sense of the word, projection).

The technological advances being made in the field of cartography are breathtaking. For the planning cartographer, the outcome of the conversion of analogue cartography (i.e. manual and mechanical techniques) to digital cartography (i.e. graphic data processing) - a conversion which is currently in process almost everywhere - will have untold possibilities for the future, the full extent of which can not be fully assessed at present.

Faced with these developments, the Arbeitskreis "Planungskartographie" looked in depth at the central issue of graphic data processing and the contribution it can make to solving general cartographical problems.

Previous knowledge - which further research might deepen - had shown that, on the one hand, graphic data processing in terms of the graphics product was not in a position to provide better solutions to such problems than conventional cartography. On the other hand, graphic data processing can offer certain incontestable advantages for the planning process:

The deployment of graphic data processing leads - once the admittedly time-consuming preparations have been completed - to increased flexibility and speed during the map design stage, in mapping techniques and in the management of data exchange. In the long term, the use of graphic data processing is more cost-effective, provided that

- the initial, work-intensive compilation has been finished;
- the digitally stored map is continuously processed with regard to the object data (object catalogue);
- a suitably graphical implementation of the object data can be guaranteed on the basis of a conventional sign catalogue.

Computer superiority is most obvious when it comes to the multi-tasking of data; networking with other cartographical or alphanumerical data; and versatile data analysis programs -- for example, area calculations and object lists arranged according to multiple criteria.

Decisive for the quality of the cartographic results is the program used. The cartographical relations particular to planning maps create complications which graphic data processing as a purpose-oriented and convincing means of visualisation can, as yet, not satisfactorily overcome. The standard software currently on the market does not meet up to the demands articulated by the planning cartographer of today. Worth pointing out at this juncture is the fact that the problems here lie not so much with the science of data compilation, processing and storage but more with the art of map graphics. Mapping representation is a skill which has still to be perfected. Clearly, there is a need here for further research which - on being brought to a successful conclusion - would also benefit maps in other fields of application.

It is for this reason that the digitally processed examples introduced in this volume might not completely convince (as a specific visualisation). All the same, the experiments conducted with the aid of graphic data processing do indicate that optimism for future success is already justified.

During the study group's deliberations, the experience was made that there are indeed various representational and productional constraints in planning cartography, namely, dependence on the course of the planning procedure as well as on the differing external criteria for application from case to case -- the number of copies required and reprographic facilities, for instance. These lead to correspondingly differentiated recommendations as to how a planning map should be put together. Some comments will be made on this point concerning participatory maps and prescriptive maps.

1.   Maps in Spatial Planning
Features and Content

1.0   Introduction

Spatial planning is probably the field in which maps find their broadest application. There is a large variety of land surveying maps, scientific thematic maps for detailling the findings of spatial research and public administration maps used for preparing, aiding or concluding planning work; they have become indispensable documents for conveying spatial information.

The planner may be confronted with difficulties related to cartographic representation in certain planning situations; similar difficulties may arise for the cartographer and map user in addressing planning issues. The first part of this volume is designed to contribute to an improvement in mutually understanding the problems arising between the planner, cartographer and map user.

First, the role of maps in the planning process is discussed (first and second article), followed by a discussion of the conveyability of planning thoughts and concepts via maps (third article), and concluded by the requirements to be met by maps for planning (fourth and fifth article).

In the article entitled *Funktionen der Karte* (''Functions of Maps'') (1.1), P. Moll proposes a formal division of planning maps into maps for internal (or office) use and maps for external (or reproduction) use in addition to a functional systematisation corresponding to the planning process according to map type into basic, participatory and prescriptive maps. He deals in particular with the special possibilities offered by cartography to more effectively involve those concerned within the framework of an optimally transparent organisation of planning preparation work.

The three map types indicated above form the basis of discussion in the other articles included in this volume.

In the article entitled *"Stellung und Bedeutung landesplanerischer Pläne und ihrer Vorstufen im Planungsprozeß"* (Position and Significance of Plans of ''Länder'' and its Preliminary Stages in the Planning Process) (1.2), H. Reiners illustrates that planning must always be viewed with regard to its embodiment in administrative law and that prescriptive maps are the final result of a planning procedure and hence constitute legal documents. The particular requirements implied by law to be satisfied by planning policies from the point of view of cartography are expounded upon as well as the nomenclature of the plan designations in use in the Federal Republic of Germany in addition to the sequencing of planning procedures.

The article by U. Freitag entitled *Theoretische Aspekte der Kommunikation mit Planungskarten* (Theoretical Aspects of Communication with Planning Maps) (1.3) deals with the difficulty of conveying the planner's concepts relating to the spatial ordering of facts, circumstances and development processes to the map user. The author bases his statements on fundamental considerations relating to communications and sign theory, in so doing attempting to furnish a theoretical framework for the other articles contained in the volume.

In his article entitled *Analyse und Systematisierung von Planinhalten* (Analysis and Systematisation of Plan Content) (1.4), H. Junius presents the findings obtained in connection with the evaluation of a large number of regional plans with respect to theme, planning elements employed and method of representation. His analysis leads to a developmental approach for a cartographic model for regional plans. Some of the principles of representation are illustrated on the basis of examples.

In the final article entitled *Graphische Umsetzung von Planinhalten* (Graphic Realisation of Plan Content) (1.5), H. Junius details which of the planner's considerations have a decisive bearing on a map's graphic realisation. The author attempts to describe the most important points of departure of a planner leading to the cartographic rendering of concrete objects and abstract facts as well as the systems of values related to them.

2. Space-Orientated Information Systems in Regional Planning
Use of Analogue and Digital Maps

2.0 Introduction

The term "information system" has become a household word in everyday speech; it refers to systematic collections of data. In computer science, the term is used to refer to a computer-aided system for making information available, a system based on at least three components: a database, data management programs and method programs. Method programs are designed to link and compress the data of a database to form units of information. Information is understood as an effect which changes one's knowledge. An information system for spatial planning additionally requires a spatial reference system which is used to classify data elements according to geographical spatial entities. Space-orientated information systems in the narrow sense of the word are realized only in isolated cases or in part, e.g. in planning at the local authority level as exemplified by the City of Munich and the "Umlandverband Frankfurt" (Local Administrative Union for Frankfurt and its environs) in Land planning, on the other hand, systems based upon Land statistics databases are predominant.

"Space-Orientated Information Systems" in connection with planning cartography as used in the title here is not meant in the restricted sense as in computer science, but rather in the everyday sense. Consequently, spatial planning cadastres and subject cadastres serve as sources of information as well as digitally stored data.

The coordinating function of Land and regional planning becomes clear in H. Reiners' article pertaining to spatial planning cadastres in which a synopsis is given of all the measures relevant to planning and subject plans. Whereas only manually drafted maps used to be able to assume this function, the possibilities offered by graphic data processing in particular will be utilised for administering spatial planning cadastres in the future. In this way, the spatial planning cadastre can be expanded as a basic component of a space-orientated information system for Land and regional planning.

The subject cadastres described by H. Kellersmann are considered to constitute the results of observations relating to spatial matters. These findings, which are furnished in various forms, may also be contained in the spatial planning cadastre in excerpted form.

Space-orientated information systems are incomplete if they do not offer possibilities for cartographic rendering or realisation. How data can be linked in such a system and transformed with the aid of data processing into maps by way of appropriate representation techniques is demonstrated in the article by W. D. Rase dealing with maps as an analytical tool. Special significance is attached to demonstrating how planning fundamentals can be analysed, in order to make conflicts in land use visible, for example.

Data collection is performed specifically for Land planning in the form of coordinating planning only as an exception. For the most part, data from external sources is used. Whether and to what extent such data can be used is investigated by H. Junius in his article entitled *Zur Struktur digitaler Datenbestände für die Raumplanung* (Structure of Digital Data for Spatial Planning). This article not only deals with data actually available, moreover it lists the criteria which play a role in spatial reference systems and which should be taken into consideration in using data from external sources. In the process, the methodological considerations set forth by W. D. Rase in his article (2.3) are supplemented and rounded off.

3. Origin of Planning Maps
Conceptualisation, Rendering and Technology

3.0 Introduction

The articles in this chapter deal with the factual frame and associated problems pertaining to the areas listed in the subtitle above, i.e. "conceptualisation", "rendering" ("Layout") and "technology". Subdividing the entire chapter into three sections corresponding to these areas would seem an obvious as well as meaningful approach, however it would be practically impossible to specifically assign each of the articles to just one of these areas. Almost all of the articles deal with one of these areas as its main point of emphasis, while touching upon the others in the process. Hence, this corresponds to a typical characteristic of modern cartographic methods: in practice these areas are increasingly coming to interact with one another; conceptualisation and rendering in particular are more heavily influenced by technical processes than in the past.

In computer-aided cartography in particular, technology does not begin with the origination and reproduction of graphic representations, but rather already in the initial design phase. In addition, the content of this chapter is closely related to application-orientated requirements, as becomes clear in the articles in chapter four.

On the whole, the articles in chapter three represent an attempt to make planning maps more effective, in so doing facilitating the reading of such maps for their various users. They are also designed to point out the possibilities and opportunities afforded by the latest technological developments as well as to relate the initial experience and findings acquired in connection with them.

The first article *Zur Systematik der Kartengraphik bei Planungskarten* (Map Graphics System Employed in Planning Maps) (3.1), written by G. Hake, begins with a discussion of cartographic methodology. It describes the means of cartographic design along with their graphic variations, details their modes of expression as well as their associations and logical structures, in addition to their limitations, as shown by application examples taken from planning cartography. In the following article, on the other hand, entitled *Zur Gestaltung der planerischen Aussagen von Festlegungskarten* (Rendering of the Planning Content of Prescriptive Maps) (3.2), H. Junius proceeds from the function of a regional space plan and its associated defined planning elements. The discussion of questions relating to map scale and topographic basis is followed by suggestions pertaining to contentual rendering, in the process stressing in particular classification, mutual points of reference of planning elements and symbols. It goes without saying that despite the differing points of departure, the essence of both articles coincides at various points, a circumstance which enhances the value of such findings.

In the next article, entitled *Wahrnehmung von Flächenzeichen in Planungskarten* (Perception of Land Area Symbols Used in Planning Maps) (3.3), P. Tainz investigates the perception of land area symbols used in planning maps on the basis of an empirical study. The study covers experiments involving both single-layer and multi-layer maps. The findings obtained with respect to visual distinguishability lead to a discussion of further modifications of signs.

Whereas the emphasis of the foregoing articles is on conceptualisation and rendering, the other studies emphasize more technical and application-orientated aspects. In his article entitled *Kartentechnische Ausstattung* (Cartographic Equipment) (3.4), G. Hake presents the findings of a survey conducted by the Akademie für Raumforschung and Landesplannung (Academy for Spatial Research and Land Planning) in summer of 1986 covering, among other things, *Ausstattung der konventionellen Kartographie einschließlich Reprographie und Druck* "Equipment and Personnel in Conventional Cartography Including Reprography and Printing". The condensed figures cover personnel and equipment, external commissions and planned procurements of automated data processing equipment as well as a compilation according to particular features. In the following article entitled *Kartentechnische Möglichkeiten bei der Originalisierung und Vervielfältigung von Planungskarten* (3.5), G. Hake discusses the "Cartographic Possibilities in the Origination and Reproduction of Planning Maps". In view of the increasing significance of computer technology, not only classical analogue, i.e. graphic representation in a physical form, but also other forms such as computer screen maps, digitised maps etc. are discussed. The description of analogue and digital origination possibilities is followed by a listing of reproduction methods compiled in a table along with their various features.

In the next article, *Der Einfluß der graphischen Datenverarbeitung auf Entwurf und Originalisierung von Planungskarten* (The Influence of Graphic Data Processing on the Design and Origination of Planning Maps) (3.6), W. D. Rase starts off with a discussion of the aspects of the economic efficiency offered by computer technology followed by a description of the forms of graphic output forms, their features, prospects and associated difficulties. Reference is made to the special aspects of computer technology in the making of originals as well.

4. Origin of Planning Maps - Examples

4.0 Introduction

This chapter deals with the map type referred to by the study group as the "prescriptive map". There are at present two different approaches which can be employed in making this type of map.

The first approach involves the subsequent transformation of a conventional, legally binding plan into a computer graphic, as illustrated here by the section reproduced from the "Saarländischer Landesentwicklungsplan Umwelt" (Saarland Spatial Development Plan: Environment), scale 1:100,000. Lindert's article (4.1) shows that it is possible to transform such a plan into a computer graphic via THEMAK 2, a special program written for this purpose. In the process, problems resulting from the complexity of plan content are made visible. Preserving the readability, objective and functionality of a plan means that questions pertaining to the logical structure of content, hierarchy of symbols, data capturing, type of rendering and plan output form, and reproduction must be analysed and clarified.

The aspect of the perception of plan content is dealt with in the second article by Tainz/Johann (4.2), which utilises the advantages offered by the separability and variability of content through computer-aided map-making, also employing a map section containing the content in simplified form of the map indicated above. The various graphic features and relations of map layers are analysed on the basis of examples and solutions proposed subsequently to an examination of readability.

The second approach to map making including the preliminary stages, as shown by the example of "Regionaler Raumordnungsplan Westpfalz" (Regional Space Plan of the Western Palatinate), scale 1:50,000, employs data processing tools right from the beginning, as illustrated in the article by Weick (4.3). The article discusses the basic steps of procurement, organisation, processing and outputting of data as well as the possibility offered of linking with information and planning systems. In this special case, a division of labour has been made between planning institution and external service. The special advantages offered by digital methods are discussed.

The possibilities offered by the new technologies as indicated by the articles can be increasingly utilised by the planner with respect to analytical work relating to information collection and administration. As a consequence, the (static) prescriptive map with its harmonised, legally binding content serves to illustrate the objectives of Land planning in digital form in addition to fulfilling an informative task by providing a space-orientated means of communication.

Yet the content of a plan can be simultaneously utilised for analytical purposes and for addressing numerous tasks, e.g.

- graphic rendering according to perception criteria corresponding to the layers of information given by the plan,
- possibility of supplementing and linking with new information as well as improved updatability,
- interactive processing with expanded decision-making freedom (variations).

The study group realizes that the examples of the plans presented, some of which are reproduced in colour in the volume, represent a small part and not necessarily the only approach possible. The group has also considered it important to present concrete examples taken from planning cartography, in addition to showing that interactive graphic processing, as opposed to analogue maps, represents a dynamic instrument and technique for the planner in the future. By employing interactive methods, the planner is in a position to more directly and flexibly analyse problems under a great variety of aspects and offer more highly differentiated solutions.

Avant-propos

Ce volume présente les résultats de plusieurs années de discussion au sein de l'Arbeitskreis "Planungskartographie" (Cercle de travail "Planification et cartographie) de l'Akademie für Raumforschung und Landesplanung, discussions qui ont porté sur les problèmes actuels et sur les méthodes de la cartographie au niveau de la planification territoriale. La discussion a été menée par desplanificateurs et des cartographes. Parmi eux se trouvaient des experts qui ne faisaient pas partie de l'Arbeitskreis "Planungskartographie" mais qui avaient présenté des exposés concernant essentiellement des questions de cartographie enplanification, telles qu'elles se posent aux Pays-Bas, en France, en Suisse et en Autriche. Pour ce qui est des contenus, on s'est limité à traiter de la planification territoriale supra-communale intégrée, des plans d'équipement du territoire et de l'aménagement régional, laissant de côté les problèmes de la planification sectorielle et de l'élaboration de schémas directeurs.

Les exposés se trouvent regroupés en quatre chapitres. Ils ne prétendent pas constituer un manuel de cartographie au service de la planification; leurs auteurs ont simplement voulu contribuer à résoudre certains problèmes se posant fréquemment. Ces développements pourront aussi guider ceux qui désirent se familiariser avec ce qui relève de la cartographie en planification.

Le cercle de travail saluera toute étude ultérieure issue de ces différents exposés. Ce sont surtout les domaines de

- la cartographie automatisée,
- l'examen de la fonction des cartes au niveau des différentes procédures de planification et
- certains problèmes généraux inhérents à la cartographie

qui méritent une attention particulière. Le domaine des problèmes généraux de cartographie peut être caractérisé par les facteurs suivants:

- Méthodes de représentation de contenus multiformes,
- Représentation des superpositions multiples de certains éléments,
- Illustration des différents degrés d'exactitude des références spatiales du contenu des cartes et
- Différenciation cartographique suivant le degré d'avancement de la planification: planification déjà effectuée, planification prévue (plans existants, planification au sens restreint,projets).

En ce qui concerne la cartographie, l'évolution technologique progresse très vite. A de nombreux endroits, le procédé traditionnel de la cartographie analogique (caractérisé par des techniques manuelles, voire mécaniques) commence à être remplacé par celui de la cartographie numérique (les caractéristiques principales de celui-ci étant celles du traitement graphique des données). Au niveau de la cartographie au service des tâches de planification et d'aménagement, cette reconversion ouvre d'importantes perspectives dont il est encore difficile d'évaluer toute l'ampleur à l'heure actuelle.

Eu égard à cette évolution, l'Arbeitskreis "Planungskartographie" s'est surtout penché sur la question majeure qui est de savoir quelle contribution le traitement graphique des données peut apporter à la résolution des problèmes généraux de la cartographie. Il s'est avéré jusqu'à présent - mais ce résultat devra être corroboré par des recherches complémentaires - que, pour ce qui est du produit graphique, le traitement graphique des données n'est pas en mesure de mieux résoudre de tels problèmes que la cartographie traditionnelle. Par ailleurs, le traitement graphique des données offre d'autres avantages d'importance essentielle pour le processus de planification.

Elle permet - après, certes, la maîtrise de travaux préparatoires relativement importants - d'accroître la souplesse et la rapidité au niveau de l'ébauche, de la technique cartographique et de la transmission des données, et à la longue de réduire les coûts. Ces avantages sont cependant subordonnés aux conditions préalables suivantes:

- L'important travail d'enquête initiale doit être achevé.
- Après la mémorisation initiale, les données-objets (catalogue-objets) de chaque carte doivent être mises à jour régulièrement.
- La conversion graphique appropriée des données-objets, sur la base d'un catalogue de numéroscodiques, doit être garantie.

Cet avantage ne pourra se faire réellement sentir que dans le cas d'une utilisation multiple des données, de la mise en oeuvre des possibilités d'enchaînement avec d'autres données cartographiques ou alphanumériques, et avec des programmes adéquats d'analyse de données (par exemple: calcul de surfaces, listes d'objets répondant à des critères multiples).

La qualité des résultats cartographiques dépend directement du logiciel utilisé. Les cartes de planification et d'aménagement requièrent des conditions cartographiques particulières que les procédés de traitement graphique des données existants - lesquels ont été prévus à des fins déterminées et probantes de visualisation - ne sont pas encore capables de remplir de manière satisfaisante. Le logiciel standard disponible ne répond pas encore aux besoins actuels de la cartographie au service de la planification et de l'aménagement. Ceci vaut pour la représentation graphique et non pour la saisie, le traitement informatique et la mise en mémoire des données. Les procédés de présentation ne sont pas encore bien mûris. Tout progrès répondant au besoin de développement défini ci-dessus servirait également l'élaboration d'autres cartes relevant d'autres domaines d'application.

Les exemples présentés dans ce volume ont été élaborés "en tant que visualisation à finalité déterminée", par des procédés numériques. Ils ne sont pas encore tout à fait convaincants. Ces premiers essais d'utilisation de méthodes de traitement graphique de données sont cependant prometteurs.

Il s'est avéré au sein de l'Arbeitskreis "Planungskartographie" qu'au niveau de la cartographie au service de la planification, les conditions de représentation et d'élaboration des cartes dépendaient du déroulement des procédures de planification ainsi que de différents critères extérieurs de mise en oeuvre (par exemple du tirage ou de l'équipement technique de reproduction), critères qui peuvent varier d'un cas à l'autre. Ceci implique que les recommandations concernant la meilleure façon d'élaborer les différentes cartes doivent être assezdifférenciées. A ce sujet, ce volume contient quelques indications concernant, par exemple, les cartes auxiliaires d'élaboration et les cartes définitives.

1. Les cartes dans la planification territoriale
Caractéristiques et contenus

1.0 Introduction

La planification territoriale représente sans aucun doute le plus vaste secteur d'utilisation des cartes. Les cartes topographiques, les cartes thématiques, résultats scientifiques de la recherche spatiale, et les cartes des administrations publiques, établies dans le cadre de la préparation, de l'élaboration ou en conclusion de processus de planification, se caractérisent par leur profusion et leur immense diversité et sont autant de documents d'information spatiale dont on ne peut plus se dispenser.

De même que le planificateur est susceptible, dans certaines situations, d'être confronté à des difficultés avec la représentation cartographique, le cartographe et l'utilisateur des cartes peuvent, eux aussi, voir apparaître ces difficultés, soulevées par des questions de planification. L'objectif de la première partie de ce volume est de contribuer à une meilleure compréhension réciproque des problèmes pouvant se poser entre le planificateur, le cartographe et l'utilisateur des cartes.

L'ouvrage expose tout d'abord le rôle de la carte dans le déroulement de la planification (premier et deuxième exposés), explicite ensuite la communicabilité des concepts de planification par l'intermédiaire des cartes (troisième exposé) et définit enfin la contribution de la carte dans la planification (quatrième et cinquième exposés).

Dans l'exposé intitulé ''Funktionen der Karte'' (Fonctions des cartes) (1.1) P. Moll suggère, parallèlement à une différenciation formelle des cartes de planification en cartes internes (de service) et externes (destinées à être reproduites), une systématisation fonctionnelle, adaptée au déroulement de la planification et prévoyant une classification des cartes en trois types: les fonds de carte, les cartes auxiliaires d'élaboration et les cartes définitives. Il examine essentiellement les possibilités spécifiques offertes par la cartographie pour accroître l'efficience de la participation des différents intervenants dans le cadre d'un processus de préparation de la planification aussi transparent que possible.

L'ensemble des exposés de ce volume repose sur cette distinction des trois types de cartes mentionnés.

Le développement intitulé ''Stellung und Bedeutung landesplanerischer Pläne und ihrer Vorstufen im Planungsprozeß'' (Situation et importance des plans d'équipement du territoire et de leurs phases préliminaires d'élaboration dans le processus de planification) (1.2, H. Reiners) met en évidence, d'une part, que les plans doivent toujours être envisagés dans le cadre des dispositions de droit administratif dans lequel ils s'inscrivent, d'autre part, que la carte définitive en sa qualité de produit final d'une procédure de planification, constitue un document juridique. Les exigences particulières que ceci implique pour les plans du point de vue cartographique y sont exposées, de même que la nomenclature des dénominations usitées en Allemagne fédérale pour les différents plans, et que le déroulement des procédures de planification.

L'exposé de U. Freitag sur les "Theoretische Aspekte der Kommunikation mit Planungskarten" (Aspects théoriques de la communication par l'intermédiaire des cartes de planification) (1.3) aborde le thème complexe de la communication, à l'utilisateur de la carte, des conceptions du planificateur sur l'organisation spatiale de certains faits et processus d'évolution. L'auteur appuie ses déclarations sur des réflexions fondamentales relatives à la théorie de la communication et de la transcription symbolique, et tente ainsi de donner un cadre théorique à l'ensemble des développements de ce volume.

Dans son exposé "Analyse und Systematisierung von Planinhalten" (Analyse et systématisation des contenus de plans d'aménagement) (1.4), H. Junius présente les résultats de l'analyse d'un grand nombre de plans d'aménagement régional du point de vue de la thématique concernée, des éléments du plan ayant été utilisés et de leur représentation. Son analyse débouche sur un essai d'élaboration d'un modèle cartographique destiné aux plans d'aménagement régional. Certains principes de représentation y sont illustrés par des exemples.

Pour finir, dans son développement "Graphische Umsetzung von Planinhalten" (Transcription graphique des contenus de plans d'aménagement) (1.5), H. Junius expose quelles réflexions du planificateur peuvent déterminer de manière tout à fait décisive le graphisme d'une carte. L'auteur tente d'y décrire les principales conceptions fondamentales du planificateur qui aboutissent à la reproduction cartographique d'objets concrets et d'états de choses abstraits, ainsi qu'à leurs évaluations.

2. Systèmes d'information spatiale au service de la planification territoriale
Utilisation de cartes sous forme analogique et numérique

2.0 Introduction

La notion de "système d'information" a acquis droit de cité dans la langue courante et désigne des collections de données élaborées selon une certaine systématique. L'informatique entend la notion de système d'information dans un sens beaucoup plus restreint et désigne par là un système automatisé, conçu pour la mise à disposition d'informations, s'appuyant au minimum sur trois composantes: une base de données, des programmes de gestion des données et des programmes méthodologiques. Les programmes méthodologiques ont pour fonction d'associer et de comprimer les données issues de la base de données pour en élaborer des informations. L'information est perçue comme un impact modifiant la connaissance. Les systèmes d'information au service de la planification spatiale ont besoin par ailleurs de systèmes de référence spatiale permettant de rapporter les éléments constitutifs des données à des unités géographiques. Ces systèmes d'information spatiale, au sens restreint, ne sont réalisés qu'isolément ou partiellement, par exemple dans le secteur communal, pour la ville de Munich et la grande agglomération urbaine de Francfort. Au niveau des plans d'équipement du territoire, par contre, ce sont les systèmes s'appuyant sur les banques de données statistiques des Länder qui prédominent.

Si le titre choisi ici, dans le contexte de la cartographie et de la planification, est celui de "Système d'information spatiale", il l'est non pas dans l'acception restreinte de l'informatique mais plutôt au sens général où l'entend l'usage courant. C'est la raison pour laquelle le cadastre de l'organisation du territoire et les cadastres sectoriels y ont tout autant leur place, en qualité de sources d'information, que les fichiers de données numériques.

La fonction coordinatrice des plans d'équipement du territoire et d'aménagement régional est mise en évidence dans l'exposé de H. Reiners sur le "Raumordnungskataster - ROK" (cadastre de l'organisation du territoire), lequel rassemble sous forme synoptique toutes les mesures importantes en relation avec la planification de l'aménagement et toutes les planifications sectorielles. Alors que seule la carte établie manuellement pouvait, jusqu'à présent, assumer cette tâche, on pourra à l'avenir exploiter notamment les possibilités de traitement graphique des données pour le cadastrage de l'organisation du territoire. De cette manière, ce cadastre pourra constituer un élément de base sur lequel reposera l'édification d'un système d'information spatiale au service des plans d'équipement du territoire et d'aménagement régional.

Les cadastres sectoriels décrits par H. Kellersmann peuvent être considérés comme étant le résultat de l'observation de l'évolution spatiale. Ces documents présentés sous diverses formes peuvent être également intégrés, en tant qu'extraits, dans le cadastre de l'organisation du territoire.

Les systèmes d'information spatiale sont incomplets s'ils ne disposent pas de possibilités cartographiques. Le développement de W.-D. Rase sur la carte en tant qu'instrument analytique, présente la manière dont les données peuvent, dans un tel système, être associées puis traitées par des processus automatisés adéquats de représentation, en vue de l'obtention de cartes. L'auteur a tenu à démontrer clairement les possibilités d'analyse systématique des données de base sur lesquelles reposent les planifications, dans l'objectif par exemple de mettre en évidence d'éventuels conflits au niveau de l'utilisation des sols.

La planification de l'équipement du territoire, en tant que planification coordinatrice, n'effectue elle-même la saisie des données d'un système d'information que dans des cas d'exception. Elle a plutôt recours à des données extérieures. Dans son exposé intitulé "Zur Struktur digitaler Datenbestände für die Raumplanung" (Structure des fichiers de données numériques destinés à la planification territoriale) H. Junius examine dans quelle mesure et de quelle manière de telles données peuvent être intégrées. Cet exposé ne traite pas des données effectivement disponibles, mais énumère plutôt les critères généraux qui jouent un rôle dans les systèmes de référence spatiale et dont il convient de tenir compte lorsqu'on exploite des données extérieures. L'auteur complète et élargit ainsi les réflexions méthodologiques citées dans le développement de Rase (2.3).

3. Elaboration de cartes de planification
Conception, configuration et technique

3.0 Introduction

Les exposés du chapitre 3 regroupés sous le titre "Entstehung von Planungskarten" (Elaboration de cartes au service de la planification) traitent de faits et de problèmes dont les contenus se rapportent aux domaines "conception", "configuration" et "technique" mentionnés dans le sous-titre. Bien que la subdivision de l'ensemble du chapitre en trois paragraphes distincts correspondant aux différents domaines cités paraisse évidente et claire au premier abord, il n'en est pas moins difficile ou même impossible de rapporter chacun des développements à un domaine précis. Parallèlement à leur thème central, quasiment tous les exposés ont en effet plus ou moins trait aux domaines voisins. Cet état de choses met en évidence une caractéristique typique des méthodes modernes de cartographie. Dans la pratique, les interactions mutuelles entre les différents secteurs ne cessent de s'accroître et il existe notamment un impact de plus en plus important des processus techniques d'une part sur la conception et la configuration d'autre part.

Dans le cadre précisément de la cartographie automatisée, la technique ne commence pas seulement au niveau de la conception de maquettes et de la reproduction des représentations graphiques, mais dès la phase initiale de l'ébauche. Les contenus de ce chapitre sont par ailleurs étroitement liés à des exigences relevant du domaine des applications, telles qu'elles apparaissent clairement dans les exemples mentionnés dans les développements du chapitre 4.

Dans l'ensemble, les développements du chapitre 3 ont pour objectif d'améliorer l'efficience de la communication des contenus informatifs des cartes de planification, et de faciliter la lecture de ces cartes aux utilisateurs. Leur but est également de souligner les possibilités et les chances offertes par les nouvelles technologies, et de communiquer les premières expériences acquises et les résultats qui en sont issus.

Le premier exposé de G. Hake: "Zur Systematik der Kartengraphik bei Planungskarten" (Systématique de la représentation graphique dans les cartes de planification) (3.1) aborde la méthodologie cartographique. Il décrit les moyens de réalisation cartographique et leurs variations graphiques, expose leurs possibilités d'expression, ainsi que leurs associations et structures logiques, mais également leurs limites, et documente tout ceci par des applications issues de la cartographie au service de la planification. Le développement suivant de H. Junius. "Zur Gestaltung der planerischen Aussagen von Festlegungskarten" (Aménagement des informations relatives aux plans, transmises par les cartes définitives) (3.2) part, quant à lui, de la fonction du plan régional d'aménagement du territoire et des éléments du plan qui sont définis dans ce contexte. L'examen des questions relatives à l'échelle des cartes et aux fonds de cartes topographiques est suivi de recommandations concernant l'organisation des contenus, les aspects envisagés étant essentiellement la classification, les rapports réciproques entre les éléments des plans et les numéros codiques. Il est évident que bien que les points de départ soient différents, les contenus informatifs de ces deux développements se rejoignent à différents niveaux, ce qui ne peut qu'accroître encore la valeur des conclusions tirées.

Dans le développement suivant, P. Tainz examine, sur la base d'une étude empirique, la "Wahrnehmung von Flächenzeichen in Planungskarten" (Perception des symboles représentatifs de surfaces, utilisés dans les cartes de planification) (3.3). Il s'agit là d'essais qui touchent tant les cartes à superposition simple que multiple. Les résultats obtenus quant à la différenciation visuelle conduisent à l'examen d'autres modifications des symboles.

Si le temps fort des développements mentionnés jusqu'à présent se situe au niveau de la conception et de la structure, les autres analyses se concentrent quant à elles davantage sur des questions techniques ou d'application. Sous le titre "Kartentechnische Ausstattung" (Equipement technique de cartographie) (3.4), G. Hake présente tout d'abord les résultats d'une enquête réalisée par l'Akademie für Raumforschung und Landesplanung au tours de l'été 1986, entre autres sur l'"Ausstattung in der konventionellen Kartographie einschließlich Reprographie und Druck" (Equipement en cartographie traditionnelle, reprographie et impression comprises). Les valeurs chiffrées qui y sont rassemblées concernent le personnel et les appareils, les ordres extérieurs et les projets d'acquisition d'appareils de traitement automatique de l'information, ainsi qu'une classification selon certaines caractéristiques. Le développement suivant de G. Hake traite des "Kartentechnischen Möglichkeiten bei der Originalisierung und Vervielfältigung von Planungskarten" (Possibilités techniques de conception de maquettes et de reproduction des cartes au service de la planification) (3.5). En raison de l'importance croissante des ordinateurs, l'auteur ne traite pas uniquement de la représentation graphique analogique classique, c'est-à-dire matérialisée, mais également d'autres formes telles que les cartes visualisées sur écran, les enregistrements numériques etc. Après avoir décrit les possibilités analogiques et numériques de conception de maquettes, l'auteur énumère les procédés de reproduction qu'il compare, ainsi que leurs caractéristiques, sous forme de tableaux.

L'exposé suivant de W.-D. Rase "Der Einfluß der graphischen Datenverarbeitung auf Entwurf und Originalisierung von Planungskarten" (Influence du traitement graphique de l'information sur les ébauches et la conception des maquettes des cartes servant à la planification) (3.6) traite tout d'abord de la rentabilité de la mise en oeuvre d'ordinateurs et décrit ensuite les formes de représentation graphique, leurs particularités, leurs chances et leurs difficultés. L'auteur se réfère également aux aspects spécifiques de la technique d'automatisation en ce qui concerne la conception de maquettes.

4. Elaboration de cartes de planification - Exemples

4.0 Introduction

Ce chapitre traite du type de carte appelée "carte définitive" par le cercle de travail. On peut actuellement distinguer deux méthodes d'élaboration.

La conversion d'un plan traditionnel et exécutoire en représentation graphique automatisée peut d'une part s'effectuer après coup, ainsi que le montre un extrait du "Saarländischen Landesentwicklungsplan Umwelt" (Plan de développement environnemental du Land de Sarre) (Echelle 1: 100 000). L'exposé de Lindert (4.1) montre qu'il est possible de convertir un tel plan en représentation graphique automatisée, dans le cas présent au moyen du logiciel THEMAK 2. Les problèmes issus de la complexité des contenus du plan y apparaissent clairement. Si l'on souhaite préserver la lisibilité, l'objectif et la fonctionnalité d'un tel plan, il est nécessaire d'analyser et de préciser les questions de structure logique des contenus, la hiérarchie des symboles, la saisie des données, le mode de conversion et de matérialisation du plan, l'impression, etc..

Le point de vue de la perception des contenus, dans les plans, est traité au moyen d'un extrait - de contenu simplifié - du plan cité ci-dessus, dans un second exposé de Tainz/Johann (4.2), lequel exploite les avantages offerts en matière de distinction et de modification des contenus par la fabrication automatisée des cartes. Les diverses propriétés et relations graphiques des différentes superpositions de cartes y sont analysées de manière exemplaire, et des solutions y sont proposées après examen de la lisibilité.

La procédure d'élaboration d'une carte, y compris de ses avant-projets, peut d'autre part s'effectuer dès le départ sur un mode automatisé (Weick 4.3), ainsi que le montre le "Regionaler Raumordnungsplan Westpfalz'' (Plan régional d'aménagement du territoire du Palatinat occidental) (Echelle 1:50 000). Les étapes essentielles de l'acquisition, de l'organisation, du traitement et de la sortie des données, ainsi que les possibilités d'interconnexions avec des systèmes d'information et de planification automatisés y sont détaillées. Dans ce cas précis, on a procédé à une division du travail entre l'institution responsable de la planification et un bureau extérieur. Les avantages spécifiques du processus numérique y sont mis en évidence.

Les possibilités offertes par cette nouvelle technique, telles qu'elles ressortent des développements, peuvent être exploitées de manière accrue par le planificateur au niveau du travail analytique en rapport avec l'information. Ainsi, non seulement la carte définitive (statique), avec ses contenus coordonnés et exécutoires, remplit-elle un rôle dans la mise en évidence des objectifs du plan d'aménagement spatial, mais il lui revient par ailleurs, dans sa forme numérique, une tâche informative en sa qualité de véhicule de l'information spatiale. Aussi les contenus d'un plan peuvent- ils à la fois être utilisés analytiquement et servir dans le cadre de nombreuses utilisations, comme par exemple:

- pour la conversion graphique selon des critères de perception, en fonction des niveaux informatifs du plan qui sont donnés,
- en complément et en liaison avec de nouvellesinformations ainsi que dans le cadre de l'amélioration de l'actualisation,
- pour un traitement interactif avec des marges de décision élargies (variations).

Le cercle de travail est bien conscient du fait que les exemples de plans présentés ici, reproduits en partie en couleurs dans ce volume, ne fournissent qu'un mince extrait de la pratique actuelle et que par ailleurs ils ne représentent pas, dans chaque cas, l'unique possibilité existante. Les auteurs ont tenu à présenter également des exemples concrets de la cartographie mise au service de la planification et à démontrer que l'exploitation graphique interactive, contrairement à la carte analogique, peut devenir un instrument et moyen de travail dynamique à l'avenir. Le mode de travail interactif permet au planificateur d'analyser les problèmes de manière plus directe et plus diversifiée et de proposer, pour les tâches requises, des solutions que cette méthodologie permettra de mieux différencier et d'envisager sous tous leurs aspects.

FORSCHUNGS- UND
SITZUNGSBERICHTE

Einsatz graphischer Datenverarbeitung
in der
Landes- und Regionalplanung

Aus dem Inhalt

1990, Band 183, 176 S., 45,- DM, Best.-Nr. 3-888 38-009-x
Auslieferung
VSB-Verlagsservice Braunschweig

AKADEMIE FÜR RAUMFORSCHUNG UND LANDESPLANUNG

FORSCHUNGS- UND SITZUNGSBERICHTE

AKADEMIE FÜR RAUMFORSCHUNG UND LANDESPLANUNG